迎泽年鉴

2019

中共太原市迎泽区委党史研究室
太原市迎泽区地方志研究室 编

方志出版社
Publishing House of Local Records

图书在版编目(CIP)数据

迎泽年鉴.2019 / 中共太原市迎泽区委党史研究室（太原市迎泽区地方志研究室）编. 北京 : 方志出版社, 2019.12
ISBN 978-7-5144-4022-5

Ⅰ.①迎… Ⅱ.①中… Ⅲ.①区（城市）—太原—2019—年鉴 Ⅳ.①Z522.54

中国版本图书馆 CIP 数据核字(2020)第 001438 号

迎泽年鉴(2019)

编　　者：中共太原市迎泽区委党史研究室（太原市迎泽区地方志研究室）
责任编辑：冯　松

出 版 者：方 志 出 版 社
地址　北京市朝阳区潘家园东里 9 号(国家方志馆 4 层)
邮编　100021
网址　http://www.fzph.org
发　　行：方志出版社图书经销中心
电话　(010) 67110500
经　　销：各地新华书店
印　　刷：山西省史志印刷厂

开　　本：889×1194　　1/16
印　　张：26
字　　数：531千字
版　　次：2019年 12月第 1 版　2019 年 12月第 1 次印刷
印　　数：0001～1000册

ISBN 978-7-5144-4022-5　　定价：298.00 元

《迎泽年鉴》编纂委员会

《迎泽年鉴》编审人员

主　　编	范　勇
副 主 编	罗汝玲
编　　辑	杨水云　张国文
审　　稿	中共太原市委党史研究室 太原市地方志研究室

联系地址　太原市迎泽区云路街15号

通讯地址　太原市迎泽区云路街15号

联系电话　0351-8285926

电子信箱　tysyzqzf@163.com

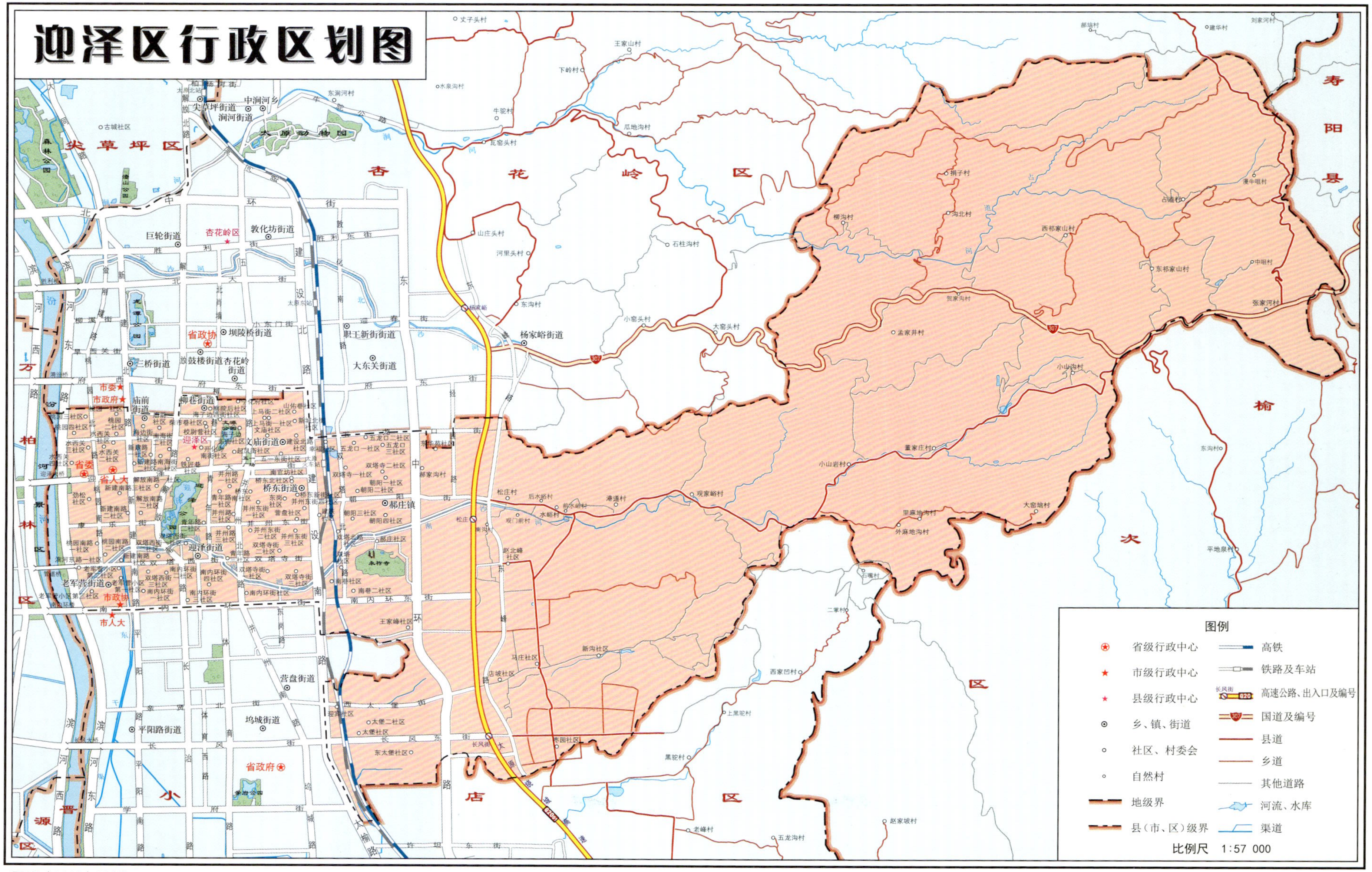

晋AS（2019）001号

2019年6月编制

晋AS（2019）001号

五龙湾社区
伞儿树社区
淖马社区
山西大学
工程学院
五龙口
三社区
东华苑社区
山西自修大学
郝家沟村
双塔寺二社区
郝庄初中
朝阳街小学
松庄村
后水峪村
市康复医院
观门前村
松庄
南沟村
朝阳四社区
郝庄社区
服装城小学校
永祚寺
赵北峰
社区
王家峰社区
马庄社区
东太堡社区
长风街
龙堡社区
市知达常青藤中学
山西国际商务
职业学院
山西现代
双语学校
山西旅游职业学院
G2001
南沙河
太原绕城高速

2019年6月编制

晋AS（2019）001号

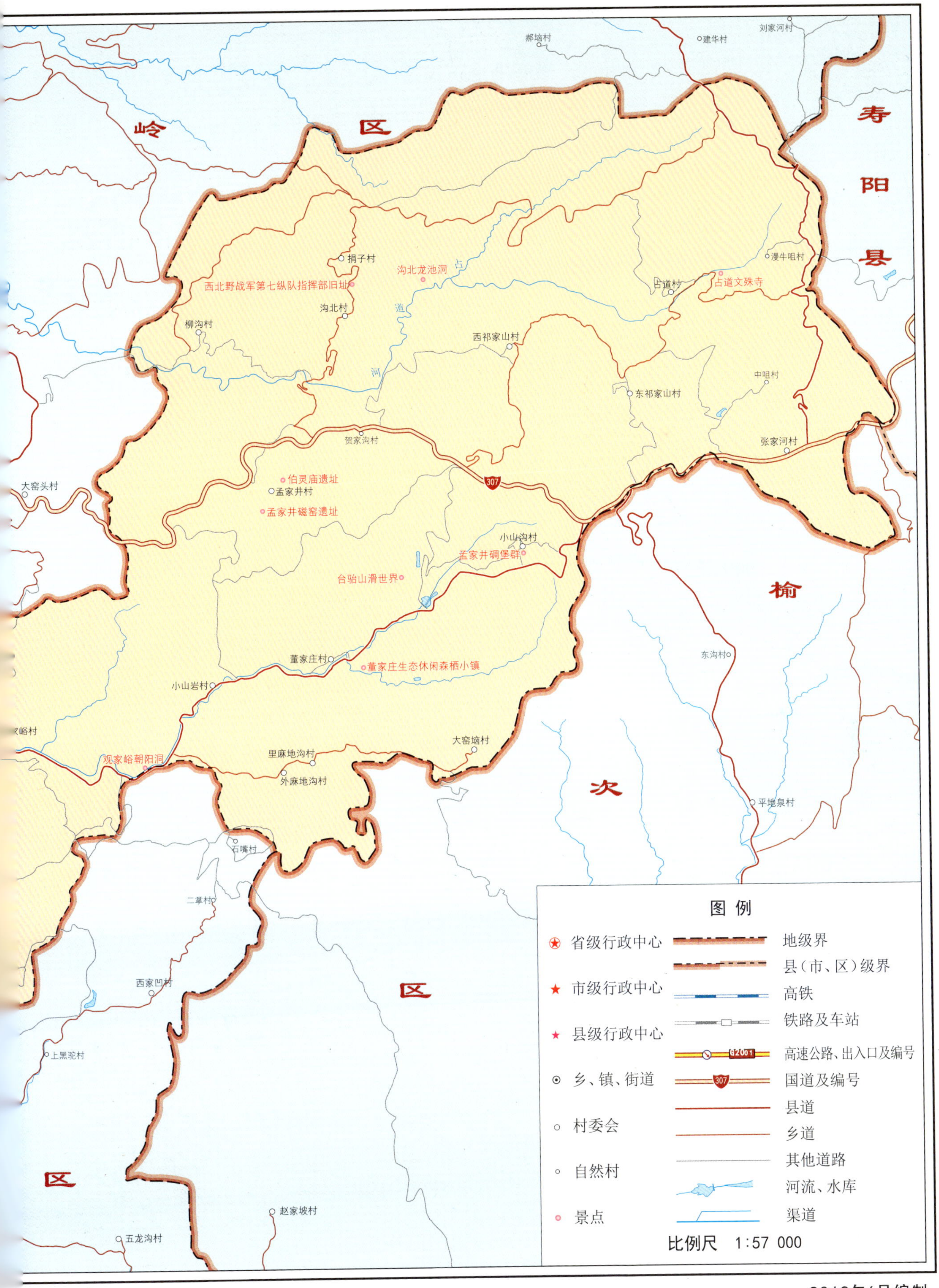

岭
区
寿
阳
县
榆
次
区
区
郝培村
建华村
刘家河村
捐子村
沟北龙池洞
西北野战军第七纵队指挥部旧址
沟北村
柳沟村
漫牛咀村
占道村
占道文殊寺
西祁家山村
中咀村
东祁家山村
贺家沟村
张家河村
大窑头村
伯灵庙遗址
孟家井村
孟家井磁窑遗址
307
小山沟村
孟家井碉堡群
台骀山滑世界
东沟村
董家庄村
董家庄生态休闲森栖小镇
小山岩村
家峪村
大窑垴村
里麻地沟村
观家峪朝阳洞
外麻地沟村
平地泉村
石嘴村
二掌村
西家凹村
上黑驼村
赵家坡村
五龙沟村
占
道
河
图 例
省级行政中心
市级行政中心
县级行政中心
乡、镇、街道
村委会
自然村
景点
地级界
县（市、区）级界
高铁
铁路及车站
G2001
高速公路、出入口及编号
307
国道及编号
县道
乡道
其他道路
河流、水库
渠道
比例尺 1:57 000

2019年6月编制

CCB

迎泽大街　摄于2018年

2018年2月13日，中国共产党太原市迎泽区第五届代表大会第三次会议暨经济工作会

2018年3月22日，迎泽区举办党建工作会议

2018年3月21日，迎泽区第五届人民代表大会第三次会议

2018年2月23日，迎泽区召开全区重点工作安排会

2018年6月15日，迎泽区创建全国文明城市推进会

2018年6月23日，迎泽区在太行干部学院举办“传承红色基因 弘扬太行精神”专项培训

2018年6月18日，迎泽区召开经济运动分析会

2018年4月2日，迎泽区组织党员干部在郑村烈士陵园举行祭奠先烈活动

迎泽区纪念建党97周年表彰大会

2018年3月12日，在台骀山景区举办“迎泽区林业局与您共创美好家园”为主题的宣传活动

2018年，迎泽区总工会、迎泽区安全生产监督管理局联合主办“安康杯”知识竞赛

2018年，迎泽区举办落实安全生产主体责任述职会

迎泽区第二期学习贯彻习近平新时代中国特色社会主义思想读书班

召开全区组织工作会议

全区拖欠农民工工资联席会议暨专项检查部署会

2018年，省政府督导组督导迎泽区农民工工作

2018年，迎泽区组织党员干部在中共太原支部旧址举办主题党日活动

10月16日，迎泽区侨联在迎泽街道解南二社区开展了“弘扬法治精神，维护侨界权益”主题宣传教育活动

2018年，柳巷街道办事处在铁匠巷社区举办“促文明创建，展党员风采”主题党日活动

2018年，太原三十九中开展党总支举办学《条例》强堡垒，做合格共产党员活动

太原市迎泽区纪念“12·4”国家宪法日集中宣传

2018年7月6日，区委统战部举办全区13个党工委组队参加的统战理论知识竞赛

2018年，迎泽区司法局举办人民调解、社区矫正和安置帮教工作培训

2018年7月25日，全市首家新的社会阶层人士活动站在迎泽区挂牌成立

碑林公园　2018年摄

崇善寺　2018年摄

纯阳宫　2018年摄

山西大学堂旧址　2018年摄

大关帝庙　2018年摄

清真古寺　2018年摄

迎泽公园　2018年摄

五一广场　2018年摄

文瀛公园　2018年摄

编纂说明

一、《迎泽年鉴》是由中共迎泽区委、迎泽区人民政府组织，中共迎泽区委党史研究室（迎泽区地方志研究室）编纂的区级年度综合性资料文献。

二、《迎泽年鉴（2019）》坚持以马克思列宁主义、毛泽东思想、邓小平理论、“三个代表”重要思想、科学发展观、习近平新时代中国特色社会主义思想为指导，坚持辩证唯物主义和历史唯物主义的立场、观点、方法，存真求实，全面、客观、系统地记载迎泽区2018年自然、政治、经济、文化、社会和生态建设等各个领域的基本情况、重要事项与发展变化。

三、《迎泽年鉴（2019）》除特载之外，记述时限均为2018年1月1日至12月31日。

四、《迎泽年鉴（2019）》遵循年鉴通例分类编排、设条目记述，全书分4个层次，即类目、分目、次分目、条目，共设25个类目。前设中英文要目、目录，后有索引，便于读者检索。

五、《迎泽年鉴（2019）》框架在保持相对稳定的基础上，及时作了适当增加和调整。新增加的类目是：纪检　监察、环境保护、交通运输、教育　科技、文化　体育、医疗卫生、人物。原法制类目改为法治类目，调整成政法委及综治、法治政府建设、公安、检察、法院、司法行政。街道（镇）改为街道（镇）概览类目。附录收录领导讲话、2018年迎泽区机构设置和负责人名录、缩略语注释等。

六、《迎泽年鉴（2019）》稿件由太原市迎泽区各级党、政、军机关和企事业单位提供。

七、《迎泽年鉴（2019）》条目所涉数据来源多处，相关数据或有差异，以迎泽区统计局发布的数据为准。所有数据采用法定计量单位，个别遵从习惯。

《迎泽年鉴（2019）》

要目 / Main Contents

目　录

Contents

特　载

2018年迎泽区大事记

区情概览

中国共产党迎泽区委员会

迎泽区人民代表大会

迎泽区人民政府

中国人民政治协商会议迎泽区委员会

纪检 监察

群众团体

法　治

军　事

经济管理

农林水务

城乡建设

环境保护

交通运输

财政 税务

教育　科技

文化　体育

医疗卫生

社会生活

人　物

街道（镇）概览

附　录

索　引

改革创新　奋力前行
进一步开创迎泽转型发展新局面（摘要）

——在中国共产党太原市迎泽区第五届代表大会第四次会议暨全区经济工作会议上

中共太原市迎泽区委书记　冯原平

（2019 年 1 月 31 日）

2018 年的工作回顾

2018 年，迎泽区以习近平新时代中国特色社会主义思想和党的十九大精神为指导，认真贯彻落实习近平总书记视察山西重要讲话精神和省市委各项决策部署，紧紧围绕“建设省城首善之区”目标，按照“主攻一个方向，提升两个商圈，统筹三个板块，打造四个园区，发展五项产业”的思路布局，以“转型项目建设年、社会矛盾化解年、作风建设提升年”为总抓手，抓重点、攻难点、促改革、补短板、求突破，全区各项工作取得新成效。

一是创新转型发展取得新突破。坚持把项目建设作为推进创新转型的主抓手，在建成区以商务楼宇为载体，引进国内外知名总部企业；在城乡结合部地区，以现代园区为载体，引进新兴产业项目；在东山地区，以生态建设为载体，引进特色小镇等休闲观光项目，统筹推动“三个板块”协调发展。建立完善项目化管理、区级领导包联服务项目机制，保障项目顺利推进。制定出台一系列扶持民营经济发展的优惠政策，签约项目 17 个，引入资金 238.3 亿元。着力推进大众创业、万众创新，投入“双创”资金 1302 万元，全年储备项目 80 个，累计完成投资 67 亿元。

2018 年，全区地区生产总值完成 768.6 亿元，总量突破 700 亿元大关，继续保持全市十县区之首；服务业增加值完成 670.5 亿元，增长 9.1%；社会消费品零售总额完成 409.5 亿元，增长 8.5%；固定资产投资完成 92.2 亿元；一般公共预算收入完成 20.1 亿元，增长 31.6%，总量排全市第三，增幅创历史新高。

二是全面深化改革取得新进展。区委常委会与区委全面深化改革领导小组 15 次传达学习中央和省市委精神，22 次专题研究部署改革有关事宜，对 11 个领域 44 项重点改革任务做出部署，实行区党政主要负责人抓改革台账制度，确保了各项改革事项的稳步推进。

三是文明创建取得新成效。建立完善区领导包联督办、三级会议、督导检查等六大工作机制，推进“九乱”专项治理，打造文明交通街巷 59 条，综合整治背街小巷 66 条，整治集贸市场 8 个，整治老旧小区 231 个，基本完成“九乱”专项治理年度目标。推进“智慧交通”项目建设，开放错时停车场 71 处、车位 1970 个，完成三所小学“绿色接送点工程”，交通拥堵现象得到一定程度缓解。

四是生态环境保护有了新提升。持续推进东山生态绿化，提档升级造林绿化 2200 亩，完成水马路、观枣线、307 国道等通道绿化工程。新建小游园小绿地 10 个，改造提升 5 条林荫路。建立迎泽区污染源普查清查名录库，扎实推进蓝天保卫战攻坚行动。中央和省环保督察反馈的问题全部办结。

五是城乡面貌有了新改观。推进城市重点工程建设，迎泽大街下穿火车站通道、东广场和双塔北路等项目累计征收 5.86 万平方米。分配棚户区改造回迁安置房 5224 套。加快推进了城中村拆除“清零”、土地摘牌和回迁楼建设。加大城中村集体土地违法建设巡查、管控力度，连续三年实现“两违”零增长。推进城市管理执法体制改革，在全市首家建立执法便民服务中心。巩固占道经营、露天烧烤整治成果，严禁区街道秩序良好，连续两年全市考核第一。

六是民生福祉有了新改善。83.5%的区财力用于发展民生社会事业。开展了就业服务系列活动。构建了覆盖城镇职工、城镇居民、农村居民三类重点人群的社会保障体系。提升托底保障能力，临时救助年封顶线由 1 万元提高到 5 万元。推进义务教育优质均衡发展，39 中、37 中等一批中小学校改扩建工程完工并交付使用。接受国家统编义务教育教材使用情况调研和幼儿园责任督学挂牌督导，受到教育部好评。深化县乡医疗卫生机构一体化改革，4 所基层医疗机构实现“六统一”管理。推进家庭医生签约服务，重点人群签约率达到 60.1%。基本公共卫生服务项目代表我省接受国家考核，获全国第六的好成绩。大力实施文化惠民工程，郝庄镇被评为省级“文化艺术之乡”。通过项目和资金帮扶，圆满完成三年对口帮扶工作。

七是和谐稳定基础更加牢固。严格落

实《地方党政领导干部安全生产责任制规定》，全面推进安全责任制挂牌，挂牌单位30365家，挂牌率达100%。在全市率先建立了安全生产经营单位主要负责人履职述职机制。在国家安全发展示范城市评价座谈研讨会上，作为山西省唯一的县区代表，交流了工作经验。认真落实“社会矛盾化解年”的各项任务，实施信访案件“项目化管理”，通过“四定”“五包”责任制，妥善化解了一批中央和省市交办的信访案件。将扫黑除恶专项斗争与软弱涣散党组织整顿、基层腐败治理和学习推广新时代“枫桥经验”提升基层社会治理先导区建设紧密结合，进行精准打击，进一步营造了和谐稳定的社会环境。认真贯彻落实新修订的《宗教事务条例》，对非法宗教活动进行依法制止和取缔。创新食药监管模式，建立食品安全追溯体系，开展“食品安全你点我检”活动1800余次，保障了群众舌尖上的安全。

八是民主政治和法治建设取得新成果。区人大及其常委会围绕创新转型发展、文明城市创建、棚户区回迁安置、扫黑除恶专项斗争等重点工作开展了一系列监督视察调研活动，严格程序任免了一批国家机关工作人员，依法履职水平进一步提高。区政协坚持团结和民主两大主题，紧紧围绕民生保障、生态环境保护、城乡一体化发展等事关经济社会发展的重大问题开展调查研究，建言献策，发挥了协商民主重要渠道和专门协商机构的作用。加强和改进新形势下的统战工作，注重政治引领，在全市率先建立了新的社会阶层人士活动站，连续32年开展统战宣传月的做法被中央统战部推广。外事侨务工作评为全省先进。国防教育、国防动员和战备演练工作进一步加强，拥军优属氛围更加浓厚。区工会组织开展的困难职工解困脱困工作受到全国总工会肯定。团区委组织青少年开展了“拥抱新时代，共建文明城市”等主题活动，在创城工作中发挥了积极作用。区妇联深化“寻找最美家庭”活动，我区推荐的参评家庭被评为“第十一届全国五好家庭”。加强法治建设，认真实施“七五”普法规划，健全法律大讲堂触角延伸体系，扎实推进国家机关工作人员无纸化学法用法考试工作，提升了基层干部法治思维和依法履职水平。

九是党的建设有了新加强。全面落实新时代党的建设总要求，不断把全面从严治党引向深入。一是始终把党的政治建设摆在首位。区委中心组发挥表率作用，集中组织专题学习、研讨交流25次。全区各级党组织结合庆祝改革开放40周年暨建区20周年，开展了丰富多样的宣传活动和学习教育活动，时代新人（桥东）工作站获评全国终身学习品牌项目，成为市社科教育基地。二是扎实推进“三基建设”。建立市管领导联系点制度，实施重点任务专项督查，“三基建设”13个方面29项重点工作有序推进。建立区、街道、社区三级党建协调委员会，推行“街巷长”“小巷管家”和“五约”工作法，全面推进城市基层党建系统化建设。充分发挥“互联网+

党建”服务群众工作信息系统作用，解决群众问题65324件，走出一条“互联网解民忧”的新路子，人民日报专门刊载工作经验并发表快评文章，山西日报、太原日报先后发表评论，予以肯定。三是进一步加强干部队伍建设。坚持正确用人导向，突出政治标准，规范选任程序，加大干部日常监督约束，注重实绩，强化正向激励，充分激发了全区干部干事创业的内生动力。四是全面落实管党治党主体责任。成立区反腐败领导小组，先后3次召开专题会议，区委常委会议25次专题研究党风廉政建设和反腐败工作，真正做到把党对反腐败工作集中统一领导、全过程领导用具体行动体现出来。五是持之以恒正风肃纪。深入开展作风建设提升年活动，紧盯重要节点，持续纠正“四风”，严厉整治形式主义和官僚主义，严肃查处了一批违规违纪问题。六是运用监督执纪“四种形态”进行精准惩治。处理288人次，其中第一种形态占到70.1%，监督执纪由惩治极少数向管住大多数转进。七是始终保持惩治腐败高压态势。开展民生领域腐败和不正之风专项整治，立案98件，党纪政务处分80人，移送司法机关5人，形成强大震慑，不敢腐的氛围进一步形成。

回顾一年来的工作，成绩的取得是中央和省市委坚强领导、倍加关心的结果，是全区各单位各部门密切协作、努力拼搏的结果，是广大党员干部真抓实干、奋力前行的结果，是全区人民同心同德、团结奋斗的结果。

同时我们也清醒地认识到，对照中央和省市委的要求，对照人民群众对美好生活的需求，工作中还有一些不足和问题。比如，破解中心城区产业空心化困境的思路不宽、眼界不高，思想不够解放；深化改革的步子不够大；扶持民营经济发展的措施还需加强；民生社会事业发展不平衡，与中心城区居民多样化需求还有差距；在基层单位和部门中，“四风”问题、群众身边腐败问题等仍有发生；在一些干部中，还存在工作标准不高、作风不实的问题。我们必须直面挑战，勇于担当，切实解决好这些问题，努力开创迎泽工作新局面。

2019年工作的总体要求和主要任务

改革开放走过了40年，在党中央和省市委的坚强领导下，区委团结带领全区人民，高举中国特色社会主义伟大旗帜，坚定不移推进改革开放，全区各项事业取得巨大成就，经济总量始终位居全省前列，服务业增加值稳居全省县区首位，党的建设和教育、文化、医疗卫生、社会保障等各项事业蓬勃发展。特别是党的十八大以来，我们认真贯彻习近平治国理政新理念新思想新战略，以习近平新时代中国特色社会主义思想为指引，统筹推进“五位一体”总体布局，协调推进“四个全面”战略布局，全区转型发展步伐稳健，城市化进程不断加速，人民生活日益改善，党的建设全面加强，为加快创新转型发展，全面开启新一轮改革开放奠定了坚实基础。

要理性看待困难和压力。随着城市化进程加快，我区传统区位优势受到冲击，但省、市转型发展全面提速，为各地区在竞争中寻求和实现合作共赢创造了难得机会，也为我们加快创新转型提供了更宽的路径和更广的平台。

要鼓足改革发展的信心和决心。随着全面深化改革的持续推进，创新转型的改革红利正在释放；随着机构改革的深化推进，中心城区管理体制有望进一步理顺；随着学习贯彻习近平新时代中国特色社会主义思想和党的十九大精神的全面深化，我区以党建统领基层社会治理和各项发展的工作格局进一步形成，全区上下凝心聚力谋发展、促改革的局面更加巩固。我们只要振奋改革创新、奋发有为的精气神，牢牢把握重要战略机遇期的科学判断，坚定不移推进高质量发展，就一定能够在改革开放新征程中做出新作为、创出新业绩。

2019 年是新中国成立 70 周年，是决胜全面建成小康社会的关键之年，做好今年工作意义重大。我们要以改革开放再出发的新担当新作为，奋力开创工作新局面，提升发展新境界。

今年全区工作的总体要求是：以习近平新时代中国特色社会主义思想为指导，全面贯彻党的十九大和十九届二中、三中全会精神，深入贯彻习近平总书记视察山西重要讲话精神，认真落实中央经济工作会议、省委十一届七次全会、市委十一届六次全会和省市委经济工作会议精神，统筹推进“五位一体”总体布局，协调推进“四个全面”战略布局，坚持稳中求进工作总基调，坚持新发展理念，坚持推动高质量发展，坚持以供给侧结构性改革为主线，坚持深化市场化改革、扩大高水平开放，围绕落实省委提出的“三大目标”“三条基本经验”和市委提出的正确处理好“五个关系”、谱写文明开放富裕美丽太原新篇章的部署要求，以建设省城首善之区为目标定位，以“八个引领八个推动”为抓手（以深入开展“改革创新、奋发有为”大讨论引领思想解放，推动新一轮改革开放；以深化转型项目建设年行动引领经济转型，推动高质量发展；以实施“文旅+”战略引领服务业创新，推动产业提质升级；以深化文明城市创建引领城乡建设管理，推动城市形象提升；以深化农村人居环境整治引领乡村振兴，推动农村发展；以深化社会矛盾化解年行动和学习推广新时代“枫桥经验”先导区建设引领基层社会治理，推动和谐稳定发展；以推进城市基层党建和贯彻《中国共产党农村基层组织工作条例》引领党建创新发展，推动城乡基层基础工作提质提效；以深化作风建设提升年行动引领干部担当作为，推动发展环境持续优化），坚持和加强党的全面领导，推进全面从严治党，推动创新转型发展，继续打好三大攻坚战，统筹推进稳增长、促改革、调结构、惠民生、防风险工作，提振市场信心，保持经济持续健康发展和社会大局稳定，不断增强人民群众获得感、幸福感、安全感，为全面建成小康社会收官打下决定性基础，以优异成绩庆祝中华人民共和国成立70周年。

今年全区经济发展的主要预期目标是：地区生产总值增长8%左右。确定这个预期目标，区委经过了慎重研究，既是贯彻落实中央和省市委精神的要求，也是担当改革开放再出发历史使命的需要，同时也充分考虑到我区的发展实际和发展潜力。全区上下要坚持“好字当头、能快则快”，努力在实际工作中争取更好结果。

实现预期目标，做好全年工作，必须坚持做到：

把贯彻新思想作为重大政治任务。切实把思想统一到习近平新时代中国特色社会主义思想和习近平总书记视察山西重要讲话精神上来，深刻理解新形势下经济工作的“五条规律性认识”和“八字方针”，在持续领会中“学懂”，在指导实践中“弄通”，在推动工作中“做实”，当好习近平新时代中国特色社会主义思想的坚定信仰者和实践者。

把坚持和加强党的全面领导作为根本政治保证。以高度政治自觉践行“两个维护”，以强烈政治责任落实中央和省市委决策部署，全面从严管党治党，发挥区委总揽全局、协调各方的领导核心作用，强化各级党工委和党组促改革、抓落实的能力和定力，提高基层党组织的政治领导力、思想引领力、群众组织力、社会号召力和队伍战斗力，切实把党的领导落实到一切工作中。

把推动高质量发展作为根本要求。坚持“五位一体”总体布局和“四个全面”战略布局，抓牢稳中求进总基调、供给侧结构性改革主线、激发微观主体活力这个重要导向和防风险守底线这个重要保障，围绕正确处理速度与质量、当前与长远、工业化与城镇化、经济发展与民生改善、加强监管与优化服务“五个关系”，制定政策、推动工作。

把深化改革扩大开放作为关键一招。牢牢把握新时代改革开放要求，坚决扛起改革开放再出发的重大历史使命，以改革创新、奋发有为的精神，贯彻落实中央和省市委要求，创造性地谋划推进各项工作，在全市改革开放、转型发展的大局中展现中心城区的责任担当。

今年工作的主要任务是：

一、持续推进创新转型，做强做优实体经济

实现高质量发展，必须保持战略定力。要坚持一张蓝图干到底，加快落实区委既定的总体思路布局，持续推进创新转型，稳健推动改革开放再出发。

一是加快提质创新，推动“两个商圈”发展。柳巷和朝阳商圈是迎泽的窗口、太原的名片，曾一度引领省市消费趋势。面对当前发展竞争的挑战和消费结构、消费模式转变的冲击，两大核心商圈要扬长补短，努力走出特色发展新路。

积极探索商文旅融合发展路径，重振柳巷商圈。注重涵养特色内涵，把握独具的“老”“旧”品质和商业文化价值，在唤醒城市记忆、激活历史文脉、复兴商业传承上做文章，依托国保单位和“老字号”集中、文物资源密集、商业业态丰富等优势，通过建筑营造、民俗展示、商业配套，复制和重现太原商业街区历史风貌，逐步形成商文旅融合互促、综合功能配套完善、古典韵味与时代韵律协调统一的“大柳巷特色文化街区”。注重培育“慢生活”品牌，保留居民传统生活气息，拓展历史文化博览、人文风俗展示和休闲娱乐等空间平台，培育可观、可赏、可游、可乐的“逛街”体验，使商圈更具亲和度和吸引力，更好满足不同群体消费需求。注重引导形成保护性改造共识，充分征求民间意见，完善方案设计，按照“循序渐进、修旧如旧、有机更新、分步实施、古今相融、打造精品”的原则和整体性、原真性、多样性、可持续性保护开发策略，加快启动柳巷——钟楼街片区整体改造，努力打造城市商圈精品，使柳巷街区成为展现城市精神、体现城市魅力的城市名片和会客厅。

创新发展理念和经营模式，提升朝阳商圈。随着居民区集聚、居住规模扩大和双塔景区改造条件的基本具备，朝阳街地区正在成为东部新城市中心。要把握历史新机遇，抓好商圈环境“四个提升”：进一步健全管理长效机制，整治市场乱点，美化街区环境，提升商圈形象；进一步创新综合治理机制，推进信息化建设和联治联动联防、社会共建共治，提升商圈安全发展水平；进一步改善道路通行管理，探索停车位共享模式，解决交通堵点、乱点，提升商圈交通秩序；进一步完善便民设施，增加服务业网点密度，推进诚信体系建设，提升商圈服务环境。要把握消费新需求，抓好商圈产业“五个创新”：创新业态发展，以东都、御都、东城等为试点，探索多元业态模式，发展批零兼容新实体，丰富业态品类、完善商贸服务功能；创新经营模式，鼓励企业引进网络营销机构，培育网售快手、营销操盘手、产业创客群，发展“线下实体为主体+线上营销为渠道”的经营模式，拓展销售空间，做长批发、做细零售；创新发展动能，腾挪经营空间，优化资源配置，吸纳新兴产业、公司化运营、青年创客机构和IT产业等入驻市场，促进产业升级；创新产业链结构，推进百亩物流园区项目，加快物流配送货物数字化服务平台建设，形成产销一体化格局，扩大市场占有；创新开放发展路径，主动对接京津冀一体化、雄安新区等国家区域协同战略，深度开展交流合作，努力将朝阳商圈打造成为新时代改革开放再出发的“桥头堡”。

二是实施“文旅+”战略，推动“三个板块”发展。把发展文旅产业作为助推经济发展、引领产业转型的有效抓手，按照统筹“三个板块”思路布局，在建成区，整合食品街国家AAA级景区和柳巷、文庙、庙前等地区商文旅资源，着力建设老城老街特色旅游片区；在城乡结合部地区，以双塔景区为核心，着力建设历史文化特色旅游片区；在东山地区，以台骀山国家AAAA级景区为带动，推动周边特色小镇、生态农业等抱团发展，着力建设以短程游览、假日休闲、短期度假为特色的生态旅游片区。加快推动我区由文化旅游集散地向文化旅游目的地演进转变，努力形成文化旅游业与区域经济全产业链融合，与城乡建设、环境治理和公共服务事业全领域融合的转型发展新路径。

加快推动各类产业与文旅产业相融合。培育文旅市场主体，加大文旅招商力度，引进实力强、有文旅产业开发经验的优质企业和更多金融资本、产业资本、民间资本参与文旅产业发展。打造文旅产业品牌，加大文旅产品包装策划和营销宣传力度，与专业机构、主流媒体、新媒体、互联网平台和会展、交通、物流等企业深度合作，设计开发精品“一日游”“短途游”线路和特色文旅产品，通过线上线下宣传、以节促游、以节兴旅等举措，扩大市场影响。丰富文旅产品供给，鼓励传统文化展览、民俗文化展演、非遗文化展示、“老字号”工艺体验和具有地域特色的庙会、灯会、农产品、手工艺品、风味餐饮小吃等进驻文化街区、旅游景区，满足游客多元需要，形成特色吸引。

加快推动城乡建设和环境治理与优化文旅环境相融合。着力破解交通瓶颈，进一步畅通城乡交通网络，不断提升全域旅游通达能力；努力改善公共服务，进一步完善交通标牌、文物标识、旅游路牌、公共厕所等服务设施，引导涉旅企业建立线上线下相协同的游客集散中心和文旅咨询服务中心，鼓励景区景点运营单位健全观景、停车、房车露营、自驾游等配套服务，推动文旅产业由景点景区“独立作战”模式向全域旅游发展模式转变，全面打造宜游城区新形象。

加快建立全域旅游工作机制。加强旅游诚信体系建设和文旅市场法治化、规范化建设，强化行业管理和安全保障，努力营造文明、和谐、诚信、安全的文旅市场环境；探索建立旅游服务质量、产业发展和综合效益评价体系，推进大数据分析平台建设，使全域旅游发展成效真正体现到游客和居民的口碑上，使文化旅游业成为快乐产业和幸福产业。

三是提高集约化水平，推动园区建设和产业聚集区发展。调整存量和做优做大增量同步抓，以发展现代服务业和新兴产业为抓手，推动关联产业集中集群，努力形成布局合理、特色突出、抱团联动的产业集聚发展格局和集团竞争优势。

加快推进园区建设。尽快完善国家火炬计划迎泽特色产业基地建设的要素保障和前期工作，加速扩园进程；全力扶持中国农大食品医药工程技术创新中心、博迪科技汽车电器安全监控仪、深圳科华智能手环加工贸易等园区项目，推动“专精特新”发展。加快推进智慧物流、汽车贸易等园区建设，促进新兴产业集聚，努力打造区域经济发展新引擎。

加快推进楼宇经济发展。盘活楼宇存量，提升楼宇经济服务中心功能，推进资源整合利用和产业调整优化；引导产业布局，“因楼制宜”，做大做强主业，引导关联产业进驻，积极搭建楼宇经济信息互通渠道和联系合作平台，形成楼宇联动、企业组团、资源共享的发展格局；扶持打造品牌，主动帮助楼宇运营单位，引进总部企业和优势项目，建设创新创业载体和先进技术、高端服务平台，引导企业聚集发展，培育一批规模大、效益高、具有示范引领作用的楼宇“小园区”。

加快推进特色产业街区发展。结合双塔景区建设，深度规划周边环境建设和产业发展，引导企业集约经营、产业集群发展，积极培育庙会、灯会等民俗文化精品，努力打造历史文化、民俗文化特色鲜明，游、购、娱功能齐备的城市新商圈；支持中正天街创新发展，鼓励企业以特色业态和经营模式，抢抓发展先手、抢占市场高地，依托迎泽公园、晋商博物馆、省艺术职业学院等文化资源和昆烟搬迁腾挪的空间资源，培育特色服务业和文创产业，打造商文旅一体发展的特色产业街区。

加快实施乡村振兴战略。制定完善乡村振兴战略和特色小镇建设规划，扶持农村产业，优化乡村治理，壮大村级经济，夯实乡村振兴基石。深化农业农村改革，加快推进农村集体产权制度改革，不断激发农村发展活力；加快发展城郊型都市现代农业，积极培育家庭农场、农民合作社等新型经营主体，推动农业高质量发展；按照因地制宜、突出特色、连片发展思路，加快推进台骀山景区二期和森栖谷等项目，布局实施特色小镇建设，推动东山农业生态公园提高品质、形成规模。

四是深化改革开放，推动实体经济振兴。实体经济是国民经济“压舱石”，是实现经济高质量发展的基础，要坚持抓项目、抓投资、抓招商、抓创新、抓环境，激活内生动力，增强发展引力，全力推动实体经济发展壮大。

持续深化转型项目建设年行动。优化项目储备，着力策划储备一批承载力强、带动生产要素配置的重大项目，积极承接一批东部加工贸易产业，多渠道扩大和落实项目投资；优化项目推进和保障机制，加大项目工作的对接和联动服务力度，加快推进企业投资项目承诺制，更加有效地抓投资、争项目、抢进度，以项目建设的快推进，实现实体经济的快发展。

持续推动开放发展。以更加开放的意识融入国家区域发展战略、参与“一带一路”建设，主动与转型综改示范区建设相接轨，按照我市实施工业强市、打造制造强市的部署，以发展生产性服务业和新兴产业为方向，突出产业链招商和精准招商，进一步提高对外交流合作和招商引资的专业策划包装水平，以优势项目、优质企业、优良资本和优越技术，引领带动企业和产业转型升级，更好地服务和助推全市发展大局。

持续推动创新发展。坚持以科技创新驱动转型发展，强化科创要素统筹和协同创新，深化产学研合作，加快科技成果转化；强化企业主体地位，鼓励企业自主创新，扶持发展优质“双创”平台基地，努力培育更多具有自主知识产权和核心竞争力的企业；强化知识产权保护和人才精细化服务，进一步激发企业和科研人员创新创造的积极性，形成更加浓厚、更有活力的创新创业氛围。

持续深化改革。高标准高质量推进机构改革，为创新转型发展提供强有力的机制制度保障。深化财政管理体制、城管体制、社会治理体制、街道管理体制和区属企业等重点领域改革，着力破除制约高质量发展的体制机制障碍。深化“放管服效”改革，推进行政审批、商事制度等改革，加快完善基层党群服务、政务服务体系，健全“马上办、网上办、就近办、一次办”和“一窗通办”机制，做到干部多跑路、数据多跑路、群众少跑路，实现审批、监管、服务的再优化和行政效能的再提升。深化公共事业领域改革，加快推进政府数字化转型，推动政务信息、数据等资源互联互通和共享共用，让改革成果更直接惠及广大群众。

全力支持民营经济发展。民营企业是我区转型发展的主力军。要秉持重商、亲商、安商、富商理念，积极构建“亲”“清”新型政商关系，让民营企业家有更多的荣誉感、自豪感、成就感；要支持民营企业坚守实业、做强主业，谱写创新转型新辉煌。全区各级干部要认真贯彻省市区支持民营经济发展的意见和措施，加强走访、联系、服务企业工作，落实减税降费、降低要素成本和治乱减负等各项政策措施，真心诚意帮助企业解决融资、用地、用人等困难和问题，以简政放权、优化服务、担当作为的新形象新作风，努力打造“六最”营商环境，为民营经济和中小微企业健康稳定快速发展提供坚强助力。

二、高起点规划建设城市，打造高品质宜居城区

城市规划和建设要高度重视历史文化保护，不急功近利，不盲目开发，要突出地方特色，注重人居环境改善，更多采用微改造这种绣花功夫，注重文明传承、文化延续，让城市留下记忆，让居民记住乡愁。

加快城乡基础设施建设，积极开展地铁 2 号线迎泽段房屋征收工作，启动水马路和南内环东街、南十方街、西太堡街等道路东延改造工程，进一步拓展城市发展空间。积极稳妥推进城中村改造和棚户区改造回迁安置房与配套设施建设，确保群众按期回迁。

加强城市精细化管理，深入开展城市管理全面提升行动，理顺城乡管理体制，推行综合执法。实施背街小巷整治提升工程，探索建立小街巷管理全民参与机制，实现街巷环境共管、共治、共享。以创建全国文明城市和迎接“二青会”召开为契机，积极探索城乡清洁工程标本兼治、综合整治的新措施，创新垃圾收集处置方式，因地制宜规划建设一批集贸市场、公厕、停车场、垃圾中转站，方便居民生活，提升城市品位和形象。

大力实施农村人居环境整治，认真贯彻习近平总书记关于浙江“千村示范、万村整治”工程的重要批示精神，落实中央农村人居环境整治三年行动方案，加快农村垃圾、生活污水和村容村貌治理，加强乡村道路、农村饮水等基础设施建设，全面推进美丽宜居乡村建设，推动形成产业兴旺、生态宜居、乡风文明、治理有效、生活富裕的农业农村发展新格局。

三、高站位做好生态环境保护，推进城市双修，统筹污染防治和生态文明建设

深入学习贯彻习近平生态文明思想，牢固树立“绿水青山就是金山银山”的理念，坚决扛起生态环境保护的政治责任。

坚持空气质量改善优先原则，完成三年蓝天保卫战年度任务，全力打好污染防治攻坚战，统筹生态环境治理与民生改善，逐步科学解决城市老旧片区的清洁供暖问题，继续加大扬尘污染、企业排污等治理力度，提升污水处理能力，坚决抓好中央和省环保督察反馈意见的整改落实，“控煤、治污、管车、降尘”多管齐下，推进全区环境质量持续改善。

高品质推进东山生态绿化，结合美丽乡村建设，实施小山沟、占道等10个村庄绿化工程，完成董家庄灌改经济林增效示范工程，加大耕地保护力度，推进河道治理和水毁修复工程，进一步改善村居环境，全力打造东部生态屏障。

积极创建省市级园林绿化单位和园林化居住区，高标准打造绿化示范街，对南内环东街、起凤街、新建路等道路进行绿化提质改造，创优休闲宜居空间。

四、大力加强宣传思想文化工作，进一步提高省城文化中心的影响力

按照中央和省市委宣传思想工作会议要求，全面落实好举旗帜、聚民心、育新人、兴文化、展形象的各项任务。一要用好各种宣传阵地和资源，继续办好《迎泽之窗》，不断延伸理论宣传触角，以群众喜闻乐见的形式，开展面对面、心贴心、实打实的宣讲工作，指导全区党员干部学好用好习近平新时代中国特色社会主义思想。二要结合迎接建国70周年，深入宣传报道全区持续推进改革创新工作的新举措新成效，涌现出的先进人物和典型事迹，进一步营造加快“建设省城首善之区”的浓厚舆论氛围。三要持续引深“担复兴大任、作时代新人”主题活动、社会主义核心价值观培育践行活动和“道德模范、迎泽好人、最美人物”选树活动，深入开展精神文明创建活动，培养造就一大批“爱迎泽、建迎泽”的时代新人。四要充分运用区域内的丰富文化资源，坚持“群众文化活动季”做法，继续开展送戏下乡、电影放映等文化惠民活动，更好满足人民群众精神文化需求；全面传承、保护、利用好各类历史文化资源，凸显迎泽厚重的历史文化价值，强化“首善迎泽、老城新韵”的城区特色和文化品位。五要充分运用新媒体手段，全方位、多角度宣传迎泽经济社会发展新面貌新成果，向外讲好迎泽故事，不断提升迎泽的美誉度和知名度，塑造“省城首善之区”的良好形象。

五、全力保障和改善民生，努力提升人民群众获得感幸福感

认真践行以人民为中心的发展思想，以更深的感情、更重的责任、更大的力度、更实的举措，高度关注人民群众新期盼新要求，扎实做好各项民生实事，在学有所教、劳有所得、病有所医、弱有所扶上不断取得新进展。

促进高质量充分就业，健全创业培训、创业服务、政策扶持“三位一体”就业工作机制，做好高校毕业生、城镇就业困难人员、失业人员、农村贫困劳动力等群体的就业创业工作，切实维护劳动者合法权益。

办好人民满意教育，继续推进义务教育优质均衡发展，加快学校基础设施建设，启动36中、37中、39中改扩建二期工程，完成17所学校创客基础建设，整合教育资源，缩小城乡、区域、校际差距，大力发展学前教育，扎实推进社区教育，推动迎泽由教育大区向教育强区迈进。

加快推进区中心医院新址建设项目。建立迎泽区医疗信息中心，推广“互联网+医疗健康”应用，实现线上线下医疗服务有效衔接。扎实推进县乡医疗卫生机构一体化改革，探索建立以省市级医院为龙头的区域医联体，方便辖区居民看病就医。

进一步创新社区管理方式，全面实施社区活动场所和公益性设施提档升级工程，建立智慧社区平台，实现居民零距离体验社区服务。全面做好弱势群体社会救助，不断扩大社会保障参保人群和险种覆盖面。落实优抚安置政策，扎实做好退役军人服务保障工作。继续精准帮扶娄烦县静游镇，巩固脱贫成果。配合做好“二青会”筹备工作。

六、加强和创新社会管理，确保社会和谐稳定

今年是新中国成立70周年，大事要事喜事多，要把维护社会稳定和确保安全生产放在突出位置，切实维护社会和谐稳定和人民群众生命财产安全。

牢固树立总体国家安全观，坚持底线思维，强化风险意识和忧患意识，切实做好防范化解重大风险各项工作。继续深化“社会矛盾化解年”工作，落实党中央关于维护政治安全的各项要求，开展重大社会稳定风险防范化解专项行动，确保全区政治安全。增强防范化解重大风险的政治自觉和责任担当，创新发展新时代“枫桥经验”，引深先导区建设，完善项目化管理，落实领导包片包案、部门联动化解等机制，探索政府购买法律、心理咨询等专业服务，推动矛盾纠纷多元化解，夯实工作基础，守住稳定底线，为全区改革发展营造良好环境。

坚持党对政法工作的绝对领导，加快推进社会治理现代化，创新组织群众、发动群众机制，让群众的聪明才智成为社会治理创新的不竭源泉；扎实开展“七五”普法，落实机关工作人员学法用法制度，增强市民法治观念，提高党员干部法治思维和依法办事能力；加快推进立体化、信息化社会治安防控体系建设，推进社会治理创新，提升综合治理能力，打造全民共建共治共享社会治理新格局。推进平安迎泽建设，依法严厉打击各类违法犯罪活动，特别要紧盯涉黑涉恶重大案件、黑恶势力经济基础、背后“关系网”“保护伞”不放，完善策略方法，保持强大攻势，在打防并举、标本兼治上下真功夫、细功夫，确保扫黑除恶专项斗争取得实效长效。

始终重视安全生产，严格落实党政领导干部安全生产责任，抓好源头预防、风险管理和智慧监管，强化安全风险分级管控和隐患排查治理双重预防，夯实基层基础，全面传导压力，做好重点行业、重点领域、重点部位专项整治，坚决遏制重特大事故发生。加强应急体系建设，强化应急值守，提高救援处置能力。强化食品药品安全治理，确保群众饮食用药安全。

七、大力加强民主政治建设，进一步营造团结和谐的政治局面

充分发挥区委总揽全局、协调各方的领导核心作用，支持区人大及其常委会依法充分行使职权，进一步增强人大对宪法、法律实施情况和“一府两院”监督的有效性。充分发挥人民政协作为协商民主重要渠道和专门协商机构作用，支持政协开展多种形式协商活动，促进协商成果转化落实。充分发挥中心城区统一战线成员来源广、层次高、影响大的优势，扩大统战工作覆盖面，凝聚强大合力。做好非公有制经济领域统战工作，构建“亲”“清”新型政商关系。认真贯彻党的宗教工作方针政策，引导宗教与社会主义社会相适应。进一步加强对工、青、妇等群团组织的领导，深化群团改革，切实增强群团工作的政治性、先进性、群众性。加强国防教育，深化双拥共建，巩固和发展军政军民团结。

推动全面从严治党向纵深发展
筑牢改革开放政治保证

坚持党的领导，全面从严治党，是改革开放成功的关键和根本。全区上下要认真落实新时代党的建设总要求，以深入开展“改革创新、奋发有为”大讨论为契机，不断提高管党治党水平，以更强的创造力、凝聚力、战斗力推进新一轮改革开放。

坚持把党的政治建设摆在首位。全区各级党组织和广大党员干部要进一步增强“四个意识”、坚定“四个自信”、践行“两个维护”，把学习领会习近平新时代中国特色社会主义思想、习总书记视察山西重要讲话精神和在庆祝改革开放40周年大会上的重要讲话精神贯通起来，认真学习省委十一届七次全会和市委十一届六次全会精神，扎实开展“不忘初心、牢记使命”主题教育，确保中央和省市各项决策部署在迎泽区不折不扣贯彻落实。严格执行新形势下党内政治生活若干准则，严格落实民主集中制，坚决防止和反对各种不良作风，营造风清气正的良好政治生态。把守好政治方向作为意识形态工作的重要职责，强化对社会热点、理论热点的引导，突出阵地和队伍管理，确保意识形态领域政治安全。

坚持和加强党的全面领导。中国共产党是中国特色社会主义事业的坚强领导核心，是最高政治领导力量，各个领域、各个方面工作都必须坚定自觉坚持党的领导。

区委要始终发挥总揽全局、协调各方的领导核心作用，不断提高把方向、谋大局、定政策、促改革的能力和定力。全区各级党组织要增强大局意识，对区委的各项决策部署做到步调统一，令行禁止。全区党员干部要自觉加强学习，着力完善知识结构、增长实践才干，把党的领导贯彻和体现到各个领域各项工作中。

打造勇担当善作为的干部队伍。树立正确选人用人导向，对照新时代新担当新作为的要求，全面引深时代新人活动，激励和发现更多的优秀干部，进一步把敢不敢扛事、愿不愿做事、能不能成事作为识别干部的重要标准，选拔重用一批在改革创新上有见识、有担当、有作为的干部，全面落实激励干部担当作为、合理容错“两个办法”，为担当的干部担当，为负责的干部负责，充分调动广大党员干部改革创新、干事创业的主动性、积极性和创造性。加大干部专业化培训力度，重点推动领导干部提升学习力、增强领导力、提高创新力、强化执行力，打造一支不畏难、敢担当、善作为的干部队伍。

建设坚强有力的基层组织。坚持把党支部建设作为最重要的基本建设，突出基层组织政治功能，落实基本制度，加强支部规范化标准化建设，不断增强基层组织的凝聚力、战斗力，推动基层支部真正成为团结群众的核心、教育党员的学校、攻坚克难的堡垒。按照“精简、统一、高效”的原则，加快推进街道管理体制改革；围绕加强“三基建设”，整合党建、文化、社会组织等服务资源，加快推进区、街镇、社区党群服务中心建设。深入贯彻落实《中国共产党农村基层组织工作条例》，扎实推进农村基层组织建设，为农村改革发展稳定提供坚强政治和组织保证。创新城市基层党建，扩大基层组织有效覆盖，重点加强非公经济组织和社会组织等领域的党建工作，确保哪里有党员群众，党的组织就跟进到哪里、党建工作就开展到哪里。抓好“互联网+党建”服务群众工作信息系统建设，在完善功能、提升服务、全面覆盖、扩大影响上下功夫，努力打造具有迎泽特色的基层党建新模式。

推动正风肃纪反腐走向深入。把力戒形式主义、官僚主义作为重要任务，对享乐主义、奢靡之风等歪风陋习露头就打，采取有效管用的整治措施，时刻防范各种新动向新变异，坚定不移纠“四风”、树新风，以作风建设的新成效进一步取信于民。巩固发展反腐败斗争压倒性胜利，紧盯重大工程、重点领域、关键岗位，强化对权力集中、资金密集、资源富集部门和行业的监督，对存在的腐败问题，发现一起坚决查处一起。深化标本兼治，夯实治本基础，既有力消减存量，又有效遏制增量，深化监察体制改革，完善健全监督体系，一体推进不敢腐、不能腐、不想腐，不断提升反腐败工作的法治化、规范化水平。持续整治群众身边腐败和作风问题，突出抓好整治民生领域腐败、扶贫领域腐败、涉黑涉恶腐败三项重点工作，切实增强人民群众的获得感幸福感安全感。

政府工作报告（摘要）

——在太原市迎泽区第五届人民代表大会第四次会议上

太原市迎泽区区长　李　慧

（2019年2月19日）

2018年工作回顾

2018年是贯彻落实党的十九大精神开局之年，也是实施“十三五”规划承上启下的关键之年。一年来，在市委、市政府和区委的坚强领导下，在区人大、区政协的监督支持下，我们紧紧团结依靠全区人民，坚持稳中求进工作总基调，坚持新发展理念，统筹推进经济社会发展各项工作，较好地完成了区五届人大三次会议确定的目标任务。

经济发展持续向好，区域综合实力稳步提升。围绕“一个主攻方向、两个商圈、三个板块、四个园区、五项产业”的战略布局，持续推进产业结构优化升级，经济发展稳中向好、稳中有升、稳中提质。全区地区生产总值首次突破700亿元大关，完成768.6亿元，增长8.9%，绝对量继续保持全市十县区之首；服务业增加值完成670.5亿元，增长9.1%；社会消费品零售总额完成409.5亿元，增长8.5%；规模以上工业增加值完成40亿元，增长12.1%；一般公共预算收入完成20.1亿元，增长31.6%。固定资产投资完成92.2亿元，下降5.6%。

转型升级步伐加快，产业结构优化成效显著。推动商贸服务业集聚化、生产性服务业专业化、生活性服务业品质化，积极构建与城市化进程相协调、与城乡居民需求相适应的现代服务业体系。结合产业结构优化，调整招商引资方向，签约万科城市之光、万豪广场等17个项目，引进资金238.3亿元。加快特色小镇建设，森栖谷休闲农业山庄初具规模。以转型项目建设年为契机，全年储备项目80个，累计完成投资67亿元。大力发展文化旅游事业，全年旅游收入达165.1亿元。积极培育高新技术企业，投入“双创”资金1302万元，打造省级众创空间8家、科技孵化器1家、工程技术研究中心6个，省级及以上重点实验室16个，新推荐认定国家高新技术企业29家，纳入国家科技型中小企业信息库63家，发明专利申请量435件，高铁非金属声屏障等3项新产品填补国内空白，新兴产业对经济增长的贡献进一步增强。

加大建设管理力度，城乡宜居指数持

续增长。完成双塔北路、火车站东广场等全市重点工程房屋征收，累计征收5.9万平方米。稳步推进城中村改造，拆迁“清零”25万余平方米，新建安置房26.5万平方米。扎实做好棚户区回迁安置工作，分配安置房5224套。松小线（松庄—水峪段）市政道路建成通车，孟家井—柳沟等4条“四好农村路”推进顺利，东祁家山凿井工程全面完成，东部地区基础设施日趋完善。深入推进城市管理执法体制改革，成立全市首家执法便民服务中心，实现了立案、审理、处罚“三集中”。积极推进垃圾分类，创建示范小区22个，辖区党政机关垃圾分类实现全覆盖。持续打击违法用地、违法建设，全面完成了“大棚房”清理整治。举全区之力创建全国文明城市，以“九乱”整治为抓手，累计投入2亿余元，打造文明交通街巷59条，综合整治背街小巷66条、老旧小区231个、集贸市场8个、“五小”门店1170个，新建公厕5座。深入开展农村环境综合整治，9个村完成绿化升级，15个村建立了垃圾收运体系，城乡宜居度、美誉度、认同度不断提高。

扎实推进综合治理，生态环境质量明显改善。深入践行绿水青山就是金山银山理念，全面落实河长制，持续管控扬尘、治理散煤，稳步推进工业企业提标改造，坚决取缔“散乱污”企业，持续强化农业面源污染防治，蓝天碧水净土保卫战成效显著，环境空气质量综合指数、SO_2、$PM_{2.5}$同比下降7.7%、38%和13.8%。围绕空气质量精细化管理，创新“网格化布点+数据分析”监管模式，打造“智慧环保”系统，构建了覆盖全区、责任到人、实时监控的环境监管网络。中央环保督察“回头看”反馈问题全部办结。深入推进城乡绿化美化，东部地区提档造林2200亩，建成区新建小游园小绿地10个。

突出抓好民生实事，各项社会事业全面发展。坚持以人民为中心的发展思想，区财政83.5%的财力用于改善民生和发展社会事业，10件惠民实事基本完成。基本公共服务水平稳步提升，全年新增就业17567人，城镇登记失业率控制在4%以内；积极推进社会保障全覆盖，各类保险参保人数超额完成年度计划；不断提升托底保障能力，最低生活保障标准每人每月提高40元，临时救助年封顶线由1万元提高到5万元。坚持教育优先发展，完成了36中、37中、39中等学校一期改扩建工程，东岗小学、并州路小学、双东小学、37中东校顺利迁入新址；新建15个智慧教室和10个创客实践基地；国家统编义务教育教材使用和幼儿园责任督学挂牌督导工作，受到教育部好评。深化县乡医疗卫生机构一体化改革，推进家庭医生签约服务，重点人群签约率达60.1%；基本公共卫生服务项目代表全省接受国家考核，获全国第六名。深入实施文化惠民工程，郝庄镇获评省级文化艺术之乡；广泛开展全民健身活动，人民群众健康水平稳步提高。圆满完成对口精准帮扶任务，娄烦县静游镇8186人脱贫。

持续深化社会治理，安全稳定大局不断巩固。深化安全生产领域改革，在全市首家推行企业负责人安全履职述职，试点实施建筑业领域安全承诺制，扎实开展安全生产大检查和各类专项整治，事故起数、伤亡人数、直接经济损失实现“三下降”。认真学习新时代“枫桥经验”，扎实开展社会矛盾化解年活动，全年调处矛盾纠纷2477起，成功率达96%。深入推进扫黑除恶专项行动，打掉犯罪团伙15个，社会治安综合治理能力全面加强。创新食药监管模式，建立了食品安全追溯体系，开展“食品安全你点我检”活动1800余次，完成270家餐饮单位“明厨亮灶”改造，保障了群众舌尖上的安全。狠抓非洲猪瘟疫病防控，有效预防了疫情发生。

着力加强自身建设，人民群众满意度不断提高。深入学习习近平新时代中国特色社会主义思想和党的十九大精神，贯彻落实习近平总书记视察山西重要讲话精神，严格执行中央八项规定及其实施细则，狠抓“四风”整治，推动“两学一做”学习教育常态化制度化。认真落实区人大及其常委会各项决定，主动接受区政协民主监督，全年办理人大代表建议111件，政协提案159件，办结率100%。坚持依法行政，完善政府法律顾问工作制度，重大事项合法性审查实现全覆盖；积极落实行政负责人出庭应诉制度，行政诉讼案件同比下降43%，胜诉率达89.7%。大力推动政务公开，主动公开各类政务信息2665条，保障了人民群众知情权。深入推进“放管服效”改革，企业开办时间压缩到3.5个工作日。认真贯彻全面从严治党新要求，强化党风廉政建设，严肃查处了一批违纪违法案件。

双拥工作深入开展，退役士兵安置和权益保障政策全面落实。坚持依法管理宗教事务，确保宗教领域和谐稳定。审计、统计、档案、史志、防震减灾工作取得新成效。侨务、对台工作得到加强。妇女儿童、青少年、老龄、残疾人、慈善事业等工作取得了新成绩。

在肯定成绩的同时，我们清醒地看到，我区长期积累的结构性、体制性矛盾还未从根本上解决，新兴产业支撑不足，经济发展的质量和效益有待进一步提高；民生领域短板亟待补齐，人民群众关心的热点、难点问题还需进一步破解；城乡建设管理成效与人民群众期盼还有差距，在提升精细化、长效化管理方面还需下更大功夫；生态环境依然脆弱，保护环境还需付出更多努力；政府职能转变不够到位，营商环境仍需进一步优化；一些干部作风不实、效率不高、担当精神不足的情况依然存在，政府自身建设仍需进一步加强等等。对此，我们要坚持问题导向，采取有力措施，切实加以解决。

2019年工作安排

2019年是新中国成立70周年，是决胜全面建成小康社会的关键之年，是我区加快推进首善之区建设的攻坚之年。我们要以新举措新业绩回应全区人民新需要新期盼。

主要预期目标是：全区地区生产总值增长8%，服务业增加值增长8%，社会消费品零售总额增长8%，一般公共预算收入增长8%，规模以上工业增加值增长6%，固定资产投资增长10%。约束性指标全面完成省、市下达任务。

上述目标的确定，既体现了高质量发展的要求，为转型发展、结构调整预留了空间，又体现了主城区的责任和担当，为决胜全面建成小康社会、建设省城首善之区奠定了坚实基础。如期完成全年目标，任务十分艰巨，要深刻认识当前经济社会发展的复杂环境，增强忧患意识，坚持底线思维，冷静应对经济运行中的各种矛盾、问题、风险；要牢牢把握我省在“两转”基础上全面拓展新局面和我市奋力实现“两个走在前列”的重大机遇，坚定信心、稳扎稳打，努力巩固和发展稳定向好的势头。

为此，要重点抓好以下七个方面工作：

一、深入实施第三产业振兴工程，扎实推动经济高质量发展

明确目标定位，补齐发展短板，科学谋划、稳步推进，以“提档、提标、提速”为抓手，全面推动第三产业发展量质并举，筑牢迎泽服务业大区地位。

着力加快商贸服务业提档升级。紧紧抓住消费升级这一重大机遇，增强消费驱动引领作用，坚持政策引导和市场化原则相结合，出台鼓励传统商贸企业转型发展的政策举措，谋划建立“商家差异经营、商圈一体发展”的街区商业综合体。坚持文化助力和商贸提升相结合，深入挖掘柳巷历史文化内涵，以老字号和大型商贸企业为点，实施食品街、钟楼街、桥头街、海子边连片改造；结合全国文明城市创建，高标准实施食品街、开化寺街时尚灯光秀，综合整治街区立面、路面和城市家具，启动智慧交通建设，缓解停车难问题。支持食品街、中正天街提升改造高品位步行街，努力打造集观光、购物、休闲为一体的标志性商业街区。坚持消费模式创新和扩大消费相结合，推动朝阳商圈企业加快动能转换，优化产业结构，创新运营模式，拓展线上商城，打造线下高端展示店和体验店，实现线上线下深度融合发展。大力发展特色产业街，鼓励社会资本参与开发建设和运营管理，重点打造一批金融、文化、餐饮等特色产业街区。

着力推动新兴服务业提标发展。稳步提升文化、旅游、教育、医疗、康养等需求潜力大、带动作用强的幸福产业，积极培育网络消费、定制消费、体验消费等新热点，实现服务业整体升级。聚焦发展园区经济，按照“精、尖、优”的标准，加快推进国家火炬计划迎泽特色产业基地建设，打造承接、孵化、集聚现代生产性服务业平台，创新运营管理方式，通过园中园、功能区等模式，同步规划医疗器械、文化创意等新兴产业园区，力争年内有实质性进展。聚焦发展楼宇总部经济，完善落实奖励扶持政策，实施总部经济高质量发展三年行动，推动总部楼宇向科技型、外贸型、生产性高端服务产业等特色楼宇发展。聚焦发展科技型新兴产业，启动纳德西生物、川洲电气等项目，培育产业转型发展的新引擎。聚焦实施“文旅+”战略，以双塔景区、食品街 AAA 级景区和台骀山 AAAA 级景区为核心，整合文物旅游资源，设计开发“一日游”“短途游”精品旅游线路和特色文旅产品，打造全域旅游示范区。

着力抓好项目建设提速增效。按照大抓项目、抓大项目的工作思路，强力推进储备、招商、签约、落地、建设、达效项目全生命周期建设。加大储备力度，强化重大项目库管理和应用，重点在补短板、强弱项、优化结构等方面下足功夫。强化项目服务，深化重大项目领导包联、协调督查、跟踪服务等工作机制，加大用地、规划、立项、融资等协调力度，着力破解要素制约，推动重大项目早落地、早开工、早投产、早见效。围绕强产业促转型，重点抓好一心堂生物医药研发加工中心、恒伦数字口腔服务中心、盛科金融中心等项目建设，为迎泽发展提供强力支撑。

二、坚持弘扬改革创新精神，不断拓展转型发展新局面

把改革创新作为高质量发展的强大动能，全面掀起思想再解放、改革再深入、创新再发力、开放再提质、工作再抓实的新高潮，在更高起点上推动新时代改革开放再出发。

深化“放管服效”改革。围绕打造“六最”营商环境，以深化审批服务便民化改革为突破口，持续推进简政放权等八个方面的工作，落实减税降费政策，切实降低企业制度性交易成本。深化企业投资项目承诺制改革，建成连通省市，覆盖区、街（镇）、社区（村）三级的“互联网+政务服务”体系，推行“一网一门一次”改革，力争行政审批事项网上预约率达 100%，预审率达 70%，区级行政事务审批最多跑一次。深化商事制度改革，全面推开“证照分离”“照后减证”，建立公平竞争审查制度，依法保护企业家财产和人身安全，着力构建“亲”“清”新型政商关系，以政府的担当作为、优质服务提升人民群众和市场主体满意度。

推进区属企业改革。立足区属企业实际，继续探索多种途径相结合的企业改革新方式，逐步建立健全现代企业制度，实现传统企业向现代企业转变，力争再启动 5-10 家企业改制工作。强化区属企业管理，健全完善考核测评、监督检查等机制，加大经济责任审计力度，推动企业规范有序运行。大力实施品牌战略，支持老字号企业练好内功、对接市场做大做强，引导特色老企业争创中华老字号等荣誉称号，推动企业焕发新生机。

支持民营经济发展。深入贯彻习近平总书记在民营企业座谈会上的讲话精神，用足用好省、市支持民营经济发展若干政策，制定出台支持民营经济高质量发展的具体措施，让民营企业增强获得感。加大服务保障力度，建立领导干部与民营企业联系服务等制度，落实涉企行政事业性收费“零收费”，降低民营企业生产经营成本。鼓励民营企业参与区属企业改革，支持民营资本采取混合所有制方式，参与政府和社会资本合作项目。优化民营经济发展环境，建立和完善咨询投诉举报平台，组建民营企业法律顾问团，推动民营经济健康发展。

激发科技创新活力。紧紧抓住我市创建国家可持续发展议程创新示范区的重大机遇，大力发展新材料、人工智能、大数据等科技项目，进一步加快科技成果转化应用。依托中科院煤化所、省林科院、省日化所等科研机构，搭建科研院所与企业对接平台，打造环科研院所高新产业服务带，共建共享科技成果转化资源。加快迎泽区人才公寓建设，激发高端人才的链式效应。深入开展“双创”活动，落实国家、省、市扶持政策，用好科技引导基金，鼓励众创空间和科技孵化器向专业化、精细化方向发展，力争新增高新技术企业 10 家、新兴研发机构 3 家，培育一批国家级众创空间、科技孵化器和技术服务示范机构。

强化招商引资工作。加强顶层设计，结合产业基础、资源禀赋，制定和完善全区产业布局规划。加强招商引资需求侧和供给侧研判，细化完善产业招商图谱，围绕重点产业，对目标区域、目标企业精准定位。牢牢把握我省主动融入国家发展战略扩大开放的有利契机，优化营商环境，做好项目化管理和全方位服务。加强招商引资考核奖惩，建立完善科学评价体系，增强招商引资积极性和主动性。主动对接京津冀一体化、雄安新区、粤港澳大湾区等国家区域发展战略，深度开展交流合作，实施精准招商、专业招商、以商招商，引进落地一批信息技术、节能环保、智能制造、生物医药等项目。

三、全面提升建设管理水平，打造宜居宜业城乡环境

结合“二青会”召开和深化创建全国文明城市工作，加强基础设施建设，实施“城市双修”，优化城市布局，完善城市功能， 提升管理水平，努力建设高品质、现代化的和谐宜居城区。

进一步加强基础设施建设。积极开展地铁 2 号线房屋征收工作。实施水马路和南内环东街、南十方街、西太堡街等道路东延改造工程，拓展发展空间。积极推进城中村改造拆迁“清零”、安置房建设和手续办理；稳妥推进桥东街、青年东街、并州东街等棚户区回迁安置，协调完善水电气暖等基础设施，科学布局教育、文化、医疗等公共服务设施，确保群众回迁的同时拥有宜居宜业的生活环境。深入推进“四好农村路”建设，按照市政道路标准实施松小线水峪—观家峪段道路改造，启动孟小线、张新线等旅游公路建设，打通港道—锦林路、麻地沟—小店界等断头路，为全面实施东山产业振兴战略提供保障。

进一步提升精细化管理水平。理顺城市管理体制，推行综合执法。持续加大人工清扫保洁、机械化清扫降尘力度，进一步提高道路洁净度。创新垃圾收集处置方式，建设分类收运和终端处理体系，设立大件垃圾和装修垃圾分解中心，扩大垃圾上门收集范围。加强无物业楼院管理，严格执行“两扫全保”和末位考核淘汰等制度，有效解决无物业院落环境脏、乱、差等问题。推进厕所革命，按需布点建设公厕，缓解如厕难问题。持续引深全国文明城市创建，深入开展文明交通、背街小巷、老旧小区等“九乱”专项整治。探索建立小街巷管理全民参与机制，选聘一批“小巷管家”，实现街巷环境共管、共治、共享。按照疏堵结合原则，因地制宜规划建设一批集贸市场、停车场和垃圾中转站，方便居民生活。

进一步推动乡村振兴提质增速。按照产业兴旺、生态宜居、乡风文明、治理有效、生活富裕的总要求，以“三个提质工程”为着力点，推动产城融合、城乡融合，开创我区农业农村工作新局面。实施规划提质工程，启动郝庄镇田园综合体和美丽乡村规划建设，努力打造全市首家“两山”理论实践创新基地。实施环境面貌提质工程，全面深入推进农村人居环境整治三年行动，年内力争再打造2-3个美丽宜居示范村。积极推进农村集体产权制度改革，启动土地利用“五规合一”试点工作，开展第三次国土调查，建立互联共享、覆盖全域的数据库。严厉打击“两违”，坚决杜绝“大棚房”。实施产业提质工程，摒弃小散乱农业作坊经营发展模式，全力推进规模化、现代化、特色化产业发展。

四、大力发展社会民生事业，持续增进人民群众福祉

把保障和改善民生摆在突出位置，紧紧围绕教育、就业、医疗、养老等与群众利益密切相关的问题，健全公共服务体系，补齐民生短板，统筹推进社会事业再上新台阶。

办好人民满意教育。加快学校基础设施建设，启动36中、37中、39中二期和王家峰、小五台、二实验等学校改扩建工程，引进志达中学等知名教育资源。认真做好外来务工人员随迁子女入学、升学工作，保障享有平等接受义务教育的权利。大力推进办学模式改革，促进公办民办学校协调发展，持续增加优质学位，缩小城乡校际差距，着力化解“大班额”“择校热”难题，进一步推进义务教育优质均衡发展。

千方百计扩大就业。全面落实就业创业扶持政策，实施就业“五项工程”，健全创业培训、创业服务、政策扶持“三位一体”工作机制，确保全年新增就业1.67万人，创业带动就业4000人。加大就业援助力度，帮助2000名城镇就业困难人员就业、7500名城镇失业人员再就业，完成300名农村劳动力转移就业，确保“零就业”家庭动态清零。深入开展非法用工专项整治，建立健全劳动用工登记备案制度，强化劳动保障监察，切实维护劳动者合法权益。

着力提升全民健康水平。健全完善队伍建设、绩效工资、激励考核等运行机制，激发基层医疗卫生机构活力。加快推进以康复为特色的区中心医院新建项目。启动区疾控中心规范化建设试点工作，争创“国家级慢性病综合防控示范区”和“省级健康促进县（区）”。探索“医养结合”服务新模式，通过设置康复床位、开展居家护理服务和家庭医生签约服务三方联动，打造15分钟医养融合服务圈。扎实推进县乡医疗卫生机构一体化改革，探索建立以省市级医院为龙头的区域医联体，缓解群众看病难等问题。

不断提高社会保障能力。深入实施全民参保计划，持续扩大社会保险参保人群和险种覆盖面。推进多元化养老服务体系建设，提高低保、特困人员供养标准，保障下岗失业、就业困难等群体基本生活。全面落实优抚安置政策，切实做好退役军人服务保障。深入开展农村特殊群体关爱、孤残儿童生活保障工作，加强和改进流浪乞讨人员救助管理，全力做好0–6岁残疾儿童康复救助等工作。

扎实推进社区建设。持续引深“三基建设”，全面实施社区（村）活动场所和公益性设施提档升级，启动区、街（镇）、社区（村）三级党群服务中心建设，整合党建、文化、社会组织等服务资源，提升综合服务能力。加强社区干部作风建设，提升“两委”班子履职能力。创新社区管理方式，引进腾讯海纳，打造智慧社区平台，提高服务效率。

大力繁荣文化事业。深刻领会、准确把握习近平新时代文化思想，积极培育和践行社会主义核心价值观，坚定文化自信，增强文化自觉。举办主题鲜明、形式多样的庆祝新中国成立70周年系列活动，激发广大干部群众的爱国热情和干事创业激情。提升市民文明素养和社会文明程度，配合全市做好“二青会”保障工作。启动集文化馆、图书馆、美术馆、档案馆和全民健身活动中心等为一体的区综合文体中心建设。积极开展文化惠民和群众性体育活动，新建健身步道4公里、全民健身路径10条、笼式足球场1个，更好地满足人民群众精神文化需求。

加强国防动员、国防后备力量和人民防空建设，推动军民融合发展。深化双拥共建工作。继续做好对娄烦县静游镇的精准帮扶，巩固脱贫成果。支持工、青、妇等人民团体更好地发挥桥梁纽带作用。推进民族团结进步，促进宗教和谐和睦。全面做好统计、老龄、地方志、档案管理、防震减灾等工作。

五、深入推进生态文明建设，谱写美丽迎泽新篇章

牢固树立绿水青山就是金山银山的理念，切实增强责任感和使命感，坚持问题导向，突出重点，综合施策，统筹推进污染防治和生态文明建设。

坚决打赢污染防治攻坚战。坚持“五管齐下”打赢蓝天保卫战、“五水同治”打好碧水保卫战、“五措并举”打响净土保卫战。建立健全长效机制，巩固中央环保督察“回头看”反馈问题整改落实成效，推动环境质量持续好转。完善空气质量监测网，加快污染源自动监控体系建设，提升环境监测水平。完成全国第二次污染源普查。配合实施建成区污水处理、雨污分流等设施建设，提升污水处理能力。推进南沙河等河道治理和水毁修复工程，改善周边生态环境。加大耕地保护力度，强化耕地土壤环境分类管理，推进耕地安全利用。

全力打好生态环境保卫战。加快推进东山造林绿化，扩大绿色空间，打造生态屏障，夯实环境基础。结合美丽乡村建设，实施大小线森防通道绿化，按照园林景点化标准，实施小山沟、占道等村庄绿化，完成董家庄灌改林工程，改善村居环境。扎实推进国家生态园林城市创建工作，新建3个街头绿地和2个游园，实施南内环东街、起凤街绿化提档升级，打造新建路绿化示范街，创建一批省市级“园林化单位”和“园林化居住区”，创优休闲宜居环境。

六、积极创新综合治理，筑牢社会发展安全防线

认真践行新时代“枫桥经验”，按照共建共治共享要求，创新群众工作方法，完善工作体制机制，保障人民安居乐业、社会安定有序。

持续维护社会大局稳定。牢固树立总体国家安全观，健全社会矛盾纠纷排查化解机制，深化项目化管理，重点做好城乡建设领域社会矛盾化解工作。扎实推进法治迎泽建设，深入开展“七五”普法，营造尊法学法守法用法的良好氛围。推进平安迎泽建设，重点开展平安校园、平安医院、平安铁路创建活动；持续开展扫黑除恶专项斗争，依法打击各类违法犯罪行为。有效防范、依法处置各类金融风险，严厉打击非法集资等不法行为。完成区涉案财物管理中心建设，启动文庙、长风东派出所和8个精品社区警务室新建工程，夯实基层基础。加强信访维稳工作，试点设立街（镇）信访接待中心，开展突出问题专项治理，探索政府购买法律、心理咨询等专业服务，推动疑难信访案件化解。加强社区服刑人员、刑满释放人员等特殊人群的服务管理，维护社会稳定。

坚持不懈狠抓安全生产。严格落实安全生产责任制，深入开展道路交通、危险化学品、消防、建筑施工、特种设备、人员密集场所等重点行业和领域专项整治，坚决遏制重特大事故发生。深化安全生产领域改革，健全巡查、约谈、重点行业领域企业负责人安全履职述职等制度。创新安全监管模式，在重点商贸企业启动智慧用电监管系统建设，提高科技兴安水平。强化食品药品监管，打造一批省级示范街和示范店，确保人民群众饮食用药安全。启动郝庄、老军营消防站建设。扎实做好粮食流通领域的各项工作，确保粮食市场稳定和粮食安全。强化应急值守，提高突发事件救援处置能力。

七、全面加强自身建设，努力打造人民满意政府

政治过硬、本领高强是做好工作的重要保证，要始终保持清醒有为的状态，夙兴夜寐、担当作为，努力建设人民满意的服务型政府。

增强政治定力。牢固树立“四个意识”，坚定“四个自信”，坚决做到“两个维护”，自觉在政治立场、政治方向、政治原则、政治道路上同以习近平同志为核心的党中央保持高度一致。认真开展“不忘初心、牢记使命”主题教育，扎实开展“改革创新、奋发有为”大讨论，始终做到政治纪律过硬、政治信仰过硬、政治担当过硬，确保各项事业沿着正确方向前进。坚持把党对一切工作的领导贯彻到政府工作各领域各方面，确保中央、省、市和区委各项决策部署不折不扣落地见效。

依法全面履职。把依法行政作为政府工作的基本准则，加强法治教育，提升干部法治意识，自觉运用法治思维、法治方式开展工作。依法接受人大及其常委会的监督，自觉接受人民政协的民主监督，主动接受社会舆论监督，认真听取人大代表、政协委员、民主党派、工商联、无党派人士和各人民团体的意见。健全重大行政决策机制和程序，始终做到科学决策、民主决策、依法决策。坚持公正文明执法，加强政务公开，充分发挥政府法律顾问作用，保障行政权力依法有序运行。

坚持从严治政。始终把纪律和规矩挺在前面，认真落实中央八项规定及其实施细则，驰而不息纠正“四风”，严格控制“三公”经费，强化常态监督。深入推进政府系统党风廉政建设和反腐败斗争，持续加强和规范党内政治生活，严格执行《中国共产党纪律处分条例》，对不担当、不作为、慢作为等问题严肃追责。深化财政体制改革，建立完善全方位、全过程、全覆盖的预算绩效管理体系；强化政府债务管理，加强风险防控，坚决制止各类违法违规举债和担保行为。强化审计监督，完善内审工作制度，积极开展投资审计。稳妥推进政府机构改革，优化职能配置，理顺职责关系，努力构建系统完备、科学规范、运行高效的政府工作体系。

改进工作作风。把作风建设作为一项长期性基础性工作抓紧抓实，坚决整治表态多调门高、行动少落实差等形式主义、官僚主义问题，努力打造忠诚干净担当的干部队伍。大力推进“一线工作法”，加强调查研究，解决实际问题，用好 13710 等督查、督办手段，全力为群众办实事、办好事。紧盯重点领域和关键环节，以“钉钉子”精神，以“踏石留印、抓铁有痕”的韧劲，抓住不放、一抓到底、抓出成效。构建“横向到边、纵向到底”的责任体系，列出清单、倒排工期，确保各项任务见实见效，以廉洁勤政、干净干事的实际行动，赢得人民群众的信任与支持。

2018年迎泽区大事记

A Chronicle of Major Events of Yingze District in 2018

1月

10日　迎泽区创建省级慢性病综合防控示范区。

24日　迎泽区食品药品监督管理局召开食安委全体会议暨“省级食品安全示范县”创建动员会。

25日　由迎泽区举办“不忘初心，牢记使命，担复兴大任，做时代新人”文艺汇演在山西省艺术职业学院星光剧场上演。

迎泽区卫生和计划生育局启动中医诊所备案管理，中医诊所由许可管理改为备案管理。

26日　区政协、区工商联和太原市心予社区服务中心共同举行“关爱特殊儿童、同画新春梦想”关爱自闭症儿童慈善公益活动。

2月

8日　区长李慧主持召开第一次政府常务会议。会议研究2018年经济工作、安全生产工作、机关事业单位养老保险制度改革政策衔接有关事宜、区文化馆改造有关事宜、2018年“四好农村路”建设工作、人事任免有关事宜。会议听取2017年脱贫攻坚对口帮扶工作汇报。

12日　迎泽区纪委召开五届三次全会。区委常委、纪委书记马子龙代表区纪委常委会作题为《不松劲、不停步、再出发，以永远在路上的执着把全面从严治党引向深入》的工作报告。会议总结2017年全区党风廉政建设和反腐败工作，研究部署2018年工作任务。

27日　区第五届人大常委会第十二次会议召开。会议进行人事任免，审议通过《关于接受闫晓琴辞职请求的决定（草案)》，依法任命王国栋、周靖华为迎泽区人民政府副区长，马子龙为迎泽区监委副主任、代主任；审议通过《关于接受部分区人大常委会委员、代表辞职的决议(草案)》。

3月

9日　迎泽区工商联四届二次执委会在太原服装城召开。

13日　区第五届人大常委会第十三次会议召开。会议作出关于召开迎泽区第五届人民代表大会第三次会议的决定（草案），审议通过迎泽区第五届人民代表大会第三次会议的有关事宜；讨论迎泽区政府工作报告（征求意见稿）、人大常委会工作报告（征求意见稿）；审议迎泽区2017年预算执行情况及2018年预算（草案）初步方案的报告；审议通过关于迎泽区2017年预算执行情况和2018年预算（草案）审查结果的报告。

16日　迎泽区私营企业第三次会员代表大会召开。

19日至22日　政协迎泽区第五届委员会第三次会议在山西饭店举行。会议批准张志勤代表政协第五届迎泽区委员会常务委员会所作的工作报告，批准王晓燕代表政协第五届迎泽区委员会常务委员会所作的提案工作报告。

20日至23日　迎泽区第五届人民代表大会第三次会议召开。听取和审议迎泽区区长李慧关于政府工作的报告；审查和批准区人民政府关于迎泽区2017年国民经济和社会发展计划执行情况与2018年国民经济和社会发展计划草案的报告，批准迎泽区2018年国民经济和社会发展计划；审查和批准区人民政府关于迎泽区2017年财政预算执行情况和2018年财政预算草案的报告，批准迎泽区2018年财政预算；听取和审议迎泽区人民代表大会常务委员会主任侯富田关于迎泽区人民代表大会常务委员会工作的报告；听取和审议迎泽区人民法院代院长田志勇关于迎泽区人民法院工作的报告；听取和审议迎泽区人民检察院检察长陈加林关于迎泽区人民检察院工作的报告；选举迎泽区监察委员会主任，选举迎泽区人民法院院长，选举迎泽区第五届人大常委会部分组成人员。

27日　李慧主持召开第二次政府常务会议，会议研究迎泽区政府性债务风险应急处置预案，迎泽区生态保护红线划定有关事宜，双塔景区回迁安置有关事宜，人事任免及区长、副区长分工事宜。

28日　迎泽区春季“重点期”“特险期”森林防火动员大会召开。

29日　李慧主持召开第三次政府常务会议。会议研究双塔景区、火车站东广场及双塔北路道路改造项目房屋征收决定、公告、补偿方案和中央巡视组转来群众来信反映的有关问题。

4月

2日至11日　太原市教育局中华优秀传统文化基地校认定专家组先后对迎泽区双西小学、大南关小学、东岗小学、第二实验小学、双南小学、双语实验小学、第

36中学、第37中学、第39中学等9所学校进行评估认定。

8日　迎泽区在全市率先启动污染源普查工作，落实太原市第二次全国污染源普查工作相关部署。

11日　首届山西太原非遗传承与现代商业模式融合发展研讨会召开。

17日　李慧主持召开第四次政府常务会议。会议研究《迎泽区促进楼宇经济发展的实施意见（试行）》和《迎泽区加快特色商业街区建设的实施意见（试行）》、区政府关于2015和2016年度财政决算情况审计问题整改报告、人事任免事宜。

20日　迎泽区代表山西省接受基本公共卫生服务项目国家级绩效考核。考核取得全国第六名的优异成绩，获得奖励资金272万元，奖励资金总额排名全国第四。

5月

3日至4日　太原市督学顾埃荣等一行7人，对国家义务教育基本均衡发展工作进行市级核查。

8日　区政协五届三次会议提案交办会在山西饭店举行，区政协主席张志勤、副主席王晓燕，以及区委常委、副区长王国栋参加，此次提案交办会共有全区30余家单位参加，涉及委员提案166件。

9日　李慧主持召开第六次政府常务会议，会议研究人事任免事宜。会议议定：同意闫俊力主持迎泽街道办事处工作，同意免去高宪强迎泽街道办事处主任职务。

区卫生和计划生育局、区计划生育协会在迎泽公园开展“爱心伴我回家路　用心点亮爱”黄手环发放活动，为全区1000名有走失危险的老人免费发放防走失定位贴。

15日　区第五届人大常委会第十五次会议召开，审议通过《双塔历史文化景区改造项目房屋征收情况》《城市管理全面提升工作情况》《美丽乡村建设情况》《关于司法体制改革情况的报告》等建议落实情况的报告，审议通过区人大常委会2018年工作要点。

由区政协、区委党校、区文化局联合举办的“迎泽区文化旅游讲座——唐风晋韵专题”在区文化馆举行。

17日　教育部教育督导局副局长向明灿、督导局督学管理处高磊在迎泽区对幼儿园责任督学挂牌督导工作的开展情况进行调研。

19日至21日　“名师成长”第三届“海峡两岸”全国高峰论坛语文课堂教学大赛在安徽省合肥市举行。迎泽区青年路小学教师马静荣获赛课一等奖和最佳人气奖两项殊荣。

23日　太原市安全生产第二巡查组对迎泽区贯彻落实《地方党政领导干部安全生产责任制规定》进行巡查，区委书记冯原平，区委副书记、区长李慧等参加。

25日　迎泽区民营企业家大讲堂开讲，邀请太原迎泽区中小企业会计学会会长胡建雄作题为《不忘创业初心　助力企业转型发展》专题讲座。区政协主席张志勤，区委常委、统战部部长闫晓琴，区政协副主席王晓燕，区工商联主席王天明，区委统战部副部长、工商联党组书记刘娜等参加。

26日　李慧主持召开第七次政府常务会议。会议研究《关于推进安全生产领域改革发展的实施意见（征求意见稿）》。会议听取棚户区改造及回迁安置工作情况汇报。会议研究事业单位公车改革方案、调整从业人员预防性体检机构等有关事宜。

30日　太原市纪委常务副书记、监委副主任杨万生一行对迎泽区政务服务中心进行检查指导。区纪委书记马子龙参加。

云南省政协常务副主席杨嘉武率考察组一行13人到迎泽区百年名校校尉营小学考察义务教育均衡发展工作。太原市政协副主席冯霞等参加。

31日　太原市政协主席张明星、太原市副市长兼市公安局局长马润生、太原市公安局迎泽分局局长秦书伟等到桃园小学，调研学校安全防护装置和周边交通安全设施设备。

太原市委副书记李新春，共青团委太原市委书记杜志强，迎泽区委书记冯原平，迎泽区区长李慧，迎泽区副区长杨永生，迎泽区教育工委书记、局长杨练兵等市、区领导到双西小学参加“争做新时代好队员——你好，新时代”太原市少年儿童庆“六一”主题队日活动。

6月

7日　太原市人大常委会副主任王爱萍到迎泽区调研疾病预防控制工作。

13日　区政协主席张志勤，副主席赵利军、王晓燕等到迎泽区政务服务中心开展提案办理现场督办活动。

14日　太原市政协副主席李俊林率考察组到第37中学调研迎泽区义务教育优质均衡发展工作。

29日　省委书记骆惠宁、市委书记罗清宇、市长耿彦波到迎泽区庙前街道，看望慰问困难党员闫静茹。

迎泽区教育工委举行纪念建党97周年表彰大会。

本月　迎泽区建立电子化注册系统，与国家电子化注册系统互联互通，实现医疗机构、医师、护士注册电子化管理全覆盖。

迎泽区开展安全生产月宣传活动。

7月

3日　张志勤带队在桃园小学、第36中学，就“关于加强中小学生心理健康教育”进行重点提案督办。

4日　李慧主持召开第八次政府常务会议。会议传达《国务院安全生产委员会关于印发安全生产约谈实施办法（试行）的通知》，通报全区安全生产月活动开展情况。会议研究成立迎泽区社区建设工作领导组、迎泽区公安涉案财物管理中心建设、对区交通运输局进行财政经费补助等事宜，人事任免等事宜。

5 日　迎泽区“深入学习习近平总书记关于加强和改进人民政协工作的重要思想”理论研讨会在山西饭店举行。

17 日　迎泽区全区档案工作会议召开。

19 日　第十四届中国国际合唱节暨国际合唱联盟合唱教育大会在北京举行，太原市迎泽区少年宫小黄鹂合唱团荣获银奖。

20 日　中国共产党太原市迎泽区非公有制企业委员会第一次党员大会召开。

22 日　迎泽区区属企业“昕宝泊车”APP 上线启动仪式暨新闻发布会在太原举行。路侧咪表泊车实现停车充值、在线支付、出行引导、车位实时查看等功能，标志着太原咪表停车产业迈入智能化、科学化的大数据时代，在山西率先实现城市级的停车智能管理。

8 月

2 日　李慧主持召开第九次政府常务会议，会议听取上半年经济运行情况汇报、食品药品安全工作汇报、2018 年 1—6 月份国民经济和社会发展计划执行情况的报告、2017 年度决算草案及 2018 年上半年预算执行情况的报告、2017 年度本级预算执行和其他财政收支的审计工作报告。会议研究财政借款事宜。会议议定：同意任命李晋斌为迎泽街道办事处主任助理（挂职两年）。会议集中学习《中华人民共和国监察法》。会议对创城工作、防汛工作、环保工作等其他工作进行研究。

6 日　张志勤、王晓燕、裴存锁等到迎泽区三虎烟酒行和中泰广场，现场督办“关于大力促进迎泽区招商引资和项目建设”的重点提案。

6 日至 10 日　迎泽区开展集中整顿非法客运专题行动。

12 日　太原市副市长张齐山在区委书记冯原平、区长李慧、庙前街办主任张文进的陪同下考察迎泽区庙前街道新海巷。

15 日　省委常委、太原市委书记罗清宇在新海巷调研背街小巷整治情况。

迎泽区人大常委会副主任秦宇星带领区人大视察组对迎泽区城市管理行政执法工作进行集中视察并专题座谈，副区长岳旭强参加座谈。

29 日　迎泽区第三次妇女代表大会召开。

30 日　迎泽区委副书记杨敦勤、区政府副区长岳旭强到娄烦静游镇开展扶贫活动。

9 月

7 日　迎泽区教育局召开“不忘初心　昂首奋进四十载　首善迎泽谱写教育新篇章”2018 年庆祝教师节活动。

迎泽区卫生和计生局被国家卫生和计划生育委员会评为“全国流动人口动态监测调查优秀单位”。

11 日　李慧主持召开第 10 次政府常

务会议。会议听取重点行业领域扫黑除恶工作汇报、2017 年安全生产目标责任制考核结果的汇报、精准扶贫工作情况汇报、老旧小区综合整治工作汇报、《棚户区改造限期整改有关事宜的报告》。会议研究地铁 2 号线房屋征收、《迎泽区科技计划项目管理办法（征求意见稿）》、采煤沉陷区地质环境专项治理有关事宜。会议对中秋、国庆期间有关工作进行安排部署。

19 日　迎泽区民营经济转型发展研讨会在并州饭店举行。

29 日　迎泽区“马克思书屋”建成完工。

30 日　冯原平等到迎泽大街长途汽车站检查国庆节前旅客运输安全生产工作。

10 月

11 日　罗清宇到海边街社区调研羊市街 28 号院暖气改造事宜。

15 日　李慧主持第 11 次政府常务会议召开。会议研究社区建设工作，听取 2018 年冬季供热工作准备情况。会议研究《迎泽区企业投资项目承诺制改革试点工作方案（试行）》、提高全额财政供养人员独生子女父母退休一次性奖励标准、2018 年科技计划项目、扫黑除恶工作、安全生产工作、环境保护工作等事宜。会议传达学习《中国共产党纪律处分条例》。

18 日　迎泽区政协“庆祝改革开放 40 周年暨迎泽区建区 20 周年政协委员书画展”在省民俗博物馆举行。

23 日　迎泽区举行庆祝改革开放 40 年暨建区 20 周年职工合唱比赛。

26 日　迎泽区组织民营企业家代表召开学习贯彻习近平总书记给“万企帮万村”行动中受表彰的民营企业家的回信精神座谈会。

31 日　李慧主持召开第 12 次政府常务会议。会议研究提高临时救助年封顶线、松小线（港道—观家峪段）拆迁建设有关事宜。会议听取关于棚户区改造居民安置工作情况的报告、关于防控非洲猪瘟疫情工作汇报、关于贯彻实施《山西省食品小作坊小经营店小摊点管理条例》情况的汇报。会议传达学习山西省机构改革动员大会精神。

11 月

8 日　李慧主持召开迎泽区区长办公会，专题安排迎接中央环保督察工作。

13 日　区政协党组（扩大）会议在山西饭店召开，会议传达学习《关于加强新时代人民政协党的建设工作的若干意见》的主要内容，学习省委十一届六次全会和市委十一届五次全会精神。

14 日　李慧主持召开第 13 次政府常务会议。会议研究中央环保督察“回头看”整改工作，会议听取经济运行情况汇报、创建文明城市“九乱”整治工作汇报、关于防控非洲猪瘟疫情工作进展情况汇报、关于“大棚房”问题专项清理整治情况汇报、关于城中村改造清零工作情况汇报。

19日　国家统计局普查中心主任董礼华、调查处处长冯晓静一行在太原市统计局局长何爱萍等人的陪同下，到庙前辖区的企业——太原市竞天法律服务所调研四经普工作情况。

21日　区第五届人大常委会第十八次会议召开，审议通过《关于接受高宪强辞去太原市迎泽区第五届人民代表大会代表职务的决议（草案）》等。

23日　冯原平主持召开区委常委（扩大）会议暨区委中心组（扩大）学习会议。

12月

1日　迎泽区中医医院通过二级甲等医院评审验收。

2日至5日　区人大常委会配合市人大对创建全国文明城市活动进行督导。

5日至10日　庙前街道迎接全国文明城市检查验收组的检查。

10日　李慧主持召开第14次政府常务会议。会议研究《关于进一步加强和完善内部审计工作的意见》，听取《关于2017年预算执行和其他财政收支审计工作人大审议意见建议的落实情况报告》《关于区五届人大三次会议代表建议、批评和意见办理情况的报告》、关于棚户区回迁安置房分配进展情况汇报、关于光彩慈行案件化解进展情况汇报。会议学习中央、省、市纪委关于集中整治形式主义、官僚主义有关要求，传达省宗教工作领导小组扩大会议精神。

17日　李慧主持召开第15次政府常务会议。会议听取环境保护工作汇报、2018年工作总结及2019年工作计划汇报，研究《关于2018年财政预算调整方案（草案）的报告》，传达学习山西省委省政府《关于支持民营经济发展的若干意见》《太原市贯彻落实〈地方党政领导干部安全生产责任制规定〉实施办法》。会议对圣诞、元旦期间安全工作进行安排部署。

27日　李慧主持召开第16次政府常务会议。会议研究人事任免事宜。会议议定：同意赵江燕任区政府副区长（挂职），罗辉任区政府副区长（挂职）提名。会议传达学习《防范和惩治统计造假、弄虚作假督察工作规定》。

在太原市人民政府公布的第六批市级非物质文化遗产代表性项目名录中，迎泽区中医医院麝香拔毒膏制作技艺项目被列入其中。

28日　区第五届人大常委会第十九次会议召开，会议听取和审议区人民检察院关于扫黑除恶专项斗争工作的报告、关于环境保护工作情况的报告等。

省政府安委办副主任、应急管理厅副厅长武福玉带队考核太原市2018年度安全生产工作，迎泽区作为城区安全生产工作先进典型接受考核领导组考核。副市长卢秋生，市安监局局长刘剑明，迎泽区委常委、副区长王国栋及区安监局主要负责人陪同考核。（区志办）

区情概览

A General Introduction of Yingze District

自然地理

【位置　面积】　迎泽区地处太原市中南部汾河以东的河谷平原，市区中部，地理坐标为北纬37°47′56″~37°55′35″、东经112°31′07″~112°46′58″。东接晋中市寿阳县，南与太原市小店区、晋中市榆次区毗邻，西隔汾河与万柏林区相望，北与太原市杏花岭区相邻。总面积117平方千米，是太原市面积最小的城区，其中城区21.687平方千米，农村面积82.879平方千米。

（区志办）

【地质　地貌】　迎泽区位于太原市中南部汾河以东的河谷平原，地面平坦，地势北高南低，微向西南倾斜，地形从东到西逐步倾斜，属晋中盆地的北端。地面海拔高度为800米左右。东部土石山区，包括郝庄镇孟家井全部、观家峪村以东部分，海拔高度1000~1500米，主峰罕山为1591.4米；中部黄土丘陵地区，包括郝庄镇中部，海拔高度900~1000米；西部冲积平原区，包括郝庄镇西部及市区，海拔800~900米。

（区志办）

【气候】　迎泽区深处大陆内部，属四季分明的大陆性气候中的季风暖温带气候区。年平均气温9.5℃~10.3℃，极端最高气温一般出现在6月上旬至7月底，为36.10℃~39.4℃；最高气温曾高达39.4℃（1955年7月24日）。极端最低气温出现在12月至次年1月之间，最低气温曾出现过-25.5℃（1958年1月26日）。每年1月最冷，月均-6.4℃左右，7月最热，月均气温一般在23℃左右。气压最高为（12月份）929.7~935百帕；最低为（7月份）864.6~907.5百帕。风向冬季为西北，夏季恒为东南。结冰期为11月28日，融解期为3月23日。每年10月上、下旬进入霜期，终霜期为4月下旬。年降水量平均为464毫米。境内阳光照射较充足，全年日照时数为2556.3~2872.6小时，日照百分率在60%以上，全年中1月的日照百分率最高，一般可达 63%~78%。境内平均湿度为 7.3~9.3 百帕，有明显的自东南向西北递减的趋势。月平均最大值出现在 7 月份，其最大绝对湿度为 16.8~21 百帕；月平均最小值出现在 1 月份，其绝对湿度为 1.6~2.0 百帕。平均相对湿度为 53%~60%，其分布自西向东南逐渐递增，一年中相对湿度变化以夏季最大，秋季次之，冬夏季最小，且最小相对湿度曾出现过 0%的极值纪录。雾日数全年平均为 12~13 天。最多年份雾日数 25 天，出现在 1976 年；最少年份雾日数仅两天，出现在 1957 年。出现时间多在秋季，春、夏两季相对较少。（区志办）

【土壤　植被】　迎泽区土壤以山地褐土、淡褐土性土为主，山区土地肥力较低，以坡耕地为主，植被质量较差，水土流失较为严重，孟家井乡多数村人畜吃水较为紧张。（区志办）

【土地资源】　据调查，迎泽区土地利用总面积 10265.15 公顷。

耕地 1585.03 公顷，占土地总面积的 15.44%，其中，水浇地 5.05 公顷，占耕地面积 0.3%；菜地 12.45 公顷，占耕地面积 0.8%；旱地 1567.53 公顷，占耕地面积 98.9%。

园地 592.22 公顷，占土地总面积的 5.77%，多分布在郝庄、孟家井缓坡地带。

林地 3789.49 公顷，占土地总面积的 36.92%。其中，有林地 512.27 公顷，仅占林地总面积的 13.5%；灌木林 3159.74 公顷，占林地总面积的 83.4%；其他林地 117.48 公顷，占 3.1%。

牧草地 449.97 公顷，占土地总面积的 4.38%。其中，人工草地、改良草地 18.34 公顷，占牧草地总面积的 4.1%，绝大部分是从质量较好的荒草地中划入的天然草地。

居民点及工矿用地 2799.29 公顷，占土地总面积的 27.27%。其中，市建成区面积 2301.04 公顷，占居民点及工矿用地的 82.2%；村庄面积 272.55 公顷，占 9.74%；独立工矿用地 223 公顷，占 8.0%；特殊用地 2.63 公顷，占 0.09%。

交通用地面积为 103.89 公顷，占土地总面积的 1.01%。其中，铁路用地已包含在城市用地之内；公路用地 18.17 公顷，占交通用地面积的 17.49%；农村道路 85.50 公顷，占 82.30%。

水域包括水库、坑塘、滩涂、沟渠、水工建筑物等，面积为 17.89 公顷，占土地总面积的 0.17%。其中，滩涂面积为 2.14 公顷、沟渠 8.45 公顷、水工建筑物占地 4.89 公顷、坑塘 0.42 公顷。

未利用地 927.36 公顷，占土地总面积的 9.03%。其中，荒草地 432.84 公顷，裸岩石砾地 14.22 公顷，田坎 193.83 公顷，其他未利用地 286.47 公顷。（区志办）

【矿产资源】　迎泽区发现矿种 8 种。主要有：煤、石灰岩、石膏、砖瓦黏土等。

煤：主要分布于东山一带，属于沁水煤田东山勘探区北部。含煤面积达 30.5 平方公里，占全区总面积的 29.2%。累计探明煤炭资源储量 7840.1 万吨。

石灰岩：主要分布于东北部西祁家山

一带，矿层主要赋存于古生界中奥陶统马家沟组，其质地好，厚度大，开采方便。累计探明储量745.32万立方米。

石膏：主要分布于东部中奥陶统峰峰组一段中部，多为透镜状、似层状、窝子状产出。其矿层稳定、品位较高，累计探明储量908.35万吨。

耐火土：主要分布于中东部石炭系本溪组铁铝岩段及太原组二段上部第四层灰岩之下，地质储量不详。

铝土矿：其母岩均为铝土质黏土岩，主要赋存于石炭系底部本溪组中，地质储量不详。

砖瓦黏土矿：主要分布于松庄、水峪、店坡一带的第四系离石组底部黄色黏土和第三系中部静乐组红色黏土层，累计探明储量1596.8万立方米。

山西式铁矿：主要分布于东西祁家山等地。赋存于奥陶系马家沟组灰岩第六段侵蚀面之上，本溪组铁铝岩底部。品位较低，地质储量不详。（区志办）

【水资源】 迎泽区位于太原东山（罕山）分水岭西侧，处于地下水补给区，其补给来源主要为大气降水渗入，属于太原盆地北端。根据2005年《太原市第二次水资源调查评价报告》，迎泽区1956—2000年地表水多年平均水资源量为511万立方米，地下水资源量为930万立方米，降水入渗补给量为722万立方米。（区志办）

【自然灾害】 迎泽区属湿度、降水量较小的地区，且日照充足、大风日居多，极易发生干旱现象；而降水又集中在6月至10月，东部山区一遇暴雨，容易出现山洪，造成局部洪涝灾害。

地质灾害主要分布于郝庄镇，主要灾害有地面塌陷、地裂缝、滑坡、崩塌、泥石流等。具体有：张家河村地面塌陷、裂缝；大窑垴村地面塌陷、裂缝；观家峪村地面塌陷、裂缝；小山沟村村东南地面裂缝；孟家井村—康家垴地面裂缝；松山公路滑坡、崩塌；太钢东山石灰石矿泥石流隐患等共7处。（区志办）

人文　历史

【历史沿革】 迎泽区得名于明太原城“迎泽门”，俗称大南门，为洪武九年（1376）太原城扩建时所建。

迎泽地区战国时属赵国，从秦至清代，在不同的历史时期属于太原郡、太原国、太原府。宋毁晋阳城，新建太原城后，迎泽地区为太原的政治、文化、经济中心。民国16年（1927）太原设市之前，迎泽地区属阳曲县。民国34年（1945），太原以城池为界，划为内八区、外八区，如今的迎泽区境辖区为原来的内一、二、三、八区及外一区管辖地。

太原解放后，于1949年5月27日将原16个区合并为8个区，改区公所为区政府，区境属第一、二、五、六区。1954年6月4日，太原市各城区以地区方位命名，遂将第一区命名为太原市南城区，辖13个行政街，区政府驻活牛市12号。1956年，区政府改称区人民委员会。1958年11月，区机关迁至柳巷南路19号。1980年8月，经南城区第七届人民代表大会选举产生南城区人民政府，下设8个街道办事处、216个居民委员会、428条自然街。1994年12月，区政府迁至棉花巷15号。

1998年1月1日，太原市市辖行政区划调整方案经国务院批准正式实施。以原南城区为主体，组建迎泽区，下辖迎泽、桥东、文庙、柳巷、老军营、庙前6个街道和郝庄、孟家井2个乡。共233个居委会、29个村委会。2001年，太原市撤乡并镇中，孟家井乡与郝庄乡合并为郝庄镇，全区辖95个社区、19个村。　（区志办）

【人口】　据2018年人口抽样调查，年末全区常住人口620957人，比上年末增加5898人。其中：城镇人口603508人，增加5843人；乡村人口17449人，增加55人。城镇化率97.19%，比上年提高0.02个百分点。男性人口302272人，女性人口318685人，性别比为94.85:100。全年出生人口6038人，人口出生率9.77‰；死亡人口2471人，死亡率4.00‰；人口自然增长率为5.77‰。

（区统计局、区社会经济调查队）

【民族　宗教】　迎泽区有佛教、道教、基督教、伊斯兰教四大教派，是全省民族宗教工作重点县区之一，驻区有省、市、区5个宗教团体、8个宗教活动场所、19个宗教活动处所；有教职人员共44人，信教群众51775人左右，具有清真饮食习惯的回族、维吾尔族、哈萨克族等少数民族5100多人。　（区志办）

【行政区划】　2018年，迎泽区辖迎泽、柳巷、文庙、桥东、庙前、老军营6个街道办事处和郝庄镇1个镇，社区居委会95个，村民委员会19个，自然村33个。

（区志办）

国民经济和社会发展

【概况】　2018年，迎泽区经济社会持续稳定健康发展。主要指标平稳增长。转型升级明显加快。项目建设加快推进。优化发展空间，突出创业平台，自主创新能力不断增强。统筹城乡发展，加强生态建设，环境品质逐步改善。提升保障水平，助推民生改善，社会事业协调发展。稳步推进综治工作，加强社会治理，群众安全感和满意度不断提升。提升行政效能，提高服务水平，营商环境不断优化。　（区志办）

【农业】　种植面积。2018年农作物种植面积125.7公顷。粮食种植面积120.9公顷，全部为秋粮种植面积。蔬菜种植面积5.6公顷。

2018 年迎泽区主要农产品产量

产品名称	产量（吨）	比 2017 年增长（%）
粮食	171.8	–22.89
其中：秋粮	171.8	–22.89
其中：玉米	48.6	–66.04
谷子	35.3	32.71
马铃薯	129.6	73.96
油料	0.5	–
蔬菜及食用菌	364	105.07
水果	2.1	–98.92

造林。全年零星植树 121 万株。育种育苗面积 47 公顷。

畜禽产量。年末猪出栏 1353 头，牛出栏 154 头，羊出栏 2569 只。肉类产量 167.77 吨，禽蛋产量 220 吨。

农机及化肥施用。全年农用化肥施用量（折纯）2.3 吨。

（区统计局、区社会经济调查队）

【工业和建筑业】 工业。2018 年，迎泽区规模以上工业增加值完成 400367 万元，比上年增长 12.1%。其中：中央企业增加值增长 6.8%；省属企业增加值增长 18.8%；市属及以下企业增加值增长 14.6%。

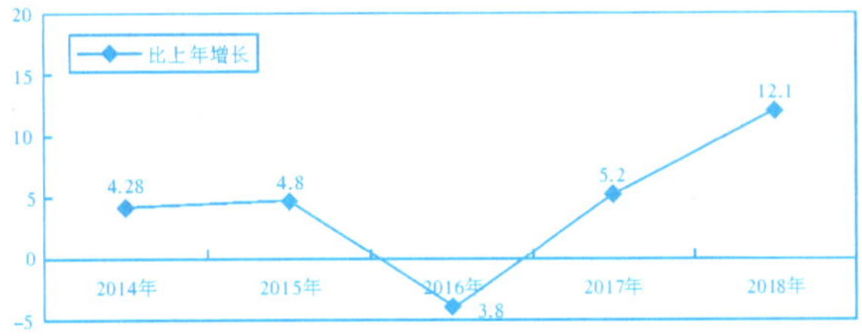

2014—2018 年迎泽区规模以上工业增加值增速

2018 年迎泽区规模以上工业增加值分类

指 标	比 2017 年增长(%)
规模以上工业	12.1
其中：轻工业	6.7
重工业	15.7
其中：国有控股企业	7.75
其中：国有企业	15.7
股份制企业	6.65
外商及港澳台商投资企业	7.9

2018 年迎泽区规模以上工业分行业增加值

行 业	比 2017 年增长(%)
食品制造业	8.37
烟草制品业	6.48
印刷业	7.34
化学原料和化学制品制造业	7.9
专用设备制造业	33.25
电力、热力生产和供应业	15.65

战略性新兴产业增加值增长 33.3%，占全区规模以上工业增加值的比重为 0.5%。

装备制造业增加值增长 33.3%，占全区规模以上工业增加值的比重为 0.5%。

2018 年迎泽区规模以上工业企业主要产品产量

产品名称	单位	产量	比 2017 年增长(%)
卷烟	亿支	149	–0.7
食醋	万吨	41.63	–7.5

规模以上工业主营业务收入 739300 万元，同比增长 9.8%。利税总额 270600 万元，增长 4.2%。利润总额 26900 万元，同比下降 12.4%。规模以上工业企业每百元主营业务收入中的成本 62.58 元，增长 0.92 元。

建筑业。具有建筑业资质等级的总承包和专业承包建筑业企业总产值 4185697 万元，同比增长 16.3%。建筑业企业房屋建筑施工面积 645 万平方米，竣工面积 241万平方米。（区统计局、区社会经济调查队）

【固定资产投资】 固定资产投资。2018 年固定资产投资 922394 万元，同比下降 5.6%。其中，城镇建设投资 206541 万元，同比下降 11.8%，房地产投资 715853 万元，同比下降 3.6%。

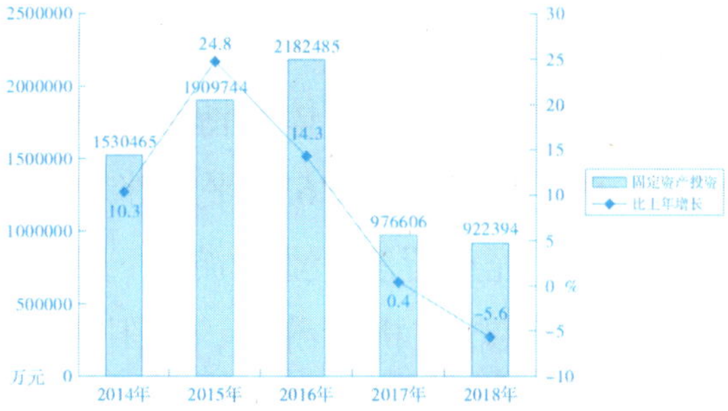

2014—2018 年迎泽区固定资产投资

分产业看，第一产业投资 270 万元，同比下降 32.5%；第二产业投资 74525 万元，同比下降 49.5%，其中，工业投资 74525 万元，同比下降 46.3%；第三产业投资 847599 万元，同比增长 2.3%。城市基础设施建设投资 10590 万元。三次产业投资比重为 0.03%、8.08%、91.89%。

分经济类型看，国有投资 108211 万元，同比下降 33.7%；非国有投资 814183 万元，同比增长 0.1%。

2018 年迎泽区分行业固定资产投资

指　标	投资额（万元）	比 2017 年增长（%）
总　计	922394	–5.6
农、林、牧、渔业	270	–32.5
制造业	1203	–
电力、热力、燃气及水的生产和供应业	73322	–47.2
交通运输、仓储和邮政业	53871	276.9
信息传输、软件和信息技术服务业	46279	6.5
租赁和商务服务业	787	–
房地产业	715853	–3.6
房地产开发投资	715853	–3.6
水利、环境和公共设施管理业	7025	–53.8
教育	19099	221.4
卫生和社会工作	4534	35.6
公共管理和社会组织	151	–85.3

全年在建固定资产投资项目 112 个。其中：5 亿—10 亿元以上项目 14 个，完成投资 145914 万元，占全区固定资产投资的比重为 15.8%；10 亿元以上项目 20 个，完成投资 390308 万元，占全区固定资产投资的比重为 42.3%。

房地产开发。全年房地产开发投资

715853 万元。住宅投资 547731 万元，其中：90 平方米以下住宅投资 171866 万元，占住宅投资的比重为 31.4%；商业营业用房投资 24731 万元。全年商品房竣工面积 355958 平方米，商品房销售额 587219 万元。 （区统计局、区社会经济调查队）

【贸易】 消费品零售。全年迎泽区社会消费品零售总额 4094915 万元，比上年增长 8.5%。其中：城镇消费品零售额 4094875 万元，增长 8.5%；乡村消费品零售额 40 万元，下降 62.5%。

2018 年迎泽区社会消费品零售总额

指 标	零售额（万元）	比 2017 年增长（%）
社会消费品零售总额	4094915	8.5
分地域：城镇	4094875	8.5
其中：城区	4082875	8.5
乡村	40	-62.5
限额以上消费品零售额	1948617	3.9
限额以下消费品零售额	2146298	13.0

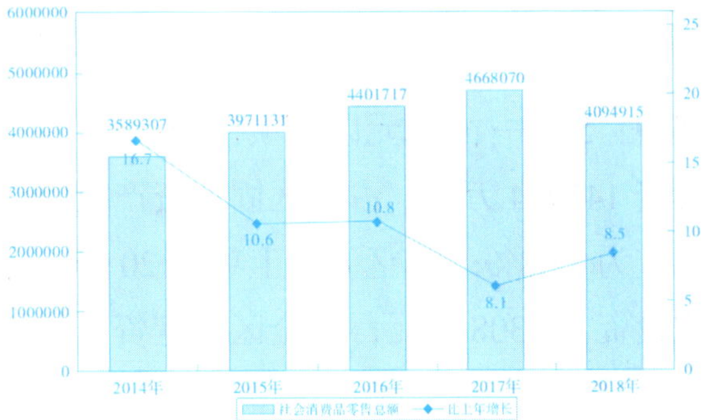

2014—2018 年迎泽区社会消费品零售总额

限额以上贸易单位零售额 1948617 万元，比上年增长 3.9%，占社会消费品零售总额的 47.6%。限额以上批发零售业企业通过互联网实现商品零售额 190373 万元，增长39.2%。 （区统计局、区社会经济调查队）

【城市建设】 城区建设。迎泽区 763 个老旧小区中，累计启动 403 个老旧小区的整治工作，基本完成 289 个。全区保障性安居工程任务为新开工 590 套，基本建成 3500 套。五龙口 38 号院棚户区改造项目新开工保障性住房 628 套，东岗、桥东片区、赵北峰 3 个棚户区改造项目基本建成 3510 套，超额完成市政府下达建设任务。

城区绿化。完成省建五公司宿舍、南内环三社区 15 号院 19 号楼和南内环三社区 15 号院 20 号楼的改造任务，新增绿地 953 平方米，投资 42.9 万元。完成迎泽区智慧产业基地和山西省体育博物馆的绿地改造任务，改建绿地 3630 平方米，投资 190.4 万元。完成智慧产业园游园、松小线游园、山西巨轮矿机厂游园、朝阳四社区游园、水西关南街 11 号游园，累计增加绿地面积 23207.15 平方米，投资 1355.8 万元。完成省建五公司绿地、文庙巷 19 号三角绿地、西里街绿地、青年路绿地和皇华馆绿地的建设工作，累计绿化面积 2038 平方米，共投资 53.82 万元。绿化一条空白街道——智慧园区路，在永祚西街、桥东街、五一东街、东岗巷、南十方街等街道栽植行道树 2630 株，完成林荫路建设的工作目标。 （区统计局、区社会经济调查队）

【教育和科学技术】 教育。年末共有普通高中11所，普通初中19所，小学37所，幼儿园78所。全区学前三年毛入园率99.07%，小学净入学率100%。

科技。截至2018年，全区有25家企业通过国家高新企业认定，高企保有量达到44家；科技型中小企业评价入库76家；国家火炬计划特色产业基地1个；拥有6家省级众创空间、1家省级孵化器，有217家科技企业入驻；建立市级认定技术转移服务机构1家；小微企业技术合同交易额15.13亿元；辖区内企业有3项填补国内空白的重大新产品。

（区统计局、区社会经济调查队）

【文化卫生】 文化。群众文化活动丰富多彩。举办了20场消夏文化系列活动；在村、社区开展免费送戏下乡活动，共举办各类活动66场，完成市文化局安排的送戏下乡任务30场；组织13次传统文化诵读活动；全民阅读月系列活动，全区共举办109场，4000多人参与。开展“迎泽大学堂”培训活动，自开展以来进行300场。全区范围内晨晚练站点达到112个，各级社会体育指导员总数达1000余人，有健身团队的社区占比达95%以上。全区从事体育产业服务业经营场所达62家，其中健身、跆拳道、瑜珈类12家，台球类8家，棋牌类38家，轮滑、乒乓球、足球、保龄球类4家。

卫生。年末共有卫生机构446个（不含村卫生室），医疗床位9074张。每千人拥有医疗床位15张。卫生技术人员14631人，其中执业（包括执业助理）医师5117人、注册护士7147人。每千人拥有医生8人。

（区统计局、区社会经济调查队）

【人民生活和社会保障】 人民生活。按常住地分，城镇居民人均可支配收入34633元，增长7.3%。

社会保障。城镇职工基本养老保险完成63908人。其中企业基本养老保险参保职工人数完成57052人，基金征缴收入43986万元；机关事业单位参保人数完成8473人，基金征缴9145.96万元；城乡居民社会养老保险参保人数完成27264人。城镇居民医疗保险参保195619人，工伤和生育保险参保人数28600人和27000人。失业保险新增参保单位602户，新增参保人员2166人，参保人数30541人，完成1167.64万元。累计审批城市低保对象12959户次、16804人次，发放低保金1202.19万元；审批农村低保对象2773户次、4177人次，累计发放低保金230.60万元（均含提标补发），城乡共发放低保金1432.79万元。

（区统计局、区社会经济调查队）

【环境保护和安全生产】 环境质量。全区环境空气质量综合指数为6.71，二级以上天数183天，优良率为51.3%，同比减少27天，全区$PM_{2.5}$的浓度均值为50ug/m^3，重污染天数11天，同比减少6天。

安全生产。全区共发生事故77起。其中消防火灾67起，同比下降36.7%，死亡0人；道路经营性交通事故10起，死亡2人，同比减少50%。

（区统计局、区社会经济调查队）

中国共产党迎泽区委员会

Yingze District Committee of the Communist Party of China

综　述

【概况】　2018年，中国共产党迎泽区委员会以习近平新时代中国特色社会主义思想和党的十九大精神为指导，贯彻落实习近平总书记视察山西重要讲话精神和省市委各项决策部署，围绕“建设省城首善之区”目标，按照“主攻一个方向，提升两个商圈，统筹三个板块，打造四个园区，发展五项产业”的思路布局，以“转型项目建设年、社会矛盾化解年、作风建设提升年”为总抓手，抓重点、攻难点、促改革、补短板、求突破。　（刘雨薇）

【转型发展】　2018年，迎泽区委坚持把项目建设作为推进创新转型的主抓手，在建成区以商务楼宇为载体，引进国内外知名总部企业；在城乡结合部地区，以现代园区为载体，引进新兴产业项目；在东山地区，以生态建设为载体，引进特色小镇等休闲观光项目，统筹推动“三个板块”协调发展。

2018年，全区地区生产总值完成768.6亿元，总量突破700亿元大关，继续保持全市十县区之首；服务业增加值完成670.5亿元，同比增长9.1%；社会消费品零售总额完成409.5亿元，增长8.5%；固定资产投资完成92.2亿元；一般公共预算收入完成20.1亿元，同比增长31.6%，总量排全市第三，增幅创历史新高。

（刘雨薇）

【专项治理】　2018年，迎泽区建立完善区领导包联督办、三级会议、督导检查等六大工作机制，推进“九乱”专项治理，打造文明交通街巷59条，综合整治背街小巷66条，整治集贸市场8个，整治老旧小区231个，基本完成“九乱”专项治理年度目标。推进“智慧交通”项目建设，开放错时停车场71处、车位1970个。完成三所小学“绿色接送点工程”，交通拥堵现象得到一定程度缓解。　（刘雨薇）

【生态保护】 2018年，迎泽区持续推进东山生态绿化，提档升级造林绿化2200亩，完成水马路、观枣线、307国道等通道绿化工程。新建小游园小绿地10个，改造提升5条林荫路。建立迎泽区污染源普查清查名录库，推进蓝天保卫战攻坚行动。中央和省环保督察反馈的问题全部办结。 （刘雨薇）

【城乡建设】 2018年，迎泽区推进城市重点工程建设，迎泽大街下穿火车站通道、东广场和双塔北路等项目累计征地5.86万平方米。分配棚户区改造回迁安置房5224套。加快推进城中村拆除“清零”、土地摘牌和回迁楼建设。加大城中村集体土地违法建设巡查、管控力度，连续三年实现“两违”零增长。推进城市管理执法体制改革，在全市首家建立执法便民服务中心。巩固占道经营、露天烧烤整治成果，严禁区街道秩序良好，连续两年全市考核第一。 （刘雨薇）

【民生改善】 2018年，迎泽区83.5%的区财力用于发展民生社会事业。开展就业服务系列活动。构建覆盖城镇职工、城镇居民、农村居民三类重点人群的社会保障体系。提升托底保障能力，临时救助年封顶线由1万元提高到5万元。推进义务教育优质均衡发展，39中、37中等一批中小学校改扩建工程完工并交付使用。接受国家统编义务教育教材使用情况调研和幼儿园责任督学挂牌督导，受到教育部好评。深化区乡医疗卫生机构一体化改革，4所基层医疗机构实现“六统一”管理。推进家庭医生签约服务，重点人群签约率达到60.1%。基本公共卫生服务项目代表山西省接受国家考核，获全国第六的好成绩。实施文化惠民工程，郝庄镇被评为省级“文化艺术之乡”。通过项目和资金帮扶，完成三年对口帮扶工作。 （刘雨薇）

【党的建设】 2018年，迎泽区委全面落实新时代党的建设总要求，不断把全面从严治党引向深入。把党的政治建设摆在首位。区委中心组发挥表率作用，集中组织专题学习、研讨交流25次。全区各级党组织结合庆祝改革开放40周年暨建区20周年，开展丰富多样的宣传活动和学习教育活动，时代新人（桥东）工作站获评全国终身学习品牌项目，成为市社科教育基地。推进“三基建设”。建立市管领导联系点制度，实施重点任务专项督查，“三基建设”13个方面29项重点工作有序推进。建立区、街道、社区三级党建协调委员会，推行“街巷长”“小巷管家”和“五约”工作法，推进城市基层党建系统化建设。发挥“互联网+党建”服务群众工作信息系统作用，解决群众问题65324件，走出一条“互联网解民忧”的新路子，《人民日报》专门刊载工作经验并发表快评文章，《山西日报》《太原日报》先后发表评论，予以肯定。 （刘雨薇）

区委办公室

【概况】 2018年，迎泽区委办公室贯彻习近平总书记关于党办工作“五个坚持”的要求，主动适应新常态下的新形势新任务，围绕中心、服务大局，锐意进取、担当实干，提高“三服务”工作水平，当好区委的“坚强前哨”和“巩固后院”，打造让党放心、让人民满意的模范机关。

（刘雨薇）

【政治建设】 2018年，迎泽区委办公室把政治建设摆在首位，锤炼绝对忠诚的政治品格，提高对标中央省市区的政治站位，强化令行禁止的政治规矩，培育积极健康的政治文化。

坚持集中学习制度。发挥周二集中学习制度的示范带动作用，全体干部职工通过听课、读书笔记、讨论交流等形式，做到相互促进、共同提高。

坚持理论学习。增强学习的系统性，把习近平新时代中国特色社会主义思想、习总书记在庆祝改革开放40周年大会上的重要讲话精神及视察山西重要讲话精神贯通起来，在深化消化转化上下功夫；增强学习的实效性，把研究和解决问题作为学习的着眼点，贯穿于学习的全过程。

（刘雨薇）

【业务学习】 2018年，迎泽区委办公室坚持业务知识学习。结合区委办工作特点和要求，不定期组织全体办公室人员学习相关业务知识。在学习中改造自我、创新自我、提升自我，把知识技能内化为开展工作指导实践的能力素质，达到开口能讲、提笔能写、遇事能办的新境界。（刘雨薇）

【“三服务”】 2018年，迎泽区委办公室围绕中心，服务大局，主动深入研究省委、市委重点工作，配置各方资源，形成做好“三服务”工作整体合力。

坚持想大事、谋全局、抓要害，注重思想性、突出针对性、体现指导性，做到深入研判形势任务，认真领会中央省市精神，准确把握领导意图，紧密联系工作实际，既想领导之想，又想领导未想，既谋领导之谋，又谋领导未谋，提出有价值、有见地、富有前瞻性的决策建议。提供全方位、高质量的决策信息服务，为领导全面掌握全区工作动态和及时了解各方面信息提供准确翔实可靠的资料。精心做好文件接收、批示办理、督促落实工作，全年接收上级电报959份，正式文件549份，上级批示、市委总值班室快报600多件，全部按时办理。

坚持群众利益无小事，及时回应群众来电、来信、社情民意，架起区委和群众的连心桥。建立人民网留言，由区委书记批示至相关部门，相关部门一把手亲自办理，区委办全程督办的办理流程。区委办审核每一份答复，纠正不规范、不严谨的言辞，全年141件社情民意、162件书记留言全部办结。

坚持站位要高，眼界要宽，谋划要远，起草文稿树立精品意识，严把政治关、文字关、质量关，坚持效率、质量、文风的统一，使文稿真正起到谋划全局、指导实践、推动工作的作用，完成区五届三次党代会暨经济工作会议、全区干部大会等大量重要会议材料和主要领导讲话，以及迎接省市检查的大量汇报材料。（刘雨薇）

【机要保密】 2018年，迎泽区委办公室开展3次大型的保密专题宣传教育活动，对全区涉密单位保密工作进行检查，发现问题及时纠正和整改。中考、高考、自考、成考期间，对学校保密室进行全面检查，派专人值班，确保考试的顺利开展。对机要保密人员严格政治审查，涉密文件全程监管，确保文件安全传送。强化机要值班纪律，完善管理制度，签订安全责任书，确保24小时值守，办理及时。（刘雨薇）

【关工委工作】 2018年，迎泽区完成关工委领导班子换届工作，实现新老交替。发挥五老优势，开展马克思主义进校园活动，组建马克思主义思想辅导员队伍，开展《传承红色基因，争做时代新人》系列主题教育活动，关工委工作实现继承和发展。

（刘雨薇）

组　织

【概况】 2018年，迎泽区委组织部（简称区委组织部）学习贯彻习近平新时代中国特色社会主义思想和中共十九大精神，落实全国以及省、市、区组织工作会议精神，坚持以党的政治建设为统领，践行新时代党的组织路线，谋划实施“五大工程”，不断推动组织工作提质提速提效，为开展转型项目建设年、社会矛盾化解年、作风建设提升年和深化城市管理全面提升行动提供坚强政治保证和组织保证。

区委组织部根据党的路线、方针、政策和上级组织部门、区委的指示，调查研究有关党的组织工作的实际情况。部署、检查、指导全区的组织工作，使党的组织工作更好地服从服务于党的基本路线。检查督促各级党组织贯彻执行民主集中制和组织生活的情况，总结介绍经验，提出改进意见和措施，并向区委和上级组织部门作出报告。合理设置党的组织，搞好基层党组织的整顿和建设；做好党员发展工作；加强对党员的管理教育，不断提高党员质量和党组织的凝聚力、吸引力和战斗力。贯彻执行党的干部路线和干部政策，对全区干部实行宏观管理，指导、检查、综合、协调全区的干部工作。按照干部管理权限，严格执行规定，对区管的干部，广泛民主推荐，认真考察了解，合理调配使用。抓好后备干部队伍建设，组织培训干部，提高干部队伍的政治素质和业务素质。按照干部队伍“四化”方针和德才兼备的原则，调整、配备、建设各级领导班子，搞好干部交流，优化领导班子的结构，提高领导班子的整体素质。根据上级有关规定，做好离休干部的审批、管理、安置和照顾工作，落实老干部的政治生活待遇，发挥老干部的积极作用。认真落实党的干部政策和人才政策，做好新时期干部审查工作。负责干部统计和党员统计工作，办理因公出国、党员自费出国审批手续。管理好干部档案和文书档案，搞好党费的收缴和管理工作。负责受理党员干部的来信来访，承办有关干部问题的审理工作，加强干部监督管理工作。负责全区大学生村干部的选聘、培养和教育管理等工作。负责整理党代表大会代表的提案、提议、意见等，拟定承办单位并进行督促办理；负责党代会代表联络服务和闭会期间开展活动的组织实施等工作。负责组织协调制定年度全区党政机关、事业单位领导班子责任目标；对各部门目标运行情况进行经常性检查考核和年度考核，对全区各单位进行民主评议和民主测评等。负责承办区委、市委组织部、省委组织部和中组部交办的其他工作。（梁　恒）

【基层组织】　2018年，迎泽区有基层党组织946个。其中，党委25个、党总支112个、党支部809个，共有党员12416名。机关党组织106个（党委5个、党总支3个、支部98个），占11.20%。事业单位党组织80个（党总支4个、党支部76个），占8.46%。社区党组织226个（86个社区建有党委2个、党总支84个、党支部140个），占23.89%。农村党组织36个（党委2个、党总支1个、党支部33个），占3.81%。其中包括：9个村改居（党委2个、党总支1个、党支部15个）；其他19个农村建有党支部18个（2个农村建立1个联合党支部）。区属企业党组织105个（党委7个、党总支5个、党支部93个），占11.10%。非公有制经济组织党组织343个（党委8个、党总支13个、党支部322个），占36.26%。社会组织党组织32个（党委1个、党总支2个、党支部29个），占3.38%。其中包括：社会团体党组织24个（党支部24个）；民办非企业党组织7个（党总支2个、党支部5个）。其他类型党支部18个，占1.90%。其中包括：老干部党支部13个，退役士兵党支部5个。

（梁　恒）

【党员分类统计】　2018年，全区有党员12416名。其中，女党员6641名，占53.49%；少数民族党员140名，占1.13%；35岁及以下党员2889名，占23.27%；36岁至60岁党员5853名，占47.14%；61岁及以上党员3674名，占29.59%；大专及以上文化程度党员7319名，占58.95%；中专、高中、中技文化程度党员2576名，占20.75%；初中及以下文化程度党员2521名，占20.30%。全区有机关在职党员836名，占6.73%；事业单位在职党员2080名，占16.75%；区属企业在职党员710名，占5.72%；非公有制经济组织在职党员850名，占6.85%；离退休党员3592名，占28.93%；社区党员4821名（含部分离退休党员），占38.83%（其中，城市社区党员4164名，占33.54%；镇社区党员657名，占5.29%）；农村党员523名，占4.21%。全区有中华人民共和国成立前老党员95名，占全区党员总数的0.77%。

其中领取生活补贴老党员18名、抗日战争时期入党5名（享受优抚1名）、解放战争时期入党13名（享受优抚0名）。抗日战争时期入党每人每月补贴610元，全年7320元；解放战争时期入党每人每月补贴530元，全年6360元；享受优抚的每人每月补贴50元，全年600元。

全区有入党申请人1835名，入党积极分子615名。（梁　恒）

【干部教育培训】　2018年，迎泽区委组织部组织区四大班子和全体市管领导干部先后召开25次区委中心组专题学习会，进行5次集中研讨交流；组织市管领导干部和正科级党员干部100余人赴太行干部学院参加“传承红色基因　弘扬太行精神”专题培训班；组织市管领导干部和正科级党员干部110余人参加理论测试；组织77名干部举办两期“学习贯彻习近平新时代中国特色社会主义思想读书班”；建成4个开放式“马克思书屋”；分层次对800余名基层干部开展“领头雁”培训；组织35名村党组织书记及涉农干部赴浙江台州学习考察乡村振兴战略；组织57名非公和社会组织党组织书记赴太行干部学院参加全区示范班培训；组织50名街镇、社区、非公和社会组织党组织负责人赴浙江大学参加“城市基层党建工作培训班”；组织130余名正科级干部参加全市中共十九大精神轮训。（梁　恒）

【主题党日活动】　2018年，迎泽区委组织部组织各级党组织不断巩固和拓展“两学一做”学习教育常态化制度化成果，坚持固定时间、明确主题，集中组织开展“弘扬‘红船精神’走在时代前列”“不忘初心　砥砺前行”“学雷锋　当先锋”“新时代新担当新作为”“扫黑除恶　党员先行”“助力创城攻坚战　党员先锋在行动”等“主题党日”6710余场次，参与人数66200余人次；开展志愿服务860余次，参加党员群众27600余人次，帮助群众解决困难1100余个，不断教育引导广大党员和入党积极分子坚定理想信念，增强党性观念，将“两学一做”真正融入日常、抓在经常。围绕迎接建党97周年，开展集体学习、党性教育、讲授党课等“十个一”系列活动，引导广大党员干部强化担当作为，发挥模范作用。以“知党情、听民意、谋发展、促和谐”为主题，组织436名区、镇两级党代表开展学习宣传我带头、联系服务群众我率先、推动发展我献策“三个示范”活动，共讲授党课287人次，组织考察调研23次，解决党员群众困难480余个。

“七一”前夕，对50个先进基层党组织、100名优秀共产党员和50名优秀党务工作者进行表彰。向市委推选9个基层党组织、5名党员、9名党务工作者和4名新时代新担当新作为先进典型，全部受到市委表彰。（梁　恒）

【干部培养选拔】　2018年，迎泽区委组织部按照区委“统筹安排、分步实施”的干部调整思路，全年调整干部 51 名，25 名在基层一线重难点工作任务中表现突出的干部得到提拔重用。做好区人大、政协两会及群团换届选举工作，完成增补区人大常委选举，以及区监委主任、区法院院长选举工作。做好区残联换届、妇联换届和区政协秘书长的选举工作，配齐配强各级领导班子。完成 2017 年党群系统事业单位 11 个岗位的网上资格审查、笔试、面试、体检、考察、聘用等工作；配合做好 2018 年党群系统 11 名公务员的审查考察，以及 1 名选调生的录用工作。年初完成全区 2017 年度公务员管理信息系统基础信息的采集录用工作，共录入 451 名干部的基本信息 3 万余条，完成年报工作。

继续做好选派干部到基层一线实践锻炼工作，共选派 3 批次 50 名年轻干部参与到城中村改造和信访维稳专项工作中，并按照省、市、区委要求将 4 名选调生安排到一线农村进行挂职锻炼。对全区各单位的领导班子运行和干部队伍建设情况进行全面调研，进行深度分析研判，掌握干部队伍情况。（梁　恒）

【干部监督管理】 2018 年，迎泽区委组织部对 223 名考察对象广泛征求相关部门的意见建议，对 39 名干部落实党委（党组）书记、纪委书记（纪检派驻组组长）对政治鉴定、廉洁鉴定双签字的要求，坚决防止领导干部“带病提拔”。注重日常监督，综合运用巡察、监察、审计、信访、计生、综治等成果，建立领导干部日常动态管理台账。聚焦“关键岗位”“重点少数”，建立 46 名领导干部日常监督档案。强化党委（党组）主体责任，引导使用提醒、函询和诫勉手段，对党员存在的问题早发现早教育早查处。2018 年以来，提醒干部 16 人次、函询并予以采信干部 2 名、诫勉 2 名，各党委（党组）提醒干部 23 名、诫勉干部 2 名。规范举报受理流程，执行痕迹化管理，实现电话举报打入打出双录音和举报信息系统省、市、区直联互通。配合区委巡察办核查问题线索，推进整改落实，维护良好政治生态。（梁　恒）

【考核体系完善】 2018 年，迎泽区委组织部层层压实各级党组织党建主体责任，高标准开展党建述职评议考核工作。研判考核工作的新动向新变化，吃准吃透考核流程和指标体系，细化分解市目标任务考核指标，配合做好市对区年度综合考核工作。组织实施全区 2017 年度目标任务考核工作。紧跟省市考核工作新动向，完善考核评价体系，对全区 70 个单位及中层领导班子和 412 名中层领导干部进行综合考核评价。加强考核指标过程管理，督促各单位每季度报送考核指标进展，掌握指标运行情况，确保按期完成全年目标任务。

完成区五届三次党代会年会相关工作，指导郝庄镇完成四届三次党代会年会，对党代表联系党员群众工作网络进行调整完善。（梁　恒）

【人才体制改革】 2018年，迎泽区委组织部制定《迎泽区关于贯彻落实〈深化人才发展体制机制改革加快推进创新驱动转型升级的实施意见〉的实施方案》，健全区委人才工作领导小组，推进人才体制机制改革，构建科学规范、开放包容、运行高效的人才发展体系。指导教育、卫生系统专业技术人员岗位聘用层级兑现，提高中高级比例，调动人才工作的积极性、主动性。

（梁　恒）

【人才服务管理】 2018年，迎泽区委组织部启动专业技术人才知识更新工程、高素质教育人才培养工程，为高科技、专业技术和企业管理等人才做好服务管理工作。组织迎泽区相关单位赴上海同济大学参与优秀毕业生专项招聘活动，形成支持人才干事创业的良好社会环境。健全服务体制，营造社会氛围。在区政务服务中心开设人才服务窗口，实行“专窗受理、专人转送、专人跟踪、专窗反馈”的一站式服务模式，受理444人，发放生活补助和租房补贴合计339万余元。落实区级人才发展专项资金，加强人才政策宣传，营造引才、求才的宣传氛围。（梁　恒）

【基层党建工作】 2018年，迎泽区委组织部制定《2018年“三基建设”重点任务清单》，建立市管领导“三基建设”联系点制度，实施重点任务专项督查，13个方面29项重点任务工作有序推进。下发《关于加快推进城市基层党建工作的意见》《关于推进社区党建标准化建设的意见》，推进街道管理体制改革，调整优化街道机构设置；在区、街道、社区三级层层建立党建协调委员会，推行“五约”工作法，发挥“街巷长”作用，公开选聘“小巷管家”，全面推进城市基层党建系统建设和整体建设。结合2017年度联述联评联考的评议结果和扫黑除恶等工作，确定18个软弱涣散基层党组织进行集中整顿，完成阶段性评估验收。

从机关、事业单位中选派26名干部担任国有企业和农村党组织“第一书记”，发挥示范带动作用。乡镇“五小”建设实现全覆盖；19个村集体经济收入突破5万元。采取新建、改扩建、调剂置换、租赁、共驻共建等方式，高标准建设社区党群服务中心。其中58个达到1000平方米标准，占61.05%；86个达到500平方米，占90.53%。平均面积达1040.53平方米。

继续发挥“迎泽区‘互联网+党建’服务群众工作信息系统”作用，解决群众问题65324件，解决率99.18%，注册党员7359名，推送学习内容1340余条，组织志愿活动339次，认领微心愿169个。

（梁　恒）

【党员教育管理】 2018年，迎泽区委组织部贯彻发展党员“十六字”方针，制定《2018年发展党员工作计划》，全年发展党员128名，优化党员队伍结构。5月，组织全区140名发展对象参加集中培训，完善梯队建设。组织全区各单位召开2017年度党员领导干部民主生活会，807个党支部召开2017年度组织生活会，对6名民主评议不合格党员进行组织处置。制定《迎泽区党费收缴、使用和管理细则（试行）》，发挥党费促党建的积极作用。在“春节”“七一”期间下拨党费35万余元，慰问帮扶生活困难党员、新中国成立前老党员和因病致贫特困群众1442名。对全区退役军人党员进行摸底排查，建立日常管理台账，做好组织关系转接，完善教育管理服务机制。持续做好全国党员管理信息系统、“山西智慧党建”和远程教育管理维护工作，提高学用成效。摄制完成三部党员教育电视片，分获全市评选一、二、三等奖，其中《迎泽社区与奋斗者同行》在全省观摩交流活动获一等奖。（梁　恒）

【非公和社会组织党建】　2018年，迎泽区委组织部健全工作运行机制，批准成立非公企业党委和社会组织党委。针对不同类型非公经济组织和社会组织，选派407名党建指导员，形成区、街（镇）、社区三级指导网络。以“撤并建强”为手段，新建非公经济组织党组织25个、社会组织党组织6个，对已注销、破产或倒闭的71个非公经济组织党组织和8个社会组织党组织予以撤销。全区建有非公经济组织党组织343个，覆盖率93%；社会组织党组织32个，覆盖率98%。按照“双强六好”党组织创建标准，打造9个非公党建示范点，服装城集团党委、恒伦口腔医院党总支被评为省级“双强六好”示范点。举办15期“流动讲堂”，培训党员、入党积极分子和业务骨干3500余人次。编印《非公经济组织和社会组织党建工作手册》，指导党务工作者和党建指导员规范化开展工作。落实党费返还、税前列支、财政补贴等资金保障制度。为每个非公联合党组织下拨5000元工作经费，为每个社会组织党组织下拨10000元工作经费，确保经费合理规范使用。（梁　恒）

宣　传

【概况】　2018年，迎泽区委宣传部围绕建设省城“首善之区”总目标，全面推进理论武装、舆论引导、文明创建，以改革创新的精神推动全区宣传思想工作向前迈进。（马　静　赵艳竹）

【意识形态工作】　2018年，迎泽区对区委意识形态工作领导小组和研判小组进行调整，建立健全相关工作机制，形成党委统一领导、党政齐抓共管、宣传部门组织协调、有关部门分工负责的工作格局。按季度对全区意识形态领域形势进行分析研判，加强重点时期、重点领域意识形态工作管理，全区意识形态领域形势向上向好。加强网上意识形态工作，对辖区7958家网站进行清查，晴朗网络空间。加强对全区政务新媒体管理，建立迎泽区融媒体矩阵，累计对200余条国际国内重大事件、热点话题集中推送转发，形成强大的宣传舆论强势。（马　静　赵艳竹）

【理论学习宣讲】　2018年，迎泽区坚持将学习宣传贯彻习近平新时代中国特色社会主义思想、中共十九大精神、习近平总书记视察山西重要讲话精神作为理论学习的主题主线，健全学习制度、创新学习手段、拓展学习形式，推动习近平新时代中国特色社会主义思想深入人心。召开区委中心组理论学习 17 次，其中集中研讨 4 次、专题辅导 5 次、现场教学 1 次、报告会 1 次。以每月一期的时代新人大讲堂为抓手，加强干部职工理论学习。组织各行各业时代新人进社区、进农村、进机关、进课堂，以群众喜闻乐见的形式分群体、小众化开展理论宣讲。（马　静　赵艳竹）

【改革开放 40 周年暨建区 20 周年系列主题活动】　2018 年，迎泽区以“与改革开放共成长，全民共赞新时代”为主题，开展庆祝改革开放 40 周年暨建区 20 周年系列主题活动，宣传改革开放 40 年来迎泽区经济社会发展取得的辉煌成就，展示新时代迎泽人的良好精神风貌，在全区营造欢乐祥和文明向上的良好氛围，共同砥砺奋进并肩开创新未来。6 月至 10 月期间，组织庆祝改革开放 40 周年暨建区 20 周年群众文化系列活动 385 场；开展“我与改革开放共成长”主题征文比赛，收集征文 161 篇；在南宫组织“牢记使命担当　谱新时代华章”庆祝改革开放 40 周年暨建国 69 周年书法美术展，诚邀 30 多位省内著名书画名家，展出佳作近 60 件；举办迎“国庆”职工合唱比赛，12 支队伍参赛；以典型人物及其事迹为代表全面反映 40 年来各行各业的成就，并以争做时代新人为主题，评选“时代新人+”系列人物，号召全区党员干部群众践行奋斗幸福观，激发和汇聚担复兴大任的磅礴力量。

（马　静　赵艳竹）

【新闻宣传】　2018 年，迎泽区围绕创建全国文明城市宣传工作、扫黑除恶专项斗争的宣传工作、转型项目建设的宣传工作等全区中心工作专题新闻报道深入持续；推进日常新闻宣传报道，从党委、政府的工作到社区居民的生活，从方针政策到民生实事，从上到下、从大到小生动详实地反映迎泽区的各项工作；利用太原电视台和《太原日报》的专访、专栏加大对迎泽区基础工作报道的深度。共在各级媒体发稿 6600 余篇，其中中央级媒体发稿 20 余篇、党报党台发稿 300 余篇，宣传阵地遍地开花。

（马　静　赵艳竹）

【融媒体协同平台建设】　2018 年，迎泽区对全区政务新媒体进行摸底，整合全区 72 家政务新媒体资源，组建迎泽区融媒体协同平台，建立“迎泽区融媒体协同工作”微信群，形成弘扬主旋律、传播正能量、行动统一、发声有力的全区政务新媒体账号为支撑的联合矩阵。融媒体平台关注中央、省、市主流媒体官方微信公众号，围绕市委宣传部的要求，围绕“大局、大势、大事”，结合市情、区情，精心挑选内容，全区各政务新媒体统一发送，营造统一发声、向上向善的舆论宣传氛围。截至 2018 年 9 月底，共推送 383 条 10857 次。

（马　静　赵艳竹）

【“担复兴大任、做时代新人”主题活动】 2018年，迎泽区深化“担复兴大任　做时代新人”活动，加强“时代新人工作站”建设，按“六有一常态”标准建立，将时代新人工作站打造成为“三基地一中心”，即新人培育孵化基地、志愿服务基地、大学生实践基地，构建培育一批又一批的时代新人中心，鼓励他们立足岗位、服务人民、奉献社会。全区共开展时代新人系列活动近300余次，其中进站开展活动110余次。

建立迎泽区时代新人库，储备时代新人82人，从中优选出时代新人进行迎泽区时代新人榜发布，发布迎泽区时代新人榜3次，18名来自各行各业的时代新人进一步带动和影响更多人。

开展微心愿圆梦活动，从最困难的人群入手，开展“新时代·小康路上不能没有你”主题实践活动，对1289户困难群体开展一对一帮扶活动。

开展“时代新人大讲堂”和“时代新人教我学”系列活动，推出“学养生”“学厨艺”“学花艺”“学茶艺”“学化妆”“学礼仪”“学健身”等一系列教学活动。工作站开展“跟我学厨艺”4期，“跟我学养生”4期，“跟我学茶艺”2期，“跟我学乒艺”1期，“跟我学摄影”1期，“跟我学花艺”1期，“跟我学科学”1期，“跟我学唱歌”17期，“跟我学历史”6期，“跟我学沙画”10期，“跟我学瑜伽”8期，“跟我学剪纸”1期，“跟我学心理”1期，其他党工委进站活动19期，共举办76期大讲堂活动。

贯彻“为民创建”和“全民创建”活动理念，将培育时代新人与创建全国文明城市相结合，开展“创城心愿您来提，时代新人帮您办”党员服务活动，来自全区的500余名党员、志愿者，区四大班子领导及8000余名人民群众参加活动，调动广大人民群众在创城中的主体作用，提高群众知晓率、参与率和满意度。

以“大美迎泽　首善之区”为主题，以太原市创建全国文明城市为创作内容，推出“创城微视频大赛”“文化作品创意大赛”“创城摄影大赛”“环保创意大赛”“最美楼院大赛”及“创城能手大赛”六项技能大赛，用多元化、艺术化的手法，全方位、多视角激发迎泽党员干部和人民群众参与创建全国文明城市的热情和积极性。联合驻地爱心企业推出“公益水站”“公益休息驿站”等创城公益活动。工作站与中正天街等艺术影院联合推出公益水站助力创城活动，免费为环卫工人、交通警察和需要爱心帮助的快递小哥和外卖骑士及所有为创城辛勤工作的志愿者群体提供饮用水。（马　静　赵艳竹）

【未成年人思想道德建设】 2018年，迎泽区注重发挥社区平台作用，加强“三位一体建设”。利用“我们的节日”系列活动引导未成年人在辞旧迎新、慎终追远、缅怀先贤、阖家团圆、孝老敬老中传承优秀文化、弘扬文明新风；结合创建文明城市、和谐社区建设等主题，组织未成年人开展创城知晓率等社会调查、清洁家园等志愿服务、慰问老人等“大手拉小手”公益活动等社会实践活动；开展“扣好人生第一粒扣子”主题教育实践活动；开展“新时代好少年”推荐评选工作和学习宣传活动，以“新时代好少年”为榜样，开展学习实践活动，引导青少年见贤思齐，从小做起；开展“传承红色基因”系列教育活动，开展优秀童谣传唱活动。（马　静　赵艳竹）

【志愿服务】　2018年，迎泽区制定《迎泽区2018年学雷锋志愿服务常态化活动方案》，组织100余名志愿者在柳巷茂业广场发放《致市民的一封信》等宣传品5000余份，展出展板60块。组织开展“清洁家园、共创文明”“邻里守望、奉献爱心”“认领微心愿、温暖身边人”等志愿服务活动，发挥社区居民的主体作用，开展敬老爱幼、扶贫救助等送爱心、送温暖志愿服务活动，清理小广告、清洁院落、公益宣传等志愿服务活动；开展“立足岗位，争做先锋”活动，开展“岗位学雷锋、服务当标兵”为主题的文明科室、文明岗位评选活动，把学雷锋活动落实到实际工作之中，立足岗位，多方位参与社会救助、文化、医疗等志愿服务活动，推动迎泽区志愿服务常态化，提升广大市民的道德素质和文明程度。（马　静　赵艳竹）

【文明城市创建】　2018年，迎泽区按照《关于太原市文明单位与社区（村）结对共建的实施意见》文件要求，组织各文明单位主动与结对社区联系，开展结对共建活动，重点在创建全国文明城市中发挥作用，帮助社区拾遗补阙；开展文明乡村建设，把农村精神文明建设融入乡村振兴计划，深化农村社会风气专线治理，突出民风建设。6月15日召开全区创建全国文明城市工作推进会，下发《关于调整迎泽区创建全国文明城市指挥部的通知》《关于建立迎泽区创建全国文明城市区领导包联督办制度的通知》和《迎泽区创建全国文明城市“九乱”专项整治行动方案》，成立区创城办，综合协调各项具体工作，推动创建全国文明城市工作；做好数据统计和简报报送工作，共报送简报47期，市创城办采用16期；做好创城资料报送工作，与相关40家单位收集资料530余份，撰写说明报告27份，经过三轮报送完成资料报送任务。（马　静　赵艳竹）

【亮化美化工程】　2018年，迎泽区丰富两节文化活动，春节、元宵期间在全区开展亮化美化工程，装扮节日的夜晚。在南宫广场举办大型花灯展和家风家教展，参观人数达8万人次。（马　静　赵艳竹）

【文化产业发展】　2018年，迎泽区继续做好省市文化产业专项资金项目申报工作，按照规定程序对文化企业申报项目进行资格初审，共有8家文化企业申报2018年度市级文化产业发展专项资金补助项目，5家文化企业申报2019年度省级文化产业发展专项资金项目；开展太原市文化产业发展专项资金绩效评价工作。配合市财政局预算评审中心做好2015-2017年度“市级文化产业发展专项资金”项目实施绩效评价，通过实地查看、资料查阅等形式对太原台骀山滑世界农林生态游乐园有限公司等企业的文化产业发展专项资金使用情况进行评价，撰写绩效自评报告；对获得2018年度省级文化产业发展专项资金项目的两家文化企业资金使用情况进行实地检查验收。（马　静　赵艳竹）

【公共文化服务】　2018年，迎泽区开展公共文化服务调研工作。组织安排区文化局、区教育局、区民政局等部门单位对迎泽区图书馆、文化馆、少年宫、村（社区）综合文化服务站等公共文化服务点的建设使用情况进行调研，并撰写迎泽区公共文化服务情况调研报告，为全市公共文化服务发展提供数据支持和智慧力量。

（马　静　赵艳竹）

【网络安全】　2018年，迎泽区成立由区委书记担任组长，区委宣传部、区委政法委、区财政局、区信访局、公安迎泽分局等部门为成员单位的区网络安全和信息化领导小组，统筹协调全区各个领域的网络安全和信息化重大问题，在全区形成党委统一领导、党政齐抓共管、宣传部门组织协调、有关部门分工负责的工作格局。明确各党（工）委、各单位的网信工作分管领导和承办人，对涉及本地区、本单位的网络舆情信息第一时间把握、科学应对、合理处置，确保党政齐抓共管，网上网下步调一致，形成合力，维护网络意识形态安全。

组织网络安全和信息化专题讲座，9月19日在柳巷茂业商场门前广场举办“迎泽区2018年国家网络宣传安全周活动”，制作网络安全知识宣传笔3000支、宣传折页6000张、宣传展板10块；开展网络安全“进机关、进校园、进社区、进家庭”活动，向广大干部职工、居民群众介绍常见的网络诈骗手段、如何应对恶意二维码、个人信息泄露等相关网络安全知识。

（马　静　赵艳竹）

统　战

【概况】　2018年，迎泽区委统战部把握大团结大联合主题，着力服务中心大局，推动中央、省市区委关于统一战线重大决策部署的全面落实，维护统一战线团结振奋活跃的良好局面，建设省城首善之区。

2018年，迎泽区委统战部研究统一战线理论和重大方针政策，向区委反映情况，提出开展统战工作的意见和建议，并组织贯彻执行中央、省委、市委、区委关于统一战线的方针、政策。负责联系各民主党派和无党派人士，及时通报情况，反映他们的意见和建议；研究贯彻中国共产党领导的多党合作和政治协商制度及对民主党派的方针、政策；落实中央、省委、市委关于发挥民主党派、无党派人士参政议政和民主监督作用的工作；支持、帮助各民主党派加强自身建设，选拔、培养新一代代表人物。负责调查研究、协调检查有关民族、宗教工作的重大方针、政策问题；联系少数民族和宗教界的代表人物。负责联系工商联，联系港、澳、台及海外工商社团和代表人士。调查、研究并反映非公经济代表人物的情况，协调关系、提出政策建议，选拔、培养积极分子。负责开展以祖国统一和招商引资为重点的海外统战工作，联系港、澳、台和华侨华人中的有关社团及代表人士；做好台胞、台属及海外留学人员的有关工作。调查研究党外知识分子的情况，反映意见，协调关系，提出政策建议；联系并培养党外知识分子的代表人物。负责党外人士的政治安排；会同有关部门做好培养、选拔、推荐党外人士担任政府及有关部门领导职务的工作；做好党外后备干部队伍的建设。负责统一战线理论、政策的研究，开展海内外统一战线的宣传工作。负责协调指导民族宗教事务局、工商联等部门的工作。负责指导基层统战工作和统战系统干部的培训工作，经常保持与人大、政协的联系，协调政府各有关部门的统战工作。完成上级统战部门和区委交办的其他任务。

2018 年，迎泽区委统战部内设办公室、党派、党外干部和经济科、民族宗教科、海外联络科，编制 8 名，其中行政编制 6 名、工勤 2 名。实有 7 人。（李娟娟）

【统一战线思想建设】 2018 年，迎泽区委统战部开展“两学一做”常态化、制度化学习教育，学习习近平新时代中国特色社会主义思想、中共十九大精神、习近平视察山西重要讲话精神和中央、省市区委各项决策部署，树立“四个意识”，在思想上政治上行动上同以习近平为核心的党中央保持高度一致。在各民主党派、无党派人士中开展“不忘合作初心，继续携手前进”主题教育活动，在党外知识分子中持续开展“跟党迈进新时代，谱写迎泽新篇章”主题教育活动，在新的社会阶层人士中开展坚持和发展中国特色社会主义主题教育活动，在非公有制经济人士中引深“跟党走、谋发展、做贡献”主题活动，在民族宗教人士中开展党的方针政策“进宗教场所”活动，不断巩固新时代统一战线团结奋斗的共同思想政治基础，推进统战工作迈上新台阶。（李娟娟）

【多党合作事业建设】 2018 年，迎泽区委统战部以推进政党协商为重点，按照《迎泽区加强政党协商的实施意见》，制定《迎泽区 2018 年政党协商计划》。组织各民主党派、无党派代表人士围绕“转型项目建设”“作风建设提升”“社会矛盾化解”等专题深入调查研究，建言献策，拓宽民主监督渠道，为区委、区政府科学决策提供参考。贯彻落实省委对民主党派加强自身建设提出的“三硬”要求，支持各民主党派加强思想、组织、制度建设，推进民主党派机关规范化建设。给各民主党派支部一定的经费支持，加强沟通与联系，鼓励并引导开展形式多样的活动，引导各民主党派认真践行同心思想，不断提高领导班子的政治把握能力、参政议政能力、组织领导能力、合作共事能力和解决自身问题的能力，为迎泽区经济和社会发展服务。

（李娟娟）

【民族宗教和谐维护】 2018年，迎泽区委统战部贯彻党的宗教工作基本方针，贯彻落实新修订的《宗教事务条例》，以中央督查宗教工作为契机，抓好整改，把依法管理宗教的旗帜鲜明地亮起来，解决宗教领域存在的突出问题。在佛道教场所开展治理商业化工作，对违规建造大型露天宗教造像、承包经营寺观等问题进行排查，提出整改意见和措施。在伊斯兰教开展"去极端化"工作，加强对伊斯兰教临时礼拜点管理。在基督教开展非法私设聚会点治理工作。按照"属地管理，分级负责"的原则，完善区、街（镇）、社区（村）宗教管理三级网络两级责任工作机制，层层签订责任书，形成主体在区、延伸到街（镇）、落实到社区（村）、规范到点的工作格局。加强对党员干部宗教政策和法律法规的教育，加强宗教教职人员管理，出台加强和改进新形势下宗教工作的实施意见和加强基层宗教工作三级网络和两级责任制的实施意见。

（李娟娟）

【外事侨务联谊工作】 2018年，迎泽区委统战部开展惠侨活动。为全区近200名归侨侨眷进行白内障筛查和常见眼病防治的知识科普。与嘉善县侨联签订友好侨联协议书，发挥两地侨联的独特优势，共同打造广阔的交流合作平台。组织侨企参加2018年中国天津、武汉两地华人创业发展洽谈会、兰洽会，并针对归国留学生创业难融资难等问题，召开融资助侨政策解读座谈会，为迎泽区侨企搭建对外交流合作、本土创业发展的平台。选派3名侨眷英语教师参加对外英语交流活动。组织开展重阳节包饺子活动，为六街一镇条件成熟的9个社区和8个侨企申报太原市"侨胞之家"。组织归侨侨眷参观平遥监察文化博物馆。区委统战部被评为山西省外事侨务工作先进集体。

（李娟娟）

【促进非公经济发展】 2018年，迎泽区委统战部继续引深"跟党走、谋发展、做贡献"主题教育活动，重点开展"进课堂学知识、进农村访贫苦、进军营学纪律学作风"主题教育活动。举办不忘创业初心、助力企业转型发展专题讲座，率先在全省举办学习贯彻习近平总书记给"万企帮万村"行动中受表彰的民营企业家的回信精神座谈会，召开全区民营经济转型发展研讨会，围绕民营经济发展的政策动态、发展机遇及实践经验，以及共同关注的民营企业发展的前瞻性问题进行交流和探讨，为激活迎泽区民营经济发展活力，凝聚发展智慧，问计发展路径搭建平台，促进非公经济健康发展。新华网以"激活力、凝智慧 建太原首善之区 迎泽区举办民营经济转型发展研讨会"进行专题报道。中华工商时报以"做企业家的代言人、热心人和娘家人"为题，对迎泽区非公有制经

济领域统战工作进行专题报道。区工商联获得2018年度全国工商联（商会）工作“创新中国”优秀案例奖。（李娟娟）

【统战精准帮扶】 2018年，迎泽区委统战部持续推进“百企帮百村”精准帮扶工作。共有15个企业和2个商会与17个贫困村开展结对帮扶。以产业帮扶、就业帮扶、公益帮扶等形式共投入资金215.55万元，带动570个贫困户1540人受益。

（李娟娟）

【统战社会服务】 2018年，迎泽区委统战部在全市率先建立新的社会阶层人士“领先大屏文化传媒”活动站，组织开展“云端课堂”“共享经济”“微访谈”等研讨培训和专题讲座。依托楼宇统战工作优势，创建“迎泽区新的社会阶层人士统战工作试点基地”。把基地工作纳入统战工作常态化管理，将基地打造成为迎泽区新的社会阶层人士统战工作的新阵地。通过在重点商务楼宇内开设“新的社会阶层人士创客孵化基地”“新的社会阶层人士双创基地”，为新的社会阶层人士开展各种活动和业务培训提供帮助，畅通新的社会阶层人士与现代服务业优势资源相融发展的渠道，引导新的社会阶层集聚发展和新的社会阶层人士健康成长。彰显新的社会阶层人士发挥联系广泛、专业突出、智力密集的优势作用，开展社会服务活动。

（李娟娟）

【第32次统战宣传月】 2018年，迎泽区委统战部始终坚持把“统战宣传月”活动作为推进全区统战工作的重要载体，立足“三个转变”，即宣传范围由以党政机关为主，扩展到社区、驻地单位、宗教场所等；宣传对象由领导干部和统战成员为主，延伸到普通群众、非公经济人士、新的社会阶层人士、归侨侨眷、台胞台属等；宣传形式由板报标语，发展到微信、网站、LED大屏。开展情况交流、座谈讨论、演讲比赛、诗歌朗诵、专题调研、民主协商、社区服务等活动，赋予迎泽统战宣传月新的活力。

第32次统战宣传月以“跟党迈进新时代，同心共建首善区”为主题，谋划设计“十个一”活动，即开展一系列主题教育、一系列慰问帮扶送温暖活动、一次统战理论知识竞赛、一次讲述会、一次主题征文，举办一系列培训、一场转型发展论坛、一场民族宗教专题讲座、一场台海形势报告会，编印一套统战知识手册。统战宣传月开展，增强干部和群众的统战意识，加深全社会对统战工作的认识，营造统一战线工作健康发展的社会舆论氛围。在中央统战部举办的工作研讨会上，区统战部部长闫晓琴作为全国十个经验交流之一作大会发言。（李娟娟）

【党风廉政建设】2018年，迎泽区委统战部坚持把反腐倡廉工作摆在重要位置。按照两手抓、两手都要硬的要求，做到与统战工作同部署、同落实。落实党风廉政建设责任制，主要领导带头履行第一责任人的职责，班子成员按照“一岗双责”的规定，及时提醒告诫，防微杜渐，未雨绸缪。落实中央“八项规定”精神和省市区的相关规定，开展形式主义、官僚主义集中整治工作，完善大额支出等相关工作制度，重要节点在单位内部进行自查自纠，形成风清气正的工作氛围。加强支部班子建设，坚持“三会一课”、民主评议、党员领导干部参加双重组织生活等制度。抓好民主生活会和谈心谈话，开展好批评与自我批评。创新主题党日活动。坚持理论与实践相结合，围绕组织学习讨论、集体诵读党章、重温入党誓词和集中交纳党费等内容来开展。创新开展“自选动作”，观看警示教育片，慰问困难老党员、老干部，开展志愿者服务，领取微心愿，举办民族和谐饺子宴，与各民族群众共度中秋佳节，与各民主党派、工商联、无党派人士代表共同学习党的十九大精神等。发挥党支部的战斗堡垒作用和党员的先锋模范作用。

（李娟娟）

【机关作风建设】 2018年，迎泽区委统战部加强“三基建设”，充实完善首问负责制、AB角工作制、请销假、公务用车、公章管理、文明单位创建等一系列规章制度，整理规范工作档案。

建立“三个一”学习制度，坚持每天自学一小时、每周一讲、每月组织一次活动，促进干部队伍基本能力的提升。

加强法治建设，制定“七五”普法学习工作计划，全员集中学法，系统学习《中国共产党统一战线工作条例（试行）》等法律法规，聘请法律顾问，自觉运用法律武器指导工作实践，化解矛盾问题。

加强效能建设。开展效能培训，，实行重大事项公开，坚持民主集中制，执行区委、区政府集中采购规定，健全内部制度，坚持用制度管人、管事、管权，提升机关作风。

（李娟娟）

【统战宣传信息】 2018年，迎泽区委统战部健全工作网络，充实完善《零讯》专家小组，建立“迎泽统战家园”微信公众号。狠抓信息员素质提升，邀请省市专家进行培训。搭建工作交流平台，畅通信息报送渠道。中央统战部发表信息2篇、《零讯》发表1篇、《中国统一战线》发表论文1篇、山西省委统战部发表信息12条、《山西统一战线》发表论文2篇、亮点工作发信息3条、山西省委统战部网站采用4篇、《太原统一战线》刊登信息7条、形成理论研究和调研成果2篇，在全市统战系统名列前茅，并被省委统战部列为信息直报点。

（李娟娟）

机构编制

【概况】 2018年，迎泽区机构编制办公室围绕中心，服务大局，深化行政审批制度改革，推进简政放权。严格规范机构编制管理，完成指导全区党政群机关事业单位制定基础工作目录和工作运行流程图，为全区经济社会科学发展提供体制机制保障。

（区编办）

【机构编制管理】 2018年，迎泽区编办与区委“三基建设”领导小组办公室联合印发《太原市迎泽区党政群机关事业基础工作达标指导意见》。制定基础工作目录、管理手册、应知应会手册三个参考模本。将基础工作目录细化为机构职能管理、岗位责任管理、基础信息管理、管理制度建设、信息平台建设等 8 个方面 16 项具体内容。将管理手册细化为部门职能、内设机构、政策法规等 5 个方面。将应知应会手册细化为理论政策和法规、部门和岗位职责、数据资料、相关知识 4 个方面。对各单位交回的资料逐一进行对照核查。对部分单位存在的承办人员素质不高、上交资料类型不全、个别资料质量不高等问题提出具体改进措施，促使各单位对号入座、深入查摆、积极整改。58 家单位全部完成基础工作目录、“三个手册”的编制工作。

区编办分组分批次对全区党政群机关事业单位的基础工作建设情况进行评估验收，重点对督查中发现的个性问题进行指导。全区 58 个党政群机关事业单位基础工作组织评估工作全部完成，完成率达 100%，达标验收合格率为 100%。

（区编办）

【机构编制改革】 2018 年，迎泽区编办完成对区食药局、卫计局、文化局、农委、林业局、水务局、交通局、商务局、安监局、住建局、城管局 11 个部门综合行政执法体制改革的摸底调研工作。配合区委组织部完成全区街道办事处职能等情况的汇总工作。开展对全区机构编制数、领导职数等全方位的清底工作，为全面开展机构改革工作做好准备。完成对全区机构、编制、领导职数、六街一镇的职责、机构编制的管理和运行情况及问题和建议调研汇总工作。对涉及的区侨联履职情况、区网信管理职能、服务三农方面的问题、知识产权专利管理职责、重要物资和应急储备物资收储职责、加强乡镇服务建设方面的意见和建议、推进行政审批改革方面的意见和建议、设立内设机构的建议、推进群团改革方面的意见和建议进行收集和汇总并及时上报上级部门。开展对全区 140（除学校、医院）个事业单位行政职能情况的摸底梳理工作。

（区编办）

【简政放权】 2018 年，迎泽区编办“接”好省、市下放的权力，做好管理事项落实。精简行政审批事项，认真梳理、下发文件，并主动与上级对应部门对接，整理出各项权限涉及的类别、法律法规和政策依据、申请对象、办事标准、要求和时限，确保下放的事项接住管牢、落到实处。行政审批事项中取消 4 项，承接 2 项。完成行政审批事项的取消承接工作。

推进简政放权、放管结合、优化服务、加快政府职能转变的目标任务。按照“谁审批、谁监管、谁负责”的原则，推进政府部门工作重心从规范市场主体活动的资格向规范市场主体行为转变，从事前审批向事中事后监管转变。

（区编办）

【“三基建设”】 2018 年，迎泽区编办完成指导全区一目录三手册的制定及评估工作；分别给区委组织部和区人社局通报郝庄镇行政编制及下属事业单位的空编情况；完成郝庄镇站所管理体制改制前期的摸底工作。（区编办）

【机构编制规范】 2018年，迎泽区编办围绕中心工作，推进行政管理体制改革，加强机构编制管理，强化纪律建设和作风建设，推进法制建设，依法履职。以规范机构编制管理为突破口，以深入推进行政审批制度改革、政府机构改革、控编减编等任务为重点，强化部门自身建设，适应改革新常态，提升机构编制规范化管理水平。

对人员招录、招聘和调动等程序做出制度规定，严格办理流程，规范入编手续，制定迎泽区机关事业单位人员流动程序和编委会议流程、人事调配领导组会议流程及机构编制管理工作文件数据管理制度。全年为全区事业单位办理招聘入编169人（党群系统11人、教育系统106人、卫生系统15人、其他事业单位37人），选调生2人、调动人员20人（区内12人、跨区8人）、减员132人（退休115人，调出11人，辞职5人，死亡1人），做到盘活存量，动态管理。

（区编办）

【党风廉政建设】 2018年，迎泽区编办把党风廉政建设与反腐败工作纳入全年工作总体布局；落实“两个责任”。履行第一责任人职责，坚持民主集中制，强化“三重一大”报告等制度的执行，健全完善“一把手”负总责，分管领导各负其责，机关各科室齐抓共管的工作机制；开展专项整治，重点对懒政怠政问题，发生在群众身边的“四风”等问题予以认真解决；开展廉政警示教育活动；落实“一岗双责”，加强自律意识。

强化政治理论学习，加强理想信念教育，弘扬爱国主义；加强理论学习，提高思想认识；健全工作机制，健全完善相关制度。组织“三会一课”，推进“两学一做”学习教育常态化、制度化；党支部制定详细的学习计划，并于每周二上午组织全体党员进行集中学习。按时组织召开民主生活会和组织生活会；加强党费收缴，增强党员的党性观念。（区编办）

【编办档案管理】 2018年，迎泽区编办成立档案工作领导组，形成主要领导统筹安排、分管领导牵头负责、有关工作人员具体实施的工作格局，并将档案工作纳入2018年度工作计划；建立健全档案工作各项制度，档案工作科学规范管理；加强档案业务知识学习，学习《中华人民共和国档案法》和国家档案局第8号令，明确文件材料归档范围和保管期限，促进档案工作纳入规范化、法制化轨道；规范业务，按要求收集归档整理，结合编办档案管理业务建设的状况，进行立卷、归档，做好文件的收集、归档工作。（区编办）

信　访

【概况】 2018年，迎泽区信访局（简称区信访局）全面贯彻落实国家信访局《关于进一步规范信访事项受理办理程序引导来访人依法逐级走访的办法》，强化属地责任，提高信访工作效能，引导来访人依法逐级走访，推动信访事项及时就地解决，全面推动涉法涉诉信访改革，建立依法处理涉法涉诉信访问题的新机制，实行诉访分离，化解一批信访案件，维护迎泽区稳定。

2018 年，迎泽区信访局负责处理群众来信、接待群众来访及网上信访，保证信访渠道畅通；及时准确地向区委、区政府领导反映来信来访中提出的重要建议、意见和问题，综合分析信访信息，开展调查研究，提出制定有关方针、政策的建议。承办山西省委、省政府信访局和太原市委、市政府信访局交办的信访事项。承办区委、区政府领导交办的信访事项，督促检查领导有关批示的落实情况；向街（镇）和部门交办信访事项，督促检查重要信访事项的处理和落实。协调处理跨地区、跨部门的重要信访问题；协调处理群众来区上访和异常、突发信访事件；检查协调全区党政各部门信访工作。指导全区信访业务工作，总结推广各地区、各部门信访工作的经验，提出改进和加强信访工作的意见和建议。了解并掌握信访队伍的建设情况，组织信访干部培训，负责全区信访信息网络建设。负责信访工作的宣传和信息发布；协调与省、市、外县（市）区信访工作的交流。承办区委、区政府领导交办的其他事项。

区信访局机构规格正科级；内设接待科、督办科两个科室；实有人数 4 人。

（张　艳）

【信访接访】 2018 年，迎泽区开展“区级主要领导大接访”活动，主要领导轮流接访，全年共接访 46 次，接待上访群众 935 批 6867 人次。定期开展联合接访，区级主要领导、六街一镇、区直机关相关部门负责人参加。倾听群众诉求，现场落实责任单位，限期答复等，推动信访事项及时就地解决。针对部门涉及人数多、影响较大的集体访案件逐案制定措施，落实责任，确定专人跟踪督办、协调，保证信访案件能够按期办结。（张　艳）

【安全隐患排查】 2018 年，迎泽区信访局组织街、镇开展安全稳定风险隐患大排查大整治行动，共排查出安全稳定风险隐患问题 19 起，分别涉及退役军人、宗教、企业改制、经济案件、城乡建设、劳动保障等方面领域，共计 7700 余人。

（张　艳）

【信访案件管理】 2018 年，迎泽区实施“重点疑难信访案件项目化管理”创新工作，通过多元力量深度参与信访矛盾化解，以专人专家、专案专办的模式，提高疑难信访案件化解成效，累计对 63 件重点疑难信访案件实施项目化管理，妥善化解各类群体矛盾和历史积案 37 件，建立集中指挥、统筹协调的工作体系，形成“四结合”工作模式，健全“五个一”推进机制。该项创新工作得到省市的高度肯定，并在《山西信访》2018第一期（总第103期）登载题为《创新机制依法推动信访案件有效化解》的经验交流文章，在全省进行经验交流。迎泽区信访局以“依法实施重点疑难信访案件项目化管理”为选题，申报2018年全省信访系统内部理论研究课题，并向省信访局报送相关研究成果。（张　艳）

【信访矛盾化解】　2018年，国家、省、市全面启动“重点领域、重点群体、重点问题、重点人员”信访矛盾化解攻坚战，迎泽区将落实“四个重点”工作任务作为“社会矛盾化解年”的一项中心工作，成立由区委、区政府主要领导任组长和常务副组长的工作领导组，制定《迎泽区深入开展“四个重点”信访矛盾化解攻坚战实施方案》，针对全区范围内摸排出的信访案件问题，各责任单位逐一登记造册，建立工作台账和《任务清单》。全年共交办迎泽区89件，其中中央交办2件全部化解。省交办10件全部化解，市交办77件化解67件，化解率达市考核要求。中央第15巡视组驻并期间共交办6批129件信访事项，全部化解。（张　艳）

【网上信访受理】　2018年，迎泽区信访局落实网上受理信访制度，通过网上信访系统、“太原迎泽信访”公众号微信客户端，为群众反映诉求、进行投诉查询、查看办理结果等提供便捷渠道，筹建远程视频接访系统，加快构建信访网上投、事项网上办、结果网上评、问题网上督、形势网上判的工作模式。2018年，对各部门网上信访办理工作人员开展集中培训2次及一对一专项辅导，促进网上信访工作不断规范化、制度化和人性化。在自查整改的基础上，对照省规范化业务交叉检查通报，对自身在网上信访录入、受理办理、答复送达、复查复核、督查督办各环节存在的问题进行再次梳理，列出问题台账，并提出具体整改措施，逐一落实完善。

2018年，网上信访上级交办1068件，自录234件，全部办结。（张　艳）

【扫黑除恶】　2018年，迎泽区信访局落实中央、省、市有关扫黑除恶专项斗争的决策部署，结合迎泽区信访实际，建立线索收集体系和对接机制，助力严查严打信访领域背后隐藏的黑恶势力，推动迎泽区扫黑除恶专项斗争深入开展。设立专门的“扫黑除恶”信访事项接待窗口，专人负责处理涉黑涉恶信访事项。对群众来信来访和网上投诉中的涉黑线索进行认真梳理，并及时移交至扫黑办处理。

2018年，向区扫黑办报送各类专项台账30期，各类总结、简报37期，线索核查及调研报告4份。移交涉黑涉恶违法犯罪案件线索13条、黑恶势力“保护伞”及涉黑涉恶腐败线索3条、摸排问题线索31条。中央扫黑除恶督导组移交件共计104件，其中来访39件、来电28件、来信37件，办结率100%。（张　艳）

区直属机关工委

【概况】 中共迎泽区直属机关工作委员会简称机关工委，是区委综合管理机关工作的派出机构，行政编制4名，工勤人员1名，正科建制，有书记1名，副书记1名，工会主任1名。

基层党组织有党委1个，党总支2个，党支部69个，其中离退休党支部6个，共有党员1196名，其中2018年发展党员5名。

2018年，机关工委围绕“服务中心、建设队伍”这个中心，创新党员教育管理的新机制、新方法，坚持思想建党和制度建党紧密结合，从思想上、组织上、作风上和制度上推进机关党建工作。 （谢丽娜）

【党员学习教育】 2018年，迎泽区机关工委继续强化党员日常教育，下发《区直机关党员干部理论学习安排意见》，为862名党员发放党员学习笔记本和《党章》等各种学习资料。以开展“大学习、大教育、大培训、大提升”为抓手做到三个创新。

教育对象的创新。进行有针对性的分层教育。对普通党员，举办党员教育大讲堂3次，每次培训时间不少于一天，受教育党员达600余人次；对支部书记和党务干部，举办全体党务干部共计181人参加的为期三天的“领头雁”培训；对入党积极分子和发展对象，开展“党建引领书香育人”和“担复兴大任，做时代新人”党性教育活动培训。

教育阵地的创新。利用5楼40平方米的空闲场地，改造建成马克思书屋，收藏经典图书2000余册，为机关1000多名干部职工提供读书学习、交流思考、举办活动的文化场所。

教育内容的创新。组织党员开展“学先进、赶先进、当先进”主题党日活动；在区直机关举办“优秀共产党员报告会”；在党务干部培训班开展先进支部交流发言。利用每周一讲，持续不断地向机关党员讲授一个应知应会的党建小知识，共开办83讲。组织广大党员参加迎泽群工、山西干部在线学习，提高机关党员的理想信念，促进工作全面提升。 （谢丽娜）

【基层组织建设】 2018年，迎泽区机关工委把加强党的政治建设作为推进机关党建的首要任务，按照“区委有号召，工委有行动；区委有部署，工委抓落实”的工作思路，加强制度建设。围绕作风建设提升年，与区考核办一起出台“效能建设考核”办法，并对各支部的效能建设进行考核。规范“三会一课”、收缴党费等各类制度的执行，刻制支部公章，制定下发《机关工委支部工作考核细则》，按照考核细则，对支部工作实行平时考核与年终考核相结合。在组织建设上，严格把关批准成立党委1个，支部16个，补选支部17个，选举党委书记、支部书记、委员117名。利用山西智慧党建、迎泽群工等信息化手段，规范支部各项工作的开展。召开支部书记述职评议考核会议，以支部书记述职促进党建工作的提升。抓实主题党日，各支部按照机关工委的安排结合实际，精心谋划，强化政治性，体现庄重感，树立自豪感，开展学习教育、志愿服务、帮扶慰问、缴纳党费和接受红色教育等。针对软弱涣散党支部具体情况，指导支部查找存在的问题，制定出具体整改方案，明确支部书记是整改的第一负责人，每月对整改情况进行指导和督促检查。落实发展党员工作中的培训、公示、考察等制度。继续做好党代表联系党员群众工作，94 名党代表联系党员群众 282 名，组织党代表赴区税务局开展视察调研活动。加大对党员的政治关怀、精神关怀和生活关怀，坚持做好职工帮扶、走访慰问、节日求助和健康讲座，增强机关党员的获得感和幸福感。

（谢丽娜）

【党风廉政建设】 2018 年，迎泽区机关工委组织党员干部学习党纪、党规、法律条规等 4 次，提高干部职工的政治站位和政治素养。落实党风廉政建设的主体责任，开展自查自纠 2 次，查摆问题 7 条，提出整改措施 10 条，开展“回头看”2 次。开展集中整治形式主义、官僚主义工作，查摆班子问题清单 2 条，个人问题清单共 6 条，并提出相应的整改措施。做好外逃人员大起底工作和整治群众身边腐败问题相关工作，做到全覆盖、无死角。抓住时间点，在中秋、春节等节日期间安排布置内部监督检查工作，学习区纪委监委下发的相关纠正“四风”的文件精神。做好领导干部办理婚嫁喜庆事宜的报备工作，并签订廉政承诺书，建立健全干部职工廉政档案。

（谢丽娜）

【舆论宣传工作】 2018 年，迎泽区机关工委把意识形态工作作为党建工作重要内容，纳入重要议事日程，与各项工作同部署同落实同考核，每季度都对机关的意识形态领域形势进行分析研判。成立网络意识形态工作领导组，组长由工委书记担任，建立“一把手”负总责，其他领导分工负责的工作格局，将意识形态工作落到实处。加强网络宣传引导，撰写上报各类信息，在山西组工网上发表信息 61 篇，结合时事撰写《苔花如小米，也学牡丹开》等网宣文章 10 篇，发表在共产党员网上，加强网络意识形态领域正确的舆论导向，唱响主旋律，凝聚正能量。

（谢丽娜）

【精神文明创建】 2018 年，迎泽区机关工委把创建文明城市与精神文明建设有机融合，组织广大党员学习《太原市文明行为促进条例》，全体职工承诺《奋斗新时代，共创文明城》。组织开展志愿者活动 2 次，300 余名职工志愿者参加“文明城市我代言，环保活动我先行”活动，志愿者向过往群众发放宣传手册、宣传手袋 2000 份，宣传文明创建和环境保护的相关内容和倡议书。党员志愿者参加文明交通志愿者活动 5 次。开展“博爱一日捐”和“中华慈善日”活动，共捐款 8 万余元，在迎泽群工认领微心愿 65 个，为公益事业奉献一份自己的爱心。

（谢丽娜）

【群团组织工作】 2018年，迎泽区机关工委发挥工会作用，组建成立区直机关工会委员会，建立44个基层工会负责人的微信工作平台，实现无纸化办公，节省人力、物力和财力。对基层工会情况进行摸底，职工会员数为982名，其中女职工会员数为463名；基层工会委员会15个，工会小组29个。2018年成立基层工会委员会3个，接转工会组织关系21个。突出维护帮扶职能。为1人申请市总工会特困帮扶，为1人申请“金秋助学”的救助。发动会员参加第四十期职工大病工程。2018年，共有982名会员缴纳互助金35352元，参与率达到100%。为6名患病住院的会员办理职工大病互助报销手续。30个单位共计251人次参加女职工特殊疾病保险，投保金额7000余元。在“八一”期间举办“军民一家亲、双拥情更浓”现役军属座谈会。

机关妇委会开展评先争优活动，评选1名“时代新人+巾帼标兵”2个“平安家庭示范户”1个“太原最美家庭”，在省妇联开展的“庆祝改革开放40周年”暨第五届“三晋巧姐”剪纸作品展的评比中，由机工妇工委选送的剪纸作品——《山西风情》，被评为“优秀作品奖”，荣获妇联剪纸作品展“二等奖”，举办女性健康知识讲座3次。

机关团工委培养团员青年，向党组织推荐优秀团员4名加入党组织。评选出1名“时代新人+筑梦青年”。 （谢丽娜）

老干部

【概况】 2018年，中共太原市迎泽区委员会老干部局（简称区委老干部局）以为老干部服务转型跨越发展为主题，落实离退休干部扶贫帮困救助机制，利用社区资源，创新离退休干部服务管理模式。

区委老干部局是区委主管离退休干部工作职能部门，为部门管理机构，由区委组织部管理。正科建制，内设办公室、组宣科、生活待遇科，公务员编制3名，工勤人员2名，实有正副局长3名，工勤人员2名。下属单位区老年大学，为参照公务员法管理事业单位，编制2名，实有工作人员1名。 （区老干部局）

【思想政治教育】 2018年，区委老干部局做好老干部报纸杂志的订阅工作。全区离休干部和副县（处）级退休干部人手订阅一份《老友导报》，为各活动室订阅《人民日报》《山西日报》《参考消息》等报刊；向部分老同志集中居住的社区捐助相关学习资料；为19个离退休干部党支部、26个离退休干部党小组发放《学习参考》；为19个离退休党支部落实5000元的活动经费。组织开展老干部十九大专题辅导。

4月20日，全区老干部工作会议召开，传达全国和全省“双先”表彰大会、全国老干部局长会议、省市老干部工作会议精神，组织学习贯彻落实。通过在活动室、老年大学广告栏、教学课堂传达学习习近平总书记在全国“双先”表彰大会的重要讲话精神，把相关资料整理成册下发给老干部、离退休干部，使他们能及时了解党和国家的方针、政策、国内国际形势，在政治上、思想上、行动上自觉与党中央保持一致。围绕“双先”精神、贯彻落实等热点、重点内容进行作专题辅导，通过以会代训的形式，对全区各单位的老干部工作人员传达学习。（区老干部局）

【生活待遇落实】 2018年，区委老干部局健全离休干部“三个机制”制度，保证全区离休干部生活补贴、护理费、丧葬费、冬季取暖补贴费、抚恤金及无工作配偶生活困难等各种补助全部落实到位，对特殊情况特殊身份的离退休干部给予最大限度地关心和帮助。创新对离休干部的服务方式，坚持三大节日对离退休干部慰问。开展个性化慰问，在每个离休干部生日当天送上生日蛋糕。

组织安排离退休干部体检工作，为65个单位的2360余名老干部在红鬃马体检中心进行体检；全年各级老干部工作人员共慰问看望离退休干部达4000余人次，局班子成员看望住院离休老干部20余人次。

（区老干部局）

【为老干部服务】 2018年，区委老干部局围绕“为党和人民事业增添正能量”这一主题，搭建平台，开展各项活动，让老干部展示阳光心态，体验美好生活，畅谈发展变化。

组织80余名老干部赴右玉干部学院参加开展“不忘初心、牢记使命”主题教育素质能力提升班。组织1000余名老干部观看爱国主义电影；面向全区老干部公开征集迎泽区改革开放40周年、建区20周年回忆录，共评选出14名老干部11份作品；举办以“桑榆不忘教育初心　老骥共筑首善迎泽”为主题的老干部趣味运动会。建立离退休干部“一网一库N服务”服务管理信息平台。为离退休干部提供党建、医疗保健、志愿活动、正能量活动等多项服务。（区老干部局）

【“四就近”服务】 2018年，区委老干部局创新组织设置，就近参加学习。全区共组建网格党支部130余个，网格党小组610余个，有老干部党支部19个，定期开展学习培训。整合社会资源，就近提供服务。坚持服务宗旨，采用无偿、低偿、有偿服务相结合的方式，使老干部在社区需有所应、难有所帮；落实文化养老、健康养老，各社区做到活动有制度、有场地、有器材、有队伍。老干部成为社区文化活动、宣传教育、精神文明建设的主力军。搭建平台，就近发挥作用。老干部自觉融入社区大家庭，建言献策，参与社区建设，转变角色，主动担当起社区政策咨询员、居民维权员、卫生监督员、治安巡查员、少儿帮教员、纠纷调解员、邻里协调员、楼院示范员，为建设和谐社区发挥自己的余热。（区老干部局）

【帮扶机制完善】 从2009年起成立迎泽

区帮困解难专项基金，出台《迎泽区帮困解难专项基金使用办法》，以文件的形式下发各涉老单位，该办法规定帮困主要救助对象、救助条件、救助标准、使用原则、办理程序、管理制度等相关事项，基金金额15万元。2018年先后救助、救济离退休干部及遗属118人。　（区老干部局）

党　校

【概况】　2018年，中共太原市迎泽区委党校按照开展“转型项目建设年、社会矛盾化解年、作风建设提升年”的安排部署，发挥党校的作用，改进培训模式，提升教师素质，创新教学方法，加强干部培训、科研咨政、师资队伍建设。在全市组织的2018年“巾帼文明岗、巾帼建功标兵”选树命名活动中被评选为太原市巾帼文明岗示范单位。　（李丽青）

【干部教育】　2018年，中共太原市迎泽区委党校共举办副科以上领导干部、入党积极分子和基层党员干部培训班26期，培训1979人，举办习近平新时代中国特色社会主义思想读书班2期，邀请上级党校、高等院校专家学者举办专题讲座5次，开展各类学习交流20余次。举办“学员大讲堂”活动，受教育党员干部百余人次；领导干部带头讲党课，5名区级领导走进党校课堂为读书班学员做专题党课辅导；建立兼职教师聘任机制，聘请政府职能局领导为读书班学员做工作交流、专题授课。利用微信公众号，搭建“微党校”平台，编写、推送理论文章、工作信息60余篇，丰富党校工作的内涵，扩大党员教育培训的覆盖面。组织骨干教师到基层宣讲20余次，推进习近平新时代中国特色社会主义思想进机关、进企业、进校园、进农村、进社区，为学习中共十九大精神、习近平新时代中国特色社会主义思想起到引领作用。　（李丽青）

【教学科研】　2018年，中共太原市迎泽区委党校坚持以“教学为中心，科研为基础”的指导思想，发挥党校理论宣传主阵地作用。全校教职工撰写论文14篇，在省级刊物发表2篇，市级刊物发表1篇。在全市党校系统庆祝改革开放40周年理论研讨征文活动中，荣获优秀组织奖，3名骨干教师荣获优秀奖。在全市党校行政学院教师赛讲中，骨干教师荣获三等奖，教学研究成果荣获三等奖。　（李丽青）

【“三基建设”】　2018年，中共太原市迎泽区委党校组织全体教职工学习省委书记骆惠宁在全省推进“三基”建设座谈会上的讲话精神，制定学习计划、召开研究部署会议，开展“标准”问题大讨论，完善“一目录三手册”。制定个人岗位职责和《办公室工作督办制度》《教职工请销假管理制度》《采购物品提前申报制度》等15项工作制度。完善学校工作秩序，改进工作作风，提高工作效率，树立党校良好形象。

（李丽青）

【廉政建设】　2018年，中共太原市迎泽区委党校坚持把纪律和规矩挺在前面，严格落实党风廉政建设各项要求。对承担的党风廉政建设责任做到守土有责，强化“两个责任”意识，加强担当，各司其职，各负其责。组织党校领导班子成员学习《党内政治生活若干准则》《中国共产党纪律处分条例》。根据全区集中整治形式主义、官僚主义工作要求，制定领导班子和成员问题清单、责任清单和整改清单，细化责任，狠抓落实。

坚持权责一致，确保有权必有责、有责要担当、失责必追究；坚持以身作则、以上率下，带头尊法学法守法用法。定期开展法制宣传活动，将法制宣传常态化，利用培训时机，加强对领导干部开展法制宣传教育。读书班期间邀请太原科技大学法学院院长郭相宏做《宪法修正案》专题辅导讲座，推动领导干部不断提高各项工作法治化水平，加快全区转型创新发展。

（李丽青）

【主题活动】　2018年，中共太原市迎泽区委党校定期组织召开“支部主题党日”活动，赴红旗渠干部学院、太原抗战纪念馆、郑村烈士陵园、娄烦高君宇烈士纪念馆、汾阳市贾家庄基层干部培训基地，接受革命传统教育。落实“三会一课”制度。组织开展“三八妇女节，巾帼显英雄”文体活动。主动探望慰问生病住院的教职工及退休职工，送去组织关心和温暖。全体党员干部参与博爱一日捐、慈善一日捐和社会救助献爱心活动，共计捐款4380元。组织开展党员志愿服务。开展时代新人进桥东站活动，为居民群众讲解礼仪知识。组织全体教职工观看庆祝改革开放40周年大会现场直播，回顾改革开放40年的光辉历程。激励全体教职工恪尽职守、开拓创新，高质量教育培训干部，高水平服务迎泽社会经济发展。

（李丽青）

【行政管理】　2018年，中共太原市迎泽区委党校行政后勤工作本着务实、节俭、高效的原则，强化面向教学科研一线的职能管理力度。实施行政人员岗位责任制，行政后勤工作规范化、制度化、科学化，保证党校教学工作的正常进行。规范对人、财、物的管理，建设节约型机关，把有限的物力和财力科学合理的投入到党校标准化建设当中，为党校教学培训工作及科研任务的完成提供有力的保障。全年为区直各单位提供教室会议室使用服务10余场次，有效配合各单位工作的开展，展现市级文明单位的良好风貌。

（李丽青）

迎泽区人民代表大会

The People´s Congress of Yingze District

综　述

【概况】　2018年，迎泽区人大常委会以习近平新时代中国特色社会主义思想为指导，学习贯彻中共十九大精神，树立“四个意识”，坚定“四个自信”，做到“两个维护”，自觉在政治立场、政治方向、政治原则、政治道路上同以习近平同志为核心的党中央保持高度一致，坚持和完善人民代表大会制度，坚持党的领导、人民当家作主、依法治国有机统一，为依法履职提供坚强政治保证，围绕区委决策，服务工作大局，召开好各类会议，推进“三基建设”，较好地完成各项任务。

（区人大办公室）

【党的建设】2018年，迎泽区人大常委会坚持把中共政治建设摆在首位，学习贯彻落实党的十九大精神和习近平总书记视察山西重要讲话精神，贯彻落实省委十一届六次全会、市委十一届五次全会、区委五届七次全会和区五届三次党代会精神，组织党组专题学习5次，党支部学习23次，举办代表专题培训2次，集中收听收看庆祝改革开放40周年大会实况。印发《中共太原市迎泽区人大常委会党组关于深入学习宣传贯彻党的十九大精神的安排》。

（区人大办公室）

【会议组织】　2018年，区人大常委会会议根据常委会议事规则和任免办法等议事程序，尊重和保障常委会组成人员按照自己的意志行使表决权，做到集体行使权力。

全年共召开区人大常委会8次，审议通过“一府两院”议题14项，作出决议、决定10项。

召开主任会议17次，听取“一府两院”专项工作报告，听取落实常委会审议意见报告。　（区人大办公室）

【依法监督】　2018年，迎泽区人大常委会围绕大局，推进区委决策部署的贯彻落实。坚持以人民为中心的发展思想，精准发力，开展有效监督。围绕全区发展大局，抓住全区重点工作，坚持监督与支持并重，寓支持于监督之中，不断改进监督工作方式方法，推动区委决策部署的贯彻落实。加强对经济工作的监督。加强对民生工作的监督。加强对法律法规实施情况的监督。加强对司法工作的监督。对全区重点工作的正确、有效监督，推进政府依法行政，促进省城首善之区建设。

听取和审议迎泽区人民政府关于2017年财政决算（草案）的报告，审查和批准2017年财政决算。听取和审议迎泽区人民政府关于2017年本级预算执行和其他财政收支的审计工作报告。听取和审议迎泽区人民政府关于2018年1—6月份国民经济和社会发展计划执行情况的报告。听取和审议迎泽区人民政府关于2018年1—6月份财政预算执行情况的报告。听取和审议区政府关于科技创新工作情况的报告。对迎泽区贯彻实施《山西省食品小作坊小经营店小摊贩管理条例》情况开展执法检查。听取和审议迎泽区人民政府关于2017年审计查出问题落实情况的报告。听取和审议区人民政府关于行政执法工作情况的报告。听取和审议区人民政府关于棚户区改造居民安置工作情况的报告。听取和审议区人民法院关于全力破解执行难工作情况的报告。听取和审议区人民检察院关于扫黑除恶工作情况的报告。听取和审议区人民政府关于环境保护工作情况的报告。

（区人大办公室）

【专题调研】 2018年，迎泽区人大常委会围绕区委、区政府提出的项目转型建设年工作，就区域经济发展现状组织人大代表或企业家代表专题座谈，研究和分析区域经济现状、问题原因、发展方向等，提出对策建议；结合社会矛盾化解年工作，组织人大代表和法律专家，就区政府2017年行政诉讼工作进行专题调研，就全区行政诉讼工作现状、存在的问题和原因，调研座谈，并结合自身工作实际和遇到的问题提出意见建议；围绕全国文明城市创建和扫黑除恶专项斗争等重点工作，多次组织人大代表开展专题视察；8月和12月，两次组织市、区两级人大代表到公安迎泽分局、区人民检察院对扫黑除恶专项斗争工作进行专题调研。代表们就城建城管重点意见建议办理情况组织专题座谈。听取和审议“一府两院”关于迎泽区第五届人民代表大会第三次会议代表建议、批评和意见办理情况的报告。 （区人大办公室）

【经济监督】 2018年，迎泽区人大常委会加大对经济工作的监督。区人大常委会把服务经济发展、促进转型升级、提升区域综合实力作为首要任务，依法开展监督。8月，听取和审议区政府关于2018年1—6月份国民经济和社会发展计划执行情况的报告，听取和审议区政府关于2017年决算（草案）和2018年1—6月份预算执行情况的报告，审查和批准2017年决算，听取和审议区人民政府关于2017年本级预算执行和其他财政收支情况的审计工作报告。督促政府将发展经济的着力点放在实体经济上，弘扬改革创新精神，坚持“质量第一、效益优先”，加快传统服务业提质升级，发展新兴服务业，推动项目建设，抓好招商引资，推进园区建设，增强迎泽经济发展优势。

（区人大办公室）

【民生监督】 2018年，迎泽区人大常委会聚焦民生问题，采取多种形式，强化监督，促进民生改善。9月，组织人大代表对群众反映强烈的棚户区改造居民安置工作进行监督，听取棚户区改造居民安置情况汇报，实地查看龙城新苑、南江片区、桥东苑的安置房项目建设，推进棚户区居民安置工作。12月，围绕群众关注的环境保护工作开展视察，实地察看太原热力公司城南供暖公司新建燃气锅炉、太原润禾环卫工程设备有限公司坞城路分公司医疗垃圾焚烧在线监控、区政务大厅网格监控平台建设等，促进环境质量改善。

（区人大办公室）

【科技创新】 2018年7月，迎泽区人大常委会实地察看太原市恒伦口腔医院、山西美原齿科器械有限责任公司和国家火炬计划迎泽特色产业基地展厅，进行座谈交流，督促政府高度重视和大力支持科技创新工作，加快构建创新人才体系，推进科技成果转化，进一步提高科技创新能力。

（区人大办公室）

【执法检查】 对法律法规贯彻实施情况进行执法检查，是迎泽区人大常委会坚持多年的重要监督方式，形成较为完善的程序。2018年10月，迎泽区人大常委会对区政府贯彻实施《山西省食品小作坊小经营店小摊店管理条例》的情况开展执法检查，督促区政府进一步落实好《条例》的各项规定，推动《条例》实施中一些重点和难点问题的解决，营造健康安全的食品市场环境；11月，按照市人大常委会的安排，组织对区政府贯彻实施《中华人民共和国大气污染防治法》及《山西省大气污染防治条例》《太原市大气污染防治条例》情况开展执法检查，持续改善环境质量，推进生态文明建设。 （区人大办公室）

【司法监督】 2018年10月， 迎泽区人大常委会对区人民法院全力破解执行难工作情况进行调研，实地察看立案诉讼服务中心、执行指挥中心，听取区法院全力破解执行难工作情况的汇报，代表们高质量的建设性意见建议，为法院全力破解执行难工作提供智力支持。12月，对区人民检察院扫黑除恶专项斗争工作情况进行调研，实地察看区人民检察院远程提审室和案件管理大厅，听取扫黑除恶专项斗争工作情况的汇报，肯定扫黑除恶专项斗争工作成果，有效促进“两院”公正司法。

（区人大办公室）

【人事任免】 2018年，迎泽区人大常委会坚持党管干部原则，认真履行人事任免职责，常委会对拟任国家机关工作人员，执行任前调查、任前集中培训、法律考试、表态发言、审议表决、颁发任命书、奏唱国歌、向宪法宣誓等程序，增强拟任人员自觉接受人大及其常委会监督的意识和依法行政、公正司法意识。全年依法任命国家机关工作人员16人，免职3人，接受辞职8人。

2月27日，五届十二次常委会接受闫晓琴辞去太原市迎泽区人民政府副区长职务。王海珍、李光胜、张文进、张晋松、徐丽珍、高瑞萍辞去区第五届人大常委会委员职务。任命马子龙为太原市迎泽区监察委员会副主任、代理主任。决定任命王国栋、周靖华为太原市迎泽区人民政府副区长。

8月27日，五届十六次常委会接受陈晓华辞去太原市迎泽区人民政府副区长职务。任命桑丽萍、阎永刚、侯强、柴艳丽为迎泽区人民检察院检察委员会委员。

10月31日，五届十七次常委会任命秦颖为迎泽区人民法院副院长、审判委员会委员、审判员。免去董作江区法院审判委员会委员、审判员职务；赵宝萍、初佩芳区法院审判员职务。任命刘芳芳为迎泽区人民检察院副检察长。

12月28日，五届十九次常委会任命王艳丽为区人大常委会教育科学文化卫生工作委员会主任；刘宏霞为区人大常委会城市建设环境资源保护工作委员会主任。决定任命赵江燕、罗辉为迎泽区人民政府副区长。任命杨琍敏、宋玲玲为迎泽区人民检察院副检察长；刘芳芳为迎泽区人民检察院检察委员会委员。（区人大办公室）

【决议决定】 2018年3月23日，太原市迎泽区第五届人民代表大会第三次会议第四次全体会议通过关于政府工作报告的决议。

3月23日，太原市迎泽区第五届人民代表大会第三次会议第四次全体会议通过关于迎泽区2017年国民经济和社会发展计划执行情况与2018年国民经济和社会发展计划的决议，通过关于迎泽区2017年财政预算执行情况和2018年财政预算的决议，通过关于迎泽区人民代表大会常务委员会工作报告的决议，通过关于迎泽区人民法院工作报告的决议，通过关于迎泽区人民检察院工作报告的决议。

8月28日，迎泽区第五届人民代表大会常务委员会第十六次会议，同意区财政局局长何吉铮受区人民政府委托所作的《关于迎泽区2017年决算草案的报告》，决定批准迎泽区2017年决算。

12月28日，迎泽区第五届人民代表大会常务委员会第十九次会议经过审议，决定批准迎泽区人民政府提交的2018年预算调整方案。（区人大办公室）

【代表工作】 2018年，迎泽区人大常委会完善代表建议办理机制，突出跟踪督办和重点督办。区五届人大三次会议以来共收到代表建议、批评和意见138件，主要涉及城建、教育、卫生、经济、民政、农林水等方面的工作。其中属市权限范围办理的27件、属迎泽区职权范围的111件。经分类整理，在属迎泽区职权范围办理的建议中，经济发展方面15件，占总数的13.5%；城乡建设和管理方面41件，占总数的36.9%；文教卫生方面28件，占总数的25.2%；公安、民政及社区建设方面19件，占总数的17.1%；其他方面8件，占总数的7.2%。全年所有建议均在规定期限内答复完毕，并全部向代表做出了书面答复，办结率93.0%。满意率100%。

（区人大办公室）

【代表活动】 2018年6月，迎泽区人大常委会组织60余名区人大代表和机关干部到右玉干部学院开展学习法律、法规等为主要内容的业务培训。7月，组织代表对全区行政诉讼案件办理情况开展专题调研；组织代表对区科技创新工作进行考察。8月，组织代表对区城市管理行政执法工作进行调研。9月，组织代表对区棚户区改造及居民安置工作进行调研。10月，组织开展区人大代表弘扬延安精神培训班，在延安干部培训学院接受延安革命史、习近平七年知青岁月、艰苦奋斗等主题革命传统教育；组织代表对贯彻实施《山西省食品小作坊小经营店小摊店管理条例》情况进行执法检查。11月，组织代表开展“区域经济发展”专题调研、座谈；组织代表对区人民法院全力破解执行难工作情况进行考察。12月，组织代表对区人民检察院扫黑除恶专项斗争工作进行考察；组织代表对区环境保护工作进行考察。

（区人大办公室）

【阵地建设】 2018年，迎泽区人大常委会完善代表联系人民群众制度，密切代表同人民群众的联系。贯彻落实《太原市人大常委会关于进一步加强县乡人大代表工作的指导意见》的精神，强化阵地建设，全区六个街道一镇都建立“人大代表活动室”，114个社区（村）都建立“人大代表联络站”，实现全覆盖。以“六有”（有场地、有设施、有组织、有制度、有活动、有记录）标准建设、整合、升级代表活动场所。健全活动制度，完善履职档案，公示代表信息，统一场所名称、牌匾，加强代表小组活动，联系人民群众。在2018年10月召开的太原市县乡人大代表工作推进会上，由区人大常委会选送的先进典型，迎泽街道人大工委主任张利宏以《规范代表履职档案、助推代表扎实履职》为主题进行经验交流。

（区人大办公室）

【“三基建设”】 2018年，迎泽区人大常委会推进“三基建设”。将“三基建设”纳入重要工作日程，与人大党组织建设、人大年度工作有机结合，强化组织建设，夯实基础工作，提升基本能力，推动人大工作再上新台阶。专题学习省委书记骆惠宁在全省推进“三基建设”工作座谈会上的讲话，开展“标准化大讨论”；按照《中国共产党支部工作条例（试行）》《山西省机关基层党组织规范化建设标准》，健全完善区人大机关党组织的“三会一课”、谈心谈话等制度，明确支部委员职责，构建党组织完善的运行机制，确保党的政治路线坚定贯彻执行，推进人大机关党的建设；完成“一目录三手册”制定工作，接受基础工作评估检查，被评定为优秀；制定并实施区人大2018年度干部专业能力培训计划，开展人大专业能力考试测评，在实际工作中，注重补短板，强化干部沟通协调和语言文字表达能力，着力提高干部能力和素养，为人大依法履职提供保障支撑。

（区人大办公室）

全体代表会议

【第五届人民代表大会第三次会议】 2018年3月20日至23日召开。会议听取和审议迎泽区区长李慧关于政府工作的报告；审查和批准区人民政府关于迎泽区2017年国民经济和社会发展计划执行情况与2018年国民经济和社会发展计划草案的报告，批准迎泽区2018年国民经济和社会发展计划；审查和批准区人民政府关于迎泽区2017年财政预算执行情况和2018年财政预算草案的报告，批准迎泽区2018年财政预算；听取和审议迎泽区人民代表大会常务委员会主任侯富田关于迎泽区人民代表大会常务委员会工作的报告；听取和审议迎泽区人民法院代院长田志勇关于迎泽区人民法院工作的报告；听取和审议迎泽区人民检察院检察长陈加林关于迎泽区人民检察院工作的报告；选举迎泽区监察委员会主任，选举迎泽区人民法院院长，选举迎泽区第五届人大常委会部分组成人员。会后，汇总各代表团会议期间审议讨论情况，编印《人大代表意见建议汇编》。

（区人大办公室）

常务委员会议

【区第五届人大常委会第十二次会议】 2018年2月27日召开，进行人事任免，人大常委会副主任孟晋忠主持会议。审议通过《关于接受闫晓琴辞职请求的决定（草案）》，因工作调整、辞去区政府副区长职务的请求；依法任命王国栋、周靖华为迎泽区人民政府副区长，马子龙为迎泽区监委副主任、代主任；听取人事工委关于王海珍辞去区人大常委会委员、代表职务，李光胜、张晋松、张文进、徐丽珍、高瑞萍辞去人大常委会委员，张冠华辞去代表的情况说明。审议通过《关于接受部分区人大常委会委员、代表辞职的决议（草案）》。

（区人大办公室）

【区第五届人大常委会第十三次会议】 2018年3月13日召开，人大常委会副主任韩石俊主持会议。会议作出关于召开迎泽区第五届人民代表大会第三次会议的决定（草案），审议通过迎泽区第五届人民代表大会第三次会议的有关事宜；讨论迎泽区政府工作报告（征求意见稿）；讨论迎泽区人大常委会工作报告（征求意见稿）；审议迎泽区2017年预算执行情况及2018年预算（草案）初步方案的报告；审议通过关于迎泽区2017年预算执行情况和2018年预算（草案）审查结果的报告。 （区人大办公室）

【区第五届人大常委会第十四次会议】
2018年3月20日召开，人大常委会副主任尹晓平主持会议。审议通过《迎泽区第五届人民代表大会常务委员会代表资格审查委员会关于代表资格的审查报告》。

（区人大办公室）

【区第五届人大常委会第十五次会议】
2018年5月15日召开，人大常委会副主任秦宇星主持会议。审议通过区人民政府对区五届人大常委会第十一次会议《双塔历史文化景区改造项目房屋征收情况》《城市管理全面提升工作情况》《美丽乡村建设情况》的审议意见建议落实情况的报告；审议通过区检察院对区五届人大常委会第十一次会议《关于司法体制改革情况的报告》的审议意见建议落实情况的报告；审议通过区人大常委会2018年工作要点。

（区人大办公室）

【区第五届人大常委会第十六次会议】
2018年8月27日召开，孟晋忠主持会议。审议通过关于接受赵晋虎辞去太原市第十四届人民代表大会代表职务的决议（草案）；听取和审议迎泽区人民政府2018年1–6月份国民经济和社会发展计划执行情况的报告；听取和审议迎泽区2017年决算（草案）和2018年1–6月份预算执行情况的报告；听取和审议迎泽区人民政府2017年度本级预算执行和其他财政收支情况的审计工作报告；批准迎泽区2017年度决算；听取和审议关于迎泽区人民政府城市管理行政执法工作情况的报告；听取和审议迎泽区人民政府关于科技创新工作情况的报告；听取区人大常委会关于迎泽区人民政府2017年行政诉讼工作情况的调研报告；审议通过迎泽区第五届人民代表大会常务委员会代表资格审查委员会组成人员名单（草案）；人事任免：审议通过关于接受陈晓华辞职请求的决定（草案），依法任命区人民检察院检察委员会委员，接受陈晓华辞去太原市迎泽区人民政府副区长职务。任命桑丽萍、阎永刚、侯强、柴艳丽为迎泽区人民检察院检察委员会委员；审议关于更换区人大常委会法人的报告。

（区人大办公室）

【区第五届人大常委会第十七次会议】
2018年10月31日召开，韩石俊主持会议。听取和审议区人民法院全力破解执行难工作的报告；听取和审议区人民政府关于棚户区改造居民安置工作情况的报告；听取和审议区人民政府关于贯彻实施《山西省食品小作坊小经营店小摊点管理条例》的情况报告；听取和审议关于检查区政府贯彻实施《山西省食品小作坊小经营店小摊点管理条例》情况的报告；进行人事任免，任命秦颖为迎泽区人民法院副院长、审判委员会委员、审判员。免去董作江区法院审判委员会委员、审判员职务。免去赵宝萍、初佩芳区法院审判员职务。任命刘芳芳为迎泽区人民检察院副检察长。

（区人大办公室）

【区第五届人大常委会第十八次会议】
2018年11月21日召开，尹晓平主持会议。审议通过《关于接受高宪强辞去太原市迎泽区第五届人民代表大会代表职务的决议（草案）》；关于迎泽区人民法院人民陪审员名额确定事宜；传达太原市县乡人大代表工作推进会精神；学习《太原市人大常委会关于进一步加强县乡人大代表工作指导意见》；通报区人大常委会组织参与太原市人大常委会改革开放四十周年征文评选结果的情况。（区人大办公室）

【区第五届人大常委会第十九次会议】 2018 年 12 月 28 日召开，秦宇星主持会议。听取和审议区人民检察院关于扫黑除恶专项斗争工作的报告；听取和审议区人民政府关于环境保护工作情况的报告；听取和审议区人民政府关于 2018 年预算调整方案（草案）的报告；听取和审议区人民政府关于 2017 年度本级预算执行和其他财政收支审计查出问题整改情况的报告；听取和审议区人民政府关于迎泽区第五届人民代表大会第三次会议代表建议、批评和意见办理情况的报告；审议通过《关于许可对人大代表陈明华采取强制措施的报告》，审议通过《关于接受边建虎、刘波、杨陆、李瑞珉、陈允民、韩保强辞去五届人大代表职务的决议（草案）》；进行人事任免，任命王艳丽为区人大常委会教育科学文化卫生工作委员会主任。刘宏霞为区人大常委会城市建设环境资源保护工作委员会主任。决定任命赵江燕、罗辉为迎泽区人民政府副区长。任命杨琍敏、宋玲玲为迎泽区人民检察院副检察长。刘芳芳为迎泽区人民检察院检察委员会委员。

（区人大办公室）

主任会议

【第 18 次主任会议】 2018 年 1 月 10 日召开，会议由区人大常委会主任侯富田主持。会议学习市委《关于进一步贯彻落实中央八项规定精神加强作风建设自查自纠和整改工作的通知》以及迎泽区关于效能建设工作要求的相关文件。

（区人大办公室）

【第 19 次主任会议】 2018 年 1 月 19 日召开，侯富田主持。会议研究讨论人大常委会领导班子召开民主生活会事宜；研究关于召开第五届人民代表大会第三次会议的有关事宜。（区人大办公室）

【第 20 次主任会议】 2018 年 2 月 23 日召开，侯富田主持。会议提请任命马子龙为区监委主任，王国栋、周靖华为区政府副区长；提请免去闫晓琴区政府副区长职务；研究关于第五届人民代表大会代表人选事宜。

（区人大办公室）

【第 21 次主任会议】 2018 年 3 月 9 日召开，侯富田主持。会议研究关于召开第五届人民代表大会第三次会议的有关事宜。

（区人大办公室）

【第 22 次主任会议】 2018 年 3 月 13 日召开，侯富田主持。会议研究关于召开第五届人民代表大会第三次会议的有关事宜。

（区人大办公室）

【第 23 次主任会议】 2018 年 4 月 9 日召

开，侯富田主持。会议研究《关于落实加强县乡人大工作机构建设的若干规定的通知》；研究关于深圳市宝安区人大到并考察学习事宜；研究区人大2018年工作要点；研究2018年第五届人民代表大会第三次会议的支出情况；报告2017年档案整理事宜；报告人大常委会议电子表决器采购情况。

（区人大办公室）

【第24次主任会议】 2018年5月9日召开，韩石俊主持。会议听取五届人大常委会第十一次会议关于区检察院司法体制改革工作情况审议意见建议落实情况的报告；听取五届人大常委会第十一次会议关于区政府相关工作报告审议意见建议落实情况的报告；研究区人大2018年工作安排。

（区人大办公室）

【第25次主任会议】 2018年8月21日召开，尹晓平主持。会议提请免去陈晓华区政府副区长职务；提请任命桑丽萍、闫永刚、侯强、柴艳丽为区检察院检察委员；提名区五届人大常委会代表资格审查委员会组成人员：主任委员尹晓平，副主任委员吴树公、张彩虹，委员马文志、王小东、李红玲、冀新江；听取区人大常委会法制工委关于区政府2017年行政诉讼工作情况的调研报告；听取区财政局关于2017年决算（草案）及2018年上半年预算执行情况的报告；听取区审计局关于2017年度本级预算执行和其他财政收支的审计工作报告；听取区发改局关于2018年1-6月份国民经济和社会发展计划执行情况的报告；听取区执法局关于城市管理行政执法工作的报告；听取区科技局关于科技创新工作的报告；研究关于侯富田病危期间人大有关费用支出的报告；研究关于更换区人大常委会法人的报告。

（区人大办公室）

【第26次主任会议】 2018年8月30日召开，尹晓平主持。会议传达省委十一届六次全会精神；对创建文明城市工作进行动员；对扫黑除恶专项行动进行动员；研究区人大“三基建设”工作；研究关于新时代人大代表风采录的编印；研究代表联系人变化变更情况。 （区人大办公室）

【第27次主任会议】 2018年9月18日召开，尹晓平主持。会议集中学习《中国共产党纪律处分条例》；进行“两节”前集体廉政谈话；就创建文明城市工作和扫黑除恶专项斗争行动进行了再动员；研究关于组织人大代表赴延安培训事宜。 （区人大办公室）

【第28次主任会议】 2018年10月9日召开，尹晓平主持。会议就区人大两项重大支出情况进行研究，一是关于侯富田因公牺牲抚恤金的支付，二是关于组织到延安培训相关费用的追加。 （区人大办公室）

【第29次主任会议】 2018年10月26日召开，尹晓平主持。会议听取区人民法院全力破解执行难工作的报告；听取区人大常委会法制工委关于区人民法院全力破解执行难工作的视察报告；听取区人民政府关于棚户区改造居民安置工作情况的报告；听取区人大常委会城建工委关于区人民政府棚户区改造居民安置工作情况的视察报告；听取区人民政府关于贯彻实施《山西省食品小作坊小经营店小摊点管理条例》的情况报告；听取区人大常委会教科文卫工委关于检查区政府贯彻实施《山西省食品小作坊小经营店小摊点管理条例》情况的报告；听取区人民政府关于区第五届人大常委会第十六次会议对《关于2018年1–6月份国民经济和社会发展计划执行情况的报告》的审议意见建议落实情况的报告；听取区人民政府关于区第五届人大常委会第十六次会议对《2017年决算（草案）和2018年1–6月份预算执行情况的报告》的审议意见建议落实情况的报告；听取区人民政府关于区第五届人大常委会第十六次会议对《关于城市管理行政执法工作情况的报告》的审议意见建议落实情况的报告；听取区人民政府关于区第五届人大常委会第十六次会议对《关于科技创新工作情况的报告》的审议意见建议落实情况的报告；提请任命秦颖为区法院副院长、审判委员会委员、审判员（挂职两年），提请任命刘芳芳为区检察院副检察长（挂职两年）；提请免去赵宝萍、初佩芳、董作江区法院审判员职务；研究关于区人大福利费、工会经费支出情况。（区人大办公室）

【第30次主任会议】 2018年11月15日召开，尹晓平主持。会议研究关于确定迎泽区人民陪审员额数事宜；研究关于区人大网络系统信息化建设推进工作。（区人大办公室）

【第31次主任会议】 2018年11月20日召开，尹晓平主持。会议通过高宪强辞去区五届人大代表职务的请求；研究确定五届人大常委会第十八次会议议题。

（区人大办公室）

【第32次主任会议】 2018年12月7日召开，尹晓平主持。会议研究关于确定召开迎泽区第五届人民代表大会第四次会议的有关事宜；研究确定召开五届人大常委会第十九次会议有关事宜；研究关于购买电子表决器服务费用事宜；研究关于发放元旦、春节节日福利有关事宜；研究关于改造人大活动室有关事宜；研究关于五届四次人代会筹备事宜；研究安排关于区人大效能建设考核工作。（区人大办公室）

【第33次主任会议】 2018年12月26日召开，尹晓平主持。会议听取区人民检察院关于扫黑除恶专项斗争工作的报告；听取环保局迎泽分局关于环境保护工作情况的报告；听取区财政局关于2018年预算调整方案（草案）的报告；听取区审计局关于2017年本级预算执行审计整改情况的报告；听取区人民政府关于迎泽区第五届人民代表大会第三次会议代表建议、批评和意见办理情况的报告；提请人大常委会相关机构变更：教科文卫工委更名为教育科学文化卫生工委，城建城管工委更名为城市建设环境资源保护工委；提请补选8名人大代表。（区人大办公室）

【第34次主任会议】 2018年12月27日召开，尹晓平主持。会议提请任命赵江燕、罗辉为区政府副区长（挂职一年）；提请关于对区人大代表陈某某采取强制措施。

（区人大办公室）

迎泽区人民政府

The People's Government of Yingze District

区政府常务会议

2018 年，迎泽区政府共召开 16 次政府常务会议。

【第 1 次政府常务会议】 2018 年 2 月 8 日召开，区长李慧主持，杨永生、薛凯、魏毅、闫晓琴、岳旭强、范勇等参加。

会议研究 2018 年经济工作。2018 年是贯彻落实中共十九大精神的开局之年，是改革开放 40 周年，也是决胜全面小康、实施“十三五”规划承上启下的关键一年，做好 2018 年的经济工作至关重要。各部门、各单位要深入学习领会中央、省、市经济工作会议精神，学懂弄通并贯彻好习近平新时代中国特色社会主义经济思想，牢牢把握高质量发展这个根本要求，按照稳中求进工作总基调，坚定贯彻新发展理念，进一步坚定发展信心，强化工作措施，狠抓工作落实，全力推动质量变革、效率变革、动力变革，努力开创全区经济工作新局面。会议议定：原则同意区政府办公室起草的 2018 年全区经济工作安排，由政府办公室根据会议所提意见做进一步修改完善后，充实到区五届三次党代会暨经济工作会议上的讲话中。

会议研究安全生产工作。会议议定：(1) 各部门、各单位要全面落实安全生产监管责任，按照“党政同责、一岗双责、齐抓共管、失职追责”要求，坚持“管行业必须管安全、管业务必须管安全、管生产经营必须管安全”，全面推进“党委和政府统一领导、部门依法监管、企业落实主体责任、群众参与监督、全社会广泛支持”的安全生产工作格局，推动安全生产责任落实到人、落实到岗。(2) 要结合春节期间安全生产工作的特点，迅速组织开展安全生产大检查和隐患大排查，特别是消防、燃气、道路交通、食品药品、森林防火、人员密集场所、特种设备、危化、施工工地、学校、废品收购站（点）等重点行业和领域，要做到“宁交叉、无遗漏”。对检查中发现的安全隐患，严格按照整改责任、措施、资金、时限和预案“五落实”的要求，紧盯不放，一抓到底，直至隐患彻底消除。(3) 要加强安全生产的应急管理和值班值守。各部门、各单位要认真执行节日期间领导干部带班制度、关键岗位24小时值班制度、事故信息报告制度及请销假制度，确保接报和处置畅通。要强化值班检查，发现脱岗、漏岗等问题，严肃问责。要强化预案演练和事故救援现场管理，确保发生安全生产事故时及时科学处理。

会议研究机关事业单位养老保险制度改革政策衔接有关事宜。会议议定：原则同意区人社局提出的机关事业单位养老保险制度改革政策衔接的意见，区人社、财政等部门根据有关规定组织实施。

会议研究区文化馆改造有关事宜。会议议定:(1) 鉴于区文化馆大楼存在较大安全隐患，原则同意区文化局提出的拆除文化馆大楼、建设迎泽文化中心的建议。(2) 由区文化局牵头，区发改、规划等部门配合，聘请有专业资质的第三方机构，抓紧推进设计、立项、可行性研究报告等前期工作。同时，要主动与上级文化部门对接，积极争取资金支持。(3) 区财政局依规解决文化馆大楼拆除后，区文化馆工作人员工资及运营相关费用。

会议听取2017年脱贫攻坚对口帮扶工作汇报。会议议定：由区农委牵头，结合当地发展实际，尽快提出2018年脱贫攻坚的具体工作方案，进一步明确工作目标，细化工作措施，扎实做好对口帮扶各项工作。

会议研究2018年“四好农村路”建设工作。会议议定：原则同意区交通局提出的2018年“四好农村路”建设计划。区交通局牵头，区发改、国土、财政、郝庄镇等部门和单位配合，依法依规做好项目设计、可研、立项和招标等前期工作，确保程序不缺、环节不漏。要主动与上级主管部门沟通，积极争取政策和资金支持，同时，财政部门要严格资金监管，确保资金使用安全、高效。

会议研究人事任免有关事宜。同意任命张鹏鸣为区河道所所长、河长制办公室工作站站长。同意免去张哲宾区统计局总统计师职务；李彦春区政务服务中心副主任职务；武亚丽区便民服务中心副主任职务；徐俊炜区文体市场行政综合执法队队长职务。（区政府办）

【第2次政府常务会议】 2018年2月27日召开，李慧主持，王国栋、杨永生、薛凯、魏毅、岳旭强、周靖华、范勇等参加。

会议研究迎泽区政府性债务风险应急处置预案。会议议定:(1) 原则同意区财政局起草的《迎泽区政府性债务风险应急处置预案》，由区财政局根据会议所提意见进一步修改完善后，以政府办名义发文实施。(2) 各部门、各有关单位要认真落实应急预案，发生债务风险事件时立即启动应急响应。区财政局要聘请专业人员对区担保公司、资产经营公司的运转情况进行规范指导，确保健康有序运行，为全区经济社会发展提供有力保障。

会议研究迎泽区生态保护红线划定有关事宜。会议议定：由岳旭强、周靖华副区长负责，组织区发改、水务、林业、环保、规划、国土、郝庄镇、城改办等部门和单位召开专门会议，结合迎泽区经济社会发展现状和未来发展规划，对省预下达的环保红线迎泽范围进行认真研究和评估，并提出具体的意见和建议。同时，要做好与省市环保、国土等相关部门的对接，确保涉及迎泽区的生态保护红线划得实、守得住。

会议研究双塔景区回迁安置有关事宜。会议议定：市政府作为借贷主体，拟向国开行以双塔片区棚户区项目名义申请回迁安置房回购资金。为加快推进回迁安置工作，原则同意区住建局提出的以双塔片区棚户区项目名义向国开行提供购买回迁安置房贷款需要的房屋征收公告、决定、方案等相关资料的建议。该事项由区住建局负责，向市棚改办报告并经市棚改办批准后实施。

会议研究人事任免有关事宜。会议议定：同意王国栋、周靖华任区政府副区长提名；同意提名免去闫晓琴区政府副区长职务。

会议研究区长、副区长分工事宜。

（区政府办）

【第3次政府常务会议】2018年3月29日召开，李慧主持，王国栋、杨永生、魏毅、岳旭强、周靖华、范勇等参加。

会议研究双塔景区、火车站东广场及双塔北路道路改造项目房屋征收决定、公告、补偿方案。会议议定：(1) 原则同意区住建局起草的双塔景区项目新增规划范围内的房屋征收决定、公告、补偿方案，由区住建局和郝庄镇具体负责实施房屋征收工作。(2) 原则同意区住建局起草的火车站东广场及双塔北路道路改造项目房屋征收决定、公告、方案，由文庙街办具体负责实施房屋征收工作。(3) 区住建局作为房屋征收工作主管部门，要加强协调，主动与市有关部门对接，扎实做好建审、资金申请、安置地点落实等前期工作，为项目顺利推进奠定基础。

会议研究中央巡视组转来群众来信反映的有关问题。会议议定：由区政府办牵头，区教育局、信访局等单位配合，对中央巡视组转来群众来信反映的有关问题客观、如实地做出说明，由分管副区长、区纪检委把关，并报请冯原平书记审阅后报市纪委。

（区政府办）

【第4次政府常务会议】 2018年4月17日召开，李慧主持，王国栋、杨永生、岳旭强、周靖华、范勇等参加。

会议研究《迎泽区促进楼宇经济发展的实施意见（试行）》和《迎泽区加快特色商业街区建设的实施意见（试行）》。

会议议定：(1) 原则同意区商务局起草的《迎泽区促进楼宇经济发展的实施意见（试行）》和区发改局起草的《迎泽区加快特色商业街区建设的实施意见（试行）》，由区商务局和发改局根据会议所提意见修改完善后，提请区委常委会审议。(2) 由区财政局和国税局、地税局对两个实施意见进一步进行合规性审查，区法制办做合法性审查，特别是要认真研究提出的相关奖励政策，在保证符合现行政策和法律规定的基础上，既符合公平性、准确性和带动性原则，又能够真正发挥出激励发展的作用。(3) 由区商务局负责，对全区商务楼宇进行摸排统计，区国税局、地税局根据摸排情况主动做好税收监管服务。

会议研究加强乡镇政府服务能力建设的实施方案。会议议定：原则同意区民政局起草的《加强乡镇政府服务能力建设的实施方案（征求意见稿）》。由区民政局根据会议所提意见和建议进一步修改完善后，提请区委常委会审议。

会议研究区政府关于2015和2016年度财政决算情况审计问题整改报告。

会议要求：(1) 各位副区长要高度重视审计整改工作，检点分管部门和单位对照审计发现的问题抓好整改落实，同时要举一反三，加强财经法纪学习，增强依法理财意识，认真开展自查自纠，提高财务管理水平，确保财政资金安全、高效使用。(2) 区审计部门要按照国家、省、市要求，加快推进有深度、有重点的审计全覆盖工作，紧紧围绕区委区政府中心工作，进一步提高审计工作的时效性和针对性，切实发挥好审计的监督作用。

会议研究中央环保督察发现问题整改销号有关工作。会议要求：要进一步加大督促检查和追责问责力度，对工作中出现推诿扯皮、措施不力、虚以应付、拒不整改的部门和单位，严肃问责，做到问题没有解决决不放过、违法行为查处不到位决不放过、问责不到位决不放过、群众不满意决不放过。要大力倡导绿色发展理念，积极引导社会舆论，及时回应群众关切，不断增强群众环保意识，营造人人重视环保、人人支持环保、人人参与环保的良好氛围。要举一反三，全力抓好环境保护重点工作，聚焦群众反映强烈的突出问题，坚决打好打赢污染防治攻坚战。

会议研究人事任免事宜。会议议定：同意任命丁永爱为区文化馆馆长（兼）；康一春为区中小企业服务中心主任；郭玉为区中小企业融资担保中心主任；林永平为区交通运输局副局长；张萍为区便民服务中心副主任；刘晓军为区便民服务中心副主任；尹秀凤为区政务服务中心副主任；王玮为区政府采购中心主任；刘爱香为区综合检验检测中心副主任；曹奇星为区财政投资评审中心主任；俞恒为区文化馆副馆长；刘志萍为区审计监督中心主任；张巧芳为区档案局副局长；任丽娜为桥东街道司法所所长；行行为柳巷街道办事处副主任；王彩为老军营街道办事处副主任；姚慧娟为庙前街道计生办主任。同意免去：郭玉区文化馆副馆长职务；林永平老军营街道办事处副主任职务；薛志茹区档案局副局长职务；郝豫红庙前街道计生办主任职务；潘剑钢柳巷街道办事处副主任职务。

（区政府办）

【第5次政府常务会议】 2018年4月28日召开，李慧主持，杨永生、薛凯、魏毅、岳旭强、范勇等参加。

会议听取第一季度经济运行情况汇报。

会议要求：(1) 突出抓好项目建设，相关部门要主动对接省、市重点投资领域和专项建设基金投资方向，力争获得省、市更多支持。对已签约但尚未落地开工的项目要逐一会诊，采取有针对性的措施予以破解，具备开工条件的要立即开工，尚不具备条件的要倒排工期，创造条件，尽早开工。要进一步落实责任领导和责任部门，帮助企业打通项目建设“最后一公里”，确保尽快建成投产，为全区经济稳定增长持续提供动力。(2) 坚持招商引资首位工程不动摇，增强经济发展后劲。商务部门要捕信息、抢商机，建立完善招商资源共享库，实现政策、资源、项目、信息等资源要素的实时更新。要重点围绕目标推进产业招商、专题招商，优化对项目招引的考核激励，制定完善奖励办法，推动招商引资工作动力更强、举措更实、成果更优。(3) 协调推进民生事业发展。要以年初确定的惠民实事为重点，全力推进就业扶持、养老保险、城乡低保、危旧房改造、教育卫生基础设施建设等方面的工作。各部门、各单位要统一思想，深化认识，以对党和人民群众高度负责的态度，在提高公共服务水平、满足人民群众新期盼上主动作为，努力让广大群众更多更好地享受改革发展成果。

会议听取重点项目建设工作情况汇报。会议议定：(1) 区转型项目办要全面了解和掌握全区项目建设情况，加强项目监督管理，要全面落实区级领导干部包联重点项目制度，定期召开项目推进分析会、现场会，深入开展领导干部“进工地、到一线、解难题”等专项活动，及时解决项目建设中出现的困难和问题。(2) 区发改局要对全区重点项目进行梳理，择优筛选一批成长性好、有影响力的大项目、好项目上报为省、市重点项目。各街办（镇）将空闲楼宇进行摸底，为引进项目、发展楼宇总部经济奠定基础。

会议研究《迎泽区生活垃圾分类工作实施方案》。会议议定：原则同意区城管局提出的《迎泽区生活垃圾分类工作实施方案》，由区城管局根据会议所提意见和建议做进一步修改完善后，以区政府名义发文实施。

会议听取扫黑除恶工作情况汇报。会议要求：(1) 提高思想认识，持续发力推进。充分认识持续推进扫黑除恶专项斗争不仅关乎社会治安，而且事关社会生态净化，深化扫黑除恶专项斗争就是讲政治、抓发展、保大局、促和谐。相关部门和单位要各负其责，一鼓作气、一以贯之，全力推进扫黑除恶斗争开展，为群众安居乐业创造良好社会环境。(2) 加强制度建设，形成长效机制。不断总结运用“训诫谈话、重点管控、行政处罚、刑事追究”四种形态的工作方法，将其制度化、系统化、规范化、长期化，进一步明确各类形态人员的类型、标准以及实施主体责任等具体规定，形成科学的长效机制。(3) 做好宣传发动，组织群众参与。要把社会宣传工作重点放在乡镇、农村（社区）等基层组织，提高群众的法制意识和监督意识，积极宣传扫黑除恶的意义和成果，发动群众广泛参与。同时，要发挥工会、团委、妇联等各方面的优势，形成扫黑除恶的强大合力。(4) 理顺工作机制，提高扫黑效率。根据工作推进情况，不断总结经验，研究建立科学有效的组织领导机制和工作推进机制。同时，要深挖黑恶势力背后的“保护伞”，严惩幕后支持者，查处一起，曝光一起，形成强大的震慑。

会议研究并原则同意区人武部提出的《迎泽区综合应急大队管理办法》。

会议传达学习太原市关于开展民生领域腐败和不正之风专项整治实施方案。会议要求：(1) 筑牢拒腐防变的思想防线。要切实针对新形势下的新情况新问题，创新反腐倡廉警示教育的方式方法，开展形式多样的警示教育活动，以案说纪、以案说法，不断增强党性观念和法治意识，自觉遵守党纪国法，严格按照法律法规和政策办事，时刻保持清醒头脑，始终做到警钟长鸣。(2) 确保治理工作取得实效。聚焦工作重点，从损害群众利益和腐败问题易发多发的重点领域、重点部门、重点环节、重要岗位入手，着力解决群众反映强烈的在土地征用、房屋征收、保障性住房分配、扶贫、安全生产、食品药品安全、环境保护等方面的突出问题，深化专项治理工作，进一步健全完善预防突出问题反复发生的长效机制，及时将专项治理的好做法好经验形成制度规范，确保专项治理工作制度化、常态化、长效化。(3) 统筹协调好工作。把整治民生领域腐败与整治扶贫领域腐败、涉黑腐败结合起来，与“三基建设”等统筹推进，让人民群众在全面从严治党中不断增强获得感、幸福感、安全感。

会议安排部署近期城建重点工作。会议议定：(1) 各单位、各部门要坚持依法依规征收，切实维护群众合法权益，营造和谐稳定的社会环境。要坚持公开、公平、公正原则，严格落实回迁安置补偿政策，提高工作透明度，维护政府公信力。(2) 由桥东街办和迎泽街办分别牵头，尽快完成双塔南巷棚户区、青东棚户区房屋征收“清零”工作。由区住建局牵头，主动与龙投公司对接，进一步理清回迁安置房建设的数量、户型面积等基本情况。

会议研究松庄、郝家沟村改居有关事宜。会议议定：原则同意郝家沟、松庄村撤村建居的有关事宜。郝庄镇要按照《村民委员会组织法》和《社区居民委员会组织法》中的规定，做好土地确权等相关工作，制定科学合理、符合实际的改制方案，确保平稳过渡。

会议还对五一期间的安全生产、应急值守等工作进行安排。（区政府办）

【第 6 次政府常务会议】 2018 年 5 月 9 日召开，李慧主持，王国栋、杨永生、薛凯、魏毅、岳旭强、范勇等参加。

会议研究人事任免事宜。会议议定：同意闫俊力主持迎泽街道办事处工作；同意免去高宪强迎泽街道办事处主任职务。

（区政府办）

【第7次政府常务会议】 2018年5月26日召开，李慧主持，王国栋、薛凯、魏毅、岳旭强、范勇等参加。

会议研究《关于推进安全生产领域改革发展的实施意见（征求意见稿）》。会议要求，各部门、各单位要按照“党政同责、一岗双责、齐抓共管、失职追责”的要求，持续推动安全生产责任再强化、再压实，要主动作为，做到知责明责、履责尽责、以身作则，抓好责任落实。要深入开展安全生产大排查大整治专项行动，以“零容忍”的态度狠抓安全治理，除患务尽、不留死角；要切实加强重大风险源管控，对危化品、道路交通、建筑施工、特种设备、人员密集场所、中小学（幼儿园）、燃气、消防等重点领域开展专项治理，堵住监管漏洞、化解风险隐患；要全面促进监督管理、监管执法、责任追究常态化，为建设省城首善之区营造安全稳定的社会环境。会议议定：原则同意区安监局起草的《关于推进安全生产领域改革发展的实施意见（征求意见稿）》，由区安监局根据会议所提意见和建议进一步修改完善后，提请区委常委会审议。

会议听取棚户区改造及回迁安置工作情况汇报。会议议定：(1) 各街办（镇）要进一步对拆迁总户数、已（未）拆情况、已（待）安置情况及已超过三年未安置等基本情况进行全面盘点。摸清特困户、老年人等回迁户的实际困难、回迁心理预期、安置要求等问题，全面了解和掌握安置进度、安置房源、成本价购房等基本信息，切实做到底清数明。同时，要严格落实安置计划，争取让居民早回迁、早受益。(2) 要加强沟通协调，由区住建局牵头，建立和完善相关部门和街办（镇）参加的联席会议制度、精准调度制度和现场办公等工作制度，统筹协调解决安置工作中的各类问题，确保回迁安置顺利推进。(3) 要严明工作纪律，安置工作要做到全程透明、阳光操作，程序公正、过程公开、结果公平，严防过渡费发放不规范、动迁分户无依据、面积弄虚作假、安置不按相关规定执行等问题的出现。区监委要加大监督检查力度，对出现的责任不落实、工作不作为、推进缓慢，甚至“吃拿卡要”、因私舞弊、徇私枉法、推诿扯皮等情况，要依法依规严肃处理。

会议研究事业单位公车改革方案。会议议定：原则同意《区事业单位和区属企业公务用车制度改革实施方案》，由区政府办根据会议所提意见和建议进一步修改完善后，提请区委常委会审议。

会议研究调整从业人员预防性体检机构有关事宜。会议议定：原则同意区卫计局提出的区疾控中心不再承担从业人员预防性体检工作的意见。区卫计局要严格按照规定和程序择优选定相关体检机构，做好衔接，确保过渡期间工作平稳、有序。

会议研究财政借款转列支出有关事宜。会议议定：原则同意区财政局提出的将2011年至2012年期间的国库借款9953万元转列支出；将2015年至2016年期间，非税专户中长期挂账的435.327万元借款转列为支出；将市财政拨付后长期挂账的623.46万元城建设施购置补助款缴回迎泽金库。

会议研究副区长分工事宜。会议议定：安全生产工作由副区长岳旭强分管调整为区委常委、副区长王国栋分管。

（区政府办）

【第8次政府常务会议】 2018年7月4日召开，李慧主持，薛凯、魏毅、岳旭强、周靖华、范勇等参加。

会议传达《国务院安全生产委员会关于印发安全生产约谈实施办法（试行）的通知》，通报全区安全生产月活动开展情况。会议指出：安全生产工作只有起点、没有终点，各部门、各单位要时刻保持警醒，进一步认清形势、勇于担当，坚决落实好各自肩负的职责。(1) 坚持高站位，持续强化安全发展理念。各部门、各单位要把思想和行动统一到中央、省、市的决策部署上来，统一到区委、区政府的要求上来，把安全工作作为一项重要的政治任务、基本的民生工程、紧迫的社会问题来抓，以更加坚定的决心、更加完善的制度、更加扎实的作风，采取有力措施，坚决守住安全生产这条“红线”。(2) 坚持全覆盖，强力推进安全生产大检查。各部门、各单位要坚持问题导向、聚焦薄弱环节，突出重点，细化措施，按照职责分工，围绕重点行业领域，精心谋划部署，强力推进安全生产大检查，深入排查治理隐患，确保做到“三个必管”“四个一律”和“五个一批”，坚决防止发生安全生产事故。(3) 坚持严责任，切实形成齐抓共管合力。要对照国务院、省安全督导组指出的问题，统筹协调、全力以赴，提升整改效率。各街办（镇）要严格落实属地管理责任，对查出的问题建档立案、明确目标、倒排进度、限时销号，并做到长效保持。要严格责任追究，对因安全生产重视不够、责任落实不到位、监管执行不力，甚至失职渎职导致发生安全生产事故的，一律依法依纪严肃问责；触犯刑法的，移送司法机关，追究刑事责任。

会议研究农村人居环境整治三年行动实施方案。会议议定：(1) 原则同意区城管局提出的《农村人居环境整治三年行动实施方案》，由区城管局根据会议所提意见做进一步修改完善后，提请区委常委会审议。(2) 由岳旭强副区长牵头，尽快成立专项整治工作领导组，各牵头单位要认真履行职责，综合考虑每个村的产业发展、路网建设、生态绿化等基本情况，有效整合人力、物力、财力，集中投入，扎实推进整治工作。(3) 要按照相关法律法规，提前做好总体规划、用地审批、立项等相关工作，严禁出现违规建设、违规用地等情况，一经查实将严肃问责。

会议研究成立迎泽区社区建设工作领导组事宜。会议议定：(1) 原则同意区民政局提出的成立社区建设工作领导组的建议，由区民政局根据会议意见做进一步修改完善后，以区政府办名义发文实施。(2) 社区建设工作领导组要切实发挥综合协调作用，各成员单位要根据工作职责，各负其责、通力协作，勇于担当作为，推动迎泽区社区建设工作上新台阶。

会议研究迎泽区公安涉案财物管理中心建设事宜。会议议定：原则同意建设区公安涉案财物管理中心，公安分局要严格按照有关法律法规办理规划、可研、立项等前期手续。

会议研究对区交通运输局进行财政经费补助事宜。会议议定：原则同意区财政安排专项经费，用于弥补区运管所、路政所人员工资及办公经费不足的问题。区交通局要加强对经费使用的监督管理，确保专款专用。

会议研究人事任免事宜。同意提名免去陈晓华区政府副区长（挂职）职务，拟任免职务按有关程序提请区人大常委会任免。

会议研究其他事宜。会议议定：为贯彻落实市委《关于深化人才发展体制机制改革加快推进创新驱动转型升级的实施意见》中“筹备人才公寓”的有关要求，原则同意与万科集团旗下的太原泊寓企业管理有限公司合作，将区政府招待所改建为迎泽区人才公寓，区政府办公室具体负责与合作企业对接工作。（区政府办）

【第9次政府常务会议】 2018年8月2日召开，李慧主持，杨永生、薛凯、魏毅、岳旭强、周靖华、范勇等参加。

会议听取上半年经济运行情况汇报。会议要求：(1) 强化经济运行分析。要进一步加强对经济形势的分析研判，对照全年目标，逐项查找差距，倒排工期、落实责任，采取有效举措赶超进位，全力保证主要预期目标和重点工作任务全面完成。要增强主动服务意识，进一步摸清企业底数，特别是针对个体工商户，要制定有针对性的扶持措施，鼓励其健康有序发展。(2) 抓好招商引资工作。各部门、各单位要真正把招商引资作为“一把手工程”抓实抓好，牢固树立“人人招商”意识，结合迎泽发展规划，拓宽招商渠道，提高招商质量，优化招商服务，提升招商效益，真正引进一批符合区情实际的大项目、好项目。(3) 创优营商环境。要进一步深化“放管服效”改革，优化审批流程，提升服务效能，推动部门信息共享和业务协同，确保申请材料“一次提交、部门流转、一档管理”，真正实现“最多跑一次”。特别是对重大投资项目、产业项目，转型办要实行“一对一”精准服务，对项目推进过程中出现的问题，要主动协调解决。坚决杜绝人为设置障碍，对出现的吃拿卡要、推诿扯皮等问题，依法依规严肃处理。(4) 扎实做好统计工作。各经济运行部门要主动与上级业务主管部门沟通，同时加强对辖区企业的统计指导，帮助企业完善相关手续，切实把工作做细做实；要强化统计培训，不断提高统计人员的素质，提升工作能力；要主动跟进道路建设、棚户区改造等重点工程，以及热力、供电等国企的重大项目，深挖投资潜力，确保应统尽统。(5) 强化税收征管。税务部门要牢固树立全新理念思维，切实强化内部管理，不断优化纳税服务，制定有效措施，尽快扭转不利局面。要进一步强化协税护税意识，实施税收征管全域全程跟进服务，全力抓好楼宇总部企业、新落地产业项目的工商登记和税收监管，努力做到应收尽收。

会议听取近期食品药品安全工作汇报。会议要求：各相关部门和单位要把食品安全工作作为一项重大的民生工程，不折不扣地贯彻落实好国家、省、市关于食品安全工作的各项政策措施；要坚持问题导向，全力抓好食品安全风险隐患大排查、质量安全大抽检、违法案件大稽查，努力在群众普遍关心的突出问题上取得新进展；要强化责任意识，层层传导压力，扎实推动各项监管任务和安全责任的落实，努力形成政令畅通、各负其责、分工协作、推动落实的工作格局，切实保障人民群众身体健康和生命安全。

会议听取2018年1—6月份国民经济和社会发展计划执行情况的报告。会议议定：原则同意区发改局起草的2018年1—6月份国民经济和社会发展计划执行情况的报告，由区发改局根据会议所提意见做进一步修改完善，提请区人大常委会审议。

会议听取2017年度决算草案及2018年上半年预算执行情况的报告。会议议定：原则同意区财政局起草的2017年度决算草案及2018年上半年预算执行情况的报告，由区财政局根据会议所提意见做进一步修改完善，提请区人大常委会审议。

会议听取2017年度本级预算执行和其他财政收支的审计工作报告。会议议定：原则同意区审计局起草的2017年度本级预算执行和其他财政收支的审计工作报告，由区审计局根据会议所提意见做进一步修改完善，提请区人大常委会审议。

会议研究财政借款事宜。会议议定：原则同意由区财政借款2000万元给区教育局，用于垫付省四建公司并东小学工程建设资金。同时，区教育局要按照市政府会议纪要精神，积极与市教育局等相关部门对接，尽快落实建设资金后归还借款。

会议研究人事任免事宜。会议议定：同意任命李晋斌为迎泽街道办事处主任助理（挂职两年）。

会议集中学习《中华人民共和国监察法》（以下简称《监察法》）。会议要求：（1）深入学习宣传。各位副区长要认真组织分管的部门和单位深入学习，把学习宣传《监察法》作为“七五”普法的重要内容，在学深学透上下功夫；要开展全方位、多层次、多渠道的宣传活动，为贯彻实施《监察法》营造良好氛围。（2）带头尊法守法。要牢固树立法治观念，自觉支持监察机关依法独立行使监察权，主动将政府各项工作置于监督部门和人民群众的监督之下，自觉维护《监察法》权威，全力配合监察机关做好执纪监督工作，建立有效畅通的沟通协调和案件衔接机制。（3）深入推进党风廉政建设。要主动对照《监察法》的要求，进一步落实党风廉政建设“一岗双责”责任制，严格督促分管部门和单位的公职人员依法用权、严以用权，坚决守住底线、不越红线、不碰高压线，全力推动政府系统党风廉政建设取得新的更大成效。

会议还对创城工作、防汛工作、环保工作等其他工作进行了研究。（区政府办）

【第10次政府常务会议】 2018年9月11日召开，李慧主持，王国栋、杨永生、薛凯、岳旭强、周靖华、范勇等参加。

会议听取重点行业领域扫黑除恶工作汇报。会议要求:(1) 要进一步提高政治站位。要深入贯彻落实习近平总书记重要指示精神，把开展扫黑除恶专项斗争作为践行“四个意识”、坚定“四个自信”、做到“四个服从”、落实“两个维护”的现实检验，把“有黑扫黑、无黑除恶、无恶打霸、无霸治乱”的基本原则贯穿始终。要认真落实“一案三查”，深挖背后“保护伞”，坚持“扫黑”与“打伞”同步进行，继续把扫黑除恶专项斗争引向深入。(2) 要进一步突出工作重点。要加强线索摸排，对容易产生涉黑恶问题的重点环节、重点部位、重点行业和重点人群进行分析研判。要始终保持高压态势，坚持打早打小，边摸排、边取证，对掌握线索的涉黑恶犯罪案件，及时开展扫除行动。要高度重视宣传工作，通过多种方式开展扫黑除恶专项斗争宣传，充分调动社会力量参与综合治理；畅通举报渠道，打消群众思想顾虑，动员广大人民群众参与到扫黑除恶斗争中来，形成“涉黑涉恶，人人喊打”的良好氛围。(3) 要进一步落实保障措施。要尽快建立深挖细查、齐抓共管的长效机制，定期召开联席会议，做到信息互通、资源共享、协同作战、合力攻坚。扫黑办要充分发挥统筹协调作用，严格落实情况通报、责任倒查等制度措施。要加大督导力度，纪检监察部门要认真履职，全面查找工作中存在的问题和漏洞，对重视不够、发现不及时、打击不主动、整治不彻底的，及时通报并提出整改要求，发现违纪、违法问题的要严肃追责问责。(4) 要进一步加强统筹协调。要将扫黑除恶专项斗争与反腐败斗争、基层“拍蝇”，创建全国文明城市等重点工作结合起来，坚决根除在征地拆迁、工程项目建设中煽动闹事，环境整治中乱搭乱建、占道经营、欺行霸市的黑恶势力，做到相互促进、相互保障。同时，要积极创新工作举措、总结工作经验、宣传先进典型，确保扫黑除恶专项斗争扎实推进。

会议听取全区档案工作汇报。会议议定:(1) 各位副区长要及时检点分管部门，对未及时归档的档案，严格按照《中华人民共和国档案法》有关规定，做好建档、归档和移交等工作。区档案局要加大监督和指导力度，主动与各单位、各部门对接，及时纠正出现的问题，确保档案管理工作规范、有序。(2) 要按照高起点规划，高标准设计的思路，统筹推进区档案馆、文化馆、图书馆和史志馆的建设。区档案局要紧紧把握社会需求和广大人民群众需要，不断加大档案整理和开放的力度，真正建立起方便、快捷的档案服务体系。

会议听取2017年安全生产目标责任制考核结果的汇报。会议议定：原则同意区安委办提出的2017年安全生产目标责任制考核结果，由区安委办按规定程序上报区委考核办，区财政局依规拨付考核奖励资金。

会议研究《迎泽区科技计划项目管理办法（征求意见稿）》。会议议定：原则同意区科技局起草的《迎泽区科技计划项目管理办法（征求意见稿）》，区科技局要根据会议所提意见和建议做进一步修改完善后，以政府办规范性文件名义发文实施。

会议听取《棚户区改造限期整改有关事宜的报告》。会议议定：原则同意区住建局起草的《棚户区改造限期整改有关事宜的报告》，区住建局、民政局和城改办要根据会议所提意见和建议做进一步修改和完善，报省审计厅。

会议听取老旧小区综合整治工作汇报。会议议定：(1) 要按照全面展开、有序推进、重点突破的工作思路，全面启动大街小巷、老旧小区、集贸市场的整治工作。要打造一批样板小街巷、居民小区和市场，起到以点带面，引领示范的作用，做到“一街一景一特色”。同时，坚持疏堵结合的原则，积极稳妥地取缔占道经营的马路市场，逐步引摊入市。(2) 区创城办要加强与省、市有关部门的沟通协调，积极争取上级的支持；对“创城”工作中的特色亮点和典型事例要深入提炼和宣传报道，助推工作深入开展。要将“创城”、扫黑除恶、生态环境整治、保障和改善民生等重点工作结合起来，做到统筹考虑、相互促进，确保取得实效。

会议研究地铁2号线房屋征收有关事宜。会议议定：(1) 由周靖华副区长牵头，区住建局负责，各相关街办配合，按照市政府安排部署，全力推进地铁2号线房屋征收工作。(2) 区住建局要围绕征收方案、经费、安置地点等问题，尽快与相关部门对接，为征迁工作扫清前期障碍，同步做好宣传发动，争取驻地单位和居民支持配合地铁2号线房屋征收工作。(3) 要依法有序推进房屋征收，具备征收条件的尽快出台征收决定、公告、方案，做好征收摸底、补偿方案征求意见、风险评估等前期工作，做到合法、有序推进房屋征收。

会议研究采煤沉陷区地质环境专项治理有关事宜。会议议定：原则同意由郝庄镇实施采煤沉陷区地质环境专项治理项目。国土、郝庄等相关部门和单位要密切配合，严格按照省、市治理标准和时间要求，积极稳妥推进治理工作。

会议听取农村集体产权制度改革进展情况汇报。会议要求：要严格按照习近平总书记强调的“四个不能”的要求推进改革，着力聚焦清产核资、清人分类、股权配置与管理“三个环节”，进一步捋清改革路径，抓好严格工作程序和科学运营管理“两个关键”，全过程、全方位履行好民主程序，发动群众参与、接受群众监督，确保改革经得住历史检验。要紧扣工作重点，严肃工作纪律，压实责任，强化监督，依法依规开展工作，确保改革积极稳妥推进。

会议听取精准扶贫工作情况汇报。会议指出：2018年是三年脱贫攻坚行动的最后一年，时间紧、任务重、责任大，要对照对口帮扶工作目标要求，把握时间节点，强化责任意识，优化工作措施，加快工作进度，全力以赴做好对口帮扶冲刺和收尾工作。

会议研究成立区属企业资产经营管理公司有关事宜。会议议定：原则同意成立太原市迎泽区企业资产经营管理有限公司。区经信局作为主管部门，要加强监管，充分运用公司平台，整合区属企业资源，优化资产管理体制，实现资源利用最大化，推动区属企业协调发展、增收创效。

会议还对中秋、国庆期间有关工作进行安排部署。会议议定：为确保全区人民度过一个欢乐祥和平安的节日，各部门、各单位要全力做好以下几个方面的工作：(1) 增强责任意识，扎实做好安全生产工作。各部门、各单位要切实增强安全意识，树立底线思维，一把手亲自安排、周密部署、落实措施，确保工作到位、责任到位。要准确把握节日期间安全工作的特点，深入开展以交通运输、旅游景区、食品药品、消防、危化、人员密集场所等为重点，覆盖全领域的隐患排查整治，严防各类安全事故发生。(2) 严守廉洁纪律，营造风清气正的节日气氛。各部门、各单位党员领导干部要带头贯彻落实中央八项规定和省委、市委实施细则，带头转变作风、驰而不息纠正“四风”，严格遵守党风廉政建设各项规章制度，坚决杜绝“节日腐败”，以良好的党风政风营造风清气正的节日氛围。(3) 加强值班值守，做好应急处置准备。要加强值班值守，严格落实省、市关于加强值班应急和突发事件信息报告工作的有关要求，严格执行24小时值班制度和领导干部带班制度，严肃值班纪律、坚决杜绝擅离岗位、非正式人员定岗值班和值班人员不熟悉业务等情况发生，确保通信联络和信息渠道畅通。要进一步完善应急预案，切实做好救援队伍、物资、装备等应急准备工作，遇到突发事件能够迅速启动应急响应，快速高效处置。（区政府办）

【第11次政府常务会议】 2018年10月15日召开，李慧主持，王国栋、杨永生、薛凯、岳旭强、周靖华、范勇等参加。

会议研究社区建设工作。会议议定：(1) 原则同意区民政局提出的12处社区建设计划，在社区建设领导组的领导下，由区民政局牵头，积极推进规划、立项、设计等前期工作，条件成熟的要抓紧组织施工。同时，要严把程序关、安全关、质量关、进度关，努力建成一批精品示范工程。(2) 各街办（镇）要加强与驻地单位的沟通协调，按照共驻共建的思路，整合共享各类资源，全力以赴推进社区建设，确保完成全年目标任务。(3) 由各街办（镇）牵头，进一步理清社区办公用房产权归属、使用管理方式等问题，切实做到底清数明。同时，发改、规划、国土等部门要积极与上级有关部门协调，协助各街办（镇）办理社区用房不动产登记及相关审批手续。

会议听取2018年冬季供热工作准备情况。会议议定：(1) 由副区长周靖华牵头，对全区的供热情况进行摸排和梳理，对区域供热要做到底数清、责任明，监管到位、补贴到位；对“煤改气”“煤改电”的供热小区，要积极与相关部门对接，发现问题，及时处置，确保正常供热。同时，区住建局要积极与市有关部门协调，争取符合条件的区域尽早实现集中供热。（2）要高度重视困难群众的冬季取暖问题，认真开展全面细致的调查摸底，特别是对城乡低保户、五保户等特殊困难群众，要全面落实取暖补助政策，让困难群众切实感受到党和政府的温暖。（3）要把冬季供热与环保工作结合起来，认真做好燃煤排查、取缔工作，防止死灰复燃，因地制宜、多种途径推进清洁供暖，坚决打赢蓝天保卫战。

会议研究《迎泽区企业投资项目承诺制改革试点工作方案（试行）》。会议议定：原则同意区发改局起草的《迎泽区企业投资项目承诺制改革试点工作方案（试行）》，区发改局根据会议所提意见做进一步修改完善后上报市有关部门。

会议研究2017年“双创”项目奖励扶持有关事宜。会议议定：原则同意为2017年“智慧创客空间”等4个“双创”项目补助资金1302.01万元。区财政、审计等部门要加强资金监管，确保财政资金使用规范、安全、高效。

会议研究提高全额财政供养人员独生子女父母退休一次性奖励标准有关事宜。会议议定：原则同意将全额财政供养人员独生子女父母退休一次性奖励标准从6000元/人提高到10000元/人，区卫计局要严格把关，加强对各环节的管理；财政部门要强化监督和检查，对弄虚作假、冒领、重领、截留、挪用、私分独生子女父母奖励费的，将依据有关法律法规严肃处理。

会议研究2018年科技计划项目。会议议定：原则同意区科技局提出的2018年科技计划项目，区科技局要严格按照省、市、区科技计划项目管理办法有关规定，做好项目跟踪、监督、指导；区财政、审计等部门要加强资金监管，确保财政资金使用规范、安全、高效。

会议听取近期宗教工作汇报。会议要求：（1）提高政治站位。要主动学习新修订的《宗教事务条例》，切实加强对宗教工作重要性的认识，知晓政策、掌握尺度，提高规范化管理水平，做到依法管理宗教事务。要加强宗教事务工作的研究，提高政治敏锐性，准确把握宗教工作中出现的新情况新问题，切实提高应对复杂局面的能力。（2）强化宣传引导。要充分发挥宗教团体、组织、信教人士、社区等各方面正能量、正效应，加大对宗教政策和知识的宣传力度，进一步提高各族群众对党的宗教方针政策、国家法律法规的知晓率，让教职人员和信教群众自觉拥护党的领导，同心同德、爱国爱教，促进宗教工作健康发展。（3）突出工作重点。要定期排查、密切关注、摸清实情、掌握动向，依法依规妥善处置好宗教矛盾和问题，在保障宗教场所和信教群众合法权益的同时，坚决打击和抵制非法活动。

会议传达学习《中国共产党纪律处分条例》。

会议就扫黑除恶工作、安全生产工作、环境保护工作等其他事宜进行了研究。

（区政府办）

【第 12 次政府常务会议】 2018 年 10 月 31 日召开，李慧主持，王国栋、杨永生、薛凯、魏毅、岳旭强、周靖华、范勇等参加。

会议研究提高临时救助年封顶线有关事宜。会议议定：根据《民政部财政部关于进一步加强和改进临时救助工作的意见》要求，参照太原市其他城区救助标准，原则同意将城乡困难群众临时救助年封顶线从 1 万元提高到 5 万元。区民政、财政等部门要加强救助对象的资格审查和资金使用全过程监管，杜绝弄虚作假、冒领、重复领等情况发生，确保救助政策真正发挥出补短板、托底线的作用。

会议听取关于棚户区改造居民安置工作情况的报告。会议议定：原则同意区住建局起草的《关于棚户区改造居民安置工作情况的报告》，由区住建局根据会议所提意见做进一步修改完善，提请区人大常委会审议。会议要求：各有关部门和单位要把棚户区改造居民回迁安置作为当前工作的重中之重，从讲政治、保稳定、惠民生的高度，充分认识做好回迁安置工作的重要性和紧迫性。要坚持问题导向，建立完善的联席会议、专题调度及现场办公等制度，统筹协调解决安置工作中的各类问题。要坚持依法依规、公开透明，确保安置工作程序公正、过程公开、结果公平，让党和政府放心、人民群众满意。

会议听取关于防控非洲猪瘟疫情工作汇报。会议要求：由副区长岳旭强总负责，区农委牵头做好任务分解、沟通协调、业务指导和督促检查等各项工作。郝庄镇要切实担负起疫情防控的主体责任，各相关部门和单位要按照职责分工主动入位、密切配合，形成联防联控的强大合力。要认真开展疫情排查，抓好生猪养殖、肉类加工、各类市场等重点环节的排查工作，确保无死角、全覆盖。要加强餐厨剩余物全链条监管，城管、食药等部门要制定切实可行的监管方案，坚决禁止泔水和餐厨垃圾流入生猪饲养领域。同时，建立举报机制，公布举报电话，鼓励动员全社会共同参与、共同监督。要强化应急值守，严格落实 24 小时值班、领导干部带班、日报告、零报告和疫情快报等制度，一旦发现疫情，要迅速启动应急响应，坚决防止疫情扩散。

会议研究松小线（港道—观家峪段）拆迁建设有关事宜。会议议定：(1) 原则同意对松小线（港道—观家峪段）按市政道路标准进行改造，由区住建局牵头，郝庄镇配合，尽快启动拆迁清零工作。区交通、财政、住建等部门要积极与市相关部门对接，争取政策、资金支持。(2) 原则同意区财政借款 7397.78 万元给区住建局，用于松小线（港道—观家峪段）道路改造房屋征收补偿安置，区财政、审计等部门要加强资金监管，确保财政资金规范、安全和高效使用。

会议听取贯彻实施《山西省食品小作坊小经营店小摊点管理条例》情况的汇报。会议议定：原则同意区食药监局起草的《贯彻实施〈山西省食品小作坊小经营店小摊点管理条例〉情况的报告》，由区食药监局根据会议所提意见做进一步修改完善，提请区人大常委会审议。

会议传达学习山西省机构改革动员大会精神。会议要求：要深入学习贯彻全省机构改革动员大会精神，充分认识机构改革重要意义，切实把思想和行动统一到党中央重大决策部署和省委工作要求上来，提高政治站位、坚决服从大局、勇于自我革命、克服利益掣肘，确保政府系统改革蹄疾步稳、有力有序有效推进。要密切关注干部思想动态，教育和引导广大干部讲原则、顾大局、勤工作，正确对待个人进退留转，切实做到思想不散、秩序不乱、干劲不减、工作不断，确保机构改革和正常工作两不误。要严格遵守政治纪律、组织纪律、干部人事纪律、财经纪律等，坚持把纪律和规矩挺在前面，严格按制度办事、按规矩办事、按程序办事，努力营造风清气正的政治环境。（区政府办）

【第 13 次政府常务会议】 2018 年 11 月 14 日召开，李慧主持，王国栋、杨永生、薛凯、魏毅、岳旭强、周靖华、范勇等参加。

会议研究中央环保督察“回头看”整改工作。会议议定：由副区长周靖华总负责，区住建局牵头，各相关部门和街办（镇）密切配合，对全区冬季供暖情况进行大排查，包括供暖设施运转是否正常、供暖补贴是否发放到位等，做到底清数明。要重点关注五保户、低保户、老弱病残等弱势群体，确保群众温暖过冬。对于存在问题一时无法解决的，要采取发放电暖气等临时保障措施，同步做好群众思想工作，争取理解和支持。

会议听取近期经济运行情况汇报。会议议定：(1) 原则同意区统计局起草的《迎泽区 2018 年三季度经济运行情况汇报》，由区统计局根据会议所提意见做进一步修改完善，提请区委常委会审议。(2) 由各位副区长牵头，组织分管部门对 2018 年工作进行全面总结盘点，同时结合省市新要求和区情实际，对 2019 年工作早打算、早安排。要围绕上级精神本土化，谋划好 2019 年目标任务，在文明创建、招商引资、环境整治、有效投资、乡村振兴、社会治理、安全监管等方面力求新的突破。要坚持问题导向、目标导向、任务导向，抓重点、攻难点、树亮点，精准发力、狠抓落实，积极谋划一批重点储备项目，落地一批招商引资项目，推进一批在建项目投产达效，为实现 2019 年经济发展开门红打下坚实基础。

会议听取创建文明城市“九乱”整治工作汇报。会议要求：各部门、各单位要对照目标任务要求，通盘考虑、统筹推进“九乱”整治工作。要坚持全面完成和重点打造并进，加快推进背街小巷环境综合整治，确保开工一条完成一条；要坚持疏堵结合，针对小广告乱贴、集贸市场乱象、停车难等问题，在强化管理的同时，通过设置社区广告栏、搭建便民市场，协调驻地单位共享车位等举措，提高广大群众的获得感和满意度；要坚持舆论引导，充分发挥各类媒体作用，深入宣传创建全国文明城市的意义和要求，不断提高市民知晓率和参与度，引导社会各界支持、配合创城工作。

会议听取关于防控非洲猪瘟疫情工作进展情况汇报。会议议定：由岳旭强副区长牵头，组织农委等相关部门加强防控业务指导和日常监管，发现问题，及时处置；各相关部门及单位要严格落实行业监管责任，各司其职、密切配合、主动作为，落实好联防联控措施；郝庄镇要切实担负起属地管理责任，注重发挥村级组织作用，积极动员居民群众参与，形成良好氛围；要压实生产经营者防疫主体责任，强化餐饮企业自我管理和全链条监管，切断传播途径，坚决防止病猪肉流入市场。同时，要加大宣传力度，正确引导舆论，消除群众恐慌心理，维护社会和谐稳定。

会议听取“大棚房”问题专项清理整治情况汇报。

会议听取城中村改造清零工作情况汇报。会议议定：（1）由副区长周靖华牵头，加快推进城中村拆迁清零及相关手续办理，集中精力、抓住重点，先拆出部分净地地块，优先保障回迁用地。拆迁清零工作要严格按照各村原定补偿政策执行。（2）郝庄镇要加强对村干部的教育和管理，做好群众的思想工作，杜绝越级上访；区城改办要加大沟通和协调力度，妥善处理好村委会、村民和开发商之间的关系，为清零工作奠定基础。

会议研究购买办公用房有关事宜。会议议定：原则同意由区国有资产经营公司作为区政府出资人代表，购买太原辰宇房地产开发有限公司位于都市广场的部分商业用房和省扶贫开发服务公司位于上马街54号的办公商业楼座，用于解决办公用房不足的问题。

会议还对其他事宜进行了安排。会议议定：（1）回迁安置房分配工作由周靖华副区长总负责，各相关部门及单位要高度重视，坚持公开、公平、公正的原则，依法依规加快推进，确保在11月底前完成。（2）各相关部门和街（镇）要高度重视中央宗教督导工作，做好重点人员和重点领域的管控和维稳工作，加大摸排力度，发现问题及时处置；做好辖区宗教场所周边环境卫生、道路秩序等综合整治工作，保持干净整洁有序；依法依规加强对宗教场所和教职人员的日常监管，确保和谐稳定。

（区政府办）

【第14次政府常务会议】 2018年12月10日召开，李慧主持，王国栋、杨永生、薛凯、魏毅、岳旭强、周靖华、范勇等参加。

会议听取棚户区回迁安置房分配进展情况汇报。会议要求：棚户区回迁安置工作事关群众切身利益，社会关注度高。从目前情况看，分配工作进展不快，与市委、市政府要求有较大差距。各相关街办要高度重视，把安置房分配作为当前各项工作的重中之重，针对存在的问题，加派工作人员，精准发力，依法依规加快推进资料审核、选房、入住手续办理等工作，确保12月底前全面完成。

会议研究《关于进一步加强和完善内部审计工作的意见》。会议议定：原则同意区审计局起草的《关于进一步加强和完善内部审计工作的意见》，由区审计局根据会议所提意见进一步修改完善，以区政府办名义印发实施。

会议听取《关于2017年预算执行和其他财政收支审计工作人大审议意见建议的落实情况报告》。会议议定：原则同意区审计局起草的《关于2017年预算执行和其他财政收支审计工作人大审议意见建议的落实情况报告》，由区审计局根据会议所提意见进一步修改完善后，提请区人大常委会审议。

会议听取《关于区五届人大三次会议代表建议、批评和意见办理情况的报告》。会议议定：原则同意区政府办起草的《关于区五届人大三次会议代表建议、批评和意见办理情况的报告》，由区政府办根据会议所提意见修改完善后，提请区人大常委会审议。

会议听取光彩慈行案件化解进展情况汇报。会议议定：(1) 由光彩慈行案件项目领导组进一步细化案件定性、资产处置等七个方面的问题，提出处置意见建议，明确化解任务、牵头单位、主要责任人，列出时间表、路线图，推动案件化解取得实质性进展；同步做好投资人答复、接待和维稳工作，确保稳定。(2) 各位副区长要认真研读案件汇报材料，结合分管工作提出意见和建议，由光彩慈行案件项目领导组收集汇总，提请区委常委会审议。

会议学习中央、省、市纪委关于集中整治形式主义、官僚主义有关要求。会议要求：(1) 提高政治站位。坚持以习近平新时代中国特色社会主义思想为指导，增强“四个意识”，坚定不移做到“两个维护”，把整治形式主义、官僚主义作为一项重要的政治任务，作为正风肃纪、反对“四风”的首要任务、长期任务，摆在更加突出位置。要把阶段性目标和长期目标有机统一起来，在扎实抓好每一阶段、每一环节、每一步骤的基础上，善于抓住关键带动全局，确保整治工作全面到位、全面落实、全面见效。(2) 开展自查自纠。区政府党组要对照省纪委列出的关于集中整治形式主义和官僚主义六个方面26个问题，明确整治重点，通过专题调研、谈心谈话等方式，深入排查、精准发现存在的突出问题，列出问题清单，明确责任主体，找准整改方向。要注重整改纠正，对查摆出来的问题，深入分析根源，逐条制定措施，明确责任分工和完成时限。能够立行立改的，抓紧整改到位；需要一段时间纠正的，倒排进度、对账销号。要建立长效机制，推动集中整治深里抓实里做，始终保持定力，常抓不懈、久久为功。(3) 统筹协调推进。要坚持统筹兼顾，把集中整治与创城工作、环保工作、扫黑除恶专项斗争等重点工作结合起来，在推进工作中发现形式主义、官僚主义问题，做到重点工作和集中整治两不误、两促进，通过集中整治，有效推动各项工作再上新台阶。

会议传达省宗教工作领导小组扩大会议精神。会议要求：各相关部门和单位要认真贯彻落实省宗教工作领导小组扩大会议精神，切实提高认识，对当前宗教工作的极端重要性和迎泽区宗教形势面临的严峻性，做到心中有数，始终保持高度的政治自觉、思想自觉、行动自觉，扎实做好新形势下的宗教工作。要坚决整改，对照中央督察组指出太原市存在的主要问题，按照全省宗教工作整改落实“百日攻坚”行动要求，立足区情实际，开展自查自纠，摸清底数，细化措施，做到即查即改、立行立改。要依法履职，认真贯彻执行党的宗教工作基本方针和政策法规，以法治方式推进宗教工作，运用法治方式解决突出问题，全面加强宗教界自身建设和宗教团体、活动场所的规范化管理，促进迎泽区宗教领域团结稳定。

会议研究其他事宜。会议议定：(1) 为解决燃煤棚户区安置问题，根据市房管局要求，原则同意将迎泽区燃煤棚户区改造房屋征收方案调整为迎泽区非集中连片棚户区改造房屋征收方案，发布时间及其他内容不变。(2) 由区住建局牵头，加快推进棚户区征收清零工作，对具备建设条件的，协调市龙投公司尽快启动安置房建设；对已征收暂不需要拆除的房屋，经安全检测合格后，用于有现房需求的特殊困难户临时过渡或回迁安置。(3) 由区住建局牵头，对部分未支付的项目资金和转列支付资金进行清理，用于先行垫付 2013 年以来棚户区改造项目居民过渡费，待市政府过渡费拨付后归还。(4) 原则同意各街（镇）将 2013 年以来征收的公共建筑回迁安置协议，移交区住建局，由区住建局统一谋划解决安置问题。(5) 鉴于康乐村 24 户居民拆迁至今已 17 年未安置，形成较大信访矛盾，原则同意由区住建局牵头与万行公司协商，把 24 户居民纳入棚户区回迁范围先行安置，待万行公司安置房建成后等面积收回，区政府统筹用于其他住户安置。(6) 为加强“三基建设”，原则同意为郝庄镇政府招聘 15 名事业单位工作人员，由区人社局梳理 2019 年全区招聘计划后统一实施。(7) 原则同意区政府与中建太原城区基础设施投资有限公司签订战略合作协议，由中建太原城区基础设施投资有限公司投资承建并运营“国家火炬计划特色产业基地（园区）”项目，副区长薛凯牵头落实。

（区政府办）

【第 15 次政府常务会议】 2018 年 12 月 17 日召开，李慧主持，王国栋、杨永生、薛凯、魏毅、岳旭强、周靖华、范勇等参加。

会议听取环境保护工作汇报。会议议定：原则同意环保分局起草的《关于环境保护工作情况的报告》，由环保分局根据会议所提意见做进一步修改完善，周靖华副区长把关后，提请区人大常委会审议。

会议研究《关于2018年财政预算调整方案(草案)的报告》。会议议定:(1)原则同意区财政局起草的《关于2018年财政预算调整方案（草案）的报告》，由区财政局根据会议所提意见做进一步修改完善，薛凯副区长把关后，提请区人大常委会审议。(2)由副区长薛凯牵头，根据省市政策精神，结合区情实际，组织相关部门尽快制定2019年财政预算方案，确定主要经济指标增速计划。

会议听取2018年工作总结及2019年工作计划汇报。

会议传达学习山西省委省政府《关于支持民营经济发展的若干意见》。

会议传达学习《太原市贯彻落实〈地方党政领导干部安全生产责任制规定〉实施办法》。

会议对圣诞、元旦期间安全工作进行安排部署。（区政府办）

【第16次政府常务会议】 2018年12月27日召开，李慧主持，王国栋、杨永生、薛凯、岳旭强、范勇等参加。

会议研究人事任免事宜。会议议定:同意赵江燕任区政府副区长（挂职）；罗辉任区政府副区长（挂职）提名。以上同志拟任免职务按有关程序提请区人大常委会任免。

会议传达学习《防范和惩治统计造假、弄虚作假督察工作规定》。会议要求:(1)深入贯彻学习。各相关部门、各街办（镇）要深入学习贯彻《防范和惩治统计造假、弄虚作假督察工作规定》，增强贯彻落实《规定》的自觉性和主动性，切实提高统计数据质量和真实性，推动统计工作实现新的提升。(2)开展自查自纠。由副区长薛凯负责，区统计局牵头，认真对照《规定》中统计督察对象、内容进行全面梳理，集中力量开展自查自纠。要深入开展统计数据质量检查，主动纠正数据偏差；要加大统计执法检查力度，全面落实统计执法“双随机一公开”抽查制度，切实把统计违法问题消灭在萌芽状态。(3)严肃追责问责。区统计局要加大对各相关部门、各街办（镇）统计工作的指导，建立防范惩治统计造假、弄虚作假制度。要对各类统计违法违纪行为实行“零容忍”，对统计违法违纪相关责任人，依据相关规定严肃问责，努力构建不敢假、不能假、不想假的统计生态。（区政府办）

区长办公会议

2018年，迎泽区政府共召开40次区长办公会议，区长办公会议由区长、副区长及有关人员参加。

【第1次区长办公会议】 2018年1月12日召开，岳旭强主持，为加快推进铁路沿线环境综合整治工作，就沿线单位拆迁及补偿事宜进行专题研究。

会议议定:(1)太原食品饮料厂长期以出租房屋为主要收入，按照房屋租赁合同价55万元/年的标准，给予一次性补偿3年共165万元，用于职工医疗保险和基本生活保障；其所有土地按照评估价补偿，土地证号：并证地国用（2006）第00296号，土地使用权面积550.45平方米，按照评估价1286元/平方米补偿707879元。另有砖混结构房屋151.73平方米，产权证号：房权证字第00100213号，按照评估价688元/平方米补偿104390元。以上共补偿2462269元，同时收回产权证和土地证及相关手续进行注销。(2) 建设南路632号房屋［产权证号：房权证并字第00128706号，土地证号：并政地国用（2003）字第00277号，土地使用权面积1765.26平方米，性质为工业用地出让］产权所有人原为太原食品饮料厂，其于2008年10月将土地使用权及房产所有权一次性转让给代自生个人，现按照3000元/平方米的标准对地上两层2135.58平方米补偿640.674万元，按照550元/平方米的标准对地下一层711.86平方米补偿39.1523万元。2014年3月至2017年6月，因建设路道路改造拆除一半建筑后无法继续经营，经济损失严重，为使拆迁工作顺利进行，确保社会稳定，按照年租金120万元的标准补偿3年共360万元。以上一次性补偿代自生共1039.8263万元，同时收回房屋产权证和土地证及相关手续进行注销。(3) 铁路沿线环境整治拆迁涉及其余单位的补偿金额，均根据评估公司的评估价格，依照相关规定补偿，桥东街办负责相关手续的办理及存档。

（区政府办）

【第2次区长办公会议】 2018年2月5日召开，李慧主持，对迎泽区拖欠农民工工资有关事件进行专题研究，就贯彻落实中央、省、市有关解决拖欠农民工工资事项再次进行安排部署。会议议定：(1) 关于马庄加泰利亚项目拖欠农民工工资一事，会议议定由区城改办先行以应急方式垫付200万元用于解决农民工基本生活及春节前回家路费的问题。该款项在项目正常运行后由建设方山西天赋达建设有限公司及时予以归还，并出具承诺书，后续工资问题待项目正常运行后由新的建设方和承包方共同妥善处理。此款项的发放由建设方山西天赋达建设有限公司对人员进行认真核实，作出明细，区人社局、郝庄镇政府监督发放。(2) 关于金港国际商务中心（二期）项目拖欠农民工工资一事，会议认为由于该项目甲乙双方以及劳务方均对工程承包合同的印鉴真伪存在争议，建议通过公安机关进行调查处理，待有关问题查明后由相关部门依法处理。 （区政府办）

【第3次区长办公会议】 2018年1月31日，魏毅主持召开全区2017年度土地变更调查与卫片执法检查工作推进会。会议议定：抓好土地变更调查与卫片执法检查工作是当前国土资源管理工作的头等大事，事关迎泽区用地形象和经济发展大局，各单位务必引起高度重视，扎实细致地做好此项工作。会议要求，各有关单位要按照太原市有关工作要求，强化工作责任，狠抓工作落实，确保迎泽区土地变更调查与

卫片执法检查顺利完成。（区政府办）

【第4次区长办公会议】 2018年3月8日召开，周靖华主持，就山西日报社劳动服务公司土地征收补偿事宜进行专题研究。会议决定:(1) 鉴于山西日报社劳动服务公司土地置换难度较大的客观情况，根据市政府领导有关批示精神，本着积极稳妥解决历史遗留问题，依法保护被征收企事业单位合法权益的原则，决定再支付山西日报社劳动服务公司300万元补偿资金，用于一次性解决该公司土地征收和其他问题；不再对山西日报社劳动服务公司予以土地置换安置。(2) 区住建局、城管局、城管监督大队和桥东办事处按照各自职责，做好企业稳定、协议签订、资金申请及拨付工作，保证山西日报社劳动服务公司土地征收补偿事宜顺利解决。（区政府办）

【第5次区长办公会议】 2018年3月17日召开，周靖华主持，会议对重污染天气条件下采取强制性应急减排措施等相关工作进行安排部署。

会议议定:(1) 各部门要明确责任，认真落实相关强制性应急减排措施。环保局负责对纳入重污染天气橙色预警期间制造业企业停产限产名单的企业实施停产限产措施，对油墨厂、印刷厂、供热企业等重点单位进行管控；城管局、执法局负责强化工地扬尘管理及道路清扫作业，做好各施工工地标准化围挡的建设，规范施工现场的抑尘措施，及时做好垃圾清运，创新工作方式，科学抑尘；区住建局配合交警一、二队负责开展机动车夜间上路执法检查工作，设立检查点，严厉查处机动车排放超标、载货车辆闯禁行、限行等违法行为；各街办（镇）发挥属地作用，全面配合环保、食药等部门对辖区各类餐饮、汽修、喷涂作业等有可能引起污染物排放的行业企业进行督查，最大限度采取应急减排措施。(2) 由庙前街办牵头，环保、城管、执法、食药等部门配合，重点对桃园三巷周边进行拉网式排查，严格管控，强化减排措施，有效防治扬尘及污染物排放等行为。(3) 及时做好信息上报工作，每日8：30前将各部门、各街办（镇）前一天检查及工作开展情况报送至区政府办，再由政府办统一汇总按时上报市政府。

（区政府办）

【第6次区长办公会议】 2018年3月17日召开，王国栋主持，会议就马庄嘉泰利亚项目拖欠农民工工资、业主入住及村民回迁等遗留问题进行研究。

会议议定:(1) 区城改办先从山西天泽人瑞房地产有限公司缴纳的合作保证金中借支800万元给省建发公司，由省建发公司对接嘉泰利亚项目施工队，审核支付其农民工工资，以优先解决欠薪问题。待项目产生利润后再由区城改办牵头归还结算此款。(2) 鉴于天泽人瑞公司负责人赵伟已委托其女及律师出具了同意退出嘉泰利亚项目的书面意向书，现决定由省建发公司全面接手嘉泰利亚项目，并尽快召集区城改办、文庙刑警中队、区开发公司、马庄村委会、施工队及相关工作组负责人召开进驻会议。(3) 省建发公司进场后，要第一时间与施工队、马庄村委会、监理公司对接，全面掌握一手真实资料；区城改办、文庙刑警队、区开发公司要全力协助省建发公司，于3月底前提交尽职调查报告，并提出合作意见报区城改领导组研究。(4) 区城改办、省建发公司、马庄村委会要尽快请市质检站，对嘉泰利亚项目中由天泽人瑞公司建设的现有已建工程进行质量检测鉴定。（区政府办）

【第7次区长办公会议】 2018年4月8日召开，周靖华主持，会议研究部署迎泽区第二次污染源普查有关事宜。

会议要求：(1) 各成员单位要高度重视污染源普查工作，不断提高思想认识，牢固树立大环保理念，将环保工作作为一项政治任务来抓，进一步增强危机感、紧迫感和责任感，想长远、干当前，将污染源普查工作当做自己的份内工作抓实抓细，确保污染源普查工作圆满完成。(2) 各成员单位要明确工作职责，不折不扣完成各项任务分工，并做好与上级归口部门的对接。由环保分局牵头，国税局、地税局、工商分局、质监分局、区统计局、农委等部门配合，根据国务院下发的第二次全国污染源普查清查技术规定和太原市环保局下发的迎泽区基础名录库，结合迎泽区实际，进一步完善和补充迎泽区污染源名录库，及时上报市污普办。同时，环保分局要加强与各部门的沟通协调，建立普查人员通讯簿，指导各成员单位做好污染源普查工作，严格履行保密责任，确保各阶段工作顺利推进。

会议安排环境空气质量网格化管理相关工作。会议要求：相关部门和各街镇要强化主体责任，明确环境监管职能，指定专人负责，把“横向到边、纵向到底、层层监管、不留死角”的网格化监管系统落到实处。通过运用全区已建成的52个微观监测点位和智能化数据平台，形成线上线下、联勤联动的工作机制，推动监管关口前移，触角向下延伸，实现对环境事件的快速及时处置，做到不留死角、不留盲区、不留隐患，切实推进迎泽区环境空气质量的持续改善。（区政府办）

【第8次区长办公会议】 2018年3月9日召开，王国栋主持，就迎泽街办解放南路二社区提档升级工程中变更预算有关事宜进行研究。

会议议定：迎泽街办按照调整后的项目及金额，尽快上报发改、财政等相关部门，依法依规履行手续。（区政府办）

【第9次区长办公会议】 2018年4月19日召开，薛凯主持，会议对迎泽区廉政警示教育基地建设问题进行研究。

会议议定：原则同意区政府办提出的对区廉政警示教育基地建设项目进行后续建设和项目重新报批的申请，区政府办继续负责工程的建设工作。会议要求：区政府办作为项目的实施主体，要严格执行

《迎泽区政府投资项目管理办法》，综合考虑，科学组织，规范项目管理，依法依规进行项目重新申报、资金申报、工程实施等程序。做好后续建设的衔接工作，在确保工程质量的前提下，加快工程实施进度。要严格规范使用专项资金。（区政府办）

【第10次区长办公会议】 2018年4月5日召开，岳旭强主持，召集各有关部门及太原市迎泽食品街管理有限公司相关人员深入食品街现场办公，就食品街环境整治问题进行专题研究。

会议议定：(1) 区城管局要将食品街街道清扫保洁纳入全区城管质量监督考核范围。由区城管局牵头，尽快制定食品街街道清扫保洁具体标准，并聘请专业保洁公司统一进行保洁，相关费用由食品街管理公司承担，区城管局适当给予补贴。(2) 食品街管理公司负责做好食品街临街建筑外立面和门头牌匾的管理维护等工作，做到外立面清洁，无明显污迹、无乱涂写招贴、无残损脱落和严重变色等问题，清洗和修护装饰时要保持原建筑风格。(3) 由区行政执法分局牵头，根据相关规定，尽快制定食品街管理标准。同时，食药监局、环保分局等部门要加大对占道经营、摆摊设点、油烟污染等问题的整治执法力度，确保取得实效。(4) 由食品街管理公司牵头，对食品街花盆、树池、石凳、路灯等城市家具，存在的不洁净、损坏、乱贴广告和垃圾桶容量小等问题，集中时间进行综合整治，确保一周内取得成效。(5) 柳巷街办要按照协议切实履行好食品街管理的职责，各部门要建立长效机制，创新管理方法，既要各尽职责，又要相互配合，共同营造良好的经营环境，把食品街建设成为省城一流街区。（区政府办）

【第11次区长办公会议】 2018年5月7日召开，岳旭强主持。

会议议定：(1) 区环卫执法中队由区行政执法分局统一调动和指挥，区应急大队、森防大队作为预备队，弥补渣土治理中人员不足、执法力量弱等问题。(2) 区城管局要会同区林业局、水务局、国土分局和郝庄镇加强对渣土消纳场的监督管理，要求消纳场落实好各项规章制度，并采取疏堵结合的办法，强化源头治理。(3) 区行政执法分局要强化执法装备的配备，加强人员培训，确保工作人员在执法的过程中文明执法、安全执法、规范执法。(4) 公安分局要把渣土治理专项行动和扫黑除恶相结合，加大对非法倾倒、妨碍执法等违法行为的打击力度，保障区相关执法部门和单位依法履职。(5) 区交通局、治超办、交警一大队要积极配合、形成合力，确保迎泽区渣土、土方作业、运输、消纳、车辆管理全过程规范有序。(6) 郝庄镇要坚守“守土有责、守土负责、守土尽责”的原则，对城镇内乱倾乱倒渣土的行为，按照市扬尘污染专项整治行动方案的要求坚决予以制止，同时要加大宣传和教育力度，督促各村履行好主体责任，管好自己的人，看好自己的门，确保积存渣土归零、乱倾乱倒无新增。

（区政府办）

【第12次区长办公会议】 2018年5月21日召开，李慧主持，会议学习习近平总书记在全国生态环境保护大会上的讲话精神，传达省委常委、市委书记罗清宇在扬尘污染专项整治行动方案上的重要批示及5月18日市环保例会会议精神。安排部署扬尘污染防治工作有关事宜。研究环保部强化督查“回头看”工作相关事宜。研究防汛工作有关事宜。 （区政府办）

【第13次区长办公会议】 2018年6月9日召开，李慧主持，就棚户区回迁安置工作，听取区住建局和迎泽、桥东、老军营、郝庄等街（镇）关于回迁安置进展情况汇报。

会议议定：(1) 区住建局负责全区棚户区回迁安置的协调、指导和监督工作，各街（镇）作为实施主体具体负责回迁安置工作。(2) 各棚户区回迁安置分配方案由项目所在街（镇）集体研究提出，区住建局把关后报副区长周靖华、魏毅审核实施。(3) 根据市政府统一安排，明确将南沙河快速路改造工程安置地点调整为龙城新苑，区住建局对接龙投公司落实现场分房办公室；各相关街（镇）要通过引导实地参观、播放宣传片、现场分房等方式营造氛围，加大对龙城新苑安置房优势的宣传力度，耐心细致做好群众思想工作，尽快启动分房工作。(4) 桥东街办负责，6月底前全面完成双塔南巷棚户区剩余住户的清零工作；同时加快推进东岗巷、新生里等项目剩余住户回迁房分配工作。(5) 迎泽街办负责，对接金港公司，确保金港片区回迁安置楼年内封顶，年底启动预分房工作。(6) 郝庄镇负责，加大对东山地区违法建设的管控力度，确保减少存量、杜绝增量；要加大对渣土场的监管力度，督促设立主体配备车辆喷淋等降尘环保设施，尽快对已形成的渣土场进行绿化；同时科学规划设置渣土场，力争年内打造一个标准化渣土场。(7) 区住建局负责，按照“六个百分百”的要求加大对辖区各类工地的监管，同时要规范工地围挡，加大建筑垃圾的清运力度，做到即拆即清，减少扬尘污染。(8) 区住建局负责，尽快启动双塔景区项目回迁安置房分配工作。

（区政府办）

【第14次区长办公会议】 2018年5月8日召开，王国栋主持，就中部战区空军房管局太原办事处五一东街9号停止有偿服务有关事宜进行研究。

会议议定：(1) 区停偿办要按照区委书记、区停偿工作军地协调领导组组长冯原平的指示，督促空军房管局太原办事处尽快向市仲裁委提交仲裁申请及相关资料，由区停偿办主任尹亮君对接协调市法制办、市仲裁委，加快推进仲裁程序。(2) 明确了空军房管局太原办事处与山西宇航休闲设备开发有限公司签订合同期限为2008年3月31日至2018年12月31日，山西宇航休闲设备开发有限公司与太原中山生殖医学医院签订合同期限为2015年4月1日至2025年3月31日。同时，山西宇航休闲设备开发有限公司于2008年与空军房管局太原办事处签订合同时签有补充协议，约定在2018年12月31日合同到期后，再优先续签10年，租金不变。(3) 军队全面停止有偿服务工作正处在最后攻坚的关键时期，相关各部门、单位务必统一思想、高度重视，牢固树立"四个意识"，坚定信心决心，强化工作统筹，密切军地配合，聚力攻坚克难，按照市停偿工作军地协调领导小组下达的任务要求坚决执行，确保不折不扣完成好军队全面停止有偿服务这一政治任务。（区政府办）

【第15次区长办公会议】 2018年6月1日召开，王国栋主持，专题研究马政身份认定及工资待遇问题。

会议议定:(1) 根据市委组织部2015年11月16日的处理意见，马政工资待遇执行以2015年11月16日为时间节点，之前按参公人员执行相应工资待遇，之后按工人执行相应工资待遇。(2) 马政2010年、2011年和2012年的年度考核结果由区委组织部根据相关档案资料，依规予以补充完善。(3) 马政的养老、医疗保险和公积金等问题，由区人社局依规解决。(4) 有关马政其他应予解决的问题，均以2015年11月16日为时间节点，结合实际由相关部门依规解决。（区政府办）

【第16次区长办公会议】 2018年6月29日召开，王国栋主持，就马庄加泰利亚项目遗留问题进行研究，并议定：为确保马庄城改工作顺利推进，维护社会稳定，成立区政府工作组进驻加泰利亚项目现场，工作组负责该项目后续工程相关事宜的协调、对接，以及村民和业主的相关工作。

（区政府办）

【第17次区长办公会议】 2018年6月10日，魏毅主持召开武警山西总队公寓房建设协调推进会。

会议听取武警山西总队关于驻太原地区部队干部、士官公寓房建设工作有关问题的汇报。会议认为，武警山西总队公寓房建设项目已经市政府同意，由市规划局出具《建设项目选址意见书》（并规选字〔2014〕第0077号），办理了建设用地规划许可证，前期征地手续基本完成。相关单位要协调配合，确保项目建设顺利推进。

会议议定:(1) 由武警山西总队向市政府申请办理重点工程施工手续及水、电、气、暖相关费用的减免的手续。(2) 区住建局、城管局、执法局、郝庄镇、规划迎泽分局、环保迎泽分局全力配合该项目的建设工作。郝庄镇负责拆除该项目地块的临时建筑。(3) 武警总队6月底前完成双塔靶场油库的移交工作，确保双塔景区征拆工作顺利进行。(4) 项目施工单位按照属地管理的原则，向项目所在地税务机关依法纳税。

（区政府办）

【第18次区长办公会议】 2018年7月13日召开，杨永生主持，听取并东小学改扩建推进情况，并安排部署下一步相关工作。

会议议定:(1) 根据太原市人民政府办公会议纪要〔2015〕第39期"原则同意东

岗巷棚户区改造项目配建小学由迎泽区政府负责组织建设，所需资金由市承担”和迎泽区人民政府区长办公会议纪要〔2017〕9号“关于东岗棚户区改造。原则同意区住建局提出的东岗棚户区回迁计划。由区住建局牵头，就工程质量、房屋结构、周边环境等有关事项，进一步与省建发公司对接，确保按预计时间节点保质保量完成后续工程建设”内容，区教育局协助并东小学协调相关部门推进项目改扩建工作。（2）原则同意由区财政先行垫付并东小学改扩建建设费用。（3）原则同意并东小学为项目工程法人主体单位，负责对接学校建设相关工作。（区政府办）

【第19次区长办公会议】 2018年7月17日召开，杨永生主持，听取全区档案工作情况，并安排部署下一步相关工作。

会议议定：（1）全区各有关部门和档案工作者要牢固树立“四个意识”，坚定“四个自信”，坚决维护党中央的权威，要始终坚持正确的政治方向，切实增强做好档案工作的责任感、使命感，忠于历史真实面貌，恪守职业操守，用实际行动书写对党的忠诚。（2）各有关部门要紧紧围绕首善之区建设和全区创建文明城市工作，以保障和改善民生为导向，立足本地本部门工作实际，扎实做好档案资料的收集、归档、整理和利用工作，不断提高档案工作的服务水平。要抓好档案基础设施建设和信息化建设，为全区档案工作提供有力保障，全面提升新时代档案工作服务水平。（3）各有关部门和档案工作者要强化档案安全底线思维意识，健全档案安全体系，严格执行各项档案工作制度。加大投入力度，切实改善档案安全基础条件。在雨季等关键时间段，要始终树立“安全第一”原则，严格落实对档案馆库安全制度措施，加大监管力度，及时排查隐患，确保全区档案资料安全。（4）区档案局要认真履行档案行政执法主体责任，加强监督指导，强化执法检查，对档案安全隐患较大，整理及完成档案移交不及时的单位及个人，要责令其限期整改，对整改不到位的单位及个人，要严格追究责任。（区政府办）

【第20次区长办公会议】 2018年7月13日召开，李慧主持，专题研究并东小学有关事宜。

会议议定：（1）由区住建局负责，对并东小学周边影响通行和管网的建筑依法进行征收，并协调市相关部门与市政管网对接；由省四建公司负责完善并东小学配套管网，确保2018年9月1日前学校具备开学条件。（2）原则同意区财政借款2000万元给区教育局，用于垫付省四建公司并东小学工程建设资金。按照市政府办公会议纪要（〔2015〕第39期）精神，由区教育局负责对接市教育局等相关部门，落实并东小学建设资金，建设资金落实后归还区财政借款。（区政府办）

【第21次区长办公会议】 2018年5月30日召开，魏毅主持，会议专题研究2014年解放南路道路改造项目被征收人补偿事宜。

会议议定：参照2017年《太原市迎泽区人民政府关于迎泽公园周边棚户区改造项目国有土地上房屋征收安置补偿方案》明确的货币补偿价格9800元平方米对解放南路道路改造项目被征收人进行一次性货币安置。（区政府办）

【第22次区长办公会议】 2018年8月8日召开，周靖华主持，会议研究加快推进松庄村城中村改造项目、研究增加建筑物拆除及垃圾清运费用问题。

会议议定：鉴于松庄村城中村改造项目所涉及的建筑物尚未全部拆除且已拆除建筑物清运不彻底的实际情况，决定按照城改办与中铁建公司议定的结果，扣除东林森拆迁公司10万平方米的建筑物清运费用。东林森拆迁公司退出松庄村城中村改造项目。其余部分（建筑物拆除总费用减去10万平方米建筑物清运费用）由推进组督促太原信泽置业有限公司按照《四方协议》有关约定履行付款义务。（区政府办）

【第23次区长办公会议】 2018年6月14日召开，王国栋主持，就马庄加泰利亚项目影响山西复地得一房地产开发有限公司合法权益、复地东山国际项目内存在违法寺庙导致无法规划验收等问题进行研究。研究解决加泰利亚项目建筑影响复地得一日照事宜。

会议议定：(1) 将复地得一公司无法开发的住宅用地YZ-04-05：029地块（C-18）约132.58亩，等面积条件置换至马庄村YZ-04-05：021地块（C-07-01）（现部分为马庄村城改用地）靠近长风东街一侧土地中。(2) 将马庄村YZ-04-05：021地块（C-07-01）现有部分城改用地，等面积调整至南十方街以北地块内。(3) 将原规划的汽车产业园由南十方街以北地块，调整至南内环东延南侧水马路两侧地块内。上述地块的调整，由区政府请示市政府协调规划、国土等部门，解决置换所涉及多宗土地及相关地块范围、控规的调整；尽快协助解决置换后地块上的拆迁问题，办理土地置换手续，以使置换工作顺利推进。

研究复地东山国际项目配套小学用地内寺庙搬迁事宜。会议议定：拟将复地东山国际项目地块内的“大觉寺”迁至占道村的一座古寺遗址，由复地得一公司承担寺庙搬迁和修缮等相应合理费用；协调市规划局尽快完成规划验收工作，以加快项目配套小学、幼儿园的建设。

研究其他相关事宜。会议议定：协助复地得一公司拆除YZ-04-05：021地块（C-07-01）、YZ-04-05：010地块（A15）、YZ-04-05：011+012+013地块（志达中学）上的违法建筑（附图二），并请示市政府协调市城改办、国土、规划等部门，尽快完成上述各地块范围划定和控规调整。

（区政府办）

【第24次区长办公会议】 2018年8月9日召开，周靖华主持，会议对牛站一巷燃煤棚户区拆迁进行研究。

会议议定：(1) 在拆迁奖励期间内，有

土地申请书的认定其相当于产权证，按产权证的有关规定办理。(2) 对于在拆迁奖励期间内，拿不出土地申请书的拆迁户，有当时缴费收据的，给予确认，按照有产权的有关规定办理。(3) 对于在拆迁奖励期间内，拿不出任何房产证明的老住户，按自建自住政策满 55 平方米的，符合人户对应、实际居住的条件，不给予加 15 平方米的优惠政策，给予 2 万元的奖励。如有缴税的税票，可不再交每平方米 800 元产权置换费；提供不了缴纳证明的，按每平方米 800 元交置换费后，以私产房办理拆迁手续。(4) 对拆迁以前翻盖二层房屋的认定，一层面积按实测面积或其证载面积计算，以最大面积计算，如实测面积超过证载面积，按证载面积补偿后，其余的面积按迎泽区燃煤改造评估报告的标准执行（山西华诚房地产评估有限公司 2017 年 8 月 13 日出具的函），给予其货币补偿；二层按建筑附属物的标准每平方米 800 元给予货币补偿。（区政府办）

【第 25 次区长办公会议】 2018 年 9 月 5 日，李慧在郝庄镇主持召开城中村改造整村拆除清零工作会议，专题研究东太堡、郝家沟、马庄、店坡、新沟、松庄等村整村拆除清零工作。

会议议定：(1) 要坚持统筹兼顾。各相关部门要把整村拆除清零与扫黑除恶专项斗争、文明城市创建、环保攻坚等各项工作结合起来，集中多方力量，依法严厉打击阻挠整村拆除清零和回迁安置房建设的各类不法行为；提升工作标准，按照“六个百分百”的要求规范施工工地，同步做好环境综合整治，以实际行动为文明城市创建和环保攻坚做出贡献。(2) 要加强组织领导。各村清零工作由区城改办总协调，原各村推进组具体组织实施，各推进组原牵头区领导不变（东太堡村由周靖华副区长牵头）。会后，各组要及时向牵头区领导汇报会议精神，尽快展开工作。(3) 要全面摸清底数。由区城改办牵头，各城改推进组 9 月 6 日前完成对各村剩余建筑物的摸底，分析研判存在问题，分类建立工作台账，倒排工期，加快进度，确保按期完成。(4) 要严守政策底线。对有宅基地证的建筑物，按照各村原定拆迁政策执行，确保延续性；对其他建筑物，在综合考虑各村整体平衡的基础上，坚持以人为本，杜绝政策叠加，由区城改办牵头会同各村推进组研究提出意见，保障其基本生活条件。(5) 要即拆即清建筑垃圾。对完成协议签订的建筑物，要加快拆除和清运，严格做到拆除、清运、围挡同步推进，要规范垃圾倾倒行为和地点，高标准设置围挡，确保即签即拆即清即围。对建筑物拆除后未进行垃圾清运的拆迁队伍不得支付拆迁费用。（区政府办）

【第 26 次区长办公会议】 2018 年 9 月 13 日召开，周靖华主持，会议研究双塔南巷棚户区改造项目南端南内环东街汽配市场建筑物及装修补偿事宜。

会议议定：(1) 对南内环东街汽配市场

建筑物按以下标准予以补偿：彩钢建筑每平方米补偿400元、砖彩建筑每平方米补偿600元、砖木建筑每平方米补偿700元、砖混建筑每平方米补偿800元。（2）桥东街办尽快委托市建审中心对南内环东街汽配市场装修损失予以评估。评估报告出具后按评估金额予以合理补偿。

（区政府办）

【第27次区长办公会议】 2018年8月23日召开，周靖华主持，会议对2013年以来，市政府组织实施并州路、太行路、建设路、南沙河等24条市政道路建设工程，以及幸福巷、新生里、东岗巷、青年东街、山佑巷、山西日报社及东岗路西二巷、南江片区、铁道里等19个棚户区改造项目具体动迁工作进行研究。

会议认为既要严格按照《征收与补偿方案》的要求，合力开展动迁，确保工程顺利施工，也要在具体动迁工作中，本着尊重历史、让利于民、区别对待、综合平衡的原则，处理解决好各种复杂问题。会议对合法建筑认定、单位产房屋认定问题、被征收人廉租房公租房申请流程、被征收人廉租房公租房申请分户、成本价购房、小产权房原则上收取每平方米置换费800元进行议定。 （区政府办）

【第28次区长办公会议】 2018年10月21日召开，周靖华主持，会议对青年东街棚户区改造项目进行研究。

会议议定：综合考虑单方面对地下室和仓储平房实际用于居住或经营的面积计入房屋征收总面积的问题进行纠正，势必引发新的社会矛盾和群体性信访事件等多种因素，本着尊重历史、正视现实，尊重生效协议，维护政府公信力，改善人民群众住房条件的原则，决定对原青年东街棚户区将部分地下室或院内配建仓储平房实际用于居住或经营的面积计入房屋征收总面积的行为予以确认，但协议内容有违反法律、法规及政策规定的除外。

（区政府办）

【第29次区长办公会议】 2018年10月12日召开，周靖华主持，会议研究清真古寺外围建筑保护性拆除工作。

会议议定：（1）为落实市委、区委会议精神，由区住建局暂拨付给柳巷街道办事处20万元，用于解决供电设施移线和人工拆除等相关费用，最终费用据实核算并由区住建局上报市建审中心。（2）柳巷街道办事处和区宗教局，在确保安全的前提下，采取保护性人工拆除，于10月25日前将拆除后的场地移交相关单位。

（区政府办）

【第30次区长办公会议】 2018年10月22日召开，薛凯主持，专题研究迎泽区糖业烟酒公司下属单位新建南路副食百货商店拆迁补偿有关事宜。

会议议定：原则同意给该单位共10年，每年16.2万元进行补偿，各相关部门和单位要协调配合，抓好落实，确保职工的社保、医保等费用不拖欠。

（区政府办）

【第 38 次区长办公会议】 2018 年 12 月 12 日，李慧主持召开城中村改造工作推进会议，听取区城改办关于拆迁清零、回迁安置房建设、融资偿还等工作情况汇报。

（区政府办）

【第 39 次区长办公会议】 2018 年 12 月 23 日召开，李慧主持，对“迎泽一日游”线路规划、环卫工人养老保险遗留问题、营造节日气氛等有关工作进行研究部署。

关于“迎泽一日游”线路规划有关事宜，会议议定：由区委常委、副区长王国栋牵头，区人大常委会副主任、文庙街道党工委书记孟晋忠具体负责，区文化局、城管局、执法分局、文庙街办、柳巷街办、迎泽街办等相关部门共同参与，成立专门工作小组，通过实地踏勘等方式，进一步优化“迎泽一日游”线路方案。在此基础上，主动对接清华大学李匡老师和相关旅游产业运营机构，对“迎泽一日游”线路进行充分论证，邀请相关领域专家，深度挖掘景点历史内涵，讲好迎泽故事，完善线路规划。同时，进一步梳理“迎泽一日游”线路运营计划，理清市、区两级工作职责，对需市以上层面协调解决的问题，尽快向市政府提出申请，确保“迎泽一日游”线路纳入全市规划方案并尽快启动。

关于环卫工人养老保险遗留有关事宜，会议议定：（1）由区城管局负责，对涉及的环卫工人群体进一步摸清底数，分类建立台账。对符合人社部补缴保险政策规定的，由区人社局会同区城管局，按照有关政策规定，尽快提出并落实补缴方案。（2）由区城管局负责，进一步核实环卫体制改革之后与各清扫保洁公司签订协议情况。协议有约定的，按照协议约定执行；协议无约定或清扫保洁公司主体灭失的，对符合补缴条件的根据相关政策规定由区政府承担补缴费用。

关于营造节日气氛有关事宜，按照突出亮点、做出精品、体现迎泽特色的原则，广泛动员驻地单位和商业综合体开展亮化工作，同时在酒店、重点街区做好大型创意灯饰的摆放，努力营造欢乐祥和的节日气氛。（区政府办）

政府办公室

【概况】 2018 年，迎泽区政府办公室坚持以习近平新时代中国特色社会主义思想和中共十九大精神为指导，贯彻落实习近平总书记视察山西重要讲话精神和省市区各项决策部署，紧扣全区发展大局和中心工作，开拓进取，务实创新，扎实苦干，较好地完成各项工作任务，为区政府高效运转提供坚实保障。（区政府办）

【政务服务】 2018 年，迎泽区政府办公室推进“放管服效”改革，持续开展“减证便民”行动，300 余项事项 912 份提交材料缩减到 682 份，清理率达 25%；持续提升行政审批及服务事项办理质量，全年共受理 364 万余件，日均办件量约 9981 件，即办事项办结率 100%，承诺事项按时办结率 99.85%，群众满意度 100%。依法推进压缩企业开办时间工作，设立新办企业服务区，上线运行迎泽区新办企业统一受理平台，企业开办时间压缩至 3.5 个工作日。（区政府办）

【便民服务】 2018 年，迎泽区政府办公室围绕抓规范、优服务、强平台、重基层四项基础性工作，开展“平台建设年、服务规范年”活动，为群众提供更优化、更高效的公共服务。全年共受理市“12345”热线工单 11878 件，办结率 99%；互联网留言受理 303 件，全部办结；数字化城管受理案卷 70579 件，按期结案率、一次完成率、结案率均在 98%以上。（区政府办）

【信息公开】 2018 年，迎泽区政府办公室完成“迎泽之窗”门户网站数据后台迁移改造、“政务微信”数据的对接开通。拓宽信息报送渠道，提高信息发布质量，全年刊发《迎政信息》10 期，在“迎泽之窗”迎泽动态专栏发布信息 60 条，通过政务微信平台向市政府政策研究室报送民生信息 180 条，采纳 38 条，采纳量多年稳居全市十县区前三。依法依规公开信息，在“迎泽之窗”发布文件 99 篇，政务内网发布文件 96 篇。（区政府办）

【以文辅政】 2018 年，迎泽区政府办公室规范以文辅政，执行机关公文处理条例，严把公文审核关，全年制发、归档各类文件、纪要 487 件，起草讲话、汇报等各类材料 200 余篇，高质量完成政府工作报告、经济工作会议、政府全体会等重要文字材料起草工作。（区政府办）

【以会辅政】 2018 年，迎泽区政府办公室强化以会辅政，按照精简、高效、节约要求，严格会务活动审批，能不开的会议坚决不开，可以合并的会议合并召开，必须举办的会议和活动，明确主题，注重实效。全年承办区政府常务会议、区长办公会议共 55 次。（区政府办）

【强化督查】 2018 年，迎泽区政府办公室围绕全区中心工作，强化重点工作督查，通过“13710”信息督办系统接收上级安排督查事项 125 件、下发本级督查事项 13 件，全部办结。配合区人大、区政协做好政府工作的视察检查，全力支持人大代表、政协委员履行职责，全年办理区人大代表建议、政协提案 270 件，满意率 100%。（区政府办）

【依法行政】 2018 年，迎泽区政府办公室完善政府法律顾问工作制度，重大事项合法性审查实现全覆盖，落实行政负责人出庭应诉制度，行政诉讼案件同比下降 43%。加大行政复议体制机制创新，继续推进行政复议委员会试点，全年依法审理行政复议案件 60 件，基本做到定纷止争、案结事了。（区政府办）

【应急预案管理】 2018 年，迎泽区政府办公室持续开展应急预案修订工作；加强应急值守和信息报送，加强应急保障能力。强化24小时政务值守制度及领导带班制度，保证应急事件处置及时；组织指导应急演练和培训，做好重大节日应急安全保障，全年总值班室受理各类突发事件2240件，无一迟报、漏报、瞒报事件发生。

（区政府办）

【档案管理】　2018年，迎泽区政府办公室完善档案管理组织机构，健全档案安全、保管、利用、保密等管理制度，建立档案信息管理系统，并实现档案案卷级目录和文件级目录数字化管理，方便查阅学习。

（区政府办）

【史志编纂】　2018年，迎泽区政府办公室完成《迎泽年鉴（2018）》组稿编审和《山西年鉴》《山西经济年鉴》《太原年鉴》的供稿工作；《太原市迎泽区志》终审稿基本完成。（区政府办）

【后勤服务】　2018年，迎泽区政府办公室强化后勤保障服务。完成事业单位公务用车改革，对全部公务用车进行标识化管理；实施八楼会议室升级改造、机关用电扩容，更新食堂设施设备；建立机关大院车辆管理制度，统一规划设置车位，及时登记车辆信息；做好办公设备日常维护，加强安全保卫，保障机关各项工作有序运行。

（区政府办）

【政府采购】　2018年，迎泽区政府办公室规范政府采购行为，严格采购程序，通过公开招标、竞争性谈判、询价等方式，完成采购120批次，节约资金541万元，节约率4.45%。（区政府办）

【文明创城】　2018年，迎泽区政府办公室按照市、区级创城要求，组织召开创建全国文明城市专题会议，将创城工作任务层层分解，逐项落实责任。加大文明创建宣传力度，利用迎泽区“互联网+党建”群工热线、电子显示屏、宣传展板等方式宣传创城成果，营造浓厚创城氛围；鼓励干部职工参加志愿者服务，组建“学雷锋志愿服务工作站”，参与交通劝导志愿者等活动，助力创建文明城市。（区政府办）

【公共服务】　2018年，迎泽区政府办公室优化窗口单位服务质量，完善触屏查询机、卫生间无障碍设施、便民服务箱等公共服务设施，为办事群众提供便利。推进窗口单位服务乱象专项整治，完善规章制度，强化投诉监督机制，规范公共秩序，开展“党员示范岗”和时代新人墙等创建活动，提升窗口单位服务水平。

（区政府办）

【扫黑除恶】　2018年，迎泽区政府办公室成立由政府办主任担任组长的工作领导小组，全面负责推进扫黑除恶专项斗争。组织召开政府办党组会议2次、办公会2次，听取各科室、中心扫黑除恶工作情况汇报，对相关工作进行研究部署。加大线索摸排力度，通过“12345”服务热线、网络舆情、群众来电来信、区长信箱等多种渠道，及时捕捉和发现涉黑涉恶等线索。

建立健全线索搜集、梳理、移送工作机制，确保发现涉黑涉恶信息及时移送相关部门。

（区政府办）

【环境保护】 2018年，迎泽区政府办公室将环境保护工作放在突出位置，制定《迎泽区打赢蓝天保卫战攻坚行动工作方案》等一系列专项行动方案；建立高频组织调度机制，承办的区政府常务会、区长办公会等各类会议中，共计28次专门研究推进环保工作；推进环保督察整改工作，完成中央环保督察"回头看"交办的125个问题、生态环境部重点区域强化督查问题的整改，配合环保迎泽分局向中央环保督察下沉督察组提交区委、区政府及各部门履行环保职责相关印证材料。有效应对重污染天气，根据太原市发布的重污染天气预警通告和迎泽区重污染天气应急预案有关规定，及时在内网和政府网站发布通告，指导公众做好重污染天气健康防护。

（区政府办）

【作风建设】 2018年，迎泽区政府办公室坚持把作风建设作为党建工作的重要抓手，先后组织开展7次"标准问题"讨论，结合工作实际，查找差距23条，弥补短板、形成整改措施22条，筑牢党建工作根基。开展党内政治生活、"两学一做"学习教育，政府办党总支召开全体党员大会10次，集中学习各类党内文件25个，每月坚持开展固定党日活动及党员干部活动7次，提升党员干部政治素养，端正干部职工思想品行。党员干部严格遵守政治纪律、政治规矩，牢固树立"四个意识"、坚定"四个自信"、坚决做到"两个维护"。开展干部专业能力测评和岗位评价工作，合格率达100%。 （区政府办）

【廉政建设】 2018年，迎泽区政府办公室落实管党治党主体责任，制定政府办党风廉政工作计划，党组会及主任办公会专题研究党风廉政建设工作6次，干部职工大会部署党风廉政建设和反腐败工作3次。班子成员自觉履行"一岗双责"，做到党风廉政建设与各项工作同安排、同落实、同检查，坚持开展廉政工作约谈，全年开展谈心谈话61人（次）；加强岗位廉政督查，全年组织开展内部督查4次、内审1次，对岗位廉政风险点重点监控，对苗头性问题，做到早发现、早提醒、早纠正，从源头上预防腐败行为发生。 （区政府办）

应急管理

【概况】 2018年，迎泽区加强应急管理，完善应急体系建设，提高防范和处置突发事件能力，严格预案管理，强化应急预案实用性。简化流程，加强突发事件信息报送工作。完善制度，强化应急值守能力。多措并举，抓好应急管理宣传培训。加强研判，推进风险隐患排查整治工作。组织演练，突出应急演练实战性。加大投入，提高应急综合保障能力。 （区应急办）

【应急预案管理】 2018年，迎泽区严格应急预案管理，强化应急预案实用性。继续深化落实《山西省突发事件应急预案管理办法》和《迎泽区突发事件应急预案管理暂行办法》文件精神，统筹推进应急预案体系建设。下发《2018年应急工作要点》（迎政办发〔2018〕35号），明确2018年应急预案修订任务；进一步优化应急预案目录，组织编制修订专项、部门应急预案，制订重大活动保障专项应急预案，实现应急预案无盲区、全覆盖。按照《迎泽区区级突发事件应急预案目录》要求，完成所承担的预案编制、修订任务。（区应急办）

【应急信息报送】 2018年，迎泽区简化流程，加强突发事件信息报送工作。规范信息报送程序。对原有信息报送规定，进一步简化报送流程、细化报送标准、明确报送职责；完善总值班室短信服务平台。下发《关于完善应急管理工作联络名单的通知》，对总值班室应急值守系统通讯录数据库进行全面更新、完善，覆盖迎泽区各级各部门各单位主要负责人，确保突发事件发生时，联络畅通、反应迅速、应对及时，保障突发事件发生时第一时间同时短信报送涉及的相关领导。

2018年，区总值班室（区应急办）共受理各类事件2240件，其中信访类1890件，紧急突发事件115件，会议通知等其他类传真阅办235件，无一迟报、漏报、瞒报事件发生。（区应急办）

【应急制度完善】 2018年，迎泽区强化应急值守能力，健全完善值守应急各项制度。规范值班制度。坚持24小时政务值守制度及领导带班制度，加强节假日及重大节日，特别是敏感时期值班值守工作。在重大节假日、重要活动期间，对全区重点单位的值班情况电话抽查和实地检查，以确保值班不出差错。完善值班工作手册。编写完善《迎泽区总值班室工作手册》，明确工作职责、受理突发事件等事项的具体处置流程，值班信息报送规范及注意事项。严格值班纪律。制定《值班员每日工作规范》，明确值班员每日工作职责、工作要求。加大领导批示督办力度。落实省、市、区领导有关应急方面的指示，做到及时办结、及时反馈。（区应急办）

【应急管理宣传】 2018年，迎泽区开展应急知识宣传。各街办（镇）、各部门围绕“防灾减灾日”“消防宣传日”“安全生产月”等专题活动，组织开展内容丰富、形式多样的宣传宣教活动，开展讲座、应急知识培训，发放宣传手册、明白卡、宣传页等，利用迎泽区“我们为您解忧愁”《月报》增设应急知识专栏，广泛开展应急知识宣传，有效增强大众安全防范意识和避险自救能力。（区应急办）

【应急管理培训】 2018年，迎泽区通过以会代训，发放《中华人民共和国突发事件应对法》《山西省突发事件应对条例》手册，举办座谈会、专题讲座等多种形式，组织开展各类应急培训，重点加强对街办（镇）分管领导、部门分管领导、应急管理人员等的应急知识培训，提高全区领导干部危机防范意识和处置突发事件的能力。对参与值班的同志，通过周例会对应急管理制度、应急值守和处置突发事件方面加强业务培训。（区应急办）

【风险隐患排查】 2018年，迎泽区加强研判，推进风险隐患排查整治工作。组织各相关单位扩大排查网格覆盖面、创新工作方法、细化排查标准，以社区网格巡查、企业单位自查、群众举报核查为主，以执法部门督查、领导干部督查为辅，开展本辖区、本系统、本行业领域的突发事件风险隐患排查工作。对排查掌握的各类安全隐患，形成工作台账，逐一落实整改措施，将责任具体到人，明确完成期限、考核要求，并做好动态监控和后续跟踪。发现隐患及时排除，将问题解决在萌芽状态，有效减少突发事件的发生。

重大节庆期间，区委、区政府对柳巷、中正天街及朝阳商业街区的安全隐患高度重视，成立以常务副区长为总指挥，各副区长及人武部部长为副总指挥，以公安、消防、城管、工商、安监、应急等24个单位为成员的安全工作指挥部，研究制定安全应急预案和应急工作方案，编制印发商业活动安全应急手册，制作柳巷、中正天街及朝阳商业街区应急指挥联络图3个。重大节庆期间调集全区公安、消防、城管执法、办事处等在重点街道实行定区域、定时间、定人员管理，确保道路通畅；在桥头街、开化寺街等人员密集地区部署消防应急车辆，确保消防安全；做好突发事件应急准备和治安宣传，并提前组织商业街区的各大、小商家召开会议，抓好商业促销活动和安全自查，保证整个商业街区的安全、祥和。（区应急办）

【应急演练】 迎泽区各街办（镇）、各预案编制单位按照“专项应急预案、部门应急预案每年至少组织一次应急演练”的规定，完成2018年应急演练任务。重点针对多发易发的突发事件、高风险地区、高危险行业、基层组织及人员密集场所开展应急演练。着眼提升应急联动能力，组织开展跨地区、多部门、多单位参与的联合演练，重点演练信息共享、组织指挥、协同配合、综合保障等方面内容，提高联动防范、联动处置、联动保障能力。

（区应急办）

【应急保障】 2018年，迎泽区按照市政府统一安排，完善与市政府互联互通的应急通讯网络平台，配备卫星电话，保障应急处置工作的通信需要；3月，迎泽区对辖区74处应急避险场所进行全面排查，检查发现太原师范学院、省警察学校、省广播电视学校、广电学院宿舍绿地、南内环桥立交东游园、松庄立交防护绿地、市救助管理站停车场、郝庄正街体育馆、东岗小学、并东小学、并州路小学11处场所已经搬离原址或已不存在。在剩余63处避险场所发现所标示牌、指示牌缺失、弯折、脏污等问题，针对发现的问题，区应急办向区政府打专报申请经费，对发现问题进

行全面整改，保证应急避险场所有用、能用、管用。（区应急办）

政务服务与信息化建设

【概况】 2018年，迎泽区政务服务中心全面贯彻落实中共十九大精神，深化行政审批制度改革，落实简政放权工作，全面提高行政审批效率，深入践行以人民为中心的发展思想。全年，迎泽区政务服务中心共受理行政审批及服务事项3642433件，据不完全统计，日均办件量约13955件，即办事项办结率保持100%，承诺事项按时办结率99.85%，群众满意度评价100%，未发生因违反审批行为规范而引起的投诉案件，办件数量及质量均有大幅提升。

2018年，迎泽政务服务中心荣获“山西省工人先锋号”先进集体。（侯　喆）

【政治理论学习】 2018年，迎泽区政务服务中心组织观看学习《红船精神》《十九大代表风采》《榜样——周恩来的故事》《平“语”近人——习近平总书记用典》《榜样3》等系列节目，开展学习讨论活动，坚持主题教育与业务工作相结合，开展组织生活会，将学习成效融入实际工作中，推动全中心各项工作。（侯　喆）

【“减证便民”行动】 2018年，迎泽区政务服务中心进一步精简盖章、审核、备案、确认、告知等各种繁琐环节和手续。全面摸底、核实、清理审批事项。着力推动行政审批权力运行机制有效、实用、管用，将300余项事项的912份提交材料缩减到682份，清理率达25%。重点清理行政审批办理中没有法律依据和法律授权的前置申报材料、证明材料，最大程度减少审批办理要件。砍掉各种无谓的证明和手续，彻底取缔各类“奇葩”证明，以“减证”为企业“减负”。企业注册登记窗口实现“多证合一、一照一码”改革全覆盖以来，市场主体开办环节大幅压缩，开办时间骤减。截至到三季度，工商分局实有各类市场主体64531户，同比上年增长1.80%，其中内资企业1604户，私营企业20923户，个体工商户41913户，农民专业合作社91户。2018年年底，迎泽区共有市场主体8218户，同比上年增长18.77%，其中内资企业104户，私营企业2928户，个体工商户5184户，农民专业合作社2户。

（侯　喆）

【行政审批制度改革】 2018年，迎泽区政务服务中心依法推进压缩企业开办时间工作，强化责任落实，提高服务效能。商事制度改革以来，迎泽区研究出台《迎泽区压缩企业开办时间实施方案》，坚持从实际出发，以企业和社会公众迫切希望解决的效率低、环节多、时间长等问题为重点，设立新办企业服务窗口，研发新办企业受理系统，组织工商、税务、公安、人社部门负责人，历时两周召开五场会议研究讨论，着力流程再造，深化联合审批，形成较为完备的内部流程和外部流程。9月30日，“迎泽区新办企业统一受理平台”正式上线运行，实现3个工作日内领取营业执照、1个工作日内完成公章刻制、1个工作日内办理税务登记和发票申领。2018年，新办企业服务窗口共接待群众咨询上千人次，受理新办企业35家。（侯 喆）

【投资项目承诺改革】 2018年，迎泽区政务服务中心联合发改局，组织教育局、城管局、水务局、文化局、卫计局、林业局、园林绿化局、环保分局、消防大队、国土分局等16家责任单位，召开迎泽区企业投资项目承诺制改革工作第一次协调会。根据“五统一事项办理”原则，整理太原市企业投资项目承诺制改革试点事项清单，对所涉事项的名称、阶段分类、承诺时限、前置环节、申报顺序等基本情况进行逐项明确，绘制办理流程图。对于符合条件的市场主体提供全程技术指导和政策咨询服务，促进行政审批系统与职能部门互联互通。继续以企业投资项目报建审批事项改革为突破口，建立政府靠前服务、企业信用承诺、监管约束有效的管理模式，由重事前审批转变为重事中事后监管服务，稳步推进企业承诺制改革落地，进一步助力优化营商环境，为迎泽区建设与发展提供有力支撑。（侯 喆）

【信息系统建设】 2018年，迎泽区服务群众工作信息系统共受理事项66995件，办结66990件，办结率达99.99%，涉及社保、卫计、教育、环卫、交通、民政、住房、食品药品、公安消防等19个领域。较上年同比，事项反映量上升74%。网站各大功能版块信息上传由专人进行更新维护，发布“村居公开”1179条；“民事代办”303项；“惠民政策”38条；“通知公告”5213条；群工立屏实时政策780条，便民服务信息167条，迎泽历史文化19条，迎泽之窗动态130条；基层党建“我要学”新时代新思想447篇，党章党规31条，党建动态639条，音频党课102节。截至2018年年底，共注册党员7498人，全年党员学习时长总计3118783积分，发起志愿活动448个，全区参加微心愿人数达160人，认领微心愿179条，印发群工简报46期、月通报10期。接受省市级检查指导、区县级单位参观学习、新闻媒体采访报道共计16余次。（侯 喆）

【网络建设】 2018年，迎泽区政务信息中心按照市政府关于全市直属党政、事业单位互联网门户网站后台统一改造的工作安排，完成“迎泽之窗”门户网站的数据后台的迁移和改造。按照市政府办公厅要求，完成“政务微信”的数据对接、业务开通、权限配置和数据填报。完成网络故障处理134起。协调网络建设单位对区直机关驻地的网络拓扑改造工作进行摸底和重新规划设计。联络专家组对《迎泽区中心机房级核心设备升级改造方案》进行系统论证，并提出实施意见。（王 磊）

【文明城市创建】 2018年，迎泽区政务服务中心投身到太原市文明城市的创建工作中，加大宣传力度，营造浓厚氛围，滚动播放文明规范和行业规范、刊登刊播宣传展示社会主义核心价值观、刊播“讲文明树新风”公益广告和“图说我们的价值观”通稿及公益广告，展示行业规范和创城宣传展板10余块。开展学雷锋志愿者服务宣传工作，迎泽区政务服务中心在二楼公安出入境窗口及中心办公室组建“学雷锋志愿服务工作站”，设立“文明诚信岗”“服务明星岗”“党员示范岗”等，立足中心实际情况和办事群众日常需要，展开一系列志愿服务相关工作；完善公共服务设施，大门外侧铺设无障碍通道，内侧放置残疾人爱心轮椅和地贴标志。新增群众意见箱和便民服务箱各5个，举报箱3个，各楼层卫生间都配置无障碍设施（共六组），消防设施配备齐全，消防通道畅通，各楼层都有明显消防标识，维护公共秩序，打造优质环境。（侯　喆）

便民服务

【概况】　2018年，迎泽区便民服务中心重规矩、抓规范，将常规工作做深；重实效、抓实干，将重点工作做实；重创新、抓创优，将亮点工作做精，架起区委、区政府联系群众、服务群众的“连心桥”，围绕中心工作，创新工作思路，完善工作机制，改进工作作风，提升硬件设施，优化软件环境，确保区委、区政府各项工作高效有序运转。（区便民服务中心）

【数字城乡管理】　2018年，迎泽区便民服务中心强化履职担当，推动政府工作运转顺畅。履行综合协调指挥主责。落实监察督办管理制度。加强与上级部门、各街办（镇）、责任单位的沟通协调，解释工作合理到位，有效提升各类案卷的办结率、及时率。坚持解决工作中的薄弱环节。参与修订《太原市迎泽区城乡管理工作考核办法》，根据考核办法建立日报告、周报告及年度考核制度，加大对环卫作业单位监管，提高城乡管理水平。服务全区大局，履行参谋助手职能。

2018年，迎泽区数字化城乡管理信息系统共受理案卷70579件，结案率、按期结案率、一次完成率均在98%以上；巡查督办现场核查、督办问题362个，有效提高中心派单准确率。（区便民服务中心）

【短信通报制度】　2018年，迎泽区便民服务中心坚持短信通报制度，对日常工作中存在的难以解决问题上报分管副区长、区城管局局长及相关单位主要领导，避免文字上报领导周期长的问题，保证各类问题案卷得以有效、及时处置；每日将数字城管返工案卷、延时案卷和未办结等案卷以短信形式上报分管副区长、区城管局局长，并全区通报，同时向责任单位下发《督办单》，要求其分析返工原因，提出整改意见；每周将数字城管未办结案卷填写《督办单》，下发至责任单位，要求及时处理，做好长效管理，并安排工作人员跟踪督办，同时将工作情况及责任单位处置情况每日、每周上报分管副区长、城管局局长。

（区便民服务中心）

【协调机制建立】 2018年，迎泽区便民服务中心与迎泽区创城办建立沟通协调机制，及时掌握创城各阶段行动部署和工作要求，更高效、更准确的派遣、协调处置各类问题，减少推诿扯皮现象；实现区便民服务中心派遣的案卷未按标准和要求处置的，由区创城办进行督查督办，推动迎泽区创建工作全面达标。

（区便民服务中心）

【便民服务热线】 2018年，迎泽区“12345”便民服务热线工作坚持全心全意为人民服务的宗旨，树立“群众利益无小事”的观念，不断创新工作方法，强化考核机制，加大督办力度，抓热点、解疑点、破难点，真心实意地帮助群众排忧解难，解决一大批群众关心的实际问题。

2018年，区便民服务中心共受理市“12345”热线办派发工单11878个，办结11760件，办结率99%。在月满意度调查中，8个月的满意度调查六城区排名第一的有6个月。10月底11月初，市“12345”热线端口切换并启用新派单系统后，工单量激增，仅11月一个月就受理2052件，较之前呈近三倍增长态势，日均答复量为200余件。全年共下发督办单362件。 （区便民服务中心）

【服务热线整合】 根据《太原市人民政府办公厅关于整合全市公共服务热线的通知》要求，2018年，区便民服务中心配合市政府热线整合工作，通过内网发布《关于对全区公共服务热线电话进行摸底的通知》，对全区63个部门公共服务热线开通及运行情况进行调查摸底，并登记备案。中心利用成熟并运转的“我的工作台”系统，与市政府“12345”热线进行对接，由单一传真、邮件的转办形式，转换为延伸系统至三级平台，提升工作效率，方便统计分析。

（区便民服务中心）

【服务流程优化】 2018年，迎泽区便民服务中心各承办单位从力求为群众解决问题的角度，完善答复，解决彻底，让不满意工单量下降。实行案卷回访制，工作人员对受理的每一个案卷进行回访，并填写回访情况表，了解群众诉求，全方位帮助群众解决困难。

催办、督办相结合。在工单量激增的情况下，降低延时率成为此项工作的重难点问题，中心按照“12345”工作的办结周期，每日对即将超时单据进行催单，每周总结超时回复及答复退回情况，有针对性地下发督办单，督促责任部门及时、高效办理。提高承办人员的荣誉感、使命感和成就感，提高群众和社会对“热线”工作的认同感与支持度。开展办件分析，把握民情民意，当好参谋助手。认真做好来电事项的整理、分析和归档工作，定期对市民投诉热点和办理情况进行综合分析，体现在月通报中，及时向网委区政府有关领导反馈社情、舆情和民生诉求。

重、难点问题处置实行共性问题上报领导与多发问题专项办理相结合。针对处置中存在共性问题案卷，形成专报上报分管副区长，详细说明如违法建设、私设停车场、老旧居民楼等问题的处置困难、瓶颈及存在问题，得到各级领导批示后，立即执行，提高单据的办结率；针对群众反映强烈且次数较多的问题，中心集中统计专项办理，要求处置部门讲求时效，回复叙述完整，处置过程清晰，结果整理后统一提交，提升同类、同一问题的处置效率。

安全隐患及突发事件实实行书面报告与短信报告相结合。为了弥补文字报告周期长的不足，坚持短信报告制度。通报突发事件和安全隐患问题，利用中心同时还承担区委、区政府总值班室工作这个优势，在“12345”单据涉及突发事件或存在安全隐患时，除按“12345”工作流程及时派单外，还同时将问题发短信至各处置单位党政、分管领导及区委、区政府主要领导，使此类问题在第一时间得到有效处置。对工作中推诿扯皮或处理难度较大，经过多次协调仍无进展的问题，由中心以短信形式报告相关单位主要领导，如仍无法解决，形成情况说明书面报告分管副区长，领导批示后，立即安排部门处置。

（区便民服务中心）

【岗位结构优化】 2018 年，迎泽区便民服务中心改变之前“12345”岗位所有人员混合工作的形式，对工作人员进行分组，明确各自工作职责。根据“12345”工作性质及考核标准，将人员分为 3 个组，分别为受理派单组、协调提交组、回访复核组，分工明确，提高工作人员责任心，符合考核标准，有利于提升市民满意度及部门回复率。

（区便民服务中心）

【专业队伍建设】 2018 年，迎泽区便民服务中心苦练内功，坚持业务培训不放松、坚持日常考核不放松、坚持轮讲活动不放松。每周召开工作例会，总结一周工作情况及遇到的热点、难点问题，并进行分析，对工作中存在的不足进行改进；根据工作内容的增加与调整，中心不断完善各项规章制度，重新修订了工作职责、管理制度以及工作人员考核办法，奖优罚劣，扩大奖励范围，激发大家的工作积极性，形成良性竞争；在中心例会上，每名工作人员选取和日常工作联系密切且个人擅长的内容，轮流讲授，内容涉及法律知识、公文写作、工作礼仪、职场健康等。

（区便民服务中心）

【保密意识强化】 迎泽区便民服务中心承担着区委、区政府值班工作，经常接到市委市政府发来的传真，上有各级领导批示，在受理信访事件时，也会涉及个人详细身份信息。2018 年，为防止发生泄密事件，明确规定，不得通过拍照、抄写、复印、微信等形式，外泄各类相关信息。

（区便民服务中心）

【三级平台管理】 2018 年，迎泽区便民服务中心制定《迎泽区街办（镇）城管中心工作人员日常管理办法》，对三级平台工作人员工资、考勤、工作职责、请销假等方面实行统一标准，奖罚分明，有效规范三级平台工作人员工作制度，有利于提升工作能力；

每月召开三级平台工作例会，各平台负责人及承办人参会，通过例会，对日常工作中存在的问题和难题进行分析、解决，缩短、简化沟通过程，提升工作效率。

（迎泽区便民服务中心）

政府采购

【概况】　2018年，迎泽区政府采购中心在指定网站及时向社会公布招标公告、评标结果，利用区政府门户网站，发布与政府采购有关国家、省、市文件和各项规章制度。加大对协议供货商的管理，督促其定期在网上更新价格、参数和型号，确保招投标、协议供货等采购信息的真实、准确、可靠。

2018年，迎泽区政府采购中心共完成货物类协议采购270批次，采购金额541万元，较采购预算566万元，节约资金25万元，节约率4.42%。

（区政府采购中心）

【项目招标采购】　2018年，迎泽区政府采购中心围绕“依法采购、优质服务、规范操作、廉洁高效”的服务宗旨和“重规范、重服务、重效率”的工作思路，按照“规范采购行为，提高政府财政资金效益，促进廉政建设”的目标要求，通过公开招标、竞争性谈判、询价等方式，完成招标项目采购120批次，涉及货物、工程、服务三大类采购项目，中标金额11626万元，较采购预算12167万元，节约资金541万元，节约率4.45%。

公开招标55批次，其中有22批次为招入围单位，中标金额8303万元，较采购预算8675万元，节约资金372万元，节约率4.29%；

竞争性谈判招标12批次，中标金额429万元，较采购预算455万元，节约资金26万元，节约率5.71%；

竞争性磋商招标42批次，中标金额1663万元，较采购预算1721万元，节约资金58万元，节约率3.37%；

邀请招标2批次，中标金额283万元，较采购预算312万元，节约资金29万元，节约率9.29%；

单一来源招标9批次，其中有1个批次招每立方米单价，中标金额948万元，较采购预算1004万元，节约资金56万元，节约率5.58%。

（区政府采购中心）

中国人民政治协商会议迎泽区委员会

Yingze District Committee of Chinese People´s Political Consultative Conference

综　述

【概况】　2018年，政协迎泽区委员会（以下简称区政协）坚持以马克思列宁主义、毛泽东思想、邓小平理论、“三个代表”重要思想、科学发展观、习近平新时代中国特色社会主义思想为指导，学习贯彻习近平总书记系列重要讲话精神，把握团结和民主两大主题，围绕转型跨越发展战略，团结带领广大委员及各党派团体、各族各界人士，履行职能，发挥协调关系、汇聚力量、建言献策、服务大局的作用，为促进迎泽区经济社会发展做出积极贡献。

坚持党的领导，政治协商有序进行。区政协自觉接受区委的领导，推进政协履行职能规范化、制度化建设，形成全体会议总体协商，常委会议重点协商，主席会议经常协商，专委会议对口协商的政治协商格局。激发委员参政议政的热情，促进区委、区政府决策的民主化、科学化，凝聚各方智慧和力量，夯实人民政协各党派团体、各族各界人士团结合作的共同思想基础。

注重实效，民主监督稳步推进。区政协探索民主监督的新形式，通过开展系列活动增强民主监督的成效，构建区委重视、政府支持、政协主动、部门欢迎、委员踊跃、群众满意的民主监督体系。

服务大局，参政议政富有成效。围绕区委、区政府中心工作，广泛征集提案和社情民意，开展视察调研活动，为推动科学发展建睿智之言、献务实之策。加大提案办理力度，提高提案工作质量。创新提案办理工作机制，建立健全质量型提案产生机制、落实型提案办理机制和效能型提案督办机制。

弘扬主题，营造民主和谐氛围。弘扬团结和民主两大主题，发挥政协组织联系广泛的优势，在营造民主团结、和衷共济的和谐氛围中发挥积极作用。密切联系各界人士，加强与各界人士的紧密联系，邀请各界代表参加迎春电影招待会和各种联谊活动，通报情况，倾听意见，引导各界人士在促进和谐社会建设、维护社会稳定中发挥积极作用。

2018年，区政协工作机构由政协办公室，提案、社情民意委员会，经济、科技委员会，教文卫体委员会，街道、镇与法制委员会，学习、文史与民族宗教委员会组成。

（区政协办）

【慈善公益活动】 2018年1月26日，区政协、区工商联和太原市心予社区服务中心共同举行“关爱特殊儿童、同画新春梦想”的关爱自闭症儿童慈善公益活动。通过区慈善会的捐助平台，为接受康复治疗的孩子们募集捐款近14万元。（区政协办）

【区政协五届三次会议提案交办会】 2018年5月8日，区政协五届三次会议提案交办会在山西饭店举行，区政协主席张志勤、副主席王晓燕以及区委常委、副区长王国栋参加，全区30余家单位参加提案交办会，涉及委员提案166件。 （区政协办）

【慰问困难儿童家庭】 2018年5月31日，区政协组织部分委员和机关干部，与共青团区委、区民政局一同前往柳巷街道办事处起凤街社区开展“童心向党、快乐六一”慰问困难家庭儿童活动，为30名困难家庭儿童送去节日的关爱和祝福，并向他们送去书包和学习用品以资鼓励。

（区政协办）

【学习专题动员会】 2018年6月5日，区政协组织召开迎泽区政协开展习近平总书记加强和改进人民政协工作重要思想的学习研讨专题动员会，并对学习研讨活动进行详细的安排和部署。 （区政协办）

【提案督办】 2018年6月13日，区政协主席张志勤，副主席赵利军、王晓燕以及部分委员一行到迎泽区政务服务中心进行提案办理现场督办活动，区政务服务中心主任李军对政务服务中心进行介绍并对提案督办工作进行汇报，委员们就改善政务服务、优化营商环境等方面进行交流和座谈，并提出宝贵意见和建议。

6月26日，区政协副主席王晓燕、裴存锁带队与部分委员到庙前地区重点督办《高度关注老旧小区消防安全管理，切实提高人民群众安全幸福指数》提案办理情况，通过实地查看、座谈会的形式就重点提案督办工作及效果进行调研。

7月3日，张志勤带队，与部分政协委员先后到桃园小学、36中，就“关于加强中小学生心理健康教育”进行重点提案督办，并座谈探讨加强中小学生心理健康教育的有效途径和措施等。

8月6日，张志勤、王晓燕、裴存锁等先后到迎泽区三虎烟酒行和中泰广场，现场督办“关于大力促进迎泽区招商引资和项目建设”的重点提案。 （区政协办）

【考察调研】 2018年8月24日，张志勤、裴存锁带领部分委员对迎泽区扫黑除恶专项斗争工作进行考察，参观公安迎泽分局的警营文化建设情况和省督专案成果展览。

9月12日，区政协副主席王素云带领部分委员到迎泽区非物质文化遗产保护场所进行考察调研。

9月18日，区政协主席张志勤，副主

席赵利军、王晓燕，区农委主任陈勇兵等到郝庄镇就东山美丽乡村建设进行考察调研，在董家庄村、小山沟村，实地查看“森栖谷”文化产业园项目建设和台骀山“滑世界”农林生态游乐园建设情况，了解项目发展情况，并就美丽乡村如何发展进行交流座谈。（区政协办）

【精准扶贫】 2018年9月27日，张志勤、王晓燕等到娄烦县静游镇，对攻坚深度扶贫工作进行考察。听取该镇脱贫攻坚工作的整体情况，前往新庄村现代农业园区、曼咀岩村蔬菜种植基地进行实地查看调研。区政府副区长岳旭强、区农委主任陈勇兵陪同前往视察。（区政协办）

【政协委员书画展】 2018年10月18日，迎泽区政协“庆祝改革开放40周年暨迎泽区建区20周年政协委员书画展”在省民俗博物馆举行，市政协副主席陈远新，区委副书记、区长李慧，区政协主席张志勤以及区政府、区人大等单位的主要领导参观展览。书画展共展出迎泽区政协委员书画篆刻作品62幅，展期为一个月。（区政协办）

【民营企业界委员座谈会】 2018年11月6日，迎泽区政协组织召开民营企业界委员学习贯彻“习近平总书记在民营企业座谈会上重要讲话”精神座谈会，张志勤主持并讲话，区委常委、常务副区长王国栋，区委常委、统战部长闫晓琴参加会议。17位民营企业界的委员参加座谈会，张志勤做总结发言，希望广大民营企业家认真学习领会精神，把握历史机遇，走向更加广阔的舞台。（区政协办）

【区政协党组（扩大）会议】 2018年11月13日召开，区政协党组成员、机关党员及部分党员委员参加会议，会上传达学习《关于加强新时代人民政协党的建设工作的若干意见》的主要内容，学习省委十一届六次全会和市委十一届五次全会精神。张志勤强调此次党组会的重要性，要求在座的各位党员认真学习并抓好贯彻落实。

（区政协办）

【履职考核】 2018年12月19日至25日，区政协以各专委会为单位，先后5次分别对委员们进行考核。委员们围绕自己的履职情况，填写《委员履职表》，部分委员在考核大会上宣读考核报告。通过履职考核，加强对委员管理，促使履行政协委员的职能，发挥委员作用。（区政协办）

全体委员会议

【政协迎泽区第五届委员会第三次会议】 2018年3月19日至22日举行。中共迎泽区委、区人大、区政府等领导同志出席会议，区委书记冯原平讲话。会议围绕建设高质量的省城首善之区发展目标，就转型项目建设年、社会矛盾化解年、作风建设提升年和深化城市管理全面提升行动等重要内容深入协商讨论，积极建言献策。会议听取并赞同区长李慧所作的政府工作报告，赞同区人民法院工作报告、区人民检察院工作报告以及其他报告。会议批准张志勤代表政协第五届迎泽区委员会常务委员会所作的工作报告，批准王晓燕代表政协第五届迎泽区委员会常务委员会所作的提案工作报告。会议在民主协商的基础上，选举产生政协第五届迎泽区委员会秘书长。

会议认为，五届二次会议以来，在中共迎泽区委的正确领导下，区政协深入学习领会中共十九大精神和习近平新时代中国特色社会主义思想，积极贯彻落实习近平总书记视察山西重要讲话精神，全面落实区委各项决策部署，坚持团结和民主两大主题，围绕中心，服务大局，团结社会各界力量，认真履行职责，推进工作创新，加强自身建设，为建设省城首善之区作出了积极贡献。

会议强调，2018 年是贯彻中共十九大精神的开局之年，是改革开放 40 周年，是决胜全面建成小康社会、实施“十三五”规划承前启后的关键一年。在新的一年里，区政协要围绕中共迎泽区委五届三次党代会的总体思路和工作重点，坚持中国共产党的全面领导，坚持稳中求进工作总基调，坚持新发展理念，认真履行政治协商、民主监督、参政议政职能，充分发挥协调关系、汇聚力量、建言献策、服务大局的作用，为把迎泽建设成高质量的省城首善之区贡献新的力量。

会议号召，政协各参加单位和全体政协委员，要紧密团结在以习近平为核心的中共中央周围，在中共迎泽区委的坚强领导下，努力开创迎泽政协事业新局面，谱写迎泽发展新篇章作出新的更大的贡献。

（区政协办）

常务委员会议

【政协迎泽区五届十次常委会议】 2018 年 1 月 10 日召开。会议应到常委 40 人，实到 30 人。20 位委员应邀列席会议。会议由区政协主席张志勤主持。

会议主要有六项议程：听取区委办公室主任曹炬作中共太原市迎泽区委 2017 年工作情况通报；听取副区长薛凯作太原市迎泽区人民政府 2017 年工作情况通报；听取法院代院长田志勇通报迎泽区人民法院 2017 年工作情况；听取检察院检察长陈加林通报迎泽区人民检察院 2017 年工作情况；听取区政府办公室副主任王新涛通报政协五届二次会议以来区政府提案办理情况；举行健康教育知识讲座，由黄立坤教授讲解。（区政协办）

【政协迎泽区五届十一次常委会议】 2018 年 3 月 14 日召开。会议应到常委 40 人，实到 28 人。会议由张志勤主持。

会议主要有三项议程：协商讨论通过五届三次会议有关事宜；协商讨论通过区政协常委会工作报告（草案）、提案工作报告（草案）和政府工作报告。讨论表彰有关事项，同意表彰优秀政协委员，优秀社情民意信息和先进个人，优秀提案、办理提案先进单位和先进工作者的决定。（区政协办）

【政协迎泽区五届十二次常委会议】 2018年3月20日召开。会议应到常委40人，实到30人。会议由张志勤主持。

会议有两项议程：听取各组对政协常委会工作报告、提案工作报告和领导讲话的讨论情况汇报；协商讨论区政协五届三次会议有关决议（草案）。（区政协办）

【政协迎泽区五届十三次常委会议】 2018年3月21日召开。会议应到常委40人，实到31人。会议由张志勤主持。

会议有五项议程：听取各组对迎泽区政府工作报告及其他报告的讨论情况汇报；协商讨论政协第五届迎泽区委员会秘书长选举办法（草案）；区委组织部副部长齐洁作关于政协第五届迎泽区委员会秘书长候选人建议名单说明；协商讨论政协第五届迎泽区委员会秘书长候选人建议名单；协商讨论总监票人、监票人、总计票人建议名单。（区政协办）

【政协迎泽区五届十四次常委会议】 2018年3月22日召开。会议应到常委40人，实到33人。会议由张志勤主持。

会议有五项议程：听取各组讨论情况汇报；讨论政协第五届迎泽区委员会秘书长选举办法（草案）；审议通过区政协第五届迎泽区委员会秘书长候选人建议名单；审议总监票人、监票人、总计票人建议名单；听取各组对政协五届三次会议政治决议（草案）和其他有关决议（草案）的讨论情况汇报。（区政协办）

【政协迎泽区五届十五次常委会议】 2018年3月22日召开。会议应到常委40人，实到34人。会议由张志勤主持。

会议听取大会总监票人、总计票人关于选举结果的报告，大会发出选票179张，收到选票179张，吴鹏得票179张。会议通过吴鹏当选区政协第五届迎泽区委员会秘书长职务。（区政协办）

【政协迎泽区五届十六次常委会议】 2018年5月16日召开。会议应到常委40人，实到27人。20位委员应邀列席会议。会议由张志勤主持。

会议讨论区政协五届常委会2018年工作要点，讨论区政协五届常委会2018年度协商计划，讨论通过关于设立政协委员工作室的实施意见。（区政协办）

【政协迎泽区五届十七次常委会议】 2018年11月13日召开。会议应到常委40人，实到27人。20位委员应邀列席会议。会议由张志勤主持。

会议有四项议程：传达市政协主席张明星向市委书记罗清宇汇报参加习近平总书记关于加强和改进人民政协工作的重要思想理论研讨会精神；传达区政协开展学习习近平总书记关于加强和改进人民政协工作的重要思想学习研讨情况通报；传达迎泽区政协全面落实《关于对全省转型项目建设年和全省攻坚深度贫困落实情况进行专项联动视察监督的通知》的情况通报；各专委会通报2018年以来开展考察调研情况。（区政协办）

纪检　监察

Discipline Inspection　Supervision

【概况】　中共太原市迎泽区纪律检查委员会（简称区纪委），由中共太原市迎泽区代表大会选举产生，是党内监督专责机关；太原市迎泽区监察委员会（简称区监委），由太原市迎泽区人民代表大会产生，是行使国家监察职能的专责机关。区纪委与区监委合署办公，实行一套工作机构、两个机关名称，履行党的纪律检查和国家监察两项职责；区纪委在区委和市纪委的双重领导下进行工作。区监委工作受市监委的领导，对区人民代表大会及其常务委员会和市监委负责，并接受其监督。

2018 年，迎泽区纪委监委机关行政编制为 48 名（不含巡察机构编制），正科级。区纪委设书记 1 名、副书记 2 名、常委 4 名。区监委设主任 1 名（由区纪委书记兼任）、副主任 2 名（由区纪委副书记兼任）、委员 4 名（其中 2 名由区纪委常委兼任）。

区纪委监委机关内设机构 12 个，副科级。分别是：办公室、党风政风监督室、信访室、案件监督管理室、第一监督检查室、第二监督检查室、第一至第五审查调查室、案件审理室。按照有关规定配备非领导职数。核定工勤编制 3 名，使用事业编制。

区纪委监委设综合派驻纪检监察组 5 个，为区纪委监委派出机构，副科级。核定行政编制 10 名，事业编制 10 名（此编制划转至区纪委监委纪检监察宣教网络中心）。每组设组长 1 名，副科级纪检监察专员 1 名，工作人员 2 名（使用财政拨款事业编制）。单独设置区纪委监委派驻区人民法院纪检监察组、派驻区人民检察院纪检监察组，保持原有机构建制不变。每组编制 3 名，设组长 1 名，使用派驻机构单位政法专项编制。

中共太原市迎泽区委巡察工作领导小组办公室（简称区委巡察办）作为中共太原市迎泽区委巡察工作领导小组的办事机构，承担中共太原市迎泽区委巡察工作领导小组的日常工作，为正科级，作为区委工作机关，设在区纪委。设立中共太原市迎泽区委巡察组 4 个，在区委巡察工作领导小组领导下承担具体巡察任务。区委巡察办行政编制5名，设主任1名，副主任1名，工作人员3名。区委巡察组行政编制8名，核定副科级巡察专员4名，专职巡察干部4名。（区纪检委）

【纪委五届三次全会】 2018年2月12日，迎泽区纪委召开五届三次全会，区纪委常委会主持会议。区委常委、纪委书记马子龙代表区纪委常委会作题为《不松劲、不停步、再出发，以永远在路上的执着把全面从严治党引向深入》的工作报告。会议总结2017年全区党风廉政建设和反腐败工作，研究部署2018年工作任务。会议审议通过工作报告和工作决议。确定全区纪检监察工作的总体思路。

（区纪检委）

【政治建设】 2018年，迎泽区纪委监委以政治建设为统领，教育引导党员干部牢固树牢“四个意识”，坚定“四个自信”，坚决做到“两个维护”。参加省、市纪委监委组织的业务培训，先后组织18名业务骨干到市纪委监委案件审查调查业务科室进行跟班学习；组织开展理论学习讨论34次，购置各类理论和专业学习书籍人均24册，提高纪检监察干部的专业知识及业务能力。（区纪检委）

【党风廉政建设】 2018年，迎泽区纪委监委履行从严治党“两个”责任。贯彻落实党风廉政建设责任制，党委负主体责任，纪委负监督责任。区委常委会议35次专题研究党风廉政建设和反腐败工作，分析研判全区政治生态状况，制定出台《关于对落实全面从严治党“两个责任”情况开展自查自纠工作的通知》《迎泽区委关于开展民生领域腐败和不正之风专项整治的实施方案》《关于印发〈中共太原市迎泽区委巡视巡察整改任务清单〉的通知》等文件。落实党（工）委书记履行全面从严治党“两个责任”述职制度，把党风廉政建设工作纳入区委综合考核重要内容。区委书记和书记专题会议多次听取线索处置、案件审理和巡察报告，听取重大案件情况报告，对党风廉政建设和反腐败工作批示30件，审批区管干部违纪案件10件，对全区67名干部进行约谈。

加强党对反腐败工作统一领导。成立以区委书记为组长的反腐败领导小组，3次召开专题会议，研究制定《反腐败领导小组工作规则》《反腐败领导小组办公室工作规则》一系列规章制度，加强与公检法司的沟通协调，增强反腐败斗争合力。区纪委监委对涉及重大复杂案件，对区管干部进行初核、决定立案和采取留置措施等重大事项做到及时向区委请示报告，全年共向区委呈送专报27次。

2018年，迎泽区纪委监委开展“作风建设提升年”活动。制定《迎泽区“作风建设提升年”工作实施方案》，重点解决六大类突出问题。

紧盯重要节点持续纠正“四风”。在元旦、春节、中秋、国庆等重要节假日期间，区纪委监委通过明查暗访、交叉检查等方式出动人员1054余人次，检查282家单位，发现问题线索27条。全年共有8个单位因作风纪律问题被全区通报，6名党员干部因“四风”问题和违反中央八项规定精神受到党纪政务处分和通报批评。“迎泽区礼金红包上交专户”收缴违纪金额达57.31万元。（区纪检委）

【巡察监督】 2018年，迎泽区纪委监委统筹联动安排部署，开展第四轮巡察，对教育局及下属5个单位、43所学校进行巡察，对区卫计局及下属5个单位、15所医院进行“回头看”，巡察共发现问题140条，确定问题线索11条。推进第五轮巡察工作，对区档案局、老干局等13个单位进行常规巡察；对郝庄镇进行“回头看”；对郝庄镇所辖28个村、6个社区延伸，进行以扫黑除恶专项斗争、民生领域腐败问题和不正之风为重点的专项巡察。第五轮巡察共发现问题244条，确定问题线索30条。

年初对全区20个单位巡察整改自行“回头看”情况进行监督检查，发现问题线索5条，问责2人，下发纪律检查建议书7份。全年被巡察单位召开党组织专题会议研究巡察整改工作22次，研究制定整改措施117项，制定完善规章制度41项，开展专项治理4次，领导班子召开专题民主生活会2次，初步彰显巡察震慑、遏制和治本作用，提高巡察监督质量和水平。（区纪检委）

【专项督查】 2018年，迎泽区纪委监委开展民生领域腐败和不正之风专项整治。确定征地拆迁、惠民政策、生态环保、民生资金四个方面为整治重点，成立四个专项治理监督检查小组，对涉及民生的住建、环保、民政等相关部门及街镇进行全面监督检查，共发现涉及民生领域腐败问题线索60余条，相关问题及有关涉案人员均受到党纪政务处分或问责处理。

制定《迎泽区整治形式主义官僚主义工作方案》，把形式主义、官僚主义问题作为监督重点，对问题集中的地区、部门和单位开展专项督导，抓住典型、严肃问责。全区70个部门按要求制定问题清单、责任清单和整改清单，全年共查处形式主义、官僚主义问题22件，处理22人。

（区纪检委）

【“四种形态”运用】 2018年，迎泽区纪委监委履行监督首要职责，强化对党员和公职人员的日常监督管理。坚持惩前毖后、治病救人，坚持抓早抓小、防微杜渐，提高谈话函询质量，在用好第一种形态上下功夫。2018年，全区各级纪检监察机关运用“四种形态”处理288人次，同比增长32.72%。其中第一种形态202人次，占比70.14%，同比增长38.36%；第二种形态71人次，占比24.65%，同比增长16.39%；第三种形态4人次，占比1.39%，同比下降20%；第四种形态处理11人次，占比3.82%，同比增长120%。

迎泽区纪委监委坚持重遏制、强高压、长震慑，始终保持反腐高压态势。2018年全区纪检监察机关共立案98件、结案92件、处分80人、留置2人、移送司法机关5人。立案、结案、处分、移送司法机关人数同比分别增长42.03%、41.54%、17.65%、400%。（区纪检委）

【监督监察】 2018年，迎泽区纪委监委对全区5483名监察对象全部建立电子信息廉政档案，实现监督监察对象全覆盖。推进街镇监督监察不断向村居延伸，探索对村居管理事权进行梳理，明确112名社区纪检委员和114名村务监督员职责，加强监督力量，填补监督空白。各街镇纪检监察机构共处置问题线索74件，谈话函询10件，立案39件，党纪政务处分33人。准确把握《关于深化中央纪委国家监委派驻机构改革的意见》精神，创新建立工作月报制度，提高派驻监督全覆盖质量。全区派驻纪检监察组共会同驻在单位专题研究党风廉政建设和反腐败工作31次，开展监督检查600余次，处置问题线索49件，谈话函询20件，立案18件，党纪政务处分15人。全区街镇和派驻纪检监察机构立案数均达到省、市纪委“破零”要求。（区纪检委）

【机制建设】 2018年，区纪委监委强化内控机制建设，履行好监督执纪问责和监督调查处置双重职责。制定《迎泽区纪委监委执纪监督监察工作办法》，配套区纪委监委和街镇纪（工）委执纪监督监察两个工作流程、区纪委监委核查审查调查工作机制，完善监督检查、审查调查、案件监督管理、案件审理相互协调、相互制约的工作机制。统筹运用纪法“两把尺子”，把执纪和执法贯通起来，建立案件审理和检察院案件审查提前介入机制，建立区纪委监委与公安迎泽分局案件线索双项移送机制和联合调查机制，建立区监委与司法机关对有关职务违法和职务犯罪案件联合研判机制。全要素使用监察法授权的12项调查措施，搜查、扣押、留置等措施均实现突破，全年共使用审查调查措施497人次。（区纪检委）

【信访工作】 2018年，迎泽区纪委监委共接收各级各类信访举报399件（次），同比上升102%。其中受理检控类信访举报324件，同比上升113%。受理的324件举报件中，重复举报135件，同比上升125%，初次举报189件，同比上升105%。2018年3月28日以来，中央第十五巡视组交办问题共计6批82件，其中初次举报39件，重复举报43件。初次举报39件问题线索中，办结31件，在办8件，全部立案。（区纪检委）

【扫黑除恶】 2018年，迎泽区纪委监委深挖彻查涉黑涉恶腐败和“保护伞”。加大扫黑除恶和严惩涉黑涉恶腐败宣传力度，成立专项领导小组，建立专项台账，对2014年以来涉黑涉恶问题进行全面起底，进行问题线索分析汇总，召开扫黑除恶专题会议对问题线索进行研判。共处置涉黑涉恶及“保护伞”问题线索63件。

（区纪检委）

迎泽区总工会

【概况】 2018 年，迎泽区总工会内设办公室、职工服务中心。行政编制 4 人，实际在职 5 人；工勤编制 1 人，实际在职 1 人；离退休人员 8 人。

2018 年，迎泽区总工会坚持以习近平新时代中国特色社会主义思想、中共十九大精神统揽全局，学习宣传贯彻中国工会十七大精神，坚持以增强工会组织凝聚力战斗力为目标，以构建和谐劳动关系为主线，以强化维权帮扶为重点，推进改革发展实践，推动各项工作迈上新台阶。新组建工会 48 家，新发展会员 2153 人，其中农民工 552 人；广泛选树典型发挥引领作用，选树“山西省工人先锋号”1 家、“山西省五一劳动奖章”1 名、“时代新人·晋阳工匠”1 名、“维护职工合法权益卫士”2 名；持续做好解困脱困工作，开展“送温暖”“情系职工、清凉一夏”“金秋助学”活动， 2018 年底全区困难职工脱困至 106 名，超额完成解困脱困年度目标任务；继续开展女职工特病保险工作，全区 2467 名女职工参保 3473 份，投保金额达 69460 元；组织实施第十四期职工医疗互助工程，新建设迎泽区、区纪委监委、开发公司 3 处职工活动中心。

2018 年，迎泽区总工会荣获太原市“巾帼建新功 共筑中国梦”演讲比赛优秀组织奖、太原市母婴安全知识技能竞赛优秀组织奖、2017—2018 年度山西省“安康杯”竞赛优秀组织单位。 （孟秀丽）

【工会改革】 2018 年，迎泽区总工会围绕增“三性”、去“四化”、强基层、促创新的改革总体思路，成立改革领导小组，制定工作方案，细化工作进度，加强责任落实，强力攻坚，推进完成改革任务。迎泽区困难职工帮扶中心转型为职工服务中心，克服地处中心城区选址难问题，因地制宜加强规范化建设，延伸帮扶功能，拓展服务领域，全力打造出一个优质服务、依法维权、务实高效的“一站式”办公、多元化服务的平台；完善职工维权机制，建立法律顾问制度；健全工会经费对下补助机制，全年为各直属工会下拨补助经费200余万元；新建设迎泽区、区纪委监委、开发公司3处职工活动中心；筹建桥东地区职工书屋。（孟秀丽）

【解困脱困】 2018年，迎泽区总工会开展“送温暖”活动，对299名困难职工开展帮扶救助、对困难企业太原并州旅馆送去慰问资金5万元、援助新疆五家渠市103团工会经费5万元；在“情系职工、清凉一夏”活动中，为区环卫队送去慰问资金5万元，为区执法分局送去慰问资金9万元；为交警一大队、公安、迎泽消防大队、区综合应急队送去绿豆、冰糖等解暑防暑物品1000余份；在“金秋助学”活动中，资助10名困难职工子女助学金95000元。组织实施第十四期职工医疗互助工程，8787名职工缴纳互助金316332元，120名患病职工领取互助金189601元。截至2018年年底，全区困难职工脱困至106名，超额完成年度目标任务。接受全国总工会对迎泽区困难职工解困脱困工作开展情况的检查。（孟秀丽）

【建会入会】 2018年，迎泽区总工会推进建会入会工作，以地税代征工会经费数据为依据，以农民工集中的群体为重点，加大工会组建力度，新组建工会48家，新发展会员2153人，其中农民工552人。

（孟秀丽）

【“会站家”建设】 “会站家”一体化建设指把组建工会、创办职工帮扶服务站、建设“职工之家”统一起来，为职工提供服务。2018年，迎泽区总工会持续推动开展“会站家”一体化建设和“强基层、补短板、增活力”行动，为全面提升工会工作水平提供组织保障。2018年选树迎泽区老军营街道总工会、桥东街道总工会和太原来福实业集团工会3个“会站家”一体化建设示范点，接受市总工会组织部检查督导，被列为太原市“会站家”一体化建设试点单位。（孟秀丽）

【民主管理】 2018年，迎泽区总工会推进厂务公开民主管理工作。完善制定有关厂务公开、职代会制度的实施意见、办法等，下发《迎泽区总工会关于进一步加强规范和落实职工（代表）大会报告制度的通知》。接受全省关于厂务公开民主管理工作开展情况交叉检查。（孟秀丽）

【劳动竞赛】 2018年，迎泽区总工会弘扬劳动精神、劳模精神、工匠精神，开展劳动竞赛活动，激发全区广大职工劳动热情和创造活力。继续深入开展“五小”竞赛活动，选送12项创新成果参评；5月份开展“迎泽区第一届职工职业技能大赛护士岗位技能竞赛”，81名护理人员参加竞赛；7月份举办“迎泽区母婴安全知识技能竞赛”，全区14所医疗保健助产机构100余名产科医务人员参加竞赛，荣获“太原市母婴安全知识技能竞赛优秀组织奖”。

（孟秀丽）

【工资集体协商】 2018年，迎泽区总工会开展第十七次“工资集体协商月”活动，促进劳动关系和谐稳定。加大集体协商培训力度，丰富要约形式，完善要约制度，以提质增效为重点，全力推动活动开展。共签订综合集体合同和工资专项集体合同427份，覆盖企业3785个，覆盖职工28594人。 （孟秀丽）

【劳动保护】 2018年，迎泽区总工会开展以“落实全员安全责任 促进企业安全发展”为主题的“安康杯”竞赛活动。在迎泽区2018年“安全生产月”咨询日活动中，发放各类宣传资料，组织职工开展应急处置、避险、自救互救等技能演练活动，营造浓厚的安全生产教育氛围；6月18日起开展为期三周的“安全生产知识竞赛活动”，全区38个单位，2000余名职工参加竞答；8月1日至2日举办以“学好安全知识 推进安全发展”为主题的安全知识竞赛活动，14支代表队参加竞赛。被山西省总工会授予“安康杯”竞赛优秀组织单位。 （孟秀丽）

【女职工工作】 2018年，迎泽区总工会开展纪念“三八”国际劳动妇女节“巾帼建新功，共筑中国梦”主题系列活动和“女职工维权行动月”活动；组织参加“巾帼建新功，共筑中国梦”演讲比赛，2名女职工参加比赛并获得二等奖，区总女职工委员会荣获优秀组织奖；9月18日在时代新人工作站开展“2018年度女性健康关爱课堂”活动，提高女职工对“宫颈健康”知晓率；继续开展女职工特病保险工作，着力扩大保险覆盖面，全区2467名女职工参保3473份，投保金额达69460元。 （孟秀丽）

【选树典型】 2018年，迎泽区政务服务中心被评选为“山西省工人先锋号”，太原市第37中校长李文被授予“山西省五一劳动奖章”，苏永军被评为“时代新人·晋阳工匠”，赵志峰和乔守忠被评为“维护职工合法权益卫士”。 （孟秀丽）

【文明创建】 2018年，迎泽区总工会完成创城指挥部下达的各项指标任务。主动与新建路二社区和并州路三社区开展结对帮扶共建活动，举办“秋之韵 邻里情 话重阳”音乐茶话会，开展“创文明城市 建首善迎泽 我行动 我代言”主题宣传活动，开展创城志愿服务活动4次，制作80个便民信息发布栏。丰富职工文化生活，4月21日在汾河公园举办以“喜迎五一·强健体魄·阳光生活·共享青运”为主题的春季健步走活动。4月28日在星光剧场举办“喝彩新时代 礼赞劳动美 激昂青春志 共筑中国梦”文艺汇演。5月20日在解放南路一社区举办“小手拉大手 筑梦路上一起走”主题活动，为31个困难儿童圆梦。9月21日在中正天街广场开展“2018年国家网络安全宣传周个人信息保护主题日”宣传活动。10月23日在星光剧场举办“迎泽区庆祝改革开放40周年暨建区20周年合唱比赛”活动。推行“新媒体+”的学习模式，丰富职工学习教育内容，全区800

余名干部职工在“太原职工 e 家”微信平台，参加“省城职工学习十九大精神网上竞答活动”。促进形成浓厚的创城宣传氛围，确保创城工作开展。《山西工人报》《太原工人报》、“山西组工网”“迎泽群工”等媒体全年报道区总工作 16 篇。（孟秀丽）

共青团迎泽区委员会

【概况】 中国共产主义青年团太原市迎泽区委员会（简称团区委），2018 年有行政编制 4 名，工勤编制 1 名。实有 5 名。下辖区少先队工作委员会。

2018 年，团区委领导全区共青团工作；领导和指导全区青少年社会团体工作；承担区委、区政府和有关方面委托的青少年工作事务，参与民主管理和民主监督。参与协调处理各种与青少年利益相关的工作；组织全区团员青年在社会主义市场经济体制的进程中发挥先锋和突击队作用；负责全区团的组织建设，协助党组织管理、选拔和培训团的干部；负责未成年人的保护工作；负责指导并组织全区青少年的思想理论教育、宣传文化活动和活动阵地建设，培养、选拔、表彰并推荐优秀青年；受区委的委托，依照《中国共产主义青年团章程》领导全区少先队工作。

2018 年，团区委贯彻落实中共十九大精神和共青团的十八大精神，坚持以习近平新时代中国特色社会主义思想为指引，推进共青团改革，狠抓从严治团，加强对广大青年的思想政治引领，把“围绕中心、服务大局”作为工作主线，配合区委、区政府中心工作开展各项活动，提升服务青少年工作水平。（团区委）

【“暖冬行动”】 2018 年 2 月 1 日，团市委、市青联在迎泽区社会工作创新发展基地·山西即刻爱公益孵化中心开展以“关爱青少年，寒冬送温情”为主题的暖冬行动。团市委副书记郝晓军、市青联新社会组织界别 10 多位青联委员、迎泽区民政局副局长郑刚同到场的 20 位困难青少年学生及家长进行沟通与交流。询问他们在学习和生活上遇到的困难，倾听他们诉说自己的心愿，解决他们求学和生活上的实际困难，为他们创造阳光成长的环境。（团区委）

【雷锋日活动】 2018 年 3 月 5 日，团区委组织 50 余名志愿者在迎泽大街开展清洁公交站台、擦洗公交自行车的志愿服务活动，与区委组织部、太原市第八人民医院和 37 中志愿者在老军营街道新南二社区对困难群众进行义诊、慰问，组织志愿者观看《青春雷锋》，以“使命永恒——争做新时代雷锋传人”为主题召开党员团员雷锋精神分享会。（团区委）

【五四文艺汇演】 2018 年 4 月 27 日，团区委举办以“担复兴大任，做时代新人，争当时代先锋”为主题的文艺汇演活动，其中表现 90 后、00 后诉说鲜红信仰的歌曲《TG 有点甜》引起大家强烈共鸣。

（团区委）

【庆祝六一儿童节】 2018年“六一”国际儿童节，团区委在双西小学承办“争做新时代好队员——你好，新时代”太原市少年儿童庆“六一”主题队日活动。开展“童心向党 快乐六一”慰问活动，为辖区内30名困难居民子女和外来务工人员子女，赠送慰问品，并与孩子们一起观看《厉害了！我的国》。 （团区委）

【中国少年先锋队迎泽区第三次代表大会】 2018年6月15日在新西小学召开。区委书记冯原平，区委副书记、区长李慧，区委副书记杨敦勤，区政协主席张志勤，团市委副书记李琦，区委常委、副区长王国栋，以及市少先队、区委组织部、团区委、区教育局、区纪委监委派驻第一纪检监察组等部门领导出席大会。出席大会的少先队代表共158名，应邀参加会议的还有关心支持迎泽区少先队工作的15位特邀代表。

冯原平代表区四大班子向大会的召开表示热烈的祝贺，并向少先队代表致以亲切的问候。冯原平对区少工委开展的各项工作进行充分的肯定，对今后少年儿童和全区少先队工作提出希望和要求：广大少先队员要牢记使命，积极进取，早日担负起发展迎泽、振兴中华的重任，少先队组织要与时俱进，开拓创新，切实肩负起党赋予的神圣职责和光荣使命，广大少先队辅导员和少年儿童工作者要立足岗位，无私奉献，真正成为少年儿童的良师益友；并提出共青团组织要更好地担负起“全团带队”的光荣任务，加强对少先队的领导，创造性地开展工作。

大会审议并通过张晓宇代表第二届区少工委所做的题为《快乐生活 全面发展 健康成长 为建设首善迎泽培养新时代好少年》的工作报告。大会选举产生中国少年先锋队太原市迎泽区第三届委员会委员30名和出席中国少年先锋队太原市第七次代表大会代表31名。中国少年先锋队太原市迎泽区第三届委员会第一次全体会议，选举产生新一届区少工委主任和3名副主任，张晓宇当选为主任，贾捷、杨吉梅（挂职）、聂艳琴（兼职）当选副主任。

（团区委）

【“老街老巷·我爱家乡”研学活动】 2018年7月7日至8日，团区委在中小学生、返乡大学生、机关青年中开展9期“老街老巷·我爱家乡”研学活动，以行走体验的方式使青少年了解太原历史，留住记忆，传承太原文化，争当文明志愿者。

（团区委）

【习近平总书记“7·2”重要讲话精神和团十八大精神宣讲】 2018年7月，共青团区委在全区范围内开展“青年大学习”，各团组织负责人到机关、学校、社区、非公和社会组织面向全区广大团员青年宣讲习近平总书记“7·2”重要讲话精神和共青团十八大精神，邀请团十八代表聂艳琴在迎泽区青年当中进行巡讲。 （团区委）

【马克思主义思想宣传教育】 2018年7月，团区委根据《关于在全区团员、青年中开展马克思主义思想宣传教育工作的实施意见》精神，组织班子成员学习习近平总书记在纪念马克思诞辰200周年大会上的重要讲话精神，以“遇见马克思，青春有信仰”为主题，组织团员青年观看《青年马克思》，赴太原市图书馆马克思书屋开展主题团日活动，开展马克思主义进校园活动，引导全区广大团员青年在马克思主义中国化的大时代，掀起“学马克思主义、信马克思主义、用马克思主义”的热潮。（团区委）

【“青春兴并·学子归巢”活动】　2018年暑假期间，为引导大学生了解家乡、立足家乡、服务家乡、建设家乡，帮助优秀青年才子提升自我综合素养社会实践能力，团区委开展“青春兴并·学子归巢”活动，为参加“青春兴并·学子归巢”的19名在校大学生，提供11个党政机关单位实践的机会；以太原理工大学三批次20名在校大学生为主体开展“暑期课堂”，为驻地社区的青少年送去暑期托管、课业辅导等服务，对“暑期课堂”的规范化管理，制定制度、签署协议、印制台账，经验做法被全省多地学习采用；以太原理工大学两批次17名在校大学生为主体开展“关爱少年儿童·文化进社区”活动，通过在社区图书室的志愿服务活动，缓解社区图书室无人管理的压力，促进社区服务。（团区委）

【拾荒慢跑青春公益活动】　2018年8月26日，团区委与市青联在迎泽公园开展“拥抱新时代，共建文明城市”拾荒慢跑青春公益活动，唤起大众对环保的关注，为创建文明城市贡献力量。（团区委）

【青年之家建设】　2018年，团区委依托社区完成4个示范性“青年之家”和6个标准性“青年之家”建设任务。全年共举办活动50场，服务青少年2459人，其中新南二社区“青年之家”接待各级共青团参观学习15次，团区委在全省“青年之家”工作培训中交流经验2次。（团区委）

【防艾知识宣传】　2018年12月1日“12·1世界艾滋病日”，团区委在学校、社区、社会组织中开展形式多样的宣传活动。全年举办防艾讲座6场，开展防艾志愿宣传活动6场。（团区委）

迎泽区妇女联合会

【概况】　2018年，迎泽区妇女联合会（简称区妇联）宣传和落实党的路线、方针、政策和妇女工作的方针、任务，积极维护妇女儿童合法权益，承办区政府妇女儿童工作委员会办公室工作，做好妇联基层组织建设工作，发挥妇女“半边天”作用。

2018年，区妇联开展“巾帼心向党”系列活动，夯实基层基础，持续深化妇联改革。开展“巾帼建新功”系列活动，引领全区妇女更好发挥“两个独特作用”。开展“巾帼暖人心”系列行动，增强广大妇女群众的获得感、幸福感、安全感。

区妇联下设发展部和维权部，2018年编制7人，实有6人。（区妇联）

【妇联基层基础建设】 2018年，区妇联持续深化妇联改革。强化制度建设，注重长效管理。编写制定区妇联的一目录三手册，确保各项工作有章可循，有据可依，有效提高工作效率，改进工作作风。加大街镇妇联的建设力度。区妇联制定下发《迎泽区街镇妇联区域化建设实施方案》，开展街镇区域化建设工作。各街镇建立区域化妇联工作联席会议制度和轮值主席制度等，按照“三个一”的要求开展“大手拉小手，文明齐步走”“娃娃送春联，文化进万家”等形式多样的兼职副主席轮值活动。调动妇联执委的积极性，强化执委参与意识，推进妇联各项工作的开展。为每个街镇妇联争取落实3万元专项工作经费，并配置办公设备、活动用品等，推动妇女组织活动开展、资源使用和力量调配等方面的整合联动。 （区妇联）

【第三次妇女代表大会】 2018年8月29日召开。大会听取、审议并通过迎泽区妇女联合会第二届执行委员会工作报告；选举产生区妇联第三届执行委员会委员37名；三届一次执委会议选举产生区妇联第三届执行委员会主席1名，副主席8名（其中兼职副主席6名），常务委员17名；选举产生出席市第十二次妇代会代表18名。李红当选迎泽区第三届妇联主席。

区委书记冯原平出席会议并讲话，强调全区广大妇女和各级妇联组织一定要认清形势、抢抓机遇，努力为加快迎泽转型创新多作贡献，在新时代展现迎泽区巾帼的新作为。一是要在建功立业中展风采，多怀发展之心，多谋发展之业，多建发展之功；二是要在平等自立中树风范，用好“话语权”，树好“权益观”，过好“素质关”；三是要在促进和谐中领风尚，倡导文明新风，弘扬传统美德，积极化解矛盾。

（区妇联）

【女性文化学堂】 2018年，区妇联创新培训形式，发挥和挖掘街镇、社区（村）妇联干部的资源和潜能，以女性文化学堂为载体，用科学理论武装妇女，开展中共十九大精神、妇女十二大宣讲、科学教子等培训活动，举办消防科普讲座，采取室内、户外、实操相结合的方式，用妇女群众喜闻乐见的方式和听得懂的语言，推动学习贯彻工作不断往深里走、往实里走、往妇女心里走。 （区妇联）

【选树优秀典型】 2018年，区妇联从基层一线、平凡岗位、群众身边发现选树优秀典型，推荐身边好人、时代新人等，共评选出省级巾帼文明岗1个，省级三八红旗集体1个；市级巾帼文明岗3个，市级巾帼标兵3个；区级巾帼标兵10个。发挥妇女先进典型示范引领作用，形成“培育一个、带动一批、影响一片”的辐射效应。

（区妇联）

【最美家庭创建】 2018年，区妇联常态化开展寻找“最美家庭”活动，推出各具特色的家庭典型。2018年共评出区级最美家庭16户，乡村文明户50户，市级最美家庭16户，三晋最美家庭1户，省级五好家庭1户，李兴玉家庭被评为“第十一届全国五好家庭”。在“三八”期间区妇联邀请最美家庭代表召开最美家庭故事分享会，用身边人讲身边事影响身边人。继续深化平安家庭创建活动，挖掘先进典型，培养和选树“平安家庭”示范户，以点带面，发挥平安家庭示范户的表率作用。2018年共评选出区级平安家庭示范户185户，市级平安家庭示范户10户。（区妇联）

【亲子阅读】 2018年，区妇联推动“书香飘万家”亲子阅读开展，推荐桥东街道并三社区、迎泽街道解南二社区为市级亲子阅读体验基地，陈丽娟家庭被推荐为市级“亲子阅读体验家庭”。引导家长为孩子讲好“人生第一课”，帮助孩子扣好人生第一粒扣子。（区妇联）

【文明创建】 2018年，区妇联为活跃全区妇女生活，从基层精选出28幅剪纸作品参加省、市妇联开展的纪念改革开放40周年传统剪纸作品创作展，其中获得省、市剪纸作品创作二等奖各一名，优秀奖若干名。在太原市第三届“家庭文化节”全市妇女健身操比赛中，郝庄村的“舞动健身队”获得节目二等奖和优秀组织奖。组建多支巾帼志愿者队伍，发挥优秀巾帼志愿者作用，弘扬志愿服务精神，全区有4名女同志被评为市“优秀巾帼志愿者”。（区妇联）

【扶危济困】 2018年，区妇联按照“政府所急、群众所需、妇联所能”的原则，开展一系列帮扶救助活动，真正把党和政府对广大妇女群众的关怀送到千家万户。“三八”节期间，走访慰问6名在基层妇联工作并身患疾病的干部，每人救助500元现金，为她们送去了节日的问候和党的温暖与关怀；“六一”节前夕，救助43名贫困儿童，为每位贫困儿童送去300元和一个书包，慰问金和慰问品总共价值达16000元；太原市妇联捐赠区第三实验小学1万元以及捐赠亲子阅读体验基地桥东并三社区和迎泽解南二社区各6000元的书籍；为1名女大学生争取到葵花公益基金会每年5000元的救助款；有2名同学分别受到市区妇联各1000元的助学救助款；中秋节前夕，救助身患“两癌”的贫困妇女14人，每人救助1000元现金；临近新年，向25名贫困妇女每人发放一份米面油，并利用省妇联专项资金，为特殊困难的19名妇女每人发放1000元慰问金；元旦之际，为40名贫困妇女每人免费发放美年大健康价值3020元的体检卡；春节前夕，为25户孤老病残的家庭送上免费擦玻璃的温馨服务。（区妇联）

【维权宣传】 在第108个“三八”国际劳动妇女节到来之际，区妇联组织进行一系列“三八”维权月宣传咨询活动。2018年，3月8日，在湖滨广场举办法律知识免费咨询，并在六街一镇开展7场维权月法律“六进”巡回讲座，受益群众千余人。在朝阳三社区、迎宾社区开展“幸福家园——心理健康服务”项目试点工作，为妇女儿童和家庭提供健康生活引导服务。

组织区妇儿工委成员单位完成填报2017年度妇女、儿童发展规划监测统计工作，起草《迎泽区妇女儿童发展十三五规划》，经区政府通过并行文，使妇女儿童工作目标更加明确，措施更加有效。（区妇联）

【家庭教育建设】 2018年，迎泽区95个社区全部成立市级“家庭教育服务指导站”，并以提高家庭成员综合素质、丰富家庭文化生活、促进家庭成员全面发展为目标，深入社区和学校，组织开展12场家庭教育巡回讲座。9月1日，区妇联在太原市工人文化宫举办《山西省家庭教育促进条例》宣传咨询日活动，使《条例》深入千家万户，让家庭教育理念入脑入心。（区妇联）

迎泽区残疾人联合会

【概况】 2018年，迎泽区残疾人联合会（简称区残联）参照公务员编制5人，实际在职3人；下设事业单位区残疾人就业服务所，人员编制2人，实际在职3人。残联离退休人员3人。区残联办公科室有：办公室、康复办公室。

2018年，区残联宣传、贯彻有关残疾人事业的法律、法规、规章和政策；沟通残疾人与政府之间的联系，宣传残疾人事业，动员社会理解、尊重、关心、帮助残疾人；承担同级人民政府委托的工作，发展残疾人事业；指导、管理本地区各类残疾人群众组织，推进残疾人工作；执行法律、法规和章程规定的其他职责。

残疾人劳动就业服务所，具体负责按比例安排残疾人就业的组织、管理和服务工作，负责残疾人的待业调查、就业登记、职业培训、就业介绍和管理残疾人就业保障金；组织残疾人开办集体企业，从事个体经营；为农村残疾人生产劳动提供服务。（强玉梅）

【残疾人“护理补贴”发放】 迎泽区残联落实省政府对重度残疾人发放“两项补贴”的政策，2018年3月下发《关于对迎泽区重度残疾人“护理补贴”摸底的通知》，组织郝庄镇及各街办残联开展摸底工作。2018年迎泽区一、二级残疾人3200余名，三、四级精神残疾人70余名。对残疾人的资料进行整理核实，根据资金配套到位情况及时发放到每名残疾人的银行卡里。发放“护理补贴”为每人每年720元；受益人员为一、二级残疾人及三、四级精神残疾人。（强玉梅）

【助学实施】 2018年，迎泽区残联继续实施助学活动，4月下发《关于对今年参加中高考残疾学生和残疾人子女进行摸底的通知》，对2018年考入高中、大专及本科院校的残疾人子女和残疾学生进行一次性救助，对双残家庭中正在上大专及本科院校的残疾人子女和残疾学生进行持续救助，救助金额为高中1000元、大专3500元、本科4500元。2018年共有51名学生（其中：高中生11名、大专生10名、本科生30名）符合助学金的发放并领到助学

金。助学金的发放保证残疾学生和残疾人子女不因家庭经济原因失学，提高残疾人适应社会的能力。（强玉梅）

【残疾人职业技能培训】 2018年年初，迎泽区残联出台残疾人职业技能培训工作实施方案，并按照实施方案开展工作。全年对79名残疾人进行实名制免费技能培训。截至2018年年底，残联共为1729名残疾人进行实名制免费技能培训，基本达到对有培训意愿且在就业年龄段的残疾人的技能培训全覆盖。（强玉梅）

迎泽区工商联合会

【“迎新年，关爱自闭儿童”活动】 2018年1月26日，迎泽区政协、迎泽区工商联组织百余名爱心企业家在老军营新建南路二社区“山西心予康复园”举办一场以“迎新年，关爱自闭儿童”为主题的公益献爱心活动。

区政协主席张志勤，区委常委、区政府副区长闫晓琴应邀出席活动，与会人员和自闭症儿童进行零距离接触并送上新年小礼物，送去筹集善款约14余万元。孩子们献上自己现场创作的绘画作品。

（区工商联）

【工商联四届二次执委会】 2018年3月9日召开。会议通报区工商联2017年工作，安排2018年工作。区委常委、统战部长闫晓琴，区委组织部常务副部长、区非公和社会组织工委书记杨红梅等领导出席会议。区委统战部副部长、区工商联党组书记、常务副主席刘娜主持会议。（区工商联）

【衣物定向捐赠】 2018年3月30日，迎泽区工商联、迎泽区民政局组织太原市缘之续酒店管理有限公司、山西仕仕高商贸有限公司等有关爱心企业家开展衣物定向捐赠活动，为受助的贫困群众和学生送去温暖和关怀。山西仕仕高商贸有限公司捐赠女款新鞋87双，太原市缘之续酒店管理有限公司捐赠围巾、鞋、衣服共737件，价值13.04万元。区民政局副局长郑刚，区工商联副会长、太原市缘之续酒店管理有限公司董事长赖梓恩，山西仕仕高商贸有限公司负责人张巧丽，红马甲家政集团股份有限公司总经理周全有，山西慧轩潜能训练园负责人白雪敏和部分受捐人代表等参加捐赠仪式。

（区工商联）

【民营企业家大讲堂】 2018年5月25日，迎泽区民营企业家大讲堂开讲。区政协主席张志勤，区委常委、统战部部长闫晓琴，区政协副主席王晓燕，区工商联主席王天明，区委统战部副部长、工商联党组书记刘娜及全区90余名各行业民营企业家参加。

大讲堂邀请太原迎泽区中小企业会计学会会长胡建雄作题为《不忘创业初心 助力企业转型发展》专题讲座。（区工商联）

【企业家进军营】 2018年7月10日，迎泽区工商联组织15名年轻一代企业家开展进军营学纪律学作风活动。年轻一代企业家参观部队驻地，在训练场，企业家与战士一起进行打靶训练。举办进军营活动，提升国防意识，密切军民关系，丰富人生阅历，感受军队文化，强化责任和担当。企业通过发展，打好军地双方共建共荣的牢固根基，为军地双方的繁荣发展做出积极贡献。

（区工商联）

【精准扶贫】 2018年8月30日，迎泽区委副书记杨敦勤、区政府副区长岳旭强带领区农委、区工商联及部分民营企业家和新的社会阶层人士赴娄烦静游镇开展精准扶贫活动。

参与活动的企业家结合各自情况，从劳务用工的数量、需求条件、福利待遇，绿色无污染农产品对口收购和包销，黑猪养殖场和驴养殖场合作以及猪、驴肉收购，中药材种植合作，高君宇故居等旅游产业的发展以及给当地的老红军、老革命免费镶牙，开展为当地政府和老百姓进行法律咨询服务和开展法律知识讲座等方面进行对接。

（区工商联）

【民营经济转型发展研讨会】 2018年9月19日举行。省、市委统战部，省、市工商联相关领导，迎泽区委、区政府、各街（镇）、相关部门主要负责人、专家学者、企业家300余人参加研讨会。

研讨会邀请山西大学经济与管理学院常务副院长李常洪，市政府发展研究中心党组书记、主任魏建庭，跨境通宝电子商务有限公司董事长杨建新等专家学者、企业家，围绕民营经济发展的政策动态、发展机遇及实践经验，以及共同关注的民营企业发展的前瞻性问题进行交流和探讨，为激活迎泽区民营经济发展活力，凝聚发展智慧，问计发展路径搭建平台。新华网以“激活力、凝智慧建太原首善之区·迎泽区举办民营经济转型发展研讨会”进行专题报道。

（区工商联）

【入企入会法律专题讲座】 2018年10月16日，迎泽区工商联在太原贵云工贸有限公司举办入企入会法律专题讲座活动。培训讲座邀请会员企业太原远略律师事务所负责人张红秀就如何开好股东大会、民事诉讼、劳动合同法拟修订、执行难等问题进行解读并进行现场问答。太原爱立风特制衣有限公司、山西国腾房地产开发有限公司、太原旺达汽配有限公司等10余家企业负责人参加专题培训讲座。（区工商联）

【山东工商联到迎泽区调研】 2018年10月18日，山东岚山区工商联主席杜传山、茶叶协会会长袁从波、工商联秘书长一行3人在迎泽区进行考察调研。刘娜等接待考察团一行。考察团一行参观鼎元楼宇商会和太原来福集团茶城，并进行交流座谈。

（区工商联）

【民营企业家座谈会】 2018年10月26日，迎泽区组织民营企业家代表召开学习贯彻习近平总书记给“万企帮万村”行动中受表彰的民营企业家的回信精神座谈会。会议由闫晓琴主持。省工商联宣教部部长方祥华、省工商联机关工会主席张居栋，省工商联宣教部干部周宏广等应邀出席座谈会。

（区工商联）

迎泽区文学艺术界联合会

【概况】 太原市迎泽区文学艺术界联合会简称区文联，位于云路街15号迎泽区办公大楼五层，为正科级建制，为参照公务员法管理单位。区文联机关编制8名，实有5名。

2018年，迎泽区文联贯彻中共十九大和十九届二中、三中全会精神，学习贯彻落实习近平总书记视察山西重要讲话精神，弘扬社会主义核心价值观，坚定文化自信，调整履行新职能，团结带领全区广大文艺工作者，坚持以人民为中心的创作导向，围绕全区中心工作，组织开展一系列内容丰富、影响广泛的展演展览展示活动，推动迎泽区文艺事业的繁荣发展。（赵欣铃）

【迎新春名人书画展】 2018年1月11日，迎泽区文联在山西省民俗博物馆举办“迎新春名人书画展”。展览共展出194幅优秀作品。其中，书法作品25件、绘画作品159件。有真、草、隶、篆、行等各类书体，山水、动物、花草等国画、工笔画及蜡染画。作品形式新颖、质量上乘，典雅与豪放，大气与细腻，多元风格相得益彰。这些主题鲜明、地域文化特色浓郁、有着强烈的艺术感染力和吸引力精品力作寄托书画艺术家们“唱响中国梦”的浓浓深情，诠释对生活的热爱，为进一步弘扬迎泽区文化艺术增光添彩，为繁荣发展社会主义文艺、推动文化事业和文化产业发展作出积极贡献。（赵欣铃）

【“迎新春·送春联”主题活动】 2018年2月8日，迎泽区文联在太原市图书馆开展“迎新春·送春联”主题活动。文联送春联，送去新春的祝福，送去优秀的传统文化。书法家现场挥毫洒墨，为老百姓书写对联。（赵欣铃）

【南砖井村首届新春书画展】 2018年2月28日，迎泽区文联开展送文化下基层活动。书画家们到南砖井村举办“南砖井村首届新春书画展”。弘扬书画艺术，为南砖井村文化阵地建设增添光彩，推动南砖井村的精神文明建设。一幅幅书写精美的书画书法作品，为前往参加活动的乡亲们带来一场文化盛宴。此次活动展出书画作品60多幅，并和喜爱美术、书法的村民就艺术创作中的具体问题开展广泛的交流和探讨。（赵欣铃）

【纪念《毛泽东在延安文艺座谈会上的讲话》发表76周年书画交流展】 2018年5月20日，时值毛泽东同志《在延安文艺座谈会上的讲话》（以下简称《讲话》）发表76周年之际，由迎泽区文联与原平市、阳曲县、太谷县美协举办的“无愧时代，不负人民——纪念《毛泽东在延安文艺座谈会上的讲话》发表76周年书画交流展”在太原市工人文化宫开展。

书画展围绕区委、区政府建设“省城首善之区”的发展目标，贯彻落实“转型项目建设年、社会矛盾化解年、作风建设提升年”重点工作精神，坚持“二为”方向和“双百”方针，坚持以人民为中心的创作导向，共邀请省、市、区近百位知名书画家及书画爱好者，展出精品力作170余幅，以灵动的笔墨、丰富的色彩展现《讲话》精神和习近平新时代中国特色社会主义思想的强大魅力和崇高境界，为广大人民群众献上一道文化大餐。（赵欣铃）

【免费网络公开课教学】 2018年8月15日，迎泽区美协副主席高齐岳在网络上进行《写生与笔墨转换》免费网络公开课教学。

高齐岳运用软件和手机同屏技术，通过网络对大约500多名美术爱好者进行现场直播授课，讲解中国美术的演变过程、学习美术的常规知识以及应该注意的误区，让大家真切地体会到中国美术文化的魅力，并围绕笔墨纸砚给大家讲解了中国画的画法与技巧。免费网络公开课将中国的国画文化传播到各个角落，让那些忙碌在工作生活中的美术爱好者足不出户就可以学习到最新的美术知识。（赵欣铃）

【区美协到锡崖沟写生】 2018年9月22日，迎泽区美协十多名书画家走进锡崖沟景区写生创作。

锡崖沟景区位于王莽岭景区南端四周落差1000多米的深谷之中，锡崖挂壁路被称为世界奇观，吸引众多的艺术家在此进行美术、绘画、建筑等创作。书画家们搜集了大量的创作素材，在景地现场创作30件个性鲜明风格迥异写生画作。画作以深厚的功力，娴熟的技法，简约的笔墨，表现锡崖沟丰富的历史底蕴、文化积淀以及秀美的自然生态、蓬勃的时代气息，形象地传达出人民构建和谐社会的美好愿望和坚强信心。（赵欣铃）

【庆祝改革开放40周年暨建国69周年书法美术展】 2018年10月10日，由迎泽区委宣传部、区文联共同主办的庆祝改革开放40周年暨建国69周年书法美术展在太原市工人文化宫开幕。

2018年也恰值迎泽区建区20周年，作为省会城市中心城区，诚邀30多位省内著名书画名家，展出佳作近60件，庆祝建国69周年华诞，讴歌改革开放40周年以来各行各业的时代风貌，展现迎泽区建区20周年以来，在党的领导下各项事业改革和发展的辉煌成就。（赵欣铃）

【舞协文艺志愿者支教活动】 2018年10月6日至12日，迎泽区舞协副主席王欢组织并带领会员在长治市武乡县进行文艺志愿者支教活动。在当地的蟠龙小学和故城小学进行艺术课程的推广和普及，让孩子们在短短的六天里体验舞蹈课、跆拳道、美术课和小主持课程。支教结束后，老师和孩子们还进行汇报演出。县委教育局的领导和数百名家长观看演出，并评出7户贫困家庭中的7位学生予以助学捐助，每人3000元。（赵欣铃）

【庆祝改革开放40周年暨迎泽区建区20周年群众书画展】 2018年11月23日，由中共迎泽区委宣传部、迎泽区文联、迎泽区档案局、太原市文瀛公园联合主办的“庆祝改革开放40周年暨迎泽区建区20周年群众书画展”在文瀛公园万字楼开幕。书画展从全区基层书画爱好者中广泛征集书画作品100余幅，展现改革开放40年和建区20年以来，迎泽区文艺事业取得的巨大成就。（赵欣铃）

迎泽区科学技术协会

【概况】 2018年，迎泽区科协坚持以习近平新时代中国特色社会主义思想为指导，坚持贯彻落实中共十九大精神和习近平总书记视察山西重要讲话精神，围绕区委、区政府的中心工作，以提高全民科学素质为重点，求真务实，开拓创新，开展各项科普活动。（区科协）

【基层科协组织建设】 2018年，迎泽区科协实施《全民科学素质行动计划纲要(2010–2020年)》，落实市、区《科协系统深化改革实施方案》中提出的“不断提升基层科普服务能力，增强科协组织的群众性，将力量更多配置到基层”的要求，充实完善基层科协组织机构，明确各街道及社区的科协工作负责人和一名工作人员（科普员）。健全区、街（镇）、社区（村）三级科协工作网络，拓展基层科协工作渠道，扩大基层组织覆盖面，构建畅通稳定的联系渠道，增强科协工作辐射力和影响力。（区科协）

【业务知识培训】 2018年，迎泽区科协参加“领头雁”集中培训，在提升政治意识、规矩意识、法制意识、廉政意识、工作能力和责任意识上下功夫，强化“领”的责任、提高“头”的本领、锤炼“雁”的作风。参加档案、老干、财务等方面的培训，坚持每周进行政治业务的集中学习，不断提高自身的工作能力和工作水平，提高科普工作者素质。2018 年11月底举办迎泽区社区科普员培训会，参加培训的人员为各街道（镇）分管副书记、工作人员及各社区科普员，共计110余人。市科协副主席尹效军到会，并发表动员讲话，科普专家王振华老师做题为《科学普及应用落地》的讲座。（区科协）

【“三基建设”】 2018年，迎泽区科协成立以科协主席吉根秀为组长，班子成员为组员的“三基建设”领导机构，对基层组织、基础工作、基本能力进行任务分工，编印一目录三手册，推进科协基础工作。学习领会省委书记骆惠宁《在全省推进“三基建设”座谈会上的讲话》精神，开展“标准化大讨论”，进行“回头看”，查找自身存在问题并提出整改措施，统一思想，达成共识。（区科协）

【科普示范社区创建】 2018年，迎泽区科协在全区六街一镇开展省、市、区三级科普示范社区创建活动。截至年底，创建全国科普示范社区1个，省级科普示范社区5个，省级优秀科普示范社区1个，市级科普示范社区18个，市级科普示范街道

1个，区级科普示范社区32个。2018年新建区级科普示范街道8个。（区科协）

【科普实施】 2018年，迎泽区科协实施基层科普行动计划，在人流量大的商业区开展大型集中宣传和以社区为单位的小型宣传点相结合，宣传版面展示和编印科普宣传资料下发给居民群众相结合，集中健身讲座和组织具体服务活动相结合，科普进社区与市民教育相结合等，以社区科普学校为基地，利用爱国主义教育基地、文化活动中心、科普阅览室、科普橱窗、社区网站开展形式多样的学习、讲座、展示交流等活动，不断为社区居民灌输科普知识。（区科协）

【科普中国e站建设】 迎泽区科协在社区、校园开展"科普中国 百城千校万村"行动，截至2018年年底，完成校园e站3个、社区e站4个的建设任务，通过线上线下科普中国落地应用，推进科普信息化，提高国家科普公共服务能力。（区科协）

【科普日（周）活动】 2018年9月15日至21日，迎泽区科协推动"创新、协调、绿色、开放、共享"的发展理念，以"创新引领时代，智慧点亮生活"为主题，举办"全国科普日（周）"系列活动，采取展板展览、网络知识竞赛、科普讲座、咨询服务、赠送资料等多种形式，组织部分干部职工参加在省科技馆举办的全国科普日省城主场活动；组织街道（镇）、社区（村）开展学习《纲要》和《科学普及法》活动，观看《科普每一天》，编印《科普知识读本》《科技创新 强国富民》《预防控制艾滋病知识要点》《艾滋病咨询检测18问》等宣传册，制作草莓袋与宣传笔并免费发放，共计发放5万余份，营造浓厚科普氛围；在科普示范社区、社区e站，围绕全国科普日主题，开展普及科学知识，弘扬科学精神的宣传活动。与机关工委联合举办为期一天的科技大讲堂，来自区直机关干部近150名，聆听山西大学两位教授作的《奇妙的人工原子》和《"一带一路"话蓝图》的报告。（区科协）

【科普阵地建设】 2018年，迎泽区科协对全区科普宣传栏、宣传画廊加强管理进行定期维护更新内容，更换两期。将科普宣传由街巷逐步向居民楼院、楼道延伸，除偏远的街村，基本做到各社区的全覆盖，让群众足不出户就受到教育。在宣传内容上，结合区中心工作力求更加贴近百姓生活的各类科普知识，图文并茂，生动活泼。在铁匠巷社区的后铁匠巷街新建长130米的科普文化长廊，在郝庄镇董家庄及小山岩村新建科普宣传栏6块，既美化环境又宣传包括科普、创建文明城市、邻里和谐、文明礼仪、扫黑除恶、安全生产和食品安全等内容。（区科协）

【第33届青少年科技创新大赛】 2018年，迎泽区科协组织参与第33届青少年科技创新大赛。共收到作品874件，报送作品304件，其中荣获省级奖项6件，市级奖项185件。（区科协）

【第 34 届青少年科技创新大赛】 2018 年，迎泽区科协与区教育局配合，以科技创新大赛为契机，组织第 34 届青少年科技创新大赛组织评审与推荐工作，搭建平台，学校和学生积极参与，通过孩子的动手动脑，以提高孩子们从小爱科学、学科学、用科学的兴趣，提高青少年的科学素质，对报回的作品进行认真的评选，优秀的作品予以上报。 （区科协）

迎泽区归国华侨联合会

【概况】 2018 年，迎泽区归国华侨联合会（简称区侨联）贯彻落实省、市侨联工作部署，履行侨联职能，不断加强自身建设，开展各项惠侨活动，开创迎泽区侨联工作新局面。

2018 年，迎泽区侨联核定事业编制 3 名，领导职数：主席 1 名（正科级），实有在编人员 2 人。

区侨联成立于 2011 年 2 月，是由归侨、侨眷组成的人民团体，为正科级全额拨款事业单位，隶属太原市迎泽区委、区政府管理。

2018 年，区侨联宣传党和国家侨务工作的方针、政策，研究提出区侨联工作发展规划和工作计划，组织实施区归侨、侨眷代表大会、委员会、常务委员会的决议、决定，接受上级侨联的指导。依法维护归侨、侨眷的合法权益和海外侨胞在国内的正当权益；反映归侨、侨眷和海外侨胞的意见和诉求，参与起草涉侨法律法规草案；为侨联组织和归侨、侨眷、海外侨胞提供法律咨询与服务。广泛团结和动员归侨、侨眷投身中国特色社会主义建设事业；加强同港澳侨团的联系，与海外华侨、华人在经济、科技、文化和社会福利等方面进行交流与合作；努力为归侨、侨眷兴办企事业和海外侨胞到并投资服务。密切与广大归侨、侨眷、海外侨胞及社团的联系，了解侨情民意，加强沟通，化解矛盾；加强归侨、侨眷的法制教育和思想道德教育，宣传归侨、侨眷的先进事迹和海外侨胞的爱国爱乡精神；办好侨联系统的侨刊侨讯等文化宣传阵地；开展海外文化、学术交流和联谊活动；为归侨、侨眷和海外侨胞在国内兴办文教卫生和其他社会公益事业服务。配合有关部门做好人大、政协的归侨、侨眷代表、委员人选的推荐和人事安排工作，为他们履行参政议政和民主监督提供服务。做好侨务对台工作，配合有关部门进一步拓展与台湾同胞的联系渠道；协助做好海外侨胞的爱国统一战线工作。加强侨联自身建设，做好培养、推荐、选拔归侨、侨眷干部工作。围绕党和政府的中心工作，开展涉侨的相关工作；按照《中国侨联章程》的要求，办好侨联所属企业。完成区委、区政府交办的其他工作。 （王飞飞）

【学习贯彻中共十九大精神】 2018 年，迎泽区侨联坚持把深入学习贯彻中共十九大精神作为首要政治任务，组织机关人员学习贯彻习近平新时代中国特色社会主义思想，开展“两学一做”常态化、制度化学习教育和维护核心见诸行动主题教育活动，严格“三会一课”制度，制定学习计划，丰富学习内容，机关领导带头讲党课，增强“四个意识”，坚定“四个自信”。在具体的对侨工作中，真正把习近平新时代中国特色社会主义思想植根心中、融入实践，加强机关工作人员作风建设，提高侨联干部的业务把握能力、政策参悟能力、团队合作能力，加强为侨服务的本领。

（王飞飞）

【党风廉政建设】 2018年，迎泽区侨联落实中央“八项规定”精神和省市区的相关规定，领导带头履行第一责任人的职责，按照“一岗双责”的规定，及时提醒告诫，防微杜渐，未雨绸缪。开展谈心谈话，开展好批评与自我批评，完善大额支出相关工作制度，重要节点在单位内部进行自查自纠，形成风清气正的工作氛围。

（王飞飞）

【参加省市侨联组织活动】 2018年3月31日，迎泽区侨联组织辖区近300名归侨侨眷观看爱国主义纪录片，感受党的十八大以来中国取得的各项历史性成就。4月8日，迎泽区侨联组织归侨侨眷、留学生及家属、侨联机关干部等20人参加太原市首家“中国华侨国际文化交流基地”青龙古镇揭牌仪式。6月10日，组织20余名归侨侨眷参加由市侨联举办的中国华侨公益基金会全国首家“益空间”爱心公益基地启动仪式，让广大侨界人士了解“侨爱心工程”，向海外的亲属朋友宣传太原。8月11日至17日，组织侨眷子女参加2018“亲情中华夏令营”山西太原营活动。10月19日，组织归侨侨眷参加由市侨联在台骀山举办的九九重阳节“庆丰收·话改革·侨眼看家乡”摄影采风活动。（王飞飞）

【惠侨活动】 2018年6月5日，第23个全国爱眼日到来之际，区侨联主办，老军营街道办事处、太原市爱尔眼科医院共同组织开展爱眼日义诊活动，为来自全区近200名归侨侨眷进行白内障筛查和常见眼病防治的知识科普。活动后对确诊为白内障的归侨侨眷提供随后入院就医免费手术。10月16日，区侨联在迎泽街道解南二社区“侨胞之家”开展“遥寄乡情共五洲，暖侨敬老迎重阳”包饺子活动，市侨联副主席郑勇应邀参加活动。组织全区356名中小学生参加第十九届世界华人学生作文大赛，22名荣获二等奖，40名荣获三等奖。11月，组织辖区部分60岁以上的老归侨参加市侨联与市外侨办开展的2018侨爱送温暖健康体检活动，推进暖侨惠侨工程，为归侨侨眷服务。（王飞飞）

【缔结友好侨联】 2018年4月18日，迎泽区侨联和嘉善县侨联在浙江省嘉兴市嘉善县签订友好侨联协议书。双方约定，本着“加强交流、增进友谊、相互学习、共同提高、优势互补，互惠互利”的原则，在经济建设、文化建设和社会建设方面进行交流与合作，发挥两地侨联的独特优势，共同打造广阔的交流合作平台。（王飞飞）

【"兰洽会"座谈会】　2018年6月1日，迎泽区侨联组织3家侨企参加由省侨联组织的"兰洽会"（中国兰州投资贸易洽谈会）座谈会，为区侨企搭建对外交流合作的平台。（王飞飞）

【融资助侨政策解读座谈会】　2018年，针对留学生归国创业难、融资难等问题，区侨联搭建融资平台，拓宽侨企融资渠道，扶持归国留学生及侨企在本土创业发展。7月24日，区侨联与区中小企业融资担保中心、区劳动就业管理中心共同举办融资助侨座谈会，为侨企解读国家、省、市、区扶持中小企业发展的相关政策。7家归国留学生和侨眷创办的企业负责人参加政策解读会。（王飞飞）

【山东侨联到迎泽区参观】　2018年9月28日，迎泽区侨联接待山东省济宁市侨联秘书长高建荣一行，在老军营街道劲松社区进行参观学习交流活动。双方侨联互相介绍本地侨情情况，约定在以后的工作中，进一步密切两地侨联的友好往来，发挥两地侨联的独特优势，共同打造广阔的交流合作平台，共同推进两地侨联事业的发展，增进两地侨界人士的情谊。（王飞飞）

【侨情调查摸底】　2018年4月4日，区侨联召开2018年度工作安排会议，就2018侨情调查摸底工作进行安排部署。对全区归侨、侨眷、留学生、港澳人士开展全面调查摸底，补充侨情数据库，为区侨联开展工作奠定坚实的基础。（王飞飞）

【"侨胞之家"建设】　2018年迎泽区侨联在对归侨侨眷充分摸底的基础上，为六街一镇条件成熟的8个社区和7个侨企申报太原市"侨胞之家"，逐步扩大侨联基层组织的覆盖面。通过"侨胞之家"延伸侨务工作网络，以电话联络、定期走访、节日慰问等方式体察侨情、倾听侨声、反映侨意，为归侨侨眷解决困难。（王飞飞）

【归侨权益维护】　2018年，迎泽区侨联与受聘律师、法律顾问梁桐栋到朝鲜归侨张润生、刘淑云家中，帮助解决房产纠纷事宜，就房产纠纷从法律层面讲解涉及的法律细则，在职责范围内尽最大努力为其提供帮助。针对侨眷王静因下岗原单位没有为其上任何保险一事，区侨联积极协调，区法院与人力资源和社会保障局帮助办理相关手续，为她解决实际困难，真正做归侨侨眷的"娘家人""贴心人"。（王飞飞）

【侨务法规编印】　2018年，迎泽区侨联编印《侨务政策法规宣传资料》2000册，内容涵盖国家、省、市现行侨务工作的方针政策和归侨侨眷权益保护法，以及一些常见的侨务政策相关问题。宣传资料发放到全区13个党（工）委的每一个支部。以街道（镇）、社区（村）为宣传平台，在全区范围内开展侨法、侨务知识宣传学习。（王飞飞）

政法委及综治

【概况】　2018年，迎泽区委政法委围绕“四项建设”和年度项目标准，主动担当作为，推进扫黑除恶专项斗争，开展平安迎泽建设，推行法治迎泽建设，加强过硬政法队伍建设，构建“互联网+社会管理”智能平台新模式，强化治安防控体系建设，推进各项任务落实。　（区政法委）

【扫黑除恶】　2018年，迎泽区打牢“扫黑除恶”工作基础。区委提高政治站位，先后召开常委会10次，常务会议7次，全区干部大会2次，进行专题安排部署、指导督促。区扫黑除恶领导小组召开全体会议10次，对基层全面督导5次，对各部门责任领导进行1轮履责督导谈话，就工作开展发现的问题，下发9个整改方案，确保工作边促边改边落实。构建大格局体制机制。建立会商报告制度、例会制度、信息报送制度、通报制度“四项机制”。广泛宣传发动，形成工作合力。强化舆论引导，在全区进行多项式、全方位宣传。共发放公告、通知等宣传材料36万余份，群众参与调查问卷6万人次，播放公益广告51部4万余次，发放公开信21万封。

精准摸排，重拳严惩犯罪。对易滋生黑恶势力的“7大重点领域、11个重点行业、9个重点地区和6个重点部位”滚动摸排40951次，逐一建立档案和台账。对收到的286条线索，办结161条，均按政策规定进行逐一核实。聘用专职人员，组建“扫黑”队伍，精确打击、精准发力，共打掉15个黑恶团伙，抓获犯罪嫌疑人199名、破获刑事案件131起、治安案件18起，冻结、扣押涉案资金770余万元，追缴文物1032件（组）。

“打虎拍蝇”“打伞断血”。对每一起涉黑涉恶案件都深挖细查涉案的“保护伞”，绝不姑息，从严治理党员干部涉黑涉恶问题。　（区政法委）

【平安迎泽建设】　2018年，迎泽区作为太原市“枫桥经验”学习示范先导区，以党建为引领，以机制为保障，以队伍为支撑，构建具有品牌特色的社会治理新模式。将平安建设考核评价工作，纳入区委统一考核体系；执行五部委评议制度及干部提拔任用、评先受奖意见征询制度。提供资金支持，组建197名退役军人的综治信息员队伍，形成“纵到底横到边”的信息员队伍网络，拓宽信息收集渠道，加强信息预警。全区六街一镇结合地区特点，探索创新运用重点疑难信访案件项目化管理、法官工作室，采取网格长“三进一巡、四问四看”“同心圆”工作法，组建“微帮站”“快乐夕阳美”唠嗑队等，将大量矛盾化解在萌芽状态，提升社会治理能力水平。

迎泽区深化平安建设工作。突出社会服务管理，共组建群防群治队伍。推进社会服务管理体系建设。实行“一线两点三地”巡防、“多警联勤联动”、地方、武警、公安联勤武装巡逻等具体措施，多管齐下，维护地方平安。开展重点人群心理服务体系建设示范创建活动。（区政法委）

【治安整治】 2018年，迎泽区政法委对城中村、城乡结合部、出租房屋、九小场所不间断摸排，督促整改。整治乱点27个，其他场所2638个。排查公共安全类隐患和内部安全类隐患63处，整改57处，整改率达90%；排查各类矛盾纠纷2541起，调处2428起，调处率95.5%；查处治安案件28390起（涉黄涉赌案件168起），破刑事案件2150起。（区政法委）

【严重精神障碍患者管理】 2018年，全区登记在册的严重精神障碍患者2822人，在管2405人，非在管247人，死亡114人，失访56人。报告率4.42‰，规范管理率67.15%，面访率63%，服药率82.94%，规律服药率53.57%，精神分裂症服药率79.59%。累计对严重精神障碍患者门诊医疗补助80万元，补助受益1228人次。

（区政法委）

【“光彩慈行”案件处置】 2018年，迎泽区政法委化解处置典型新涉众案件。如反响强烈的涉众非吸“光彩慈行”案件。围绕维护社会稳定和最大限度挽回群众损失两个工作目标，迅速成立专班，分几批组织赴各省学习“取经”。依法组建由法院、检察院、公安机关及政府相关职能部门的人员参加的资产处置小组，制定行之有效处置方案，运用律师团队专业特长，采取行政机关主导，司法机关主办模式，展开处置工作。安排部署、压实信访维稳责任；结合典型相关案例制作信访问答，第一时间发声回应，释法说理，确保社会大局稳定。

（区政法委）

【禁毒严打】 2018年，迎泽区政法委在全区六街一镇全部成立社区戒毒、康复工作领导小组。在朝阳一社区“全省社区戒毒、康复工作站”示范点带动下，建立起凤街社区戒毒、康复示范工作站，在双东小学建立青少年毒品预防教育基地。打击涉毒类犯罪。以禁毒严打整治斗争、禁毒“两打、两控”为抓手，保持对毒品犯罪的严打高压态势，主动出击，共破获涉毒案

件683起，刑事拘留50人，查处吸毒人员635人，强制隔离戒毒261人。（区政法委）

【法治迎泽建设】 2018年，迎泽区政法委做好法治建设重点工作。将党政主要负责人法治建设履职情况纳入全区领导班子和领导干部年度目标责任考核体系，加大在总分值中的比重，压实责任。推进法治创建活动。庙前街道办事处南海街二社区组织普法骨干力量，组建法治宣传、法律服务志愿者队伍，以社区服务中心为阵地，深化法治实践。区食药局推进销售环节食品可追溯管理；通过在16家集贸市场设立食品安全快检台，开展“食品安全你点我检”活动，强化风险关键点控制和管理，助推法治建设工作提档升级。（区政法委）

【法治惠民】 2018年，迎泽区政法委推行法治惠民实事项目。在信访服务大厅设立人民调解工作室，为群众提供信访接待、法律援助、纠纷调解等一站式综合服务。在建设路南北进口、朝阳商圈、柳巷商圈安装引导屏，完成“迎泽区智慧交通”项目，缓解交通拥堵问题。（区政法委）

【法学研究】 2018年，迎泽区政法委协调整合力量，健全机制，繁荣法学研究。搭建区、街镇、社区（村）三级法律服务平台，开展法治宣传教育和矛盾化解工作，为地区居民群众提供优质高效法律服务。

（区政法委）

【政法队伍建设】 2018年，迎泽区政法委提升政法队伍建设水平。落实“两个责任”。以狠抓党风廉政建设为着力点，督促检查监督多管齐下，全面传导从严治警压力；严格制度规范，做好廉政风险防控，持之以恒正风肃纪。开展“政法精英”选树活动。在全区政法各部门培育选树10名勇于担当的新时代干警，起到示范标杆作用。开展集中整肃、警示教育活动，坚决反思整改。刀刃向内，全区政法各部门班子成员、政法干警，按照集中整肃专项活动要求，开展“以案为鉴、筑牢防线”专题警示教育活动，加强对权力运行的制约和监督，着力解决发生在群众身边的不正之风。高标准开好民主生活会、组织生活会，边查边整，立整立改，整改取得实效。

（区政法委）

【智能平台建设】 2018年，迎泽区政法委构建“互联网+社会管理”智能平台新模式。创新实践，搭建以三级综治中心为阵地、以综治信息平台为依托、以视频监控资源联网共享为核心、以服务实战应用为根本的综治信息化智能平台，补齐综治工作短板，延长工作手臂。（区政法委）

【“雪亮工程”建设】 2018年，迎泽区政法委基本完成“雪亮工程”平台建设。区、街镇综治中心建设全面完成，推进区、街道（镇）、社区（村）三级综治中心实体化、规范化建设，全区公共视频监控建设联网应用基本实现“全域覆盖，全网共享，全时可用，全程可控”的治安防控体系。

（区政法委）

法治政府建设

【概况】 2018年，迎泽区法制办加强党对法治政府建设的领导。坚持把党的领导贯彻到法治政府建设各个方面，发挥好领导核心作用。贯彻落实《迎泽区贯彻落实〈法治政府建设实施纲要（2015—2020年）〉的实施方案》，从加强党对法治政府建设的领导，落实第一责任人责任，强化考核评价和督促检查，加强理论研究、典型示范和宣传引导四个方面保障法治政府建设工作的组织、落实。围绕政府职能转变、强化行政执法监督和深化行政审批改革的重点，制定《迎泽区2018年法治政府建设工作计划》，明确责任单位，工作进度。建立常务会议定期研究法制工作等制度，每半年听取一次依法行政工作情况汇报，研究解决在法治政府建设中存在的困难和问题，做到主要领导亲自抓，分管领导具体抓，确保各项任务落到实处。

强化考核评价和督促检查。落实《2018年法治迎泽建设工作要点》，把法治政府建设纳入领导班子和领导干部综合考核评价体系，把法治政府建设成效作为衡量领导班子和领导干部工作实绩的重要内容，增强领导干部法制观念，提高其运用法治思维和法治方式推动改革、促进发展、维护稳定的工作能力。制定《迎泽区法治政府建设指标体系（试行）》，细化量化法治政府建设各项工作任务。

（区法制办）

【行政审批制度改革】 迎泽区法制办推进简政放权工作。按照省市取消下放事项的有关要求，积极承接、认真梳理、上下沟通，确保下放的事项接住管牢、落到实处，确保取消的事项按要求取消。2018年，迎泽区新承接权力事项2项，取消4项，均落实到位。持续深化行政审批制度改革，全年受理事项3643098件。 （区法制办）

【行政审批平台建设】 2018年，迎泽区法制办依托市级信息平台，辅设行政监察审批模块，对各行政审批事项的受理、承办、审核、批准、办结等环节进行实时监控，实时掌控承诺件的办理进度，透明审批权力行使，提高办事效率。 （区法制办）

【门户网站完善】 2018年，迎泽区法制办完善区级政务服务中心门户网站以及群工系统门户网站，为办事群众提供电子查询区、电子填单台等智能化设备，让群众多种选择地查询办理事项所需资料及相关信息，同步查询审批事项办理状态，公开相关政策、法规和各窗口审批事项内容变更情况等。 （区法制办）

【中介服务清理规范】 2018年，迎泽区法制办清理规范行政审批中介服务事项。对全区30个部门进行摸底，其中，有6个部门涉及中介服务，涉及的中介服务事项共15项。经清理，审批部门所属事业单位、主管的社会组织及其举办的企业无违反规定继续在中间服务机构兼职（任职）

的情况，没有依托行政权力指定中介服务机构提供服务等问题。（区法制办）

【行政许可标准建设】 2018年，迎泽区法制办推进行政许可标准化建设，开展事项校对工作。组织29家入驻部门的89个业务窗口对312项行政审批服务事项一次性告知单进行校对，梳理办事流程、申报资料、申请条件、法律依据、办理时限，完善服务指南，做到行政审批服务事项信息公开准确无误。（区法制办）

【权责清单动态管理】 迎泽区法制办推行行政权责清单制度。区级行政权责清单及“一表两图”编制工作基本完成，并经专家评审、区政府常务会和区委常委会研究通过，于2016年4月向社会公布。出台《迎泽区权责清单动态管理办法》，根据法律法规立改废释、审批制度改革、机构和职责调整、管理任务变化等情况，调整区级行政权责清单，建立权责清单动态调整机制。2016年至2018年，共有21项权力事项涉及动态调整，行政职权事项动态调整长效机制有序运行。全面清理规范行政事业性收费，对区属15个行政事业单位进行对接，对取消或停征的事项进行全面梳理和规范，并实行动态管理，减轻企业的负担。（区法制办）

【市场监管】 2018年，迎泽区法制办加强市场监管，推行“五证合一”。继续全面实行“一套材料、一表登记、一窗受理”的工作模式，推进“一照一码”营业执照应用。放宽市场准入，简化办事程序。促进工商注册登记制度便利化，实行登记注册双告知制度。建立健全登记注册、行政审批、行政主管相互衔接的市场监管机制，实现有关部门依法履职信息互联互通、齐抓共管。推行抽查机制，加强事中事后监管。各单位全部完成“一单两库一细则”编制工作，并在区政府门户网站对外公开发布。年初，对全区27家单位制定及公布的392项事项进行随机抽查，并结合工作重点和监管执法发现的突出问题，更新随机抽查事项清单，实现对全区行政职权事项全流程长效监管。（区法制办）

【文件规范监督管理】 2018年，迎泽区法制办按照法定权限和程序制定规范性文件，严格审查把关，坚持合法性与可行性并重的原则，提高发文的科学性和实效性。健全和完善规范性文件备案登记、备案审查、情况统计、情况通报和备案责任追究等制度，做到有件必备、有件必审、有错必纠。建立健全规范性文件公开制度，对涉及公民、法人和其他组织权利义务的规范性文件，均在政府门户网站上及时公开发布。强化规范性文件动态管理机制，对规范性文件实行动态化、信息化管理。2018年，制定规范性文件4件，均在市法制办登记备案。（区法制办）

【文件清理机制规范】 规范性文件清理工作是维护社会主义法制统一和政令畅通的内在要求，是法治政府建设的重要内容。2018年，迎泽区法制办对涉及非公有制经济、产权保护和生态环境保护的规范性文件进行清理，经清理，涉及生态环境保护的文件共有133件，拟继续保留的30件，拟废止的103件；无涉及非公有制经济和产权保护的规范性文件。（区法制办）

【依法行政制度建设】 2018年，迎泽区法制办强化制度建设，着力提升依法科学民主决策水平。

健全依法决策机制。贯彻落实《关于健全重大行政决策机制的意见》，合理界定重大行政决策范围，明确决策规则，建立决策跟踪反馈机制，落实决策责任追究制度。

增强公众参与时效。对事关经济社会发展全局和涉及群众切身利益的重大行政决策事项，广泛了解各方看法，积极与利害关系人沟通，并注重听取有关人大代表、政协委员、人民团体、基层组织、社会组织的意见和建议。

执行专家论证和风险评估质量。完善重大行政决策公众参与制度，建立健全重大行政决策公开征求意见、民主协商制度。出台《建立健全重大决策社会稳定风险评估机制的实施办法（试行）》，规范迎泽区重大决策社会稳定风险评估工作。2018年，在城中村、棚户区改造过程中，全面推进前期摸底、制定方案、广泛征求意见、客观评估风险、组织评估论证、加强风险管控等工作，从源头上预防和减少了社会矛盾。

（区法制办）

【决策合法审查落实】 2018年，迎泽区法制办贯彻执行《迎泽区重大行政决策合法性审查规定》，建立健全行政机关重大行政决策合法性审查机制，未经合法性审查或经审查不合法的重大行政决策，不得提交会议讨论。在城市管理、征地补偿安置、城中村改造等重大决策中，区法制办均提出建议和意见，并审查房屋征收公告、决定、方案共2份，审查各类协议共40多份，为项目顺利实施提供坚实的法律保障。

（区法制办）

【法律顾问作用发挥】 2018年，迎泽区建立政府法律顾问库，以制度化方式推动法律顾问多角度、全方位介入政府工作，发挥政府法律顾问“智囊团”作用，要求凡涉及重大行政决策、重大合同、规范性文件的起草、重大经济事项、行政争议纠纷、重大执法案件，必须有政府法律顾问出具的书面法律意见书，将政府法律顾问使用工作一一压实，使政府法律顾问用得更常态、更精准。对政府法律顾问参与法律事务的工作记录和提供的法律意见全部完整如实录入工作台账，通过考核方式加强对政府法律顾问的管理。（区法制办）

【集体讨论决定落实】 2018年，迎泽区作出重大行政决策必须经政府常务会议或区长办公会议研究讨论，国民经济和社会发展第十三个五年规划、2018年财政预算以及其他重大财政资金的使用、人事任免、涉及民生的城乡建设、社会保障、劳动就业、住房保障、文化教育、医疗卫生、食品药品安全、环境保护、公共安全和社会稳定等重大事项全部纳入区政府常务会议或区长办公会议研究。2018 年共召开政府常务会议 16 次，政府全体会议 1 次，区长办公会议 40 次，研究三重一大事项近百项。建立重大行政决策档案管理制度。

（区法制办）

【行政决策责任追究】 2018 年，迎泽区推行重大行政决策后评估和实施情况跟踪反馈制度，落实重大行政决策责任追究制度。重大行政决策实施后，综合运用科学、系统、规范的评价方法，了解实施情况，对决策执行后的效果做出评定，对决策严重失误或依法应该作出决策但久拖不决造成重大损失的，严格追究相关责任人的法律责任。

（区法制办）

【行政执法规范推进】 2018 年，迎泽区探索综合行政执法体制改革。创新完善行政执法体制机制，提高行政执法效能，加快推进法治建设。年初，迎泽区就综合行政执法体系现状对食药监局、卫计局、文化局等 11 个部门进行为期半个月的摸底调查研究，对执法职责进行分析研究。

完善行政执法程序。完善行政裁量权基准制度，落实《太原市规范行政裁量权规定》，逐步细化行政裁量标准。完善执法流程，健全配套制度，规范执法行为，提高行政执法效能和执法水平。建立健全行政执法全过程记录制度，确保所有执法环节有据可依，全区 19 个单位均建立行政执法全过程记录制度，配备执法设施设备，提升执法质量，推进案件审理的制度化、规范化。

创新行政执法方式。建立健全行政执法事前、事中、事后公开机制，推动行政执法机关公开职责权限、执法依据、裁量基准、执法流程、执法结果、救济途径等事项，依法及时向社会公开有关行政执法信息。执行《山西省重大行政执法决定法制审核办法》，从源头加强对重大行政执法行为监督。各执法单位建立健全重大行政执法决定法制审核相关制度，并在区法制办备案。（区法制办）

【行政执法责任落实】 2018 年，迎泽区法制办加大执法监督力度，健全执法评议考核机制和责任追究制度，完善投诉举报、情况通报等制度，杜绝对执法活动的干预，防止和克服利益驱动。加强对行政执法的日常监督，组织开展行政处罚案卷评查工作，在各部门自查的基础上，抽取区食药监局、交通局、执法局、卫生监督所等 4 个部门、20 份行政处罚案卷进行检查，对检查中发现的书写不规范等问题进行及时反馈。

贯彻落实《太原市行政执法文明行为规范（试行）》，健全完善文明执法相关制度，推广运用说服教育、劝导示范、行政指导、行政奖励等非强制执法手段，规范行政执法言行，促进规范执法和文明执法。

（区法制办）

【行政执法人员管理】 2018 年，迎泽区法制办强化行政执法监督，规范行政执法资格管理，对全区行政执法主体及行政执法人员基本信息进行采集备案，加强对行政执法人员动态监管。实行行政执法人员持证上岗和资格管理制度，开展执法证件年度审核注册工作，迎泽区有持证人数 428 人，需注册人数 383 人，需注销人数

45人，所持证件全部通过年检。落实行政执法人员资格管理制度。开展行政执法人员资格认证工作，对新增及证件到期的130名行政执法人员进行行政执法资格认证考试，做到持证上岗。（区法制办）

【行政执法保障】 2018年，迎泽区法制办维护行政执法的权威性和严肃性，依法公正行使职权，坚决排除对执法活动的干预。行政机关履行执法职责所需经费，纳入本级财政预算，保证执法经费足额拨付。执行中央、省对罚缴分离和收支两条线管理制度，杜绝各种变相下达罚没指标，行政事业性收费、罚没收入同执法部门利益直接或者变相挂钩行为。（区法制办）

【行政执法监督】 2018年，迎泽区法制办接受党内、人大、政协、司法监督。2018年办理人大代表建议、政协委员提案共270件。制定《迎泽区行政机关负责人出庭应诉工作暂行规定》，各部门认真应诉，尊重并执行法院生效裁判，判决裁定依法执行率达到100%。

依法实施层级监督、强化审计监督。出台《迎泽区人民政府内部层级监督制度》，监督主体、内容、方式及程序进一步规范。加大行政执法行为监督力度，有效规范行政执法行为。年中，配合区档案局开展档案执法检查。强化审计监督工作。深化本级预算执行审计，把提质增效和厉行节约贯穿始终。深化经济责任审计，强化对权力运行的监督。深化政府重大投资项目审计，提高政府投资效益。完成审计项目18个。

自觉接受社会监督和舆论监督机制。设立公开举报电话、建立信访接待制度，做好公民、法人和其他组织的投诉、举报办理工作。主动接受新闻舆论和群众的监督，建立舆情信息员队伍，收集反馈社情民意。对区域内的舆情信息按时处理和回复，对可能产生重大舆情的事件，区委、区政府主要领导亲自批示，有关部门积极主动地查处和整改。（区法制办）

【政务公开】 2018年，迎泽区法制办加强对政府信息公开工作的领导和制度建设，成立迎泽区信息安全工作领导组，印发《2018年政务公开工作要点》《信息公开审查与保密制度》《信息公开责任追究制度》等配套制度，完善政府信息主动公开、保密审查、责任追究等机制。加强互联网政务信息数据服务平台和便民服务平台建设，提高政务公开信息化、集中化水平。

（区法制办）

【行政复议】 2018年，迎泽区法制办加大行政复议体制机制创新力度，继续推进行政复议委员会试点工作，全面提升行政复议工作水平。截至2018年年底，依法审理行政复议案件60件，维持24件；驳回行政复议申请18件；确认原具体行政行为违法或无效3件；履行法定职责1件；不予受理14件。基本做到定纷止争、案结事了。对复杂疑难的行政复议案件，委托法律顾问出具法律意见书，采纳法律顾问意见建议，确保案件得到正确公正处理，提高案件办理质量。推动行政复议工作规范化建设，有效落实办案场所和有关装备保障，设立行政复议办公室，行政复议经费列入本级政府预算。（区法制办）

【矛盾纠纷调处化解】 2018年，迎泽区法制办发挥大调解协调中心的牵头作用，利用人民调解、行政调解、司法调解、社会调解共同协作的调解功能，做好各类矛盾纠纷的排查调处，结合扫黑除恶专项斗争，各人民调解组织和人民调解员做好对7个重点领域、11个重点行业、9个重点地区和9个重点部位的矛盾纠纷排查化解工作。全区各级调委会共受理各类矛盾纠纷2666起，成功调处2556起，调处成功率达96%，全区共排查各类矛盾纠纷377起。开展社会治安风险隐患大排查大整治等专项行动，稳妥处置群体性事件，有效地化解各类不稳定因素，为全区的社会和谐稳定提供基础保障。（区法制办）

【信访法治建设】 2018年，迎泽区法制办加快信访法治化建设，在源头治理上下功夫，研究新常态下社会矛盾的新特点新变化，加强对社情民意分析研判，引导群众依法理性表达诉求，将矛盾纠纷化解在萌芽状态。优化传统信访途径，推动走访为“网访”，打破传统信访工作模式的封闭性，实行信访事项的受理、办理、督办全过程公开，全程跟踪督办，倒逼责任落实，提升信访工作公信力。建立重点疑难信访案件项目化管理机制，对重点老户进行分类梳理，对符合条件的案件成立化解小组，明确化解项目负责人及化解时限，加快化解速度，提高化解效率。实行诉访分离，完善涉法涉诉信访依法终结制度，依法处理信访活动中的违法犯罪问题，规范信访秩序。（区法制办）

【法制教育培训】 2018年，迎泽区法制办坚持和完善领导干部集体学法、法制讲座、法律培训制度，制定领导干部年度学法计划，组织实施，促进领导干部学法的经常化。区委中心组和区委常委会、区政府常务会议分别安排集中学习（研究）宪法制度、依法行政相关知识和有关工作各1次。组织法制办工作人员参加省、市法制办举办的法治政府建设工作培训，充实依法行政理论知识。注重工作实务培训，举办全区依法行政培训，邀请法务专业人员围绕行政强制法进行讲解，增强执法人员法治意识，提高行政执法水平。

（区法制办）

【依法行政宣传】 2018年，迎泽区法制办开展依法行政宣传月活动，发挥报刊、广播、电视、电子屏等大众传媒的作用，播放依法行政宣传标语和相关知识，设立投诉电话和信箱，倾听群众意见和建议。落实“谁执法谁普法”责任制，推进国家机关工作人员无纸化学法用法考试工作，组织全区116家机关和事业单位4257人参加《监察法》无纸化学法用法统一考试”，参考率达90.31%，合格率达89.29%。以执法人员为重点，组织全区28个单位729人参加《法治政府建设实施纲要》及省、市《实施方案》知识竞赛活动，提高行政执法人员学法用法的积极性及自觉运用法律实施行政执法的技能，增强行政执法人员的依法行政意识，为依法行政、规范执法和文明执法奠定基础。 （区法制办）

公 安

【概况】 2018年，太原市公安局迎泽区公安分局围绕习近平总书记提出的“对党忠诚、服务人民、执法公正、纪律严明”的总要求，以“2018守护平安系列专项行动”为抓手，开展扫黑除恶专项行动，高位推进，深度打击，全力保障民安。坚持问题导向，坚持信息引领，破解难题、防控风险、维护稳定、服务发展，发挥主城区公安机关引领示范作用，为省城首善之区创造稳定的政治环境和治安秩序。

控警情、压发案效果明显。全年接处警44588起，同比下降10.21%。其中刑事类警情3360起，同比下降19.02%；治安类警情16599起，同比下降11.65%；其他警情24629起，同比下降7.84%。实施精准化专业化打击，完善合成作战工作机制和所队联动机制。全年侦破刑事案件2150起，起诉962人，追逃264人，破毒品刑事案件43起，查处吸毒人员486人，缴获毒品2979.7克。命案发3起破3起，破命案积案1起。打掉黑社会性质犯罪集团犯罪团伙1个，恶势力集团5个，恶势力团伙9个，抓获团伙成员173人。破获系列入室盗窃38起、撬盗街边店铺17起、盗窃车内财物20余起。经济案件立案154起，破获143起，抓获犯罪嫌疑人97人，涉案金额14亿余元，电信诈骗案件立案345起，破获31起，止付、冻结资金260余笔，发放宣传资料10000余份。破获食药类案件154起，刑事拘留40人。查处各类治安案件28390起，行政拘留1622人，其中涉黄涉赌案件168起。收缴各类涉危涉爆物品3270件，查处违反危险物品管理案件6起。全年无人员伤亡火灾事故，挂牌督办的源中心F座公寓、海洋大厦、铭鼎国际、义乌小商品重大火灾隐患单位均已销案摘牌。举办第三届全国区县公安机关刑侦大队长跨区域警务协作论坛·迎泽论坛，与全国27个省刑侦专家、能手及阿里巴巴等互联网公司专业人士200人共同探讨“传统侦查与数据实践”的深度运用，增强区域警务协作。举办五四“那是青春吐芳华”系列图片展、举办文明交通综合治理成果展。举办“2018守护平安”专项行动表彰会，抓好队伍教育管理工作，提升队伍凝聚力、向心力、战斗力和创造力，聚焦基层、服务民警，主动作为、扎实工作，打造新时代过硬公安队伍。

2018年，树立“互联网+”工作思路，打造公安管理服务新模式，迎泽区政务服务中心公安业务窗口被授予“文明示范岗位”荣誉称号。分局被评为山西省文明单位、太原市文明单位标兵、迎泽区2017年度安全生产特殊贡献单位。 （张 敏）

【反恐处突】　2018年，迎泽区公安分局及时上报市局反恐情报信息，督导检查全区重点目标单位和一、二级反恐重点单位，下发整改通知书，核查重点人员。依法妥善处置各类群体性事件。与全区反恐重点目标单位建立三警联动反恐机制，在太原火车站等重点部位实行武警、巡警、特警、铁警四警联勤工作机制，在全区组织开展反恐演习、微演练，持续保持对各类暴恐活动的严打高压态势。　（张　敏）

【风险管控】　2018年，迎泽区公安分局全面提升意识形态领域风险管控能力，推动专项工作纵深发展。全年未发生一起极端案件。　（张　敏）

【巡逻防控】　2018年，迎泽区公安分局加强警情研判，突出防控重点。根据《每日警情》通报，分析街面发案特点，明确多发易发案路段和区域，加强对辖区重点复杂部位和居民区的巡逻守护。坚持点、线结合，提高街面警力的盘查率。在辖区重点单位、人员复杂场所等密集场所外围及区域建立巡查卡点全天武装巡逻，认真盘查、检查各类形迹可疑的嫌疑人员。组织辖区保安、治安协勤、社区巡防、治保组织等基层群防群治力量，发挥护村、护楼、护院、护店的积极作用。责任区民警定期向治保组织通报案件发生情况、防范工作重点和信息收集要点，帮助和指导每一名成员掌握工作职责、做好“四防”及巡逻的基本技能。　（张　敏）

【“护校安园”】　2018年，迎泽区全部建立校园警务室，113所学校全部配备专职保安629名，全部持证上岗；各校园按照标准给保安员配备头盔、防刺背心、防割手套、橡胶棒等，校园共有警械装备638套；视频监控全覆盖，覆盖率达100%；全部安装“一键通”报警器，发生警情可一键报警，做到及时报警，及时处置；开展校园教育法制课113节；开展校园周边治安排查整治，共督导检查400余次，排查校园周边治安乱点21处，整治21处。为净化校园创造良好的治安环境。　（张　敏）

【治安隐患排查】　2018年，迎泽区公安分局围绕辖区特种行业、物流寄递业、复杂场所等重点场所，开展治安隐患排查检查，全面消除安全隐患。共检查各类场所6100余家次。对火车站周边、菜园村、小南关片区等易藏污纳垢的小旅馆、日租房进行集中围剿，共查封、清理小旅店、日租房71家，彻底消除治安隐患。对全区89家寄递物流企业及时备案，做到底数清、情况明、不漏管、不失控，加大对物流寄递业违法犯罪的打击力度，共破获刑事案件8起，查处非法运输易燃易爆危险物品案件23起，行政拘留28人。收缴各类涉危涉爆物品。搜捕流浪犬2150只。　（张　敏）

【网络安全管理】　2018年，迎泽区公安分局加强互联网网络安全管理。编报《山西网情快报》。　（张　敏）

【交通文明治理】 2018年，迎泽区公安分局推进文明交通综合治理纵深发展，把握文明交通综合治理工作的总要求，着力破解交通管理难题，提升道路交通治理水平。结合辖区实际，明确责任，综合施策，协调配合，形成以“交警为整治行动主力军，公安各警种全面参与，政府各部门密切配合”的良好工作机制，并实行路面整治网格化、全覆盖管理措施，确保整治效果最大化。全年，共规划设置非机动车停放点143个，释放居民周边道路资源58处，开放内部停车资源80家，违停处罚9152起，取缔私设地锁86处，处罚违停447起，进行五进宣传103次，推动30个社区共同参与整治工作，严厉打击各类妨碍、阻挠、抗拒执法的行为，行政拘留18人，刑事拘留23人。以朝阳街和柳巷商圈作为首批试点，推进智慧交通建设；通过大数据分析全面规范和改进迎泽地区交通出行秩序；以桃园、双西小学为试点，推进校园周边“绿色接送点工程”；以“文庙新城示范片区”建设为试点，探索尝试“示范片区”治理工作。举办迎泽区文明交通综合治理成果展，以版面呈现的形式，精选全区文明交通综合治理前线资料，对全区“文明交通综合治理”行动进行阶段性全景式展现。 （张　敏）

【禁毒严打整治】 2018年，迎泽区公安分局以“禁毒严打整治”为抓手，以“一打击、二收戒、三管控、四预防”为主攻点，对毒品犯罪发起凌厉攻势，破获毒品刑事案件43起。其中特大人体藏毒案件1起、机场车站堵源截流毒品刑事案件2起、公斤级贩毒案件1起。开展禁种航拍行动，出动警力24人次，启动无人机70余架次，航程涉及郝庄地区的山区林场、偏远山头、交接地块、空壳村等有可能种植毒品原植物的19个重点村约60平方公里。制作展出禁毒展板66块，条幅28条，发放各类禁毒宣传资料18000余份。提前全部完成43名收戒收治病残吸毒人员专项行动目标任务，位居全市前列。 （张　敏）

【“互联网+”户政业务】 2018年，迎泽区公安分局顺应网络时代便民服务新要求，创新优化户政服务，以“互联网+户政业务”理念在全省范围内率先开通二代身份证工本费微信支付业务。全面履行行政审批“放管服效”改革战略，创新服务模式，用现代科技手段拓宽窗口服务的广度和深度，助力“一网通一次办”服务。与上级公安机关业务部门沟通，在全省范围内率先推出二代身份证工本费微信支付业务，为全局各户政窗口配备人口系统二维码支付显示设备，身份证业务办理支付在原办证流程不变的基础上，在户政窗口前台平板显示器上自动生成动态二代证办证信息、缴费金额及支付二维码，群众即时核对信息后，微信扫码进行支付，实现数据的实时交互，简化缴费流程，提高办事效率，真正让群众感受到网上微信支付的便捷性及服务性。新南二社区警务室构建全新的“e起学、码上看、安全微播站”智慧警务宣传平台，迎泽派出所打造“互

联网+VR”前瞻性的全景服务平台。分局驻区服务中心出入境窗口被确定为第一批市级学雷锋志愿服务站点。（张　敏）

【扫黑除恶】　2018年，迎泽区公安分局创新工作模式，以农村为重点全面启动“扫黑除恶”所、队包村工作机制，加大农村地区扫黑除恶工作力度，为彻底铲除迎泽区农村地区黑恶势力打下坚实基础。

坚持问题导向。为有效解决迎泽区农村地区“扫黑除恶”斗争宣传发动、线索摸排、案件办理、化解矛盾等工作中“夹层”“肠梗阻”等问题，消除扫黑除恶工作盲点、盲区，组织八个派出所、刑事侦查大队、五个责任区刑警队、便衣侦查大队、经侦大队、治安管理大队、巡警大队，对郝庄镇28个行政村全部进行包村工作，对农村地区涉黑恶犯罪进行地毯式排查，实行纵深打击。

坚持全面发动。成立分局“一把手”任组长的包村工作领导组，制定专门工作方案，召开专项推进会，对相关工作进行专门安排部署。分局党委与包村所、队层层签订责任书，选拔政治可靠、素质过硬的同志全面投入线索摸排核查工作。通过包村入户走访，掌握第一手资料、了解第一手情况、获取内幕性信息，扭转“扫黑除恶”专项斗争中民警“不会干、不敢干”和村民“不会报、不敢报”的问题。

坚持统筹协调。郝庄、长风东派出所负责对接包村所队，组织召开“两委”会，协助包村所队打开工作局面。各包村所队以每组不低于3人的方式开展进村入户工作，从中掌握党群关系紧张、矛盾突出的症结，确保线索排查、案件办理不留死角。

坚持线索摸排。对郝庄镇28个行政村全部进行包村入户工作，建立线索滚动摸排机制。全局全年核查线索146条，打掉黑社会性质犯罪集团犯罪团伙1个，恶势力集团5个，恶势力团伙9个，抓获团伙成员173人。打掉以武某某为首的柳沟村黑社会性质犯罪集团犯罪团伙及以魏某某、魏某为首的双塔村恶势力犯罪团伙；将打击文物犯罪与“扫黑除恶”专项斗争相结合，破获“2·12”盗掘古墓葬专案，打掉以张某某、李某、冯某为首的三个恶势力犯罪集团和以苏某某、秦某某、李某某为首的三个盗掘古墓的恶势力犯罪团伙。

（张　敏）

【“勘查+”侦查】　2018年，迎泽区公安分局打破现场勘查单一工作模式，采用侦查与技术相结合、现场勘查向侦查工作延伸的工作机制，通过侦查发现现场勘查的不足，促进现场勘查工作的提高，在现场勘查工作的同时，调取现场视频并积极为侦查部门提供线索多起，并与侦查人员一道利用视频追踪破获系列技术开锁入室盗窃案、流窜系列撬盗街边店铺案，形成“现场勘查+视频追踪+信息研判”的工作模式。

（张　敏）

【所队联动】　2018年，迎泽区公安分局针对刑事警情发案中扒窃、盗窃电动自行车、电瓶犯罪突出实际，组织开展专项打击行动，“所队联动”工作机制成效明显。全年接处警44588起，同比下降10.21%，其中刑事类警情 3360 起，同比下降 19.02%，治安类警情 16599 起，同比下降 11.65%，其他警情 24629 起，同比下降 7.84%。

（张　敏）

【法制包联】 2018 年，迎泽区公安分局引深法制包联职能，提升执法监督能力。对聘请法律顾问实行包联制度，7 名法律顾问律师和法制大队 7 名包联民警对接，和包联民警共同负责该包联民警分管的单位，遇到疑难复杂案件随时研究提供法律支持，并建立定期座谈机制，法律顾问每月和包片民警、办案单位民警共同召开座谈会，研究执法过程中存在的问题和下一步规范执法工作意见，不断提升法制部门驾驭复杂局势和解决复杂疑难案件的能力，确保审批的每一起案件经得起考验。

（张　敏）

【制度建设】 2018 年，迎泽区公安分局强化制度建设，确保执法流程规范化，草拟《太原市公安局迎泽分局关于现场执法记录、办案区使用工作规范》（试行办法），确保民警执法过程中有法可依、有章可循。严格案件审核不放松，全年无一起国家赔偿、复议撤销和诉讼败诉案件。推进实施执法办案场所和执法音视频系统升级改造工程。

（张　敏）

【执法安全】 2018 年，迎泽区公安分局针对刑事案件办案周期长、办理工作时限要求紧、工作强度大、羁押场所路途远等问题，实行专职抓捕、押送嫌疑人机制，在每个作战单位成立专业抓捕小分队实施抓捕，由巡警大队牵头实行专人专车送押，减轻办案民警工作负担，确保执法安全。

（张　敏）

【一网通一次办】 2018 年，迎泽区公安分局依托微博、微信等新兴媒体平台多层次、多形式、多渠道和多方位宣传“一网通一次办”，通过现场发放、张贴“一网通一次办”办事指南二维码的宣传资料和海报、公布人才落户专项咨询电话，开通人才落户“绿色通道”，设置引导窗口，确保人才落户政策精准落地。全年共受理 6297 人次咨询申报落户事宜，开具人才迁入《准迁证》4587 人。（张　敏）

【伤情鉴定下基层】 2018 年，迎泽区公安分局继续深入推进伤情鉴定下基层，不断健全完善刑事技术鉴定工作机制，前移刑事鉴定工作，定期派出法医深入派出所，开展伤情鉴定和相关业务咨询服务，解决分局远离市区、交通不便、群众往来鉴定困难的问题。全年受理伤情鉴定 94 份，深入派出所服务 7 次。（张　敏）

【证件办理】 2018 年，迎泽区公安分局启动高考学生节假日办证绿色通道，利用微信公众号、社区微信交流群等网络媒介以及宣传单、海报等多种形式，发布办证信息；推出邮政快递证件业务，提升办证效率，让群众足不出户就可以享受到证件快递到家服务。全市第一批启用卡式“港澳台自助签注易”　的便民业务试点在分局庙前派出所、桥东派出所全面开展，“只跑一次”工作制度提档升级。（张　敏）

【警营开放日】 2018年，迎泽区公安分局坚持向党委、人大、政府、政协等领导机关汇报工作制度，举办2018年度向“两代表一委员”汇报工作暨“警营开放日”活动，宣传2018年度分局工作，坚持派出所向辖区群众汇报工作制度，坚持向市“两代表一委员”、区、县（市）参与市直单位测评的领导及部门汇报工作制度，开门纳谏，广泛征求意见，巩固提升群众安全感和对迎泽公安工作的满意度，争取社会各界对迎泽公安工作的更大支持。（张　敏）

【“那是青春吐芳华”图片展】 为传承迎泽公安优秀文化，重温分局光辉历程，增强队伍荣誉感、自豪感和凝聚力，“五四”青年节，分局举办“那是青春吐芳华”主题图片展，精选展现分局历史进程、民警工作生活和队伍精神风貌的230余张珍贵照片，再现迎泽公安70年的光辉历程和优秀传承，积淀着责任与使命，展望着光荣与梦想。

（张　敏）

【主题教育学习】 2018年，迎泽区公安分局围绕习近平总书记提出的“学懂、弄通、做实”，坚持党性引领，采取多种措施，组织全警学习贯彻中共十九大精神和习近平新时代中国特色社会主义思想，每月下发理论学习重点，每两周组织开展一次党委中心组理论学习。邀请山西经济管理干部学院经理学院副院长、副教授智恒勤，以“学习十九大精神，提升狠抓落实的能力”为题作专题辅导讲座。各党支部依托“三会一课”制度，以《党的十九大报告》、习近平系列重要讲话等为主要内容，采取集中学习、座谈讨论、领导解读等多种形式，深刻领会中共十九大精神和习近平系列重要讲话的实质与核心要义，把学习教育转化为促进工作成效的强大动力。保持公仆情怀、争做为民服务的表率。组织民警收听收看庆祝改革开放40周年大会实况，在建党97周年来临之际，组织党支部工作者和党员民警代表走进太原市图书馆马克思书房开展主题党日教育活动，重温入党誓词活动，深刻领悟马克思主义的光辉思想，重温伟大导师的高尚人格和历史功绩，教育引导广大党员民警坚定不移做好马克思主义的学习者、传播者和践行者，提升用马克思主义的科学思维方法研究问题、解决问题的能力，筑牢忠诚警魂，强化党员意识，锤炼党性修养，为新时代公安工作努力奋斗。（张　敏）

【选树先进典型】 2018年，迎泽区公安分局健全先进典型日常发掘、培养选树和常态跟踪制度，适时启动战时表彰直通车，开辟光荣榜，对在各类专项行动、重大安保维稳等工作中涌现出的先进典型进行表彰，聚警心、鼓舞士气。

2018年，全局共有55名党员民警荣获立功嘉奖，杨红霞被山西省人力资源和社会保障厅、山西省妇女联合会联合授予“山西省三八红旗手”荣誉称号，边建虎被山西省人力资源和社会保障厅、中共山西省委政法委员会联合授予“山西省杰出政法干警”荣誉称号。（张　敏）

【党风廉政建设】2018 年，迎泽区公安分局落实党风廉政建设“一岗双责”和“两个责任”，推进党风廉政文化建设，开展廉政主题思想教育学习、建设廉政文化长廊，组织民警参观党政廉政教育基地，收看学习《警钟》和《漠视的代价》系列警示教育片，营造风清气正的廉政从警氛围。重要节日前夕，通过通知、微信、短信形式进行廉政提醒，全年编发提醒通知等 40 余条。开展执法执纪突出问题教育、预防与专项整治活动等一系列专项警示教育及整治活动。全年针对一般性投诉举报和问题线索，开展提醒谈话 9 人次，审核出具无违纪证明 78 人。践行“五位一体”队伍管理机制，制作民警廉政档案，并组织全体民警进行三个季度廉政风险评估。（张　敏）

【从优待警】　2018 年，迎泽区公安分局推进从优待警措施，确保各项惠警政策扎实落地，提升队伍凝聚力向心力。对公安英模、英烈家属和特困民警进行帮扶救助，慰问因公负伤民警、安保执勤点和基层所队一线执勤民警，开展“党委成员一包一”关爱民警活动，完善民警、辅警体检、休假和心理健康保护工作，邀请省厅心理专家举办民警实战心理健康训练；举行年度总结表彰大会暨迎新春文艺汇演，邀请省市书法名家为民警书写春联，为退休民警举行荣退仪式，组织民警、辅警开展五四系列活动，参观山西公安机关打击文物成果宣传展，参与市局开展的摄影、书画展以及赛歌比赛；举办秋季运动会和全名健身日活动；在分局机关、办案中心食堂晚 11 点至 12 点半增加爱心夜间餐，解决加班及巡逻民警就餐问题；全面落实民警的警衔津贴、工资调标、值加班补贴，确保各项惠警暖警政策待遇扎实落地；加强警营文化建设，成立讲解小分队，在全局弘扬正能量；出台《维护公安民警正当执法权益的工作机制》，维护民警执法权益、保障民警的执法尊严。（张　敏）

【办公环境改善】　2018 年，迎泽区公安分局改善基层派出所办公环境，解决部分基层派出所危旧办公楼，租赁办公楼内办公问题，分局文庙派出所新建业务用房开工建设；长风东派出所完成立项工作；郝庄派出所整体完工；分局涉案财物中心开工建设，辅助设施全部完成。（张　敏）

【技术设备升级】　2018 年，迎泽区公安分局提升基层公安业务科技信息化水平，打造适应公安工作需要、时代发展要求及便民利民的公安工作，投入 80 万元为技术中队配备“宽光谱指纹提取系统”“复杂背景指纹提取系统”及“生物物证搜索光源”等新设备，提高现场勘查指纹提取率、比中率；为各单位办案区配置 12 套新型信息采集仪，实现情报信息采集平台的换代升级。（张　敏）

【“2·12”省督打击文物犯罪团伙案】2018 年 2 月 11 日，省公安厅围绕山西省运城市新绛县盗掘古墓案件线索，成立以山西省副省长、省公安厅厅长、党委书记刘新云为组长的专案组，并指定分局对该案进行具体侦办。2月11日分局成立专案组，全面开展侦查工作，在省、市技侦、网安和属地公安机关的配合下，经过5个多月的艰苦奋战，一举打掉以张某某、李某、冯某为首3个盘踞在山西省运城市新绛县的盗掘古墓恶势力犯罪集团和以苏某、秦某某、李某某为首的3个盗掘古墓恶势力团伙，共抓获犯罪嫌疑人86名，团伙头目和骨干成员全部落网，破获案件146起，其中盗掘古墓葬案件71起，倒卖文物案件75起。共收缴文物1032件（组），经鉴定属于珍贵文物的有117件（组），其中国家一级文物6件（组），国家二级文物19件（组），国家三级文物92件（组）；查扣现金80余万元，冻结银行账户资金340余万元，查扣（封）车辆30辆，以及一大批盗墓工具和炸药制作设备，有力打击文物犯罪分子的嚣张气焰，极大震慑和遏制山西省盗掘文物犯罪活动。

在案件侦办过程中，各级领导给予高度关注，省委书记骆惠宁，省委常委、省政法委书记商黎光，省委常委、市委书记罗清宇，副省长、省公安厅厅长刘新云，副市长、市公安局局长马润生先后作出批示，刘新云、马润生定期听取案件进展情况，亲自协调解决工作中遇到的困难和问题，多次亲临专案组研究指导办案，为案件成功侦破提供强有力的领导保障。（张　敏）

【保健品冒充药品诈骗老年人系列部督案】2018年5月18日，迎泽分局迎泽责任区刑警队通过对2018年辖区警情梳理，发现一批以保健品冒充药品诈骗老年人财物的案件线索。分局立即抽调迎泽责任区刑警队、便衣侦查大队精干警力成立专案组，在市局技侦支队的配合下，通过深入摸排和视频追踪，成功锁定并打掉以关某某为首的诈骗团伙，抓获犯罪嫌疑人15人，查扣涉案保健品300瓶、作案车辆7辆，冻结涉案资金49万元，破案62起。经查，犯罪嫌疑人关贵东于2017年3月注册“山西得康生物科技有限公司”。后该以上述公司为掩护，纠集白某某等8人充当业务员，招募靳某某等8人充当“药托”，采取公司化运作模式，以免费赠送小礼品等形式吸引被害老年人，进而以“药托”冒充患者、专家提出指导建议等手段骗取受害人信任，最终将低价购进的“沙棘多肽”“熙太乐”等保健食品向被害老年人高价售出并从中牟取暴利，先后诈骗受害人636人，涉及金额445万元。关某某等12名犯罪嫌疑人被刑事拘留。（张　敏）

【湖南衡阳籍医托勾结医院系列诈骗案】2018年4月，迎泽分局食药环大队根据群众报警，于7月16日联合文庙派出所、迎泽责任区刑警队、郝庄责任区刑警队、巡警大队、刑侦大队技术中队组织开展集中收网，一举摧毁湖南衡阳籍人员医托团伙组成的，与太原睿康医院（系民营医院）负责人、院长、科室负责人等医院从业人员勾结，疯狂实施诈骗犯罪的特大医疗诈骗犯罪集团。该案系全市首起公司化运作的系列医疗诈骗案，共查获涉案银行卡 20 张，账本 11 本，电脑 6 台，抓获犯罪嫌疑人 37 人、破案百余起、涉案金额 370 余万元，受害人达 500 余人。经查明，2018 年 4 月以来，湖南衡阳人欧某某，纠集老乡邹某某、王某某等 6 人，与太原睿康医院负责人王某某、孙某某夫妇及该院行政院长赵某某、院办负责人李某某及妇科、财务科、检验科、治疗室、手术室等相关科室从业人员，通过事先预谋虚构病因、夸大病情、过度治疗等方式，形成组织严密、诈骗手段清晰、按比例分赃明确的一体化医疗诈骗利益链条。（张　敏）

【“8·28”套路贷案】 2018 年 10 月 26 日，迎泽分局破获“8·28”套路贷寻衅滋事并致人自杀一案，成功打掉一个利用手机 APP 放贷，使用裸照、花圈照、灵堂照等方式进行暴力催债的犯罪团伙，抓获犯罪嫌疑人 12 名，刑拘上网 6 人。捣毁 2 个作案窝点，查扣作案使用的电脑 21 台、作案手机 20 部、记账本 10 本、催债剧本 2 本，从手机、电脑内提取合成被害人厅堂、裸体照片 100 余张，冻结资金 2 万余元。受害人涉及全国近 30 个省，非法获利 50 余万元。其中涉及采取发送合成灵堂照、裸照照片等方式进行威胁、恐吓被害人 789 人次，涉及贷款人 106 人，核实身份 91 人，来自全国 27 个省份，无法核实身份 15 人。经查明，2018 年 6 月 14 日，犯罪嫌疑人孔某某为了谋取非法利益，伙同吴某某等人在杭州成立东莞天启融资租赁公司。利用手机 APP 平台推广的方式放高利贷，采取高额利息、手续费、服务费、延期费等名义非法占有他人财产，雇佣专门人员使用话术剧本进行套路催债，组织人员传授催收套路，发送合成裸照、花圈照等彩信、微信，威胁、恐吓贷款人及其亲属朋友，迫使其支付各项高额利息、费用。（张　敏）

【刘某某特大伪造变造买卖国家机关印章案】 2018 年 11 月 12 日晚 20 时许，迎泽分局文庙派出所在万柏林区太原理工大学内将犯罪嫌疑人刘某某抓获，当场查获作案工具笔记本电脑 2 台、塑封机 1 台、扫描仪 1 台，查扣各类伪造公章、名章 1000 余枚，各类军队证书、毕业证、资质证上万册，涉及全国 10 个省份、100 余个地市。经审查，犯罪嫌疑人刘某某，男，49 岁，湖南双峰县人，2017 年 9 月份到太原，暂住万柏林区太原理工大学家属楼 2 号楼 4 单元 402 室，通过张贴办证小广告，以 100 元至 500 元不等的价格制作贩卖各类国家机关证件及银行流水、医疗明细等。制假所用原材从湖南省娄底市一张姓男子处购买通过快递方式运输发送至太原。到案后，该对其从事伪造变造买卖国家机关公文印章犯罪事实供认不讳。犯罪嫌疑人刘某某被刑事拘留。（张　敏）

【“天天禧”组织卖淫案】 2018 年 5 月 23 日晚 23 时，迎泽分局柳巷派出所调集 20 余名精干警力，组织开展零点集中收网行动。通过集中抓捕，当场控制店内工作人员及卖淫嫖娼违法人员 33 人，摧毁一个公司化运作的特大组织卖淫团伙。6月14日再抓获一名介绍嫖客的出租车司机，有效遏制该团伙卖淫活动的扩散蔓延，全面挤压涉黄犯罪空间，净化全市社会治安环境。经查明，天天禧足疗养身会所是一个组织完备、分工明确、实行绩效薪酬、有严密防范应对措施的公司化运作组织卖淫犯罪集团。该店以犯罪嫌疑人路某某为首，雇佣杨某某、刘某、郭某、王某某，陆续招聘多名卖淫女，制定服务项目及价格，以足疗按摩为掩护，以每次400元至800元不等的性交易价格，暗中从事卖淫违法活动。其间，路某某还通过向出租车司机发卡方式为该店招揽嫖客。一些出租车司机在利益的驱使下，不断为乘客介绍、推荐该店，以赚取提成，仅2018年5月一个月，为该店运送过嫖娼违法行为人的出租车达200余辆，通过出租车运送到店的嫖娼违法行为人达400余人。非法收益巨大，仅2018年4—5月间，该店非法获利就达200余万元。路某某等10人分别涉嫌组织、协助组织、介绍卖淫被依法刑事拘留，13名卖淫嫖娼违法人员被行政拘留。（张　敏）

检　察

【概况】　2018年，迎泽区人民检察院坚持以习近平新时代中国特色社会主义思想为指导，坚持党对检察工作的绝对领导，以"争创一流业绩"为目标，忠诚履职尽责，勇于担当作为，发挥检察职能，以更精细的措施服务省城首善之区建设，营造法治化发展环境。以更有力的作为打好扫黑除恶攻坚战，净化社会环境。以更坚强的担当保障人民群众平安需求，全力维护社会和谐稳定。以更严格的尺度强化诉讼活动法律监督，维护社会公平正义。以更过硬的标准强化自身建设，切实筑牢检察事业发展根基。开创迎泽检察工作新局面。

2018年，迎泽区人民检察院院被最高检连续十年评为"全国检察宣传先进单位"，连续两届被省委政法委评为"严格执法公正司法先进集体"，被省检察院评为"山西省检察机关先进集体"等，集体和个人共受到上级表彰达50次。（区检察院）

【检察服务】　2018年，迎泽区人民检察院以更精细的措施服务省城首善之区建设，营造法治化发展环境。坚持把检察工作置于区委提出的"一二三四五"总体思路去谋划和推进，做到中心大局工作推进到哪里，检察工作就服务保障到哪里。

优化经济发展环境。服务保障重大工程建设和产业园区建设。依法批准逮捕工程建设等领域刑事犯罪33人、起诉39人，快捕快诉杨某某等三人敲诈勒索、寻衅滋事案，保障赵北峰村安置回迁楼建设。构建"亲、清"检商关系。到太原市新东城工贸有限公司等24家规模较大的民营企业进行实地调研，了解法律诉求，提供法律帮助；会同区工商联制定《共同服务企业家创新创业营造良好法治环境工作的实施意见》，建立联席会议、案件通报、法律咨询等常态化工作机制，形成工作合力，为企业家创新创业营造良好法治环境。

聚焦保护民生民利。服务脱贫攻坚战略，参与“互联网+阳光百姓”工程，监管涉农等项目资金3351万元。围绕健康迎泽建设，开展“打击破坏环境资源犯罪和危害食品药品犯罪专项活动”，监督公安机关立案9件10人，经法院审理有罪判决8件8人。特别是疫苗事件发生后，检察长亲自带队前往区防疫站调查摸排，督促相关部门加强疫苗管理。服务蓝天碧水工程，推进百日扬尘污染公益诉讼专项整治活动，立案7件；开展打击破坏生态环境违法犯罪专项行动，成立工作领导小组，出台专项行动实施方案，探索加强与公安、国土、法院等部门密切配合，为保护生态环境，实现迎泽绿色发展提供法治保障。

（区检察院）

【法治建设】 2018年，迎泽区人民检察院着眼营造人人知法、守法的良好氛围，依托“扫黑除恶宣传周”等活动平台，开展送法“进社区、进农村、进企业、进机关”等活动，发放宣传资料上万份，提供法律咨询3000余人次，提高群众学法用法和依法维权的自觉性、实效性。加大法治惠民力度，围绕“六最”营商环境要求，将原有的“一站式”案管中心与控告申诉接待大厅整合升级为“12309检察服务中心”，群众到检察机关办事只需“进一扇门，跑一趟路”。

（区检察院）

【扫黑除恶】 2018年，迎泽区人民检察院以更有力的作为打好扫黑除恶攻坚战，净化社会环境。坚定政治立场，把扫黑除恶专项斗争作为重大政治任务和头等大事来抓，为营造风清气正的社会环境奉献检察力量。发挥检察职能，确保精准有力。推行“捕诉一体”办案机制，组建专班，提前介入，引导侦查，依法快捕快诉。集中精干力量办理运城新绛“2·12”盗掘古墓等多起大案，打出检察机关扫黑除恶的强大声势。全年受理提请逮捕黑恶势力犯罪案件13件151人，批准逮捕13件141人；受理移送审查起诉14件165人（含交办案件），提起公诉10件120人，有罪判决3件17人。

加强综合治理，铲除黑恶土壤。聚焦重点地区、重点领域、重点行业，坚持“边扫边治边建”。在案件办理过程中，运用检察建议等方式督促有关部门堵漏建制，铲除黑恶势力滋生蔓延的土壤，向相关单位发出检察建议多份。（区检察院）

【刑事犯罪打击】 2018年，迎泽区人民检察院履行批捕起诉职能，全年共受理提请逮捕案件814件1218人，经审查依法批准和决定逮捕679件1005人；受理移送起诉各类刑事犯罪案件1062件1556人，经审查依法提起公诉974件1356人。为缓解“案多人少”状况，增加办案科技含量，深化远程提讯系统运用，远程提讯593件642人，节约诉讼成本。加大惩处非法吸收公众存款、“套路贷”“医托”等涉众型犯罪的力度，批准逮捕148人。依法办结“光彩慈行”非法吸收公众存款案，158名被告人全部被提起公诉，均被有罪判决。（区检察院）

【移送案件办理】 2018年，迎泽区人民检察院坚决拥护、全力支持配合国家监察体制改革，贯彻监察法、刑事诉讼法，做好法法衔接，依法开展提前介入、强制措施适用、审查起诉和出庭支持公诉等工作。共受理监察委移送案件6件6人，提起公诉3件3人。（区检察院）

【矛盾稳控化解】 2018年，迎泽区人民检察院办案过程中绷紧“保安全护稳定”这根弦，释法说理，在“光彩慈行”案件办理过程中，及时疏导情绪，妥善处理多起群访事件，接待来访群众600余人次。参加区委“深化源头化解专项行动”，做好涉法涉诉信访工作。全年共受理各类控告申诉案件99件。贯彻落实“枫桥经验”，妥善化解轻微刑事和民事行政申诉案件38件。

（区检察院）

【法律监督】 2018年，迎泽区人民检察院坚持把强化法律监督作为立身之本，增强法律监督水平，让人民群众在每一起司法案件中感受到公平正义。

加强刑事侦查与审判监督。共监督公安机关立案22件，撤案13件，追捕35人，纠正漏罪37人，纠正漏犯31人，均被有罪判决。加大审判监督力度，提出量刑建议1201人，法院采纳量刑建议1018人；提出抗诉22件，被二审法院改判或发回重审15件。

加强刑事执行监督。受理羁押必要性审查案件78件，其中立案39件，提出变更强制措施36件，被采纳34件。对监外执行、财产刑执行等方面提出纠正建议64件次，全部得到纠正。

加强民事审判与行政诉讼监督。共受理各类民事行政案件101件，提出检察建议54件，被采纳54件；提出再审检察建议2件，改判2件；不支持起诉33件；终结审查12件。其中，“山西省某联合会借款合同纠纷案再审检察建议书”被评为全国检察机关优秀法律文书。（区检察院）

【公益诉讼】 2018年，迎泽区人民检察院将公益诉讼列入“一把手”工程，检察长靠前指挥，带头办理“保护保宁寨遗址”等16件有影响案件。强化诉前程序作用，针对某餐饮外卖平台入网审查不严现象，向相关部门发出诉前检察建议，督促该平台下线问题商户841家，拒绝805家上线申请，保障千家万户舌尖上的安全。

（区检察院）

【检察队伍建设】 2018年，迎泽区人民检察院以更过硬的标准强化自身建设，筑牢检察事业发展根基，把检察队伍建设作为最重要的基础性工作来抓，坚持党对检察工作的绝对领导，强党建、抓班子、带队伍，提升检察队伍整体素质。

坚持政治建检不动摇。把政治建设融入检察工作的全过程和各环节，全年共组织党组中心组理论学习19次，检察长带头讲党课5次，干警在线学习习近平总书记重要讲话精神人均110学时，教育引导广大干警学深悟透新时代中国特色社会主义思想，增强“四个意识”、坚定“四个自信”、做到“两个维护”，确保检察队伍绝对忠诚、绝对纯洁、绝对可靠。

坚持从严治检不动摇。落实“两个责任”和“一岗双责”，加强队伍教育监督管理，推动全面从严治党、全面从严治检向纵深发展。开展队伍集中整肃活动，抓好学习教育、问题查摆、整改落实、建章立制各项工作。组织“以案为鉴、反思责任”警示教育，使广大党员干警深刻反思、吸取教训，筑牢拒腐防变的思想道德防线。

坚持文化育检不动摇。开展“道德讲堂”“时代新人大讲堂”等活动，提升职业修养，传播检察正能量。建设“文化走廊”，共设立“国学经典”“习近平讲话”“习近平用典”等五大板块内容，营造浓厚的检察文化氛围。组织干警参加全省检察机关“庆祝检察机关恢复重建40周年文艺表演”，全方位展示迎泽检察风貌，增强干警凝聚力、向心力。（区检察院）

【主动接受监督】2018年，迎泽区人民检察院牢记监督者更要接受监督，主动把检察工作置于全方位的监督之下，让检察权在阳光下运行。

主动接受人大监督。主动向人大及其常委会报告检察工作重大部署和重要事项，定期报告年度工作，接受专项工作审议、集中视察和专题调研。主动向区人大常委会专题报告扫黑除恶专项工作，邀请人大代表参加“检察开放日”，开展评议案件等活动。加强与人大代表沟通联系，“两会”期间，组织干警到会旁听各代表团审议检察工作报告，征求意见建议，并对收集的意见建议逐条梳理，对照整改。

自觉接受民主监督和社会监督。接受政协民主监督，及时办结政协委员提案，主动邀请政协委员视察检察工作，征求意见建议。全面推行案件信息公开制度，共公开案件程序信息1571条、法律文书868份、发布重要案件信息21条。发挥微信等新媒体桥梁作用，与群众交流互动3000余次。（区检察院）

法 院

【概况】 2018年，迎泽区人民法院发挥审判职能作用，主动作为，创新机制，为经济持续健康发展和社会大局稳定营造良好的法治环境。全年共受理各类案件13071件，审执结11779件，结案率90.12%，员额法官人均结案数280件，位居全省前列。

2018年，迎泽区人民法院荣获“全国法院审判管理优秀业务单位”，并荣记“全市法院集体三等功”。（周玉旺）

【惩治刑事犯罪】 2018年，迎泽区人民法院依法惩治刑事犯罪，维护社会稳定。共受理刑事案件1078件，审结1038件，结案率为96.29%。

推进以审判为中心的刑事诉讼制度改革，落实认罪认罚从宽制度，宽严相济，罚当其罪。对危险驾驶、盗窃等多发性简单刑事案件采用速裁方式快速审理；开展扫黑除恶专项斗争，共审结涉恶案件4案33人，依法、准确、有力惩处黑恶势力犯罪，维护人民群众生命财产安全；严惩非法吸收公众存款等涉众型经济犯罪，审结该类案件24案175人，涉案金额24亿余元。对涉案金额巨大、受害群众1.2万余人的“山西光彩慈行”案中的部门领导、业务员等100余人分别判处有期徒刑，净化金融环境；加大对危害食品药品安全犯罪惩治力度，审结生产销售假药罪、非法经营罪49案49人，保护人民群众“舌尖上的安全”。（周玉旺）

【化解民事纠纷】　2018年，迎泽区人民法院多元化解民事纠纷，服务转型发展。共受理民商事案件7910件，结案7041件，结案率89.01%。

发挥民商事审判调解、疏导、规范经济活动功能，有效应对经济下行阶段出现的矛盾纠纷，优化营商环境，保障和服务民营企业高质量发展。发展新时代“枫桥经验”，建立多元化纠纷解决机制，探索推出立案导出、诉前调解、速裁衔接、巡回审判等多元化解模式，诉讼案件调撤2252件，调撤率35%。稳妥审理医患纠纷、劳动争议以及票据、股权等新型案件，倡导诚实信用，维护市场秩序。全面推进家事审判方式改革，推行“离婚证明书”、心理干预、婚姻冷静期制度，与村委、居委会建立联动机制，共同化解家事纠纷，弘扬良好家风，构建和谐家庭。（周玉旺）

【推进依法行政】　2018年，迎泽区人民法院协调妥处行政争议，推进依法行政。共受理行政案件70件，国家赔偿和司法救助案件8件，结案59件，结案率75.64%。

行政审判既注重依法保护行政相对人合法权益，又支持和监督行政机关依法行政，形成良性互动，优化执法环境。发挥司法监督职能，推进行政机关负责人出庭应诉制度，促进法治政府建设。在加强合法性审查的基础上，开展行政和解工作，推动行政争议实质化解决。（周玉旺）

【破解执行难题】　2018年是“基本解决执行难”攻坚决胜之年，区法院成立“攻坚指挥部”，按照“从内部着手，从外部突破”的思路，依托信息化平台，执行指挥中心实现实体化运行，网络查控、网络司法拍卖、在线指挥执行功能更加完善。依靠党委领导，加大执行力度，强化失信惩戒，规范执行行为，建立执行联动机制，形成攻坚合力。开展“涉企合同”“涉民生”“百日执行攻坚”等专项活动，运用集中腾房、加大限制高消费、曝光失信被执行人、司法拘留等强制措施，形成强大威慑力。

2018年，迎泽区人民法院共受理执行案件4005件，执结3641件，执结率90.91%。

（周玉旺）

【优化诉讼服务】　2018年，迎泽区人民法院全面优化诉讼服务，畅通信访渠道。坚持“以人民为中心”，对标精准服务、便捷服务、品质服务，与信息化深度融合，构建诉讼服务中心、诉讼服务网、诉讼服务热线“三大平台”，建成线下线上两大服务体系，当事人足不出户就可通过网络实现网上立案，方便群众诉讼。推行诉讼服务“最多跑一次”，减轻当事人诉累。

全面排查和清理涉诉信访案件和重大矛盾纠纷，从源头上消除隐患，解决问题，确保涉法涉诉信访在法治轨道上得以有效解决。共接待信访60次61人，办结上级批转信访案件71件。对生活困难、急需救助的信访人员给予司法救助，共办理救助12案，救助金额21.9万余元。（周玉旺）

司法行政

【概况】 迎泽区司法局统筹全区司法行政工作。内设科室有办公室、法制宣传科、基层社会科和法律管理科，下辖迎泽区法律援助中心。业务管辖柳巷、庙前、文庙、迎泽、桥东、老军营、郝庄等7个司法所。2018年，迎泽区司法局机关政法专项编制为33名（除郝庄镇司法所为3名外，其他司法所均为2名，共计15名；局机关18名），工勤人员1名，实有公务员26人。区法援中心事业编制4人，实有4人。

2018年，迎泽区司法局围绕发展稳定大局，推进“法治迎泽”和“平安迎泽”建设。司法局继续保持市级“文明单位”和市级“双拥模范单位”称号。（赵 霄）

【巡察工作反馈会】 2018年1月29日，迎泽区委巡察二组巡察区司法局党组情况反馈会在区人武部会议室召开。区纪委副书记、监委副主任张建生传达区委书记冯原平讲话精神，并围绕深入落实“两个责任”、全面落实从严治党责任等方面提出意见和建议，为区司法局下一步巡察整改工作指明方向。（赵 霄）

【“七五”普法】 2018年3月6日，迎泽区司法局以法律大讲堂和普法展板为依托，建立“迎泽普法”公众号，扩大普法范围，推动普法内容家喻户晓、深入人心。

（赵 霄）

【“3·15”消费者权益日宣传】 2018年3月15日，文庙司法所和工商迎泽分局车站工商所联合开展以“诚信太原，放心消费”为主题的“3·15”消费者权益保护法的宣传活动，普及有关消费方面的法律常识，为居民群众发放消费者权益保护法宣传资料一千余份。（赵 霄）

【无纸化学法用法及考试】 2018年4月10日，迎泽区司法局法治宣传科落实上级工作要求，结合迎泽区实际，制定无纸化学法用法及考试工作方案，确保无纸化学法用法工作推进“不掉队”，实现“法治迎泽”建设的高质量和均衡化。（赵 霄）

【律师事务所年检初审】 2018年5月11日，迎泽区司法局律师管理科开展律师事务所年检初审工作。年检初审工作落实“放管服效”改革，砍掉各类无谓证明、繁琐手续，提升行政相对人的满意度。严格依照文件标准审核，突出新时代党建工作特点。打造一支高素质的为党分忧、为民解难的律师队伍。（赵 霄）

【法治宣传阵地建设】 2018年3月到6月，迎泽区司法局陆续对辖区内桃南一社区法治文化长廊、桥东街并三社区法治文化长廊等252个法治宣传栏进行内容调整，在宣传基本法律知识和法律援助工作的基础上，增加宪法修正案等相关内容版块，突出宣传“太原市文明行为条例”“扫黑除恶”专项斗争等社会关注度高的热点内容，推动法律深入大街小巷，让法治力量深入人心，推进“法治迎泽”建设。 （赵 霄）

【公共法律服务工作站】 2018年6月22日，迎泽区街道（镇）公共法律服务工作站建立。工作站全面承担起街道（镇）全面依法治理办公室、安置帮教工作办公室、人民调解委员会、矛盾纠纷联调中心、法律服务所、法律援助的工作职能。 （赵 霄）

【律师行业党组织建设】 2018年7月20日，迎泽区司法局根据《太原市律师行业党的建设工作规程（试行）》的工作要求，结合以往律师行业党建工作实际，分层次做好指导工作。推进党的组织和党的工作在律师行业有效覆盖，加大律师党员发展力度，注重把优秀青年律师、骨干律师吸收入党，为律师事务所党建工作增添新的动力。 （赵 霄）

【集中整肃学习】 2018年9月29日，迎泽区司法局在区信访（法援）接待大厅召开全区司法行政系统队伍集中整肃专项活动专题集中学习。会议由党组书记、局长王少骏主持。会议强调，建设一支德才兼备的高素质法治队伍，全体司法行政工作人员要坚定理想信念，必须把理想信念教育摆在工作的第一位，坚持党的事业至上、人民利益至上、宪法法律至上；要坚守职业道德，严格执法，执法为民，绝不允许滥用权力侵犯群众合法权益；三是提升业务能力，结合“三基建设”工作要求，建立健全在职干部教育培训体系，提升业务能力，切实解决好“本领恐慌”问题，确保更好履行工作任务。 （赵 霄）

【法律进校园】 2018年11月15日，文庙司法所在进山中学举办“扫黑除恶，防校园欺凌”普法专题讲座。讲座围绕校园欺凌的种种特征、表现形式以及如何识别校园欺凌、如何面对校园欺凌、如何采取措施保护自己等展开。 （赵 霄）

【“12·4”国家宪法日宣传】 2018年12月4日，以“尊崇宪法、学习宪法、遵守宪法、维护宪法、运用宪法”为主题，迎泽区司法局在桥东街道新街百融居小区举办集中法制宣传系列活动，现场发放2000余册《中华人民共和国宪法》《宪法知识问答》等书籍及宣传资料，社区法律顾问团现场为居民解答日常生活中的遇到的各种法律问题。 （赵 霄）

【人民调解业务培训】 2018年12月28日，迎泽区司法局在太原铁道大厦举办迎泽区2018年度全区人民调解业务培训，全区街道（镇）司法所全体工作人员，社区（村）人民调解员近260人参加。 （赵 霄）

迎泽区人民武装部

【概况】 2018年，迎泽区人民武装部坚持以习近平新时代中国特色社会主义思想和强军思想为指导，以党委年度工作部署为依据，举旗铸魂固根本，聚焦主业谋发展，固强补弱抓规范，严守底线保稳定，持续整改转作风，团结奋进，埋头苦干，完成年度各项工作任务，全面建设取得新的发展进步，被山西省军区表彰为“先进人民武装部”。 （常仲刚　韩　娇）

【民兵整组工作完成】 2018年2月至7月，迎泽区人武部贯彻《太原市“十三五”时期民兵调整改革方案》，完成民兵整组工作。部领导带领机关干部到街镇、社区、行政村调研。在迎泽街办、热力公司开展民兵整组规范化试点，推动工作落实。 （常仲刚　韩　娇）

【专职武装干部集训】 2018年3月13日至22日，迎泽区人武部组织专职武装干部参加警备区在阳曲县民兵训练基地开展的专武干部集训。参训人员严格要求，刻苦训练，在集训考核中取得轻武器分解结合第1名和教学法第2名的好成绩。

（常仲刚　韩　娇）

【首长机关轮训考核】 2018年4月8日至22日，迎泽区人武部刘仍雁参加省军区组织的第一期首长机关集中轮训考核。在集训期间，刘仍雁发扬顽强拼搏、勇于争先的精神，全身心投入，刻苦学理论、练技能、强体能，每天坚持12小时以上。在集训考核中取得个人综合成绩第2名的好成绩，受到省军区的通报表扬。

（常仲刚　韩　娇）

【国防动员部安全大检查】 2018年4月至8月，迎泽区人武部完成迎接国防动员部安全大检查任务。协调区交通局、城管局、园林局对营院进行硬化、美化，投资近60余万元，对办公楼、宿舍、营门警卫室、食堂等进行装修改造，更换办公设备，完善各类战备库室，配齐装备器材。

按照国防动员部安全大检查千分制标准，加班加点，共完成12类上百份软件资料。坚持严格落实安全教育、安全形势分析、安全管理隐患排查等各项制度规定，确保全部安全稳定。8月21日，国防动员部安全大检查工作组，从组织领导、基本制度、安全文化建设、安全教育和安全训练、预防犯罪、人员管理、营院管理、保密管理、机要密码管理、车辆管理、武器装备管理等方面对人武部进行全面检查。（常仲刚　韩　娇）

【兵员征集】　2018年4月至9月，迎泽区人武部把征兵工作作为重要任务来抓。在征兵前期工作中，组织人员进学校、进社区、进企业，开展征兵宣传，通过手机短信、微信公众号、宣传条幅等扩大宣传覆盖面，高质量完成新兵征集任务。

（常仲刚　韩　娇）

【民兵基地化训练】　2018年7月1日至13日，根据警备区统一安排，迎泽区人武部组织基干民兵在太原市民兵训练基地开展基地化训练。部长亲自带队，与参训人员同吃同住同训练，在开展共同科目训练的基础上，组织进行伪装防护、防空、地震救援等专项训练，提高基干民兵遂行应急应战任务的能力。（常仲刚　韩　娇）

人民防空

【概况】　2018年是全面提升人民防空“战时防空、平时服务、应急支援”使命任务能力关键之年，也是国家“十三五”规划承上启下之年，迎泽区人防办持续深化人防融合式发展和军事斗争准备，围绕实现省会城市“首善之区”人民防空工作“平时作用大，战时能力强”的建设目标，“强基础、抓融合、提能力”，组建起“迎泽区人民防空志愿者服务队”——山西越野一族救援队，建立人防志愿者信息资料档案，开展人防应急救援训练和服务活动，深度推进人防转型。

2018年，迎泽区人民防空办公室内设综合科、工程管理科、通信指挥科3个科室。编制9人，实有6人。下设迎泽区人民防空监察站，编制3人，实有2人。

（区人防办）

【人防队伍建设】　2018年，迎泽区人防办加强机关队伍建设，着力构建学习型机关。突出科学发展，在学习制度上更加突出长效性，建立集中学习与自学相结合的学习制度，提高机关人员的理论水平和业务素质。

着力构建创新型机关。始终把创新作为迎泽区人防办实现工作新突破、新跨越的最有效途径，推进思想观念、工作方式等方面的创新，营造良好的创新氛围。

着力构建服务型机关。以开展“加强执行力建设提高行政效能活动”和在党员队伍中开展以“为民、务实、清廉”为主题，以反对“四风”、服务基层为重点，围绕保持党的先进性和纯洁性，严格查摆问题，狠抓整改落实，转变服务态度，提升服务水平。把培养全办干部队伍的团队精神、团结协作精神作为人防干部队伍建设的关键来抓。通过开展“准军事化”教育和培训，打造一支雷厉风行、令行禁止，既能吃苦耐劳、又敢打硬拼的人防队伍。（区人防办）

【指挥通信建设】 2018年，迎泽区人防办依托省市人防指挥通信系统，启动本级战备数据库建设探索，筹建区级人民防空防灾应急指挥平台，调试运行。根据防空防灾需要，城区配置电声防空警报器，实现警报音响全覆盖。5月至7月，对辖区警报器维管工作进行全面检查，确保“9·18”警报试鸣成功。投资72万余元购置应急包、应急帐篷等应急装备，有效提升疏散基地应急处置能力。开展区级基本指挥所选址工作，推进指挥所建设，以“战时防空、平时服务、应急支援”为使命，以“平时作用大，战时能力强”为目标，建成“迎泽区防空防灾应急指挥平台”，平时用于疏散基地、建筑工地的安全监管和人员训练，急时用于应急保障，提高全区防空防灾应急指挥水平。（区人防办）

【人防工程管理】 2018年，迎泽区人防办加强人防工程建设。针对辖区早期人防工程现状，签订年度安全责任书，开展春季普查、汛期排查、定期巡查工作，做到隐患排查到位、整改通知到位、隐患治理到位，避免人防各类安全事故的发生。完善人防疏散基地建设，投资配备应急帐篷、应急包，安装用电安全监控系统和视频监控系统。（区人防办）

【人防疏散演练】 迎泽区人防办利用疏散基地开展教育培训及社会组织党支部建设活动。2018年4月24日，省委党校第24期正处级公务员培训班一行74人，到迎泽区人防疏散基地进行实地观摩并进行疏散演练。（区人防办）

【人防宣传教育】 2018年6月15日，迎泽区人防办在南宫广场开展“安全生产月”宣传教育活动，设置展台展板，悬挂横幅，向广大民众普及安全生产法律法规和各类安全知识。9月18日，迎泽区人防办开展“防空警报试鸣”活动。购置互联网设备结合人防疏散基地、警报器设点单位、社区等宣传阵地开展人防宣传教育“五进”工作，逐步扩大受教育人数及范围，凝聚社会力量，增强自救互救能力、社会动员能力，共促社会和谐建设。（区人防办）

【依法行政】 2018年，迎泽区人防办按照《关于迎泽区区级行政审批服务事项集中进驻区政务服务中心工作方案》要求，细化内部办理流程，制定事项流程图，确保每个环节责任到人、限时办结。完成与市执法局行政执法的对接，按法定程序公开、公正执法。（区人防办）

经济管理

Economic Administration

发展和改革

【概况】 2018年，迎泽区发展和改革局学习贯彻中共十九大会议精神和习近平总书记系列重要讲话精神，履行工作职责，发挥统筹规划、参谋指导、协调服务职能，求真务实，开拓创新，推进各项工作的开展，完成各项工作任务。连续4年被区委区政府评为安全生产先进单位，取得全区城边村“煤改气”率先完成的好成绩。 （区发改局）

【经济发展】 2018年初，迎泽区发展和改革局围绕经济发展这个重点，组织人员到街镇和各有关企事业单位开展调研活动，结合分析预测全区国民经济发展趋势和运行动态，提出经济发展预期指标并及时下达到各街镇，科学指导全区各项经济工作的开展。召开经济工作例会，了解和解决工作中的困难和问题。深入街镇和省、市重点项目单位，对经济指标完成情况进行督促，推动全区经济发展，实现平稳发展。

2018年全区经济社会发展主要指标预计完成情况：地区生产总值预计完成713亿元，增长8%左右，服务业增加值预计完成628亿元，增长9%左右，社会消费品零售总额预计完成411亿元，增长9%，一般公共预算收入完成20.1亿元，增长31%，规模以上工业增加值预计完成40亿元，增长10%左右，固定资产投资完成92亿元，下降5.6%。 （区发改局）

【信用体系建设】 2018年，迎泽区发展和改革局开展全区社会信用体系建设工作。健全机构，明确职责，落实政府各部门社会信用体系建设方案，提出各部门各单位的时间表、路线图，加快推进全区社会信用体系建设工作。建立迎泽区社会信用体系建设信息交流群，全区各相关单位落实社会信用代码工作。配合区编办落实全区党政机关各单位的统一代码编报工作，配合区工商局落实企业的统一代码工作，向社会公布。统计行政审批事项，落实事中事后监督管理制度，推行“双随机、一公开”工作，督促各单位建立红黑名单制度。协调互通，推进行政许可、行政处罚事项“双公开”工作，开展政府失信专题治理工作，促进开展失信联合惩戒工作。

（区发改局）

【转型综改】 2018年，迎泽区紧扣“示范区”“排头兵”“新高地”目标定位，坚持把项目建设作为转型发展的主抓手，推进“一二三四五”发展战略，推动招商引资，优化政务服务，保障项目落地、投产、达效，转型项目建设年工作总体进展顺利。

按照省、市转型项目建设年工作要求，迎泽区储备项目80项，总投资1065.31亿元，2018年计划投资114.257亿元。纳入市级项目库项目38项，总投资483.1241亿元，2018年计划投资81.3454亿元，其中：续建项目14项全部复工，新建项目24项全部开工，完成投资67亿元。（区发改局）

【重点工程建设】 2018年省政府确定的迎泽区省级重点工程项目一项，山西中鲁现代物流城项目，项目总投资20亿元，2018年计划投资0.6亿元，全年累计完成投资0.46亿元，完成率为76.67%。

2018年市政府确定的迎泽区市级重点工程项目共7项，分别是华润昆仑御（太原师范学院地块项目）、太原市第36中学校改扩建项目、太原市第37中学校改扩建项目、太原市第39中学校改扩建项目、六号缓洪池项目、太原站东广场和双塔社区城中村改造项目。市级重点工程2018年计划投资7.2亿元，全年累计完成投资26.45亿元，完成率为367.36%。

国家火炬计划迎泽特色产业基地二期：用地规模为32公顷，完成选址工作，进行土地收储，筛选拟引入园项目24个，主要分为两大类：智能装备制造企业和医药生产、研发、销售、物流企业。市建院初步完成园区新路网总图规划、体块示意、指标统计等规划工作。

迎泽区中心医院康养项目：用地规模为2.18顷，市规划局进行总规调整公示。

数字口腔产业中心项目：用地规模为1.77顷，进入规划土地梳理程序，与原区档案馆用地规划进行调整。

太原华润盛科金融中心项目：由华润集团与太原盛科房地产开发有限公司联建，总投资17亿元，位于并州北路与桥东街交汇口东南角，总建筑面积14.6万平方米。市规划局对项目规划条件进行公示。

山西太原中医药产业园区项目：由山西省盐业公司为主体实施建设，拟选址在王家峰，规划占地13.33公顷，预计投资10亿元，协调规划局办理项目选址等相关手续，委托市规划院进行项目前期用地论证方案，作为土地控规调整依据。（区发改局）

【行政审批】 2018年，迎泽区发展和改革局落实固定资产投资项目管理办法，按照《太原市企业投资项目承诺制改革试点工作方案》，推行企业投资项目承诺制改革试点工作，继续深化审批流程再造程序，并作出《迎泽区发展和改革局政风行风承诺》，主动接受社会监督，提高项目审批效率，方便群众办事。

2018年政府投资项目审批共68个，总投资额为61284.2049万元。其中：教育类项目10个，总投资额为16699.23万元《关于迎泽区第36中学校变更立项的申请（四项）》；社区类项目10个，总投资额为754.2372万元《关于迎泽区（大气污染防治行动计划）煤改集中供暖改造工程变更立项的申请（两项）》；农林水利类项目17个，总投资额为4224.9093万元；公检法部门项目2个，总投资额为3572.76万元；其他社会事业类项目28个，总投资额为23052.3384万元。房地产核准项目1个，总投资额12980.73万元。企业投资项目备案共审批30个，总投资额为129575.1万元。送审项目16个，投资额为770062.34万元。（区发改局）

【“煤改气”工程】 迎泽区“煤改气”在2017年完成孟家井村、观家峪村、港道村共1062户的基础上，2018年4月，根据《太原市2017年散煤治理工作方案》的用气补贴政策，组织各村对用气农户进行摸底、调查并逐户登记表数，依照实际用气量对农户进行供热改造运行费用补贴，实现在全市率先落实农户用气补助的政策。

6月28日，组织太原天然气有限公司、郝庄镇、施工队与太原天然气有限公司到观家峪村现场办公并进行施工对接，确保天然气管道路面恢复。

迎泽区按照太原市改善省城环境质量领导小组办公室文件《关于全面开展2017年清洁供暖改造验收工作的通知》（并环改办发〔2018〕2号），在完成组织郝庄镇及相关村和太原天然气有限公司填报共同盖章确认的“农村地区煤改气验收表”等验收要件的基础上，根据《山西省政府投资项目竣工验收管理办法》，组织相关单位填报施工、监理、设计竣工图等相关资料，邀请山西省建筑科学研究院、太原市规划院、太原王孝雄建筑设计院、山西省燃气规划设计研究院、原太原天然气有限公司等单位的5位专家，组织郝庄镇政府、区发改局、区住建局、区财政局、区安监局和环保迎泽分局等单位领导组成验收组，先后到郝庄镇孟家井村、观家峪村、港道村实地入户察看工程建设和农户使用情况，并听取郝庄镇关于2017年迎泽区城边村“煤改气”工程气化完成1201户的情况报告和太原天然气有限公司关于迎泽区“煤改气”施工、监理和设计的情况介绍，验收组现场查阅“煤改气”工程有关资料并就有关问题进行询问，完成验收任务。（区发改局）

【“煤改气”安全生产培训会】 2018年10月，召开迎泽区城边村“煤改气”安全生产培训会。邀请山西慧鹏安达贸易有限公司李益丹介绍燃气设备操作规范；山西阳光众安消防培训中心主任甘霜演示室内失火灭火、漏电等消防知识；太原市天然气有限公司马俊彦讲解天然气管道安全保护常识，安监局培训中心主任洪建忠对安全生产工作方法和要求进行讲解。（区发改局）

【东山油气管道安全保护】 2018年，区发展和改革局开展东山地区油气管道安全隐患整治攻坚战。印发《太原市迎泽区东山地区油气管道安全知识手册》，组织区安监局、郝庄镇、天然气、石油等单位实地排查隐患，提出整改意见和建议，整治隐患，确保油气管道安全运营。（区发改局）

【“安全生产月”宣传】 2018年6月15日，迎泽区发展和改革局在南宫广场参加全区第17个“安全生产月”宣传活动，组织山西省天然气有限公司和中石化太原站的工作人员向群众宣传安全知识，并对广大市民发放《油气管道安全保护常识》《中华人民共和国安全生产法》《燃气使用常识》等宣传资料。现场解答市民群众在生活中遇到的使用天然气的各种安全问题。

（区发改局）

【应急演练】 2018年9月28日，迎泽区发改局和郝庄镇组织山西天然气有限公司晋中管理处技术人员在郝庄镇马庄阀室进行应急演练。设置警戒线，对突发情况进行处置，开展安全生产法律宣传教育活动，特别是针对国庆期间的管道安全生产工作提出安全保护措施，要求山西天然气有限公司晋中管理处巡线员在国庆期间坚守岗位，认真巡线，发现问题及时报告。（区发改局）

【安全生产大检查】 2018年，迎泽区发改局在中秋、国庆前，全面开展东山油气管道和城边村“煤改气”安全生产大检查。印发“迎泽区危险化学品安全综合治理实施方案”；区发改局联合郝庄镇组织山西天然气有限公司晋中管理站、中石油太原工作站、太原天然气有限公司的安全技术人员，先后到恒大山水城、港道村等地检查油气管道的安全生产情况，到松庄村、孟家井、观家裕村实地察看“煤改气”的安全隐患。针对孟家井村内路面硬化工程施工危及天然气管道的隐患，对施工人员和村委会干部提出具体安全保护要求。

（区发改局）

【价格管理】 2018年，迎泽区发展和改革局服务民生，做好价格管理工作。贯彻《太原市价格异动监测预警制度》，落实价格监测通报制度，按月进行价格监测、价格调控，推进价格诚信建设。推进“价格服务进社区”活动，发挥义务价格监督员作用，形成覆盖全区的价格监督网络体系。

整顿价格秩序，开展专项检查。紧扣国家价格宏观调控政策，规范市场价格秩序，打击不正当价格行为，维护消费者合法权益，坚持查处案件与事前预防相结合，先后开展电信企业、景区门票、涉企收费、殡葬服务收费、转供电加价收费及重要节日市场价格等专项检查。

畅通渠道，化解价费矛盾纠纷。发挥全国四级联网的“12358”价格举报热线和管理系统作用，解决好市委“社情民意”、区委“政府便民服务热线”、信访转办以及群众反映的价格诉求，回复率达100%，办结率达98%以上；依法快速处置价格信访案件。截至12月底，共受理“12358”价格举报工作142件，便民服务热线的价格举报712件，来人来电158件，共1012件，比上年同期增长62.2%，做到件件有落实，事事有答复。主动配合有关部门协调处理群体上访事件中的价格问题，维护社会稳定；强化价格违法行为的预警分析，研判重点行业、重点区域、重点行为，发现苗头性、倾向性、趋势性问题，提高价格监管的针对性和前瞻性，为监管决策、应急处置提供信息支持。（区发改局）

【转供电整治】 2018年，迎泽区发展和改革局紧扣国家政策，部署清理规范转供电环节收费整治工作。通过迎泽区政务门户网站、供电部门收费大厅LED电子屏、组织集中宣讲会、上门告知、通信设备发送信息和印发宣传资料等多种方式宣传国家降费政策，督促供电部门抓紧落实转供电环节收费政策，进行摸底调查、畅通举报电话，对得到的信息进行梳理形成台账。截至2018年12月底，摸排转供电主体76家，涉及终端用户数8285户；通过检查、举报处理共清理规范转供电主体72家，涉及转供电终端用户数量7767户。清理规范率达到94.7%。（区发改局）

【价格认定】 2018年，迎泽区发展和改革局配合城管局执法大队做好行政罚没物品报废工作，对残疾三轮车、手推车等多种罚没物品的残值进行价格认定。协助柳巷责任区刑警队办理一起涉黑案件，对涉案的石灰石原矿进行价格认定。协助纪检监察机关对涉案的酒和手机的价格进行认定。2018年，对每个涉案标的都做好查验、拍照和测算并进行广泛的市场调查，每个报告都坚持做到资料齐全、程序合法、计算准确、结论真实，确保认定案件质量，把风险规避到最低限度。截至2018年12月底，共办结208件涉案价格认定，涉案金额320.85万元。（区发改局）

【便民服务】 2018年，迎泽区发展和改革局加强自身建设，做好“最后一公里”便民服务，简化审批程序，压缩审批时限，对政府投资和社会投资项目的审批时限，分别由原来的20天、10天压缩为5天、2天，加快项目的审批速度，公示《迎泽区发展和改革局政风行风承诺》和办事工作程序，印刷《便民服务指南》，方便群众办事，完善审批制度。

开展调查研究活动，密切联系群众。多次到项目单位了解情况，解决企业在生产中存在的困难和问题，提高机关干部为企业服务的能力和水平。

坚持“法定职责必须为，法无授权不可为”的原则。主动与上级部门对接，梳理出本部门和上级下放的审批权限7项并向社会予以公布，主动接受社会和群众的监督，确保无违纪违规现象发生，实现“零”投诉。（区发改局）

经济和信息化

【概况】 迎泽区经济和信息化局（简称区经信局）业务上接受太原市经济和信息化

委员会的指导。2018 年，区经信局核定行政编制 11 名，工勤编制 2 名，实有 9 名。内设办公室、经济调控科、信息化建设科和企业管理科。下属事业单位 2 个，分别是参公事业单位迎泽区中小企业服务中心和差额事业单位迎泽区企业资产运营中心。

迎泽区有 7 家规模以上工业企业：山西昆烟集团有限公司、太原热力公司、迪爱生油墨有限公司、山西新华印业有限公司、山西美原齿科器械有限责任公司、山西今鼎印务有限公司和山西省益源庆醋业有限公司。除山西今鼎印务有限公司和山西美原齿科器械有限责任公司为民营企业外，其余均为中央、省、市属国有企业。

（区经信局）

【工业投资】 2018 年 1–12 月份，迎泽区域工业项目投资 74525 万元，同比下降 46.3%。工业技术改造投资 35357 万元，同比下降 27.7%。其中，5 个工业投资项目没有发生投资额（其中 3 个因政府修路管沟修建导致项目工程不能实施，2 个项目政府没有下达计划，项目一直停滞中，项目不能如期投产）。工业技改投资项目有 12 个，与上年持平。2018 年热力公司技改项目 3 个，完成投资 22923 万元，同比下降 45%，成为全区工业投资和技改投资下降的主要原因。（区经信局）

【企业培育】 2018 年，迎泽区挖掘新的增长点，经摸底约有 7 个工业企业有望“小升规”，重点对太原鼎鑫利杰有限公司、太原钢鑫科技有限公司、山西新晋华晟新能源有限公司和太原市同舟能源有限公司 4 个企业进行重点培育。（区经信局）

【节能降耗】 2018 年，迎泽区抓好重点耗能单位的节能工作，促进规模以上工业企业进行节能降耗技术改造；严把项目准入关，通过工业投资项目节能评估审查，确保新项目符合能耗要求，从源头上管控能耗增长；继续保持迎泽区无钢铁、水泥、电解铝等过剩高耗能产业的良好局面，加快淘汰落后工艺、技术、设备和产品。

（区经信局）

【入企服务】 2018 年，迎泽区对双创实施方案进行补充完善，并以两办文件形式下发。通过企业申报、主管职能部门审查推荐、专家组评审、领导组会议审定等程序认定企业。各职能部门筛选其他符合条件的新项目，继续予以扶持；迎泽区成立干部入企服务工作领导小组，办公室设在经信局。按照《迎泽区干部入企服务工作方案》，重点服务的规模以上工业企业 1 家，即太原美原齿科器械有限责任公司。在入企服务中共收集整理出要素保障类、行政审批类、其他类等三大类五项具体问题。主要涉及企业发展资金支持、融资渠道、道路基建、规划审批、“双创”建设等方面。（区经信局）

【企业统计】 2018 年，区经信局承担小微企业专利授权数、小微企业技术合同成交额、小微企业营业收入等指标统计，至 9 月底，小微企业营业收入 198.1 亿元、小微企业技术合同成交额7.39亿元、小微企业拥有授权专利数351件。截至2018年12月底，迎泽区新增企业3636户，新增企业从业人数约为4400人。（区经信局）

【企业监管】 2018年，迎泽区经信局严格企业选人用人制度，按组织程序并结合企业实际情况选配领导人员，确保公开、公平、公正。为部分班子不健全的企业配备领导人员，为企业稳定发展选好带头人；主动调研企业现状，研究符合企业实际的改革路径和实施方案，由点及面，推动新时期企业改革工作；从企业的目标任务完成情况、领导班子队伍情况、党风廉政建设情况等方面，对企业进行年度综合考核。聘请具有国家规定资质的会计师事务所对区属企业进行经济责任审计，查找受审企业在资产、财务和经营管理方面存在的问题，帮助企业进一步规范和完善财务管理行为，让审计成为企业监管中的日常手段。2018年对副食公司下属8家企业进行审计。监督企业落实安全主体责任，定期开展安全检查和专项治理，从应急保障、隐患排查、自防自救等方面提高区属企业安全意识和防范能力，对区属企业安全和防汛隐患进行大排查，上报山西五华塑胶有限公司墙体裂缝和宫膳饭庄承重梁裂缝两处安全隐患。2018年，经信系统未出现安全生产责任事故。（区经信局）

【职工保障】 由于历史遗留和企业现状等原因，区属企业职工对养老、医疗等民生问题反映较多，企业稳定工作存在较大压力。2018年，区经信局落实日常接待、领导包案、矛排登记、信息报告等工作，重点加大敏感时期和重要时段的矛盾排查化解力度。建立《区经信工委重点工作督办制度》，将党建工作量化分解，明确任务，责任到人；制定实施《迎泽区经信局领导包企工作制度》，提升工作的主动性、前瞻性和实效性，明确包企分工和工作责任，各包企领导主动加强与所包企业的沟通联系，定期深入企业调研，了解企业发展中遇到的困难和问题，做到为企业和职工排忧解难，将矛盾问题解决在基层，维护企业的和谐稳定。督促企业落实职工保障，与社保、医保等部门协调，帮助企业解决职工养老、就医等困难。根据企业情况统筹提供资金补贴，帮助困难企业实现职工到龄退休和医疗保障等职工基本生活需求。通过慈善、工会、妇联等多渠道对特困职工提供帮助。（区经信局）

【党的建设】 2018年，迎泽区经信局开展基层党组织书记“领头雁”培训活动；落实全区“三基建设”2018年度各项重点任务：执行“三会一课”、组织生活会、谈心谈话、民主评议党员等制度，推行支部主题党日活动；落实岗位责任制、AB岗制、“13710”工作督办制度等效能建设制度；召开党员领导干部民主生活会，查找问题，采取相应措施，加以整改。分领域推进基层组织建设，贯彻落实《迎泽区2015—2018年党员教育培训工作实施意见》文件精神，分层分类开展党员教育培训；做好党员日常教育管理服务，规范党费收缴使用管理等情况；运用“群工系统”开展在线学习、认领微心愿、参加志愿活动；发挥全国党员管理信息系统、远程教育作用，推进“智慧党建”体系建设。区经信工委在全国党员管理信息系统中对经信系统全体党员进行一次全面摸底督查，将其中出现问题的党组织和党员信息进行修改和核查。区经信工委组织党代表开展讲党课、接待服务党员群众活动。区经信工委党代表数为34名，共举办活动28次，联系党员群众186人，15名党代表带头讲授党课。（区经信局）

【责任落实】 2018年，迎泽区经信局贯彻落实中央“八项规定”精神和“两个责任”的要求，弛而不息纠正“四风”，明确年度工作目标。落实一把手五个不直接分管的要求和民主决策等制度规定，强化对权力的制约。围绕9个方面的问题，在局机关、事业单位和区属企业范围内先后开展财务工作自查自纠以及节庆期间监督自查活动，并做到按照要求定期报告监督检查及整改情况。注重廉政教育、拒腐防变，加大案件查办力度。（区经信局）

国土资源管理

【概况】 太原市国土资源局迎泽分局内设职能科室办公室、土地科、矿政科，下属事业单位3个：太原市国土资源执法监察支队迎泽大队、太原市国土资源迎泽中心管理所、太原市国土资源局迎泽分局不动产登记中心。全局共有编制34人。局机关编制9人，其中公务员8人，公勤1人，实有7人。监察大队编制9人，实有7人。中心所编制8人，实有5人。不动产登记中心编制8人，实有9人。全局2018年在册职工28人。

2018年，太原市国土资源局迎泽分局编制辖区国土规划、矿产资源以及地质环境等各项规划。监督检查辖区土地、矿产、测绘等法律法规的执行情况，查处国土资源违法案件。负责辖区内耕地保护和基本农田划定、调整、补充、检查，负责农用地的分等定级工作与农用地转用和征收（征用）、农村集体土地的审查、批报，以及批后实施征收（征用）工作。实施辖区内土地开发、整理、复垦和村庄、集镇建设用地规模范围内非农建设占用耕地的补充工作。负责辖区内国有土地租金的征收工作；组织开展土地调查、土地统计、土地登记工作。负责辖区内矿产资源的开发利用和保护的监督管理、矿产资源储量的登记、统计，负责矿产资源补偿费的征收和使用管理。负责辖区地质环境的监督管理。组织开展土地、矿产、测绘法律法规的宣传教育工作；负责国土资源信息化建设工作，并推广和应用国土资源信息技术。承办市国土资源局和区政府交办的其他工作。

2018年，国土资源局迎泽分局坚持矿山资源开发与生态环境保护并重的原则，实施矿业开发与环境保护协调发展战略。实行以预防为主、防治结合的方针，保护矿山生态环境，杜绝地质灾害的发生。建立矿山动态监测网络。坚持以构建保障和促进科学发展新机制为主线，把稳增长与调结构、保发展与保资源、主动服务与严格规范管理有机结合起来，乘势而上，攻坚克难，凝心聚力，开拓奋进，狠抓各项工作目标任务的落实，提升服务大局能力和国土资源管理水平。分局文明创建工作取得市级文明单位认证（2015-2017年度）。集体荣获迎泽区安全生产先进单位称号。1人荣获安全生产先进工作者称号。（杨志春）

【土地资源】 截至2018年年底，迎泽区面积104.99平方公里，其中城市面积26.56平方公里，农村面积78.43平方公里。耕地面积493.8公顷，其中基本农田面积434.93公顷。（杨志春）

【矿产资源】 截至2018年底，迎泽区发现矿产资源8种，主要有煤、石灰石、石膏和砖瓦黏土等。（杨志春）

【地质灾害】 迎泽区地质灾害主要分布于郝庄镇，主要灾害有地面塌陷、地裂缝、滑坡、崩塌、泥石流等。具体有：张家河村地面塌陷、裂缝；大窑堎村地面塌陷、裂缝；观家峪村地面塌陷、裂缝；小山沟村村东南地面裂缝；孟家井村佰灵寺不稳定斜坡；松小公路滑坡、崩塌；港道南沙河泥石流；新沟村地面塌陷；新沟村崩塌；水峪村崩塌；后水峪村崩塌；白云寺不稳定斜坡等地质灾害隐患共计7处。

（杨志春）

【矿山动态监测】 2018年，太原市国土资源局迎泽分局建立矿山动态监测网络，对矿产资源储量变化、勘查和开发利用情况、矿山生态环境状况恢复治理、矿业权人履行法律法规的权力和义务、矿业权市场建设、矿业秩序等情况的动态监测作出统筹安排，提出具体实施方案，推进矿山环境的综合治理。（杨志春）

【城改用地工作】 2018年，太原市国土资源局迎泽分局完成马庄村“133城改用地”5.9719公顷、水峪村“133城改用地”6.0016公顷、松庄村“133城改用地”4.2338公顷、新沟村“133城改用地”1.1255公顷及连片开发出转让的共计17.33公顷供地初审工作；完成双塔景区、山西电力公司王家峰110千伏变电工程、太铁公安看守所拘留所、长风东街公交公司停车场、松小线、南沙河快速路改造、水峪、马庄、松庄、新沟城中村改造等10宗地、30个地块，共计43.33公顷用地预审工作；完成太原市环境卫生机械清洁队停车场及融雪剂项目面积1.6960公顷和枣园110kv输变电站工程面积0.2705公顷的农用地转用工作；完成松庄、水峪、新沟三村“133城改用地”土地确权工作；配合区政府完成马庄、水峪、松庄、新沟4个村的整村拆除清零工作。（杨志春）

【建设用地落实】 2018年，太原市国土资源局迎泽分局配合完成转型项目建设年用地工作。与迎泽区转型办对接，落实建设年转型项目和重点建设项目，促进转型项目纳入规划，列入迎泽区土地利用总体规划拟实施重点项目13项，其中省级2项、市级6项、区级5项。 （杨志春）

【耕地保护】 2018年，太原市国土资源局迎泽分局实行耕地和基本农田保护制度，杜绝违法占用耕地、破坏耕地等违法行为的发生，确保全区耕地保有量493.80公顷和基本农田保护面积434.93公顷数量不减少，提高质量。 （杨志春）

【矿山储量管理】 2018年，太原智海企业集团有限公司西祁家山石灰石矿委托中国冶金地质总局第三地质勘查院，进行地质测量，编写《2017年度矿山储量年报》。根据日常监管情况，市国土资源局迎泽分局对采掘现状进行核查，采掘现状属实。该年报内容基本符合有关文件要求，《2017年度矿山储量年报》通过专家评审并备案。 （杨志春）

【土地执法监察】 2018年，太原市国土资源局迎泽分局动态巡查和违法违规案件查处力度继续加大。依照巡查检查包片责任制的要求，共完成土地矿山日常巡查检查80余次；查处违法用地立案13宗，结案12宗，其中移交法院强制执行1宗。上缴罚款54万元。全年国土资源综合统计月报表，按时上报市局。开展土地矿产卫片执法检查工作。2017年度卫片执法检查涉及迎泽区58个图斑，涉及土地面积21.15公顷（含耕地2.40公顷）。其中合法图斑17个，违法图斑14个（含分斑1个），其他图斑32个（含分斑4个）。全部核查整改到位。立案9宗，面积5.29公顷（含耕地0.20公顷）。推进2017—2018年土地例行督察整改工作。2017—2018年土地例行督察迎泽区涉及存在问题图斑6个，其中，2017年涉及图斑1个，面积13.87公顷（耕地0.28公顷），结案1个。2018年涉及图斑5个（含异地1个），面积4.81公顷（含耕地0.32公顷），立案4宗，结案3宗。完成2018年度全天候卫片执法检查工作。2018年度全天候卫片问题图斑，迎泽区涉及3个，涉及土地面积1.11公顷，合法1个，属农业大棚；违法1个，太原台骀山滑世界农林生态游乐园有限公司违法占地，立案查处并结案。其他1个，店坡社区城中村改造临时工棚。 （杨志春）

【“大棚房”清理整治】 2018年，太原市国土资源局迎泽分局严防基本农田“非农化”，完成“大棚房”清理整治工作。8月底，组织召开专项清理整治“大棚房”等设施农业违法用地坚决遏制农地非农化乱象会议。联合区农委、郝庄镇对辖区内的农业设施用地进行全面摸排，共出动20余人次，共摸排各类大棚74个，涉及14个村，30余户村民及农业合作社。将摸排结果全部登记上报，未发现“大棚房”问题。 （杨志春）

【废弃矿井专项整治】 2018年3月份，太原市国土资源局迎泽分局开展废弃矿井专项整治，精心组织、安排部署，召开动员大会，分2个摸底调查组，全面登记造册，建立台账，共摸排40余个。区政府专项拨付40万元用于专项整治，施工人员克服雨天路难行、工期紧等困难，共整治22个废弃矿井，井口重新封堵加固，设置永久警示标志，制作专项整治资料汇编。9月初，通过区政府和市废弃矿井专项整治领导组的验收。 （杨志春）

【国土资源行业扫黑除恶】 2018年，太原市国土资源局迎泽分局开展扫黑除恶专项行动，先后出动人员40人次，张贴、悬挂标语条幅28条、宣传展板2块，发放各类宣传资料500余份，协助公安、监委核查认定线索5条，组织开展“回头看”，对2014年以来的53起土地违法案件进行全面倒查，上报扫黑除恶线索5条，核查认定区扫黑办转办线索2件。 （杨志春）

【地质灾害防治】 2018年，太原市国土资源局迎泽分局按照省、市关于2018年度地质灾害防治工作的要求，结合迎泽区地质灾害易发点和隐患点以及地质灾害分布现状，对辖区内的各类突发性地质灾害隐患点进行摸排监测，在充分摸底排查和调研论证的基础上编制《迎泽区2018年度地质灾害防治方案》《迎泽区2018年度突发地质灾害应急预案》，并落实汛前各项地质灾害排查和防灾责任和制度，组织指导郝庄镇填制地质灾害防治工作明白卡和地质灾害避险明白卡，共计发放“两卡”70余份。

2月初，完善2018年群防群治三级监测网络，更新各村监测员，共聘用地质灾害村级监测员28名，确保每个隐患点监测工作真正做到责任到位，措施落实到位，灾害监测到位。

5月份，联合辖区矿山企业开展一次地质灾害应急演练，演练调集3台大型挖掘机具，共计35人参加。

8月30日，组织乡镇、村级地质灾害监测人员召开地质灾害防治培训会，聘请省级专家进行讲解，共计41人参加。

下半年开始地质灾害防治高标准“十有县”建设工作，对照验收要求，汇总资料，积极筹备，并于10月提交申报材料，完成市级初验及省厅现场验收。 （杨志春）

【采煤沉陷区治理】 太原市国土资源局迎泽分局配合区政府开展东山煤矿迎泽区范围的采煤沉陷区综合治理工作。该项目治理地点共有6处，施工概算总费用为421万元，项目主体单位确定为迎泽区郝庄镇政府。2018年，完成工程招标，设计单位完成技术交底。 （杨志春）

【信访处理】 2018年，太原市国土资源局迎泽分局健全完善信访工作制度和工作机制，狠抓责任落实，开展国土资源信访矛盾纠纷排查化解活动。对各类信访案件按照“属地管理、分级负责，归口办理”的原则加以处理，对出现的信访问题及时给予信访当事人书面答复。执行领导接访日工作制度，处理群众的来信、来电、来访。全年接到市局转办土地信访案件1宗，太原市人民政府便民服务热线转办土地信访案件1宗。接访率、答复率、结案率均达到100%。信访综合统计报表，按时上报市局。（杨志春）

【行政审批】 2018年，太原市国土资源局迎泽分局匹配太原市行政审批管理信息系统规定的相关业务办理时限，全年共完成行政审批项目13件，全部按时办结，办结率100%，未发生逾期项目。（杨志春）

【土地规划】 2018年，太原市国土资源局迎泽分局完成迎泽区土地利用总体规划（2006—2020年）调整完善工作。调整后2020年耕地保有量不少于493.83公顷；基本农田保护面积不低于435.28公顷；建设用地总规模控制在4175.81公顷以内；2016~2020年，规划安排新增建设用地指标317.11公顷。完成乡级土地利用总体规划（2006—2020年）调整完善工作。通过太原市国土资源局组织的评审。编制村级土地利用总体规划。组织开展郝庄镇董家庄村土地利用总体规划的编制工作，以满足董家庄村特色小镇、美丽乡村建设需求，实现农村土地利用供给精细化管理、促进新农村建设和农业农村现代化发展。（杨志春）

【地籍管理】 2018年，太原市国土资源局迎泽分局推进地籍管理和测绘工作。明确责任目标，突出工作重点，推进地籍测量、土地登记发证和地籍信息化建设工作。（杨志春）

【土地调查】 2018年，太原市国土资源局迎泽分局开展第三次土地调查（以下简称“三调”）前期准备工作。协调迎泽区政府印发《太原市迎泽区人民政府办公室关于成立迎泽区第三次土地调查工作领导组的通知》《太原市迎泽区人民政府关于开展迎泽区第三次土地调查的通知》和《迎泽区第三次土地调查工作实施方案》；抽调分局土地管理科、不动产登记中心等相关科室骨干力量组成迎泽区第三次调查办公室，合理安排人员分工和职责分工，组织人员认真研究“三调”工作，提前考虑好“三调”工作的总体思路；结合上级“三调”有关文件确定的工作任务，组织完成第三次土地调查经费预算编制工作，迎泽区第三次土地调查经费预算为156.53万元；组织相关科室对“二调”以来存在的问题进行梳理，按照国土部“三调”实施方案收集相关资料，建立工作台账，为开展“三调”工作做好准备。（杨志春）

【队伍建设】 2018年，太原市国土资源局迎泽分局狠抓领导班子和干部队伍建设。以建设“学习型、务实型、廉洁型、效能型”领导班子为突破点，发挥班子成员的主观能动作用，班子成员做到分工负责、集体决策，提高班子的整体功能和驾驭全局工作的能力水平。开展作风建设活动，树立管理就是服务、管理就是协调、管理就是支持的理念，加强干部职工队伍建设，形成同频共振、同荣共进、统一行动、统一步调，推进转型跨越发展的强大合力。

（杨志春）

【党风廉政建设】 2018年，太原市国土资源局迎泽分局全面落实区委、区政府和太原市国土资源局党风廉政建设活动的各项要求，加强领导班子党风廉政建设。严厉整顿办事拖拉、推诿扯皮、以权谋私、徇私舞弊、吃、拿、卡、要、刁难群众等行为，注重廉洁自律，筑牢思想防线，着力解决“四风”问题。通过制度建设和不间断的监督检查，全年全局未发生一起违法违纪事件。（杨志春）

【机关效能建设】 2018年，太原市国土资源局迎泽分局结合国土资源系统工作实际，全面部署启动效能建设行动，成立领导小组，下发实施方案，明确开展效能建设的具体目标和措施，将效能建设重点任务进行层层细化和分解下达，做到把开展效能建设与解决突出问题相结合，与开展各项活动相结合，与推进当前工作相结合。规范和细化考勤工作流程，制定相应的奖惩制度。全局各科（室）、队（所、中心）统一实行“两表制”，考勤表、外出登记表同时登记，做到日日有查考，次次有记录，奖罚有依据，彻底扭转迟到早退、旷工、有事不请假的不良风气，纪律作风明显提高。

（杨志春）

【专项整治】 根据市局《关于开展民生领域腐败和不正之风专项整治工作实施方案》，2018年，市国土资源局迎泽分局研究制定《关于开展民生领域腐败和不正之风专项整治工作实施方案》，做到目标明确，合理分工，责任到人，方法步骤到位，主动作为。经过排查梳理，共整理出11个方面50个问题。针对性地制定可操作性的整改措施，并逐步整改到位。（杨志春）

【法制宣传】 2018年，太原市国土资源局迎泽分局组织开展“4·22”地球日宣传、“6·25”土地日宣传，发放传单和资料500余份，通过门户网站和微信系统进行网络宣传。参与迎泽区安监局南宫广场组办的2018安全宣传月活动等。开展法制宣传月活动，散发宣传册500余册，悬挂标语12幅，受众达600余人。（杨志春）

【信息宣传】 2018年，太原市国土资源局迎泽分局按照宣传和政务信息报送要点，成立专项办公室，采取专人报送，各单位负责按月考核出稿的措施，一季度取得85分的考核好成绩。每月为国土建言一次，给太原国土投稿8份，登载4份。编报信息简报60余篇。（杨志春）

工商行政管理

【概况】 太原市工商行政管理局迎泽分局（简称工商迎泽分局），通过实施国家授予的市场监督管理和行政执法职能，运用行政和法律手段，对市场经营主体及其市场行为进行监督管理，以建立和维护市场经济秩序。围绕商事制度改革、市场主体增量提质、市场监管体系建设等工作重点，发挥工商职能，服务迎泽经济发展。

工商迎泽分局隶属于太原市工商行政管理局，并接受迎泽区政府工作指导。内设行政办公室、人事教育科、信用信息中心、监察室、财务科、法制科、市场监督管理科、企业注册监督管理科、企业监督管理科、商标监督管理科、广告监督管理科、消费者权益保护科、经济检查科、网络监管科、经纪人科、非公党建科、12315消费者申诉举报指挥中心、档案室、老干科19个科室；派出机构9个，五龙口工商所、柳巷工商所、庙前工商所、迎泽工商所、并州工商所、郝庄工商所、车站工商所、朝阳工商所、双塔寺工商所。有干部职工351人，其中在职235人，离岗9人，离退休108人。总编制288人，其中行政编制229人，实有182人；工勤编制22人，实有19人；事业编制37人，实有34人。

截至2018年年底，辖区内共有各类市场主体 65524 户，其中私营企业23488户，个体工商户41944户，农民专业合作社92户。2018年，新设立各类企业3129户，与上年同期相比增长了5.7%；个体工商户5392户，与上年同期相比增长了3.1%；农民专业合作社2户。 （毛　丹）

【便民“十帮办”】 2018年，工商迎泽分局深化“放管服”改革要求，优化区域营商环境，助推经济创新转型发展，推行便民“十帮办”，即：外来企业跟踪办、重大项目专人办、多头管理协调办、手续齐全当日办、大小事务廉洁办、有困难想办法办、特事特办、急事急办、难事帮办、常事快办工作举措。坚持“放管结合”，把规范市场秩序、维护公平竞争作为重要着力点，构建市场监管新机制。创新消费维权工作机制，消费维权社会共治新格局逐步形成。 （毛　丹）

【便民服务】 2018年，工商迎泽分局实施一窗通办，审核合一。合并受理人员和审核人员职责，窗口工作人员全面掌握企业名称核准、注册登记、打印营业执照、全程电子化等服务事项，企业如果符合登记条件，只要受理人员一人在“审核栏”签字，就能马上办理注册登记，当场发照。实行“一站式”服务，涉企审批事项实现“一窗受理、后台流转；一次申报，全程办结”。实现将办理企业设立登记的时间压缩至3天以内（指工作日）的目标。设立咨询帮办窗口，专人受理服务群众办照。

实施“容缺受理”。凡提交的申请材料中不是主要材料有缺陷或瑕疵的，无须进行退件。窗口人员可容缺收取，并告知申请人缺少的申请材料及容缺时限。待申请人补齐材料后正式颁发营业执照。

加快推进“互联网+政务服务”，做到“窗口办跑一次”。在网上预审环节，企业填写开业材料中存在的问题，在24小时内得到审核员的及时指正，提升窗口一次性受理率。截至2018年年底，办理全程电子化营业执照247个。

完善服务工作制度，落实首办负责制、一次告知制、限时办结制。完善直通车制度，对政府招商引资企业、重点企业、改制企业等，实施重大项目专人跟踪办理。迎泽区财政局办理国有独资企业，全程为其提供跟踪服务，迎泽区引进山西驭奔科技有限公司，主动上门，接受咨询，当日就为其办理营业执照。（毛　丹）

【企业登记】　2018年，工商迎泽分局开通绿色通道。放宽企业住所登记条件，推行一纸“住所场地承诺证明”，便利大众创新创业。分地区、分行业继续开展“一照多址”“一址多照”集群注册等多样化改革，释放住所资源。

深化企业名称登记改革。推行企业名称网上自主申报，推广可选用名称库，优化申请核审流程，提高企业名称登记效率。

优化企业经营范围登记方式。支持新兴行业按照《新兴行业分类指导目录》，在经营范围中使用体现其行业和服务特点的规范表述。鼓励企业通过经营范围数据库，自主选择经营范围。（毛　丹）

【政银合作】　2018年，工商迎泽分局与中国银行漪汾街支行、中国建设银行桃南支行签订合作协议，确定这两个支行为迎泽区首批“政银通”服务点，为企业免费代办注册登记业务。（毛　丹）

【企业年报】　2018年，工商迎泽分局通过电视、报纸、网络、微信等平台加大宣传力度，广泛告知年报的具体流程和注意事项、不按时年报及不实年报的危害。通过电话、短信、微信等方式，通知提醒广大企业、个体工商户、农民专业合作社及时进行年报。加大帮扶力度。深入辖区内企业进行帮扶，了解企业在年报中遇到的问题，及时帮助其解决。对于存在困难的个体工商户，上门帮扶填报个体工商户年报表，根据经营户所提供的信息，集中帮助年报。加大僵尸企业清理。推进失联企业再建联，将再建联的正常经营的企业登记联络员、登记有效的联系电话；针对申请移除异常名录的企业进行核实处理，移除异常名录，保证企业能够正常经营。截至6月30日，迎泽区企业年报18595户，年报率达到94.66%。（毛　丹）

【“双随机一公开”】　“双随机、一公开”，即在事中事后监管过程中随机抽取检查对象，随机选派执法检查人员，抽查情况及查处结果及时向社会公开。“双随机、一公开”的全面推开为科学高效监管提供新思路，为落实党中央、国务院简政放权、放管结合、优化服务改革的战略部署提供重要支撑。2018年工商迎泽分局共13次对2638户市场主体进行随机抽查，抽查结果通过国家信用信息公示系统向社会进行公示。（毛　丹）

【信用监管】　建设“全国一张网”是深化商事制度改革、转变政府职能、加强事中事后监管的需要。2018 年，工商迎泽分局通过公示系统建设，将各类企业信息归集到企业名下，有效解决信息孤岛特别是企业信息的分散化、区域化、碎片化问题，形成企业的全景多维画像，建立健全综合执法、联合惩戒机制，促进部门独立监管向协同监管方式的转变。牵头组建迎泽区政府涉企信息归集公示群，将 2015 年 1 月 1 日至 2017 年 12 月 31 日期间履职过程中产生的行政许可信息、行政处罚信息、行政确认信息、抽查检查信息、信用约束和惩戒信息、扶持小微企业信息、法律法规规定的其他应当归集的信息等 7 类 13809 条信息，进行梳理统计，并按时报送，为涉企信息归集公示奠定基础。2018 年共归集公示各类信息 15318 条，双告知认领率达到 100%。 （毛　丹）

【网络市场监管】　2018 年，工商迎泽分局加强宣传力度，开展“点对点”专项培训，有效推进网络交易监管工作。推进电子标识审核工作，开展网络市场数据定向监测，1 月份和 4 月份开展两次数据筛查工作，共筛查数据 627 条。2018 年共受理电子标识申请 10 件，其中核准 9 件，驳回 1 件。受理网络投诉 5 起，解决 5 起，为消费者挽回经济损失 1.3 万余元。立案查处 2 起。 （毛　丹）

【市场规范管理】　2018 年，工商迎泽分局加强市场规范管理，开展重要商品领域市场整治。加强合同行政监管工作，将涉及民生、消费投诉纠纷频发的行业作为执法的重点，重点查办涉及公用企业、通信服务、金融服务、汽车销售、房地产、旅游、物业管理、家庭装饰装修、快递等多个热点行业的合同格式条款案件，在辖区内形成整体联动的整治态势，有效地震慑合同格式条款违法行为。做好企业动产抵押的登记工作。为太原东锐达汽车销售服务有限公司、山西基点商贸有限公司等 4 户企业办理动产抵押登记，抵押登记金额 10500 万元；同时注销 2 户企业的动产抵押，主债权金额 5000 万元。 （毛　丹）

【文明交通治理】　2018 年，工商迎泽分局加强和引申文明交通综合治理工作，开展针对经销企业禁止销售超标、非标燃油电动三轮机动车、四轮机动车的自查梳理和集中治理工作。开展对销售不符合太原市电动自行车产品登记标准的车辆或拼装、改装电动自行车的行为专项行动，排查 3 个市场，51 户经营户。 （毛　丹）

【工商行业扫黑除恶】　2018 年，工商迎泽分局针对容易滋生黑恶势力 7 大重点领域，11 个重点行业和 9 个重点地区，建立相关台账，摸排线索。在辖区内的各类市场、商场、小区、人口密集区域，利用媒体、电子屏、悬挂横幅、张贴海报等形式进行宣传，并公布举报电话，张贴海报 650 张，悬挂横幅 89 条，电子屏滚动播出 12066 次，公布举报电话 10 部。设立举报箱 10 个，每天开启一次。发放迎泽区扫黑除恶专项斗争开展情况调查问卷740份，收回673份。严把市场准入关，与政法机关沟通，获取涉黑涉恶人员信息，对涉黑涉恶人员开办企业在注册平台设置警示提示，采取有效措施限制其开办企业或在企业中任职。配合公、检、法、纪检监察、审计部门快速查询相关企业的档案信息。2018年共接待相关部门企业档案信息查询103人（次），复制企业档案信息127户。配合司法部门锁定失信被执行人的工商档案，解决“执行难”问题。协助各级人民法院锁定33户企业档案，禁止失信被执行人办理变更、注销和股权出质等手续。截至2018年底，向区“扫黑除恶”专项斗争领导小组办公室移交9起涉黑涉恶案件线索。（毛　丹）

【集贸市场整治】　2018年，工商迎泽分局举全局之力，以“集中整治集贸市场乱象”为突破口，以“打造样板市场、示范推进”为抓手，以开展“诚信太原、放心消费”活动为核心，通过驻场巡查“三定”（定人定市场定职责），日常监管“三化”（常态化、专业化、规范化），督查专核“三层”考核（区对市场、市场举办方对市场管理方、市场管理方对市场经营户逐层考核），软硬兼治，联动合力，不断推动“创城”工作，深化细化。在全区16个集贸市场中，树立万吉海鲜市场、迎东综合市场、水西关水果南部批发市场等7个1000平方米以上的点位市场作为整治样板，示范推进。（毛　丹）

【广告市场监管】　2018年，工商迎泽分局贯彻执行太原市工商局等9部门《严肃查处虚假违法广告维护良好广告市场秩序工作方案》，加大对重点媒体、重点领域、重点内容广告的监管力度。针对多起国家工商总局广告监督管理司广告数据中心转办的某公司广告违法案，对问题企业开展法律法规培训。进行广告经营单位“双随机一公开”抽查工作，抽查广告发布登记单位18户，广告经营企业216户，并按照“谁检查、谁录入”的原则，将检查结果通过协同监管平台“抽查结果录入”模块进行公示，检查结果及时上报。办理各类广告案件8起，罚没款6.01万元。（毛　丹）

【商标品牌保护】　2018年，工商迎泽分局开展知识产权宣传周活动，持续开展“双打”工作。办理商标类案件9起，罚没款4.06万元。罚没物资包括侵权汾酒、“碛口古镇”酒、太太乐鸡精、美极鲜味汁、莲花味精等384件，案值5.9万余元。开展溯源行动专项整治，对华宇购物中心、茂业商厦、新百货鞋店、东方红商厦、朝阳街88号（2户）共6家经营户进行检查，对涉嫌侵权的鞋共1587双进行扣押。依据每个当事人的不同情况，分别作出责令停止违法行为、移交案件线索、罚款的不同处理结果。引导企业做好有关注册商标专用权质押融资的工作，深入企业，广泛宣传，印发《注册商标专用权质权登记程序规定》，引导企业重视注册商标专用权工作，发挥商标专用权无形资产

的价值，提升注册商标企业运用、管理、保护商标品牌的能力，提高商标的市场化程度。（毛　丹）

【经检执法办案】　2018年，工商迎泽分局推进反垄断和反不正当竞争执法，开展医疗领域商业贿赂行为查处活动。查处山西金海港房地产开发公司侵犯消费者权益案件，罚款8万元。对国药山西分公司等3起涉嫌商业贿赂案件立案。

2018年，查处各类案件90起，罚没款78.5万元。（毛　丹）

【消费维权】　2018年，工商迎泽分局以贯彻《消费者权益保护法》为抓手，加大消费维权工作力度，营造安全放心的消费环境，提升人民群众的幸福感和获得感。开展“诚信太原　放心消费”创建活动。培育在辖区内行业规模大，制度规范，口碑较好，消费者投诉率低的“诚信经营，放心消费”示范创建单位26家，超额完成市局下达的示范单位创建培育备选不少于10个的任务。最后参加考核验收21家，实现全区服务行业全覆盖，通过12家，在太原市六城区中均居第一。全市系统“诚信太原　放心消费”创建活动现场会在服装城朝阳商圈召开，创建活动树立东都商城、华宇国际等一批诚信示范单位。完善部门协作联动机制。2018年5月3日，建立迎泽区消费者权益保护工作局际联席会议制度，逐渐搭建行政调解、社会组织调解、仲裁诉讼等方式相衔接、相融合的维权平台，形成工作合力。强化流通领域商品质量监管，督促经营者认真做好商品进货验收、商品储存、销售过期商品下架，不合格商品退市等环节的管理。加大商品质量抽检力度。根据消费投诉举报的热点行业、重点商品和焦点问题，有针对性地组织开展商品质量抽检，达到“监测一批商品、惩处一批经营者、规范一个行业”的效果。对在商品抽检中发现的不合格商品全部立案，处罚结案10起，罚没款6万余元。推进12315工作，2018年共新增维权服务站44个，原有67个，共计111个，促进消费维权服务站的规范化建设。

2018年受理消费者申诉举报3211件，办结3188件，办结率99.3%，为消费者挽回经济损失124.59万元。受理太原市人民政府便民服务热线交办单621件，办结621件，办结率100%。（毛　丹）

【工商系统从严治党】　2018年，工商迎泽分局坚持全面从严治党，干部队伍素质不断提升。推动中共十九大精神落地生根。按照“学深、弄懂、做实”要求，坚持中心组学习暨党员教育、“三会一课”、主题党日等基本制度，学习贯彻习近平新时代中国特色社会主义思想和中共十九大精神、新党章、全国“两会”精神及新宪法等内容，先后组织开展民主生活会、组织生活会、民主评议党员活动和学习中共十九大精神知识答题活动，并征集相关心得体会162篇，邀请山西省委党校郑文靖教授作专题辅导报告，教育引导党员干部用新思想、新精神武装头脑、指导实践、推动工作。组织开展专题党课辅导、观看红色影片、七一评选表彰、慰问新中国成立前老党员及困难党员等主题系列活动。（毛　丹）

【党风廉政建设】　2018年，工商迎泽分局精准细化责任，全面推进主体责任落实。探索推行党风廉政建设“清单式”管理模式，对全年党风廉政建设和反腐败工作进行分解落实，明确各部门工作任务和履责要求。围绕主体责任和一岗双责的落实要求，制定下发《2018年党风廉政建设工作实施方案》和《2018年纪检监察工作要点》，层层签订党风廉政建设目标责任书，将责任细化到岗位、量化到数值、固定到个人。

坚持跟踪督导，高效履行监督提醒职责。对照党风廉政建设“两个责任”的落实情况进行研究梳理，共梳理出存在的问题6大项10小项。针对问题清单逐条制定整改方案，指定专人具体负责，并限时完成整改任务。开展廉政谈话活动，共谈话30余人次，逐级传导压力，严格落实两个责任。（毛　丹）

【作风纪律检查】　2018年，工商迎泽分局聚焦主业抓办案，强化执纪问责。紧盯重要节点，持续开展作风纪律检查。全面开展自查自纠“回头看”工作。坚持挺纪在前，准确运用好监督执纪“四种形态”。共接待群众咨询30余次，受理群众来电来访投诉举报3起，网络信访投诉4起，办结率100%；受理市纪委转办问题线索5起，进行谈话函询2起，经初步核实了结1起，跟踪调查处理2起，上报情况报告3篇，诫勉谈话1人，责令作出书面检查3人，使红脸出汗形成常态。帮助省、市纪委和相关部门调阅企业信息6次。（毛　丹）

【文明城市创建】　2018年，召开工商迎泽分局创建全国文明城市推进会，制定《工商迎泽分局创建全国文明城市工作实施方案》，和各部门签订《创建全国文明城市目标责任书》。把创建全国文明城市工作作为一项重大任务，摆上突出位置，列入重要日程。举全局之力，层层传导压力，推动责任落实，确保整治推进进度按期完成。（毛　丹）

【个体劳动者协会和私营企业协会换届】2018年，工商迎泽分局做好迎泽区个体劳动者协会和私营企业协会换届工作。3月16日，太原市迎泽区私营企业第三次会员代表大会召开，来自全区63位私营企业会员代表参加会议。太原市民营企业协会秘书长郭志强、太原市工商局迎泽分局副局长周建勋、太原市迎泽区私营企业协会二届理事会副会长成树江出席会议，会议由太原市工商局迎泽分局副局长尹建英主持。大会宣读习近平总书记致全国个体劳动者第五次代表大会的贺信，听取审议太原市工商局迎泽分局副局长周建勋代表迎泽区私协做的第二届理事会工作报告；选举产生迎泽区私协第三届理事会。张映峰当选为区私协第三届理事会会长。私协理事会会长、副会长、秘书长均由协会编制人员担任，实现协会和行政机关的人员管理分离。

（毛　丹）

【非公企业党建工作】　2018年，工商迎泽分局继续做好非公党建工作，把“两个覆盖”作为重中之重扎实推进，扩大新建党组织数量，50人规模以上企业全覆盖，年底覆盖率达到90%以上。组建非公企业党委。7月20日，中国共产党太原市迎泽区非公有制企业委员会第一次党员大会召开，会议以无记名投票方式选举产生中共太原市迎泽区非公有有制企业委员会第一届党委委员。（毛　丹）

质量技术监督管理

【概况】　2018年，迎泽区质监局加强流通领域产品质量监督检查。重点做好“3C”强制性产品的监管，加强对儿童玩具的监管，采取定期与不定期检查相结合，坚持扶优与治劣，确保“3C”市场平稳运行。

加大对检验检测机构管理监督。对重点检测行业，如：机动车检测线、机动车环保检测线、环境检测机构做到每季度至少检查一次，其他检测机构每半年检查一次，并建立专人联络机制，帮助解决检测机构遇到的问题。

处理上级下发、转发并回复抽检不合格报告。（区质监局）

【“质监利剑”行动】　2018年，迎泽区质监局开展“质监利剑”行动，发挥打假职能，重点检查、排查生产工艺落后的地条钢、土炼油等一大批淘汰产品，使淘汰落后产品无生存空间。（区质监局）

【计量监督管理】　2018年，迎泽区质监局以关注民生为重点，着眼老百姓的菜篮子工程。对全区的16家菜市场在用的2300余台电子秤和电子计价秤定期免费检定，并建立流动台账。免费给菜市场配备公平秤，减少消费纠纷，维护消费者的合法权益，使得消费投诉逐年下降。

加强加油站监督管理，配备专职计量管理人员，监督加油站加强日常管理，防止加油站利用工作便利进行作弊。

加强重大节日计量监督检查、抽查，确保百姓过好节。利用春节、元宵节、五一、中秋、国庆等节日，对老百姓重点消费的米、面、粮油等定量包装商品进行抽样检查，并及时向社会公布抽样结果。

（区质监局）

审　计

【概况】　2018年，迎泽区审计局学习中共十九大和中央审计工作委员会会议精神，贯彻落实全国、省、市审计工作会议精神，以习近平新时代中国特色社会主义思想为指导，坚持与时俱进、开拓创新，履行审计融入大局、服务大局的职能，在推进全区财经法规建设、强化权力运行监督、促进党风廉政建设、保障全区经济社会健康发展中有效发挥审计监督作用，较好地完成全年各项工作任务。

区审计局是区政府主管全区审计监督工作的职能部门。内设办公室、财政审计科、投资项目审计科、经济责任审计科，所属迎泽区审计监督中心（为全额事业单位）。有在职工作人员19人。

区审计局贯彻执行国家、地方有关审计工作的法律、法规；制定并组织实施全区年度审计工作计划。对区级财政和各部门、各街道办事处、郝庄镇、区属事业单位的财政、财务收支，以及法律法规规定属于审计监督范围的财务收支的真实性、合法性和效益性进行审计监督。对审计、审计调查和检查的事项依法进行审计评价、作出审计决定或提出审计建议，并督促被审计单位进行整改。

2018年，区审计局被区委授予先进基层党组织称号，在太原市审计系统十县（区）工作目标考核中排名第一、评为优秀，“三基建设”基础工作评为优秀，太原市审计局授权实施的太原市饮食服务集团有限公司原经理经济责任审计项目被评为2018年全省表彰审计项目。

全年报送审计综合信息62篇，其中被省委组织部采纳3篇，市审计局采纳9篇，区政府采纳2篇。（高文杰）

【跟踪审计】 2018年，迎泽区审计局完成大同市灵丘县保障性安居工程跟踪审计，重点对安居工程政策落实、管理绩效和遵守法律法规情况进行审计。对灵丘县政府及所属住房城乡建设、财政等9个有关部门及经办管理机构和相关金融机构进行审计，对6个安居工程项目的建设管理情况进行重点检查，对4380户农村危房改造家庭实地入户调查。

完成迎泽区重大政策措施落实跟踪审计。重点审计关注简政放权、财政政策、民生保障、精准脱贫等方面政策措施的落实情况，重点审计精准脱贫措施落实、污染防治政策落实、推进重点工程项目建设等方面的政策落实情况，抽查10个部门和5个省、市重点项目。（高文杰）

【财务审计】 2018年，迎泽区审计局完成2017年度预算执行及其他财政财务收支情况审计。对财政局、园林绿化局等7个单位2017年度预算执行和其他财政财务收支情况进行审计。预算执行审计共发现问题16项，违纪违规事项5项，涉及金额43.47万元，管理不规范事项11项，涉及金额127759万元，提出审计建议16条。完成财政收支审计项目4个，审计发现问题3项，涉及金额4.50万元，提出改进财政管理的相关建议5条。所有问题均完成整改。

对太原仲裁委员会秘书处2012至2017年度财务收支情况进行审计。以太原仲裁委员会秘书处提供的财务收支相关资料为基础，结合太原仲裁委员会秘书处执行相关经济法律、法规、政策、制度情况及财务收支活动内部控制管理情况进行审计。（高文杰）

【审计调查】 2018年，迎泽区审计局调查完成太原市第二热力公司 2016 至 2017 年建设运营管理情况审计调查。审计调查延伸单位数 4 个，审计查出问题 7 个，提出审计建议 5 条，完成市局交付的审计调查工作任务。（高文杰）

【经责审计】 2018 年，迎泽区审计局加强对领导干部权力运行的有效监督。重新修订区审计经济责任审计领导组及办公室议事规则，完成 5 名区管党政主要领导干部任期经济责任履行情况的审计。审计共发现管理不规范问题 10 项，涉及金额 440 万元，提出审计建议 11 条。

开展领导干部任期内履行自然资源资产管理和生态环境保护责任情况审计。完成区水务局局长任期内履行自然资源资产管理和生态环境保护责任情况的审计任务。审计共发现管理不规范问题 4 项，提出审计建议 3 条。（高文杰）

【投资审计】 2018 年，迎泽区审计局探索实践，拓展政府投资建设项目审计空间。探索“借力”模式，创新政府投资审计工作思路，通过向社会公开招标，将资质优秀的审计（会计）、工程造价事务所纳入迎泽区委托审计中介机构备选库，让技术力量强、实践经验丰富、社会信誉好的中介机构参与审计，缓解审计任务与审计力量之间的矛盾。严格招投标程序，与 10 家财务审计中介机构、20 家工程造价中介机构签订入库合同书。降低审计风险，制订《迎泽区审计局委托审计实施办法》，对委托审计中介结构参与审计项目实现科学化的管理，为实现投资项目审计“三个转变”打好基础。（高文杰）

【内部审计】 2018 年，迎泽区审计局加强对内部审计工作的监督指导。贯彻执行 2018 年新修订的《审计署关于内部审计工作的规定》，经区政府常务会议通过，出台《迎泽区加强和完善内部审计工作的意见》，开创全区内审工作新局面，全区内部审计工作的质量和水平全面提升，推动全区审计事业的发展。（高文杰）

【党费使用审计】 2018 年，迎泽区审计局完成区委组织部补交党费使用情况的审计。根据区委组织部出具的《审计委托函》及工作安排，重点对迎泽街道党工委、桥东街道党工委等 9 个党工委党费使用情况进行审计。（高文杰）

【审计成果共享】 2018 年，迎泽区审计局发挥专业优势，抽调 12 人 9 次，参与各级各类专项检查工作，推进审计成果共享。先后参加省厅对全省保障性安居工程审计情况专题报表、报告的汇总工作，晋中市大气污染防治专项审计工作，太原师范学院、山西省经济管理干部学院、山西广播电视大学三所高校的巡视工作，杏花岭区教育、卫计系统的专项巡查工作，全区党建经费、党费专项检查工作和惩治群众身边反腐败专项检查工作。审计累计 469 天。（高文杰）

统 计

【概况】 迎泽区统计局为区人民政府工作部门。内设办公室、统计和信息科、社会和经济科3个科室，行政编制7名，事业编制9名。在职职工19名。

2018年，区统计局按照迎泽区“转型项目跨越年、社会矛盾化解年、作风建设提升年”的安排部署，推进从严治党，落实“两个责任”，改革创新，锐意进取，构建学习型、创新型、服务型、奉献型、和谐型统计机关，为“建设省城首善之区”提供优质的统计保障。（柳 冰）

【“三基建设”】 2018年，区统计局通过基础工作达标摸底，发现工作中存在的责任不清、底数不明、工作不规范、管理不到位等基础工作粗放的问题。按照规定对基础工作8类16项指标进行系统地筛查补救、明确要求、完善制度、建立机制，编制《迎泽区统计局基础工作目录》《迎泽区统计局基础工作运行流程图》《迎泽区统计局应知应会手册》和《迎泽区统计局便民服务手册》等资料。（柳 冰）

【第四次全国经济普查】 2018年，迎泽区完成“两员”的选调和聘用以及培训。进行第四次全国经济普查的宣传和单位清查摸底工作。截至10月23日，迎泽区共制作宣传版面53块，全部安装完毕。清查法人单位18569个，产业单位1910个，个体24417个。10月15日至19日统计局由6位领导带队分别到六街一镇抽查各街镇清查摸底数据质量，发现存在无证个体户漏录、个别单位信息录入出错的现象，督促普查员补录并对错误信息进行改正。（柳 冰）

【统计基层基础建设】 2018年，区统计局以人为本，抓好基层统计队伍建设。推行“首席统计员”制度，落实首席统计员待遇；通过政府购买服务人员23名充实街镇统计队伍。以质为准，抓好基层基础工作建设。以考核标准促进街镇基层基础提档升级，推动街镇统计工作提质增效，推行联网直报企业“一企一档”制度。提高基层基础工作质量，推进基层基础工作科学化、规范化。按照《山西省县级统计机构规范的要求》对“四上”企业双基工作进行验收，验收率达到75%，其中优秀率36%，合格率63.6%，街镇统计站全部完成自验，其中优秀3家，合格4家。（柳 冰）

【统计法规教育培训】 2018年5月，迎泽区召开全区统计法规全覆盖培训会，邀请市局高级统计师对全局干部职工、各街镇分管统计工作的领导、统计站长和统计员、“四上”企业统计员共计800余人就防范统计造假、提高统计数据质量、提高全员依法统计和依法统计水平进行“统计法律风险防范”的专题讲座。（柳 冰）

安全生产监督管理

【概况】 2018年，迎泽区安全生产监督管理局提出“建设平安迎泽、打造首善之区”的总目标，以严控安全事故为中心，以落实安全责任为抓手，以整治安全隐患为关键，细化分解目标任务，强化责任落实举措，开展各类督查检查，推进各项安全生产工作任务完成。

全年全区安全生产形势持续稳定，各类事故起数和死亡人数同比实现双下降。全区共发生事故77起。其中消防火灾67起，同比下降36.7%，死亡0人；道路经营性交通事故10起，死亡2人，同比减少50%。

（王　谦）

【学习教育】 2018年，迎泽区安全生产监督管理局始终坚持将党的政治建设摆在首位。学习贯彻中共十九大精神、习近平总书记视察山西重要讲话精神。研读“两学一做”“三基建设”“扫黑除恶”等学习资料，读原著、学原文、悟原理，深刻领悟习近平总书记系列讲话的丰富内涵和精神实质。坚持“三会一课”制度，每周二下午班子成员带头讲党课、讲业务、讲管理，共讲授51学时党课和业务课；学习讨论郑德荣、钟扬等一批全国优秀共产党员先进事迹；每月25日组织全体党员开展“支部主题党日”活动，集体诵读党章、重温入党誓词、交纳党费，开展学习讨论、业务培训，增强“四个意识”；组织全体干部职工观看学习《安全综合监管片》《安全生产监管执法》《应急管理执法检查》等视频，学习优秀城市重庆、武汉先进经验，提升安全知识水平。深入学习贯彻中央、省、市、区各项决策部署，全面掌握上级党委政府的思想理念、大政方针、重大举措，提高认识、分析、解决安全生产问题的能力，把思想和行动统一到各项决策部署上来，落实到各项工作中，以最坚决的态度狠抓落实，确保落地生根。　（王　谦）

【党的建设】 2018年，迎泽区安全生产监督管理局坚持多措并举，参加区委、组织部、机关工委组织的各类公众号关注、APP使用、优秀党课评选、党员教育大讲堂、“领头雁”等活动，参加山西干部在线学习，重点学习《习近平新时代中国特色社会主义思想网络专题课》，全单位学习1000余个学时；组织全体党员注册山西智慧党建、迎泽群工，参加网上志愿者活动，认领1个“微心愿”，参加区委、机关工委组织的“中华慈善日”“博爱一日捐”等活动，奉献爱心，温暖身边人；开展“不忘初心、牢记使命”主题教育活动，全体党员重温入党誓词；推进“三基建设”，落实《全区“三基建设”2018年度重点工作任务清单》和《关于认真贯彻落实全省推进“三基建设”座谈会精神的意见》，开展“标准问题大讨论”，把“三基建设”抓紧抓细抓实；组织党员开展主题党日活动，传达机关工委《关于开展以弘扬“红船精神”为主题的主题党日活动的通知》及《关于开展“担复兴大任、做时代新人、争当时代先锋”主题活动的通知》文件精神，开展学习讨论，观看太原市时代新人演讲活动；局领导班子参加区委宣传部组织的“道德讲堂”。将服务承诺制和争创优秀党员活动结合起来，支部书记到郝庄镇观家峪村，慰问贫困家庭，组织全体党员走进社区为社区居民讲解安全知识，发放安全资料200余份。组织“庆七一”系列活动，到阳曲县店子底村支前精神红色教育基地参观学习，观看国防演出表演，观看建军大业等爱国拥军电影，感悟“爱党拥军、无私奉献、艰苦奋斗、勇往直前”的精神。（王　谦）

【决策民主】　2018年，迎泽区安全生产监督管理局开展党员领导干部民主生活会和党员民主评议工作，广泛征求意见建议，进行汇总梳理，逐项进行整改和落实。按照“集体领导、民主集中、个别酝酿、会议决定”的原则，强化民主集中制度，形成集体决策新常态。定期召开局党支部会议、局长办公会议、局务会，凡遇单位重大事项决策、重要项目安排、大额资金的使用等情况，集体开会讨论做出决定。制订专题组织生活会和开展民主评议党员工作方案，建立权力制衡机制。执行“三重一大”制度，规范权力运行和决策行为，保证决策的科学化、民主化和规范化，确保各项工作的高效运转。（王　谦）

【安全生产扫黑除恶】　2018年，迎泽区安全生产监督管理局凝聚全局共识，在“统”字上下功夫。先后召开局务会、局长会议、全局职工大会、非煤危化工贸企业会、应急管理会议、危险化学品联席会议，传达省、市、区关于开展扫黑除恶专项斗争的文件精神，把思想和行动统一到动员会精神上来，科学谋划、精心组织、周密实施，持续推进扫黑除恶专项斗争向纵深发展。

强化组织建设，在“实”字上谋良策。成立由局长任组长，派驻纪检专员和其他班子成员任副组长，各科室相关人员为成员的扫黑除恶工作领导小组，形成扫黑除恶整体工作合力。

精心研究部署，在“深”字上见成效。先后下发方案文件、强化日常监管、加强线索摸排、广泛宣传引导、开展督导谈话、张贴海报条幅等，推动扫黑除恶专项斗争深入开展，发放扫黑除恶应知应会手册500册，张贴《致全区生产单位扫黑除恶一封信》海报200余份、单位悬挂横幅2条。

（王　谦）

【廉政建设】　2018年，迎泽区安全生产监督管理局落实党风廉政建设主体责任工作，以改进工作作风、密切联系群众为重点推进作风建设，以“把权力关进制度的笼子”为要求推进制度建设，以完善惩防体系为重点推进党风廉政建设。

执行中央八项规定。从严格规范党员领导干部的言行，严格落实党章规定的“四个服从”入手，要求不该做的事不做，不该去的地方不去，不该要的坚决不要。在执行规定上，局党组带头落实《中国共产党纪律处分条例》《中国共产党问责条例》以及中央八项规定和省委、市委、区委具体规定，强化作风监督，严格执纪行为，杜绝公车私用、公款吃喝旅游、收受礼金等行为。加强局机关及局属事业单位人、财、物等重点领域的制度化管理，党员干部严格执行《领导干部报告个人有关事项的规定》，坚持用制度管人管事，全体干部职工均填写《个人廉政档案》。邀请派驻纪检组组长参与到实际工作中来，参加局务会、学习会来帮助广大干部职工提高认识，强化宗旨意识、坚守理想信念、保持优良传统作风；9 月 30 日，迎泽区打击非法储存销售汽柴油甲醇黑窝点专项行动中，派驻纪检组组长担任工作组副组长，全面监督安监干部严于律己、以身作则、干净做人、勤政干事。（王　谦）

【队伍建设】　2018 年，迎泽区安全生产监督管理局把学习习近平总书记关于安全生产工作重要指示批示精神作为重大政治责任和使命担当，树立“讲政治、懂规矩，守纪律、重团结，善作为、转作风，强服务、树形象”的工作理念，将严实作风贯穿干部队伍建设始终，打造精干高效的安全监管干部队伍。常温法纪，加强党风廉政建设。集中组织学习《中国共产党廉洁自律准则》《关于新形势下党内政治生活的若干准则》，学习中央和省委、市、区委关于加强党风廉政建设和反腐败斗争的重要精神。区纪委监委常委、郝庄镇纪检书记吕开武为全局科所长以上人员讲解新修订的《中华人民共和国监察法》。3 月 27 日，组织干部职工观看《新中国第一大案》，并书写观后感。加强引导，强化监管能力水平。教育引导党员干部牢记党的宗旨，以理论上的清醒保证政治上的坚定，永葆共产党人的本色和初心。深刻领会习近平新时代中国特色社会主义思想精神实质和实践要求，筑牢同以习近平同志为核心的党中央保持高度一致的思想根基。加大对《山西省安全生产条例》和《关于推进安全生产领域发展改革的实施意见》的学习培训，进一步明确工作职责的程序，提高执法水平和效率，推动全区安全监管工作规范化、制度化、法治化。加强培养，强化干部队伍素质。对入党积极分子严格程序；强化对年轻优秀干部和业务骨干的培养锻炼，选拔有能力的业务骨干到重要的岗位进行历练，培养吃苦耐劳、勤于奉献的品质，推选迎泽区先进典型和优秀党员各 1 名；严格选人用人组织程序，对临聘人员，全部公开招聘。（王　谦）

【责任落实】　2018 年，迎泽区安全生产监督管理局落实领导责任。区委区政府领导对安全生产工作，思想上高度重视，行动上狠抓落实，结合《地方党政领导干部安全生产责任制规定》，做到逢会必讲安全、事事以安全为先，坚持重大行动亲自部署，重点工作亲自指挥，重点隐患亲自督导，重要问题亲自协调，2018 年共召开 14 次常委会、8 次常务会，研究安全生产工作，解决重难点问题。区安委会召开

10次区安全生产例会、2次紧急会议，并创新模式，运用现场会、警示会等形式，通过各单位一把手发言交流，形成比学赶帮超的工作氛围。区委区政府综合运用巡查督查、考核考察、激励惩戒等措施，把安全生产作为衡量经济发展、社会治安综合治理、精神文明建设成效的重要指标和领导干部政绩考核的重要内容，加大安全生产指标考核权重。把党政领导干部落实安全生产责任制情况纳入党委政府督查督办重要内容，将安全生产工作与业务工作同时安排部署、同时组织实施、同时监督检查。

落实监管责任。全区安全生产工作形成各单位一把手统领总抓，班子成员各负其责，科室分片分区，责任落实到人的局面，形成全覆盖、无禁区的安全监管责任网格。推进安全责任制挂牌，将每个生产经营单位安全监管责任明确至包片领导、部门、街镇以及社区。挂牌单位30365家，挂牌率达100%。

落实企业主体责任。企业对自身生产经营的每个环节、每个岗位、每个部位安全风险隐患和安全措施落实情况进行自查自整，建立安全风险和隐患问题清单，落实风险管控和隐患整改措施，形成隐患闭环管理。区安委会、安委办建立企业生产经营全过程追溯制度、安全生产领域失信行为联合惩戒信息管理制度等，以执法监管、安全测评等手段，对发现的安全生产领域失信行为进行严惩，对于发生安全责任事故的企业严肃追责，倒逼安全主体责任落实，对金酷肥牛羊蝎子火锅店和山西大酒店共罚款3万元；对工作不力的追责问责9人，对安全生产领域失信单位联合惩戒2家，重大隐患领导挂牌督办5起，全部摘牌。（王　谦）

【隐患排查】　2018年，迎泽区安全生产监督管理局坚持将安全隐患排查治理当作防范事故的“牛鼻子”来抓，在严管严控事故上明重点，在严查彻改隐患上下功夫，在严格监管执法上强手段，开展一系列安全生产专项行动和专项督查，为“安全迎泽”打好基础、筑牢根基。

在抓排查上下功夫，打好隐患整治“组合拳”。以“全覆盖、零容忍、严执法、重实效”为总要求，发挥“大排查、快整治、严执法”的总抓手作用，成立区长任组长，各位副区长、区安监局局长任副组长，各街办（镇）、区安委会成员单位主要负责人为成员的安全生产大检查领导小组，在消防、道路交通、建筑施工、城镇燃气、危险化学品、长输油气管线、人员密集场所等领域，开展安全生产大检查。

全区共出动检查组734个，出动检查人员2476人（次），抽调专家80多人（次），对各类生产经营单位全部普查的基础上，检查重点企业3014家，排查一般隐患2357条，限期整改789项。做到全面检查到位、隐患排查到位、整改措施到位。

开展隐患排查专项行动。全年相继开展电气火灾综合治理、高层建筑火灾综合治理、大型综合商业体火灾治理、电动自行车火灾综合治理、建筑施工领域专项整治、特种设备专项治理、危险化学品综合治理、打击假冒特种作业专项行动和打击“三黑一土”专项整治、打击非法经营储存汽柴油甲醇黑窝点、道路交通专项整治、源头超限超载专项整治、城镇燃气、煤改气、长输油气管道15个专项整治行动，提升安全保障水平，防范和遏制各类安全生产事故的发生。

抓好重点时段集中整治。针对2018年的重点时段，以及清明、中秋、国庆等传统节日，汛期、防火等关键节点，做好安全生产保障工作，打好重点时段的安全生产攻坚战，坚决防范和遏制各类安全事故的发生。（王　谦）

【隐患督查】　2018年，迎泽区安全生产监督管理局在抓督查上下功夫，念好安全责任“紧箍咒”。区安委办成立4个督查组，常态化检查督查，采取听汇报、查资料、随机抽查和现场核查等方式，对高危行业领域企业开展全覆盖检查，向被检查单位反馈问题，要求各行业主管单位在解决具体问题隐患的同时，深刻反思背后的深层次原因，全面抓好整改，推动安全生产责任到岗、到人、到位，力促安全生产措施落地、生根、见效。

2018年，区安委办四个督查组共出动80组次，400人次，检查单位200余家，发现问题隐患500余条，下达执法文书74份，并责成属地街镇和相关单位对问题隐患进行闭环整改，全部整改到位。（王　谦）

【“双重预防”】　2018年，迎泽区安全生产监督管理局推进“双重预防”机制建设，抓重点，明确工作目标任务。3月份，召开“双预防”工作推进会，明确分管领导，理清工作思路，分段推进工作。

攻难点，开展区域风险辨识。以智能化风险“一张图”为龙头，建立全方位的城市安全风险管控系统，绘制风险电子“四色图”，实时更新实时比对，实现隐患排查、登记、评估、报告、监控、治理、销账的全过程记录和闭环管理的功能。将全区危险化学品经营使用单位136家数据录入系统，实行监管。

出亮点，建立智慧用电监管。以“智慧用电安全隐患监管服务系统”为抓手，有效解决用电单位电气线路老旧、小微企业无专业电工、肉眼无法直观排查电气隐患、隐蔽工程隐患检查难等问题，从源头上预防电气火灾、实现“科技兴安”，推进企业安全生产（经营）技防、物防建设，强化企业（经营）安全生产硬件基础，建立健全企业隐患排查治理机制和提升企业本质安全水平，夯实遏制较大以上事故的坚强保障，真正实现关口前移、精准监管、源头治理，将事故扼杀在萌芽状态。发现并排除海友酒店柳巷店线路短路隐患1次。（王　谦）

【基础保障】　2018年，迎泽区安委办针对迎泽区安全生产薄弱环节和突出问题，提出实施方案，明确安全生产领域改革发展的任务单、路线图。广泛征求全区62个党政部门、街镇以及成员单位的意见，常务会、常委会审议原则通过进行印发。围绕解决安全生产体制机制发展等深层次问题，提出加强和改进安全生产工作的一系列重大改革举措和任务要求，担起“促一方发展、保一方平安”的政治责任。（王 谦）

【城市安全】 2018年，迎泽区安全生产监督管理局建立以安全生产为基础的综合性、全方位、系统化的城市安全发展体系。落实各级党委的领导责任、部门监管责任、企业主体责任，加强社会监督，加强城市安全源头治理，健全城市安全防控机制，加强城市安全监管体制机制和能力建设，立足长效、依法治理、综合施策，将安全生产的基本要求和保障措施落实到城市发展的各个领域、各个环节。立足实际，抓好落实，与区综治网格进行有效合理衔接，加入安全生产网格化排查内容。发挥全区网格员作用，统一职责任务和工作标准。9月29日，区安委办牵头组织实施全区千名安全生产网格员培训工作，推动安全生产监管工作关口前移、重心下移，做到“定格、定责、定人”。（王 谦）

【应急管理】 2018年，迎泽区加强应急知识学习，增强应急意识，突出抓好值班值守、信息报告、预案演练、宣教培训、应急平台建设等重点工作，推进应急体系和应急保障能力建设，构建统一领导、权责一致、权威高效的应急能力体系，形成统一指挥、反应灵敏、上下联动的应急管理体制，全面提升应急救援的协同性、整体性、专业性，提高全区防灾减灾救灾能力。在全国应急和安全知识竞赛中，迎泽区参与答题4126人次。6月宣传月期间，围绕消防火灾、防震减灾、山洪灾害、特种设备救援等几大内容，组织开展各类安全应急演练达49次。（王 谦）

【宣传教育】 2018年，迎泽区安委办以全国6月安全宣传月为契机，深入企业和学校，发放各类资料及宣传物品10万余份，各街镇设立7个安全主题公园，每个社区村均设立1条主题街道或主题宣传站，以点带面，从线到片，逐步形成全区宣传大格局。全区共张贴“安全生产月活动主题”宣传海报3000余份，悬挂宣传展板500余块、悬挂宣传条幅3000余条，解答群众问题5000余个，国家、省、市新闻媒体报道25次。印发《网格员培训手册》等，压实主体责任，做到“耳濡目染、熟能生巧”；印制《地方党政领导干部安全生产责任制规定》（以下简称《规定》）宣传页，下发到安委会成员单位的干部职工，统一思想、提高认识、凝聚共识。各级领导干部准确把握《规定》的精神实质和重要内容，把《规定》精神转化为完善工作思路、强化工作措施，促进安全生产的自觉行动。区安委办利用1个月时间，将20个行业领域企业的安全生产职责进行划分，制成《安全生产职责宣传册》；印发《致生产经营单位的一封信》、打击“三黑一土”公告；在南宫广场设置安全咨询主宣传点，各街镇六个安全分咨询点进行咨询活动，弘扬“生命至上、安全发展”的思想，提升公众安全素质，提高防灾减灾救灾能力；制作《迎泽安监》宣传册，总结各单位宣传成效，加大对职业病防治的宣传教育培训力度，组织各企业相关负责同志参加市职业病防治培训。（王　谦）

食品药品监督管理

【概况】　2018年，迎泽区食品药品监督管理局落实省市食药安全年度工作重点，强化责任担当，加强风险防控，坚持问题和目标双导向，围绕筑牢食品药品安全监管“两条底线”，确保机构改革期间食品药品市场安全稳定。（区食药监管局）

【廉政建设】　2018年，迎泽区食品药品监督管理局以习近平新时代中国特色社会主义思想为指导，贯彻上级党委关于反腐败斗争和党风廉政建设的安排部署，强化“三基建设”，做好党员干部教育工作。

抓领导建机制。学习贯彻各级党风廉政建设工作会议精神，落实党风廉政建设责任，强化“一岗双责”，按照党要管党、从严治党的要求，加强与纪委监委派驻组的配合，共同推进党风廉政建设工作，引导全体党员干部提高政治站位，保持党性纯洁，推动党风廉政建设各项任务的落实。

抓学习促教育。从党员干部学习抓起，开展习近平新时代中国特色社会主义思想理论学习和党性党风党纪教育，开展廉政警示教育，参观廉政教育基地，继续推进食品药品监管廉政文化建设，用身边的人和事教育身边的人，引导党员干部坚定理想信念，树立和坚持正确的事业观、价值观、政绩观，发挥党员干部先锋模范作用，激励广大干部新时代有新担当新作为，夯实反腐倡廉的教育基础。

抓作风助党建。将文明执法与严厉查处食品药品违法行为相结合，规范执法纪律和执法流程，坚决杜绝吃、拿、卡、要现象，致力于建设政治素质高、业务能力强、工作作风实的一流执法队伍。

全年共召开党风廉政建设专题会议4次，组织生活会2次，主题党日活动12次，先后组织支部书记讲党课7次，召开党员大会13次，支委会组织学习16次。各党小组开展微心愿认领、志愿帮扶等活动十余次。（区食药监管局）

【监管统筹】　2018年1月24日，迎泽区食品药品监督管理局召开食安委全体会议暨“省级食品安全示范县”创建动员会，会议传达党中央、国务院关于食品安全工作的重要指示和省市食安委有关会议精神，全面总结2017年全区食品安全工作开展情况，对2018年工作进行谋划。并就启动创建省级食品安全第二批示范县区工作和“两节两会”期间食品安全工作进行动员、安排、部署。迎泽区明确工作目标，落实创建责任，坚持把食品安全示范创建工作与创建全国文明城市和“省运会”“二青会”保障相结合，统筹谋划安排，确保各项工作有序推进。组织30家食安委成员单位开展食品安全宣讲，提高各街镇、各部门的食品安全责任感和使命感。

（区食药监管局）

【宣传培训】 2018 年，迎泽区食品药品监督管理局通过微信公众号、省市媒体、视频直播等多种宣传手段，发布专题报道 30 余次，宣传普及食品安全知识，形成食品安全社会共治的浓厚氛围；开展创城宣传活动，推进文明餐桌光盘行动，发放社会主义核心价值观等资料十万余册，基本做到食品经营企业全覆盖；开展“3·15”消费者权益日、“5·26”护肤日、安全生产月、依法行政宣传月等宣传活动，提高群众在选用保健食品、化妆品时的分辨能力；组织风险管控暨监管能力提升现场观摩 3 次、监管知识培训 5 次，提升执法人员监管能力。（区食药监管局）

【示范创建】 2018 年，迎泽区食品药品监督管理局对照“放心肉菜示范超市”检查细则和标准，结合实际，督促超市建立健全食用农产品质量安全自查机制，严把源头采购关，强化肉菜销售过程质量安全管理，推进永辉超市、美特好铜锣湾店的“放心肉菜示范超市”创建工作；巩固明厨亮灶成效，全区 270 家餐饮单位实施“明厨亮灶”工程，引导社会监督，促进行业自律；打造中正天街为化妆品示范街，落实化妆品经营企业主体责任，形成市场承担主体责任、政府实施风险监管、社会各界齐抓共管的化妆品安全治理模式。

（区食药监管局）

【问题整治】 2018 年，迎泽区食品药品监督管理局对白酒、乳肉制品、保健食品、疫苗及生物制品等重点品种，集贸市场、城乡结合部、校园及周边、火车站周边、柳巷朝阳商圈等重点区域，“三小”企业（食品加工小作坊、小经营点、小摊点）、药品器械流通、化妆品经营等重点领域，开展问题整治，共检查各类企业 1.3 万余家次，责令整改 723 家次，关停 80 家次，受理食品药品投诉举报 520 件，开展各类专项检查 18 项次，立案 338 起，罚没款 176 万余元。（区食药监管局）

【“三小”治理】 2018 年 5 月《山西省食品小作坊小经营店小摊点管理条例》实行以来，迎泽区共对食品加工小作坊、小经营店、小推点从业人员培训十余场次、1000 余人次，提供事前咨询、讲解指导服务 500 次，现场发放宣传资料 3000 余份。开通绿色通道，对“三小”企业进行全面备案管理。在前期“三小条例”宣传的基础上，便民服务，简化“三小”备案证审批发放流程。经营者即时申请，即时办证，并将办理地点设置在监管站，方便商户就近从快办理，办理“食品小经营店备案证”1931 件，提高办证效率和“三小”企业的持证率，解决困扰迎泽区多年的老城区办证难的问题，为文明城市创建奠定基础。（区食药监管局）

【舆情监测】 2018 年，迎泽区食品药品监督管理局有效应对突发事件，排查疫苗运输、配送、接种单位38家，协助召回疫苗2145支，做好舆情处置工作；开展非洲猪瘟疫情防控检查工作，对经营和使用猪肉等动物产品的单位进行全覆盖排查，对辖区16个集贸市场所有的猪肉销售摊点进行摸排检查，检查猪肉销售使用企业870余家，排查库房42个，共排查猪肉及猪肉制品1.7万余公斤，未发现来自疫区的猪肉销售。（区食药监管局）

【审批改革】 2018年，迎泽区食品药品监督管理局深化“放管服效”改革，简化办事流程，真正实现只跑一次腿，只进一扇门。全区共审批“食品经营许可证”申请4680件，未发生一起延期办结现象；对规模化连锁企业实行“申请人承诺制”，开辟审批“绿色通道”，直接许可发证260户。（区食药监管局）

【行政监督管理与刑事处罚衔接】 2018年，迎泽区食品药品监督管理局持续加强公安食药部门资源互通，完善联席机制，在案件来源、立案查处等方面互相配合，打击食品药品犯罪行为。全年配合公安查处食药涉刑案件37起，联合公安查处涉嫌诈骗销售保健食品案件一起，涉案金额600余万元，属山西省首例。（区食药监管局）

【外卖整治】 2018年，迎泽区食品药品监督管理局将互联网食品销售专项治理作为全区食品安全工作新的突破口，针对“美团”“饿了么”等品牌外卖网站，采取线上线下同步摸排的方式，将外卖平台自查与执法检查数据进行对接，实现双方沟通，使违法违规企业从外卖平台下架，逐步推动外卖整治进入新的阶段。

（区食药监管局）

【驻会保障】 2018年，迎泽区食品药品监督管理局先后完成省市区“两会”、全省经济工作会议、能源博览会等25项重大活动驻会保障工作，梳理驻会流程，对驻会酒店制度措施落实、食品安全应急处置、食品制作流程等方面进行指导改进，确保390餐次，76793人次参会人员的就餐安全。（区食药监管局）

【抽样检验】 迎泽区食品药品监督管理局落实2018年度迎泽区“惠民实事”计划，到集贸市场和超市开展“食品安全你点我检”活动，引导广大市民参与食品安全检验和监管，现场公示检验结果，并在16家集贸市场设立食品安全快检台，推动市场自身快检能力建设。在全区9个大型农贸市场和2个大型超市开展你点我检1800批次，合格率达到98%以上。委托第三方机构对辖区19家商超市场销售的果蔬、禽肉、水产品等63种食品农产品开展抽样检测249批次，全部完成。（区食药监管局）

商务粮食

【概况】 迎泽区商务粮食局，为迎泽区人民政府工作部门，正科级建制，内设职能科室为办公室、市场管理科、综合贸易科。

有公务员编制8名，稽查队有事业编制3名，实有人数共11人。

区商务粮食局主要职责：贯彻执行国家、省、市有关方针、政策和法律法规；拟定全区国内外贸易、外商投资和经济合作的措施和实施办法。贯彻执行相关的行业规则和管理办法。负责全区拍卖业、再生资源回收、商业特许经营等经营活动的监督管理；负责酒类流通、畜禽屠宰市场经营者和经营主体的监督管理；指导行业协会、学会工作。负责全区招商引资、投资促进、经济技术协作等方面的工作。负责全区粮食流通领域的管理和业务指导。承办区政府交办的其他工作。

2018年，全区社会消费品零售额，限上累计完成1754575.9万元，同比增长11.7%。（姜秀军）

【入统增长点培养】 迎泽区商务粮食局加大企业年度入统限上企业。2018年，新入统限上企业是48家、个体46家。培育新的入统增长点。探索朝阳街各大商城转变经营方式。会同统计局和郝庄镇加大东都等一批大型商贸企业统一收银、统一纳税工作，采取培育一家大的个体经营户成立新公司，兼报多家个体经营户的新模式。（姜秀军）

【招商引资】 2018年，迎泽区重点从产业招商、园区招商、楼宇招商、东部山区招商几个板块着手，在城乡接合部重点实施12个城中村改造和国家火炬计划迎泽特色产业基地等项目，引进医疗器械、食品智能加工机械、现代物流等一批业内领先企业，打开发展空间。新兴产业聚集带初具规模。布局小山沟、董家庄、小山岩特色小镇等乡村振兴项目，引领形成全区休闲度假的新高地。

2018年，全年目标任务项目签约总投资额220亿元，到位资金额55亿元。签约项目14个。总投资238.34亿元，完成年计划。到位资金20.54亿元。（姜秀军）

【成品粮油储备】 2018年，迎泽区商务粮食局与山西美特好有限公司协商签署《迎泽区应急成品粮油储备承储协议》，储备应急成品粮150余万公斤，应急小包装食用油12.5万公斤。

迎泽区辖区内商品粮油面粉实现储备总量1213.3吨，米实现储备总量232.4吨，共1445.7吨。成品油实现储备总量197.4吨。（姜秀军）

【黑加油站点取缔】 2018年，迎泽区商务粮食局开展严厉打击取缔非法经营汽柴油黑窝点专项行动；与六街一镇及相关部门签订《打击取缔黑加油站点责任书》；每周组织三、四次联合执法，全区展开联合执法累计次数18次，累积出动执法人员136人次。

11月20日，查处加油黑窝点1个，拘留2人，罚没非法汽油1850升和铁质绿色油桶101个。（姜秀军）

农林水务

Agriculture Forestry　Water Conservancy

农　业

【概况】　2018年，迎泽区农委以习近平新时代中国特色社会主义思想指导迎泽“三农”工作，迎难而上、扎实工作，乡村振兴战略开局良好，农村集体产权制度改革深入推进，都市现代农业转型升级，农村人居环境持续改善，朝着实现全面建成小康社会的目标迈出了新的步伐。全年一产增加值增幅达到3.5%以上。

迎泽区农委，为区人民政府工作部门，正科级建制，核定行政编制5人，实有5人，副科级及以上领导干部3人，工勤人员1人，下设办公室、业务科2个职能科室。隶属农委的下属事业单位有农业综合执法大队、动物卫生监督所。农业综合执法大队为副科级建制，核定全额拨款事业编制5人，实有人数3人；动物卫生监督所核定全额拨款事业编制5人，实有4人，其中中级技术职称2人。

（张咏星）

【精准扶贫】　2018年，迎泽区农委发挥综合协调作用，为区四大班子、常委部门赴静游镇视察、督查、考核对口帮扶工作提供便利服务，配合区工商联组织驻地企业家赴静游镇考察对接帮扶项目。以产业帮扶为核心任务，合理利用对口帮扶资金继续扶持脱贫项目，按照区政府安排，向娄烦县拨付2018年对口精准帮扶资金2000万元，继续用于扶持静游镇35个脱贫产业项目。通过驻县工作队帮助静游镇产业办跟踪管理脱贫项目，协调解决问题，工作队驻村天数超过全年160天以上的要求；组织发动全区80%以上的机关干部在“中国社会扶贫网”注册成为“爱心人士”，参与帮扶工作。

（张咏星）

【土地承包经营权确权】　2018年，迎泽区农村土地承包经营权确权登记颁证工作严格按照相关政策和操作流程，紧扣目标，精心组织，扎实推进，在全市率先全面完成工作任务，通过省、市专家组督查，确权证书打印完毕，送达郝庄镇发放农户。（张咏星）

【农村土地纠纷仲裁】 2018年，在承包地确权基础上，对迎泽区农村土地承包仲裁委员会进行调整和完善；依照规范程序聘用21名专业律师担任仲裁员，率先在全市开展土地仲裁工作，继续将农村土地承包仲裁工作经费纳入区财政预算，为仲裁工作的正常开展提供资金保障；建立健全仲裁队伍，组建仲裁员库，聘用专业律师担任仲裁员，补充仲裁工作人员，累计开庭受理土地仲裁案件3起，群众满意率100%，经市级考核取得满分成绩，居全市第一位。太原市农委组织各县区到迎泽区观摩学习，迎泽区先进经验、主要做法和工作成绩在全市得以推广交流。（张咏星）

【农产品质量安全保障】 2018年，迎泽区农委发展“三品一标”农产品，加快农业转型升级，帮助合作社内检员做好种植档案的建立；深入田间地头指导种植，定期邀请市农委专家讲授相关技术；监督、指导合作社严格按照无公害农产品种植要求经营、管理荞麦基地，确保农产品质量和品质。捐子村恒达盛种植专业合作社在省政务大厅上交无公害申请资料，市区两级农业主管部门完成现场检查手续，第三方检测机构完成抽样、验收，发放相关证明。

（张咏星）

【重大动物疫病防控】 2018年，迎泽区委、区政府高度重视重大动物疫病、非洲猪瘟防控工作，先后召开4次会议对防控工作进行动员部署落实，完善联防联控机制，拨付应急经费10万元用于防控应急处置，安排500万元用于养殖户的养殖补贴和无害化处理。派出防疫人员80余人次，发放宣传资料300余份，在全区范围内开展地毯式和拉网式反复摸排，共排查出生猪养殖场（户）31家，生猪存栏3096头，全部实施无害化处理，累计消毒20000余平方米。

强化网格化管理，坚决杜绝泔水等餐厨剩余物流入养殖场（户），坚决杜绝问题生猪及产品流入区域内，布设检查站和隔离设施13处，累计检查各类车辆10000余辆，持续高压打击泔水喂猪行为，全区1256家餐饮企业与专业餐厨废弃物收运公司签订协议，环卫部门与天润公司日均清运餐厨垃圾80余吨，出动城管执法人员313人次，检查各类餐饮企业310家次，出动食药监执法人员886人次，排查辖餐饮企业233家，生猪及其制品流通企业210家，检查库房42家，累计排查猪肉及其制品17167.04公斤，未发现来自疫区的猪肉及其制品。2018年，迎泽区严防死守，未发现疫情。（张咏星）

【“大棚房”清理】 2018年，迎泽区委、区政府重视“大棚房”问题专项清理治理工作，多次召开专题会议安排部署，成立工作领导组，制定工作方案，细化各成员单位的责任分工，建立“大棚房”问题专项清理治理联席会议制度，召开“大棚房”摸排专题会议，对摸排工作具体安排部署。开展拉网式排查清理，实现全区28个村全覆盖、无遗漏、无死角，共核查大棚216

个、面积 15.1 公顷，共发现并整改第 1 类问题 1 处，涉及面积 0.19 公顷，整改 100%；另案处理 2 处，涉及面积 0.84 公顷，高质量完成“大棚房”问题清理整治工作。

（张咏星）

【特色小镇建设】 2018 年，迎泽区农委坚持产业支撑，加快董家庄生态休闲森栖特色小镇建设。以“田园综合体”为建设核心内容，以特色泛农创意产品产业链为发展基础。项目在省发改委备案，占地 66.67 公顷，实现投资近亿元，建成区域面积约 5000 平方米，涵盖农业观光、农业休闲游乐、民俗民宿体验、养生、度假、会议、博览等多个功能区，其中半坡别墅、窑洞民居、水景客房、观星房等特色民居 2000 平方米，农匠文化展示、民俗餐饮体验等展示展览区 3000 平方米。（张咏星）

【美丽乡村建设】 2018 年，迎泽区农委加快美丽乡村建设，争取各级扶持优惠政策和全省美丽乡村建设竞争立项，加大招商引资力度，推进董家庄、占道、里外麻地沟、张家河等村美丽乡村建设，董家庄被列为市级美丽乡村重点村，争取到奖补资金 400 万元。（张咏星）

【特色农业】 2018 年，迎泽区农委重点布局，发展面向城市服务市民的特色种植、养殖业、休闲观光农业，沿松小线打造董家庄缘山房山西摄影家老年摄影协会基地、国家 AAAA 级景区小山沟台骀山滑世界农林生态游乐园，逐步形成市民放松心情、亲近自然、体验生态的“一小时车程”乡村旅游精品线路，成为农业增效、农民增收新的引擎。缘山房山西摄影家老年摄影协会基地取景东山原始森林优美自然环境，租用董家庄村民宿，打造集陶艺、彩塑、油画、摄影创作，文物、壁画修复，健康餐饮体验于一体的东山世外桃源，吸引众多艺术家、摄影爱好者前往，年均接待量 1000 余人次；国家 AAAA 级景区小山沟台骀山滑世界农林生态游乐园累计实现投资 3 亿元，改造利用荒山、荒沟、废弃采石场 166.67 公顷，发展出玻璃栈道、水上乐园、滑草、滑沙、滑水、索道、冰雕、采摘、科普教育、爱国主义教育等多类型休闲农业旅游项目，年接待游客 10 万余人次。

在东祁家山、占道、孟家井等村新建观光林果园区 56.67 公顷，种植经济树种，新建温室大棚，打造集采摘、观光和旅游为一体的田园景观，达到农业生产与绿色生态的完美融合，吸引广大市民观光采摘游览，增加农民收入。完成实施方案制定和地块、树种初步选定，筹备规划立项等前期手续。（张咏星）

【农村集体产权制度改革】 2018 年，迎泽区农委印发《农村集体产权制度改革实施方案》，成立区农村集体产权制度改革领导小组，健全工作机制，明确工作目标，制定工作步骤，先后两次召开全区动员培训会，邀请农经、法律专家授课，做好知识储备；分管副区长带队到农村集体产权制度改革全国示范区杏花岭区学习先进经验；全面实施农村集体资产清产核资，印发迎泽区清产核资实施方案，强调清产核资工作要坚持的三项基本原则，部署清查核实资产，明确产权归属，健全管理制度，加快平台建设四项重点工作；各成员单位相互协作，密切配合，根据工作职责分解下达工作任务，落实工作责任；镇、村履行好主体责任，健全工作领导机构，完善工作方案，加强宣传培训，定期上报工作进展。（张咏星）

林　业

【概况】　2018 年，迎泽区林业局（简称区林业局）贯彻中共十九大精神和习近平总书记视察山西重要讲话精神，践行“绿水青山就是金山银山”的理念，推动生态文明建设，以创建国家森林城市为核心，完成市政府考核迎泽区提档升级造林工程 146.67 公顷的年度任务，完成任务率 100%。

区林业局核定行政编制 3 名，实有 2 名。工勤人员 1 名，使用事业编制。下属事业单位 3 个：太原市迎泽区森林防治检疫站、太原市迎泽区谷草坪林场、太原市迎泽区林业种苗管理站。（刘力涛）

【造林绿化】　2018 年，区林业局将市政府下达迎泽区 146.67 公顷提档升级造林绿化任务与乡村振兴战略相结合，按时完成提档升级，共栽植白皮松、元宝枫、金叶槐、钻石海棠等乔灌木苗木 13.43 万株，项目总投资 1526.04 万元。

2018 年，迎泽区农村环境集中整治提档升级绿化工程项目总投资 240.71 万元，共栽植油松、白蜡、五角枫、西府海棠、红宝石海棠等共计 5612 株；栽植胶东卫矛篱、金叶榆篱共计 1468 平方米；栽植藤本三叶爬山虎（三叶地锦）210 株；栽植播撒地被植物蜀葵等共计 15740 米。

2018 年 3 月 12 日，迎泽区林业局在台骀山景区举办“迎泽区林业局与您共创美好家园”为主题的宣传活动。4 月 26 日开展“主题党日+义务植树”活动。2018 年，迎泽区四旁植树累计完成 121 万株（任务 121 万株），其中全民义务植树完成 70 万株；其他四旁植树完成 51 万株。

（刘力涛）

【抚育管护】　2018 年，迎泽区开展抚育管护项目 960 公顷未成林造林地共 311 个小班，在原有造林基础上通过人工巡山管护、除草、拔死树、修整鱼鳞坑、补植补种等措施，使得项目区逐步郁闭成林。该工程完成除草、拔死树、修整鱼鳞坑 36.13 公顷；完成补植补种 1.2 公顷，共栽植侧柏、紫穗槐、北美海棠 4088 株；完成未成林地巡护工作。（刘力涛）

【林地变更】　2018 年，迎泽区政府成立由区林业局牵头林地变更调查领导小组，明确部门职责，落实工作经费，制订工作计划，完成相关技术准备工作。重点查清 2018 年度林地范围内出现的建设用地、耕地及新增林地情况。采用前后期高分辨率卫星遥感影像进行对比分析，判读出变化小班，并通过调查核实确定林地变化情况，形成年度林地现状数据库和林地变化数据库，为森林资源保护和经济发展前置审批奠定详实的数据资料。（刘力涛）

【防火会议】 2018年3月28日，迎泽区春季“重点期”“特险期”森林防火动员大会召开，安排部署迎泽区“重点期”“特险期”的森林防火工作，与郝庄镇、东西山绿化办、智海集团、省实验林场和太原台骀山滑世界体验乐园等5家责任单位签订责任书。（刘力涛）

【防火宣传】 2018年“清明特险期”期间，迎泽区各防火责任村出动人员500余人，区直包村部门、郝庄镇政府出动机关干部100余人，督导检查各承担森林防火工作任务责任村的工作开展情况；出动宣传车3辆、印发标语70余条，发放宣传资料1万余份，配发袖标750个，张贴封山禁火令80张，做到森林防火宣传家喻户晓、深入人心，实现2018年无森林火灾、无人员死亡事故。

2018年，迎泽区林业局组织“安全生产月”活动，通过张贴海报、悬挂条幅、巡逻车流动宣传等方式宣传安全知识。参加由迎泽区安委办组织的南宫广场安全宣传日咨询活动，向市民发放宣传资料，现场答疑解惑，讲解森林火灾安全的相关知识，传播安全知识。（刘力涛）

【森防检疫】 2018年，迎泽区林业局加强林业有害生物防治检疫工作，强化区森防检疫站职能，不断完善森防实验室设备仪器，充实林业有害生物物资储备，完善迎泽区林业有害生物防治工作。加大现场检疫执法力度，确保森林资源安全发展。

（刘力涛）

【森林督查】 2018年，迎泽区林业局成立专门森林督查工作组，按照《森林督查技术方案》要求，发疑似林地变化图斑32个，14个行政村，并对所有疑似图斑进行现地自查和违法案件查处，累计投入人员243人，内业和外业核实投入工作日为92天，投入车辆3台，投入各类设备4套，确保完成森林督查自查工作。（刘力涛）

【行政处罚】 2018年，迎泽区林业局办结行政处罚案件为18件，违法占用林地面积61.14531亩，罚款处罚81.6537万元，移交公安机关涉嫌刑事犯罪林业案件2起，打击生态犯罪，震慑犯罪行为。（刘力涛）

【行政审批】 2018年，迎泽区林业局受理两件行政审批案件，分别是太原市喜发工程机械有限公司临时占用林地审批和太原东盛杰建筑工程有限公司临时占用林地审批。

（刘力涛）

【专项整治】 2018年，迎泽区林业局制定《迎泽区林业局关于开展民生领域腐败和不正之风专项整治的实施方案》《迎泽区林业局关于开展打击破坏生态环境违法犯罪专项行动工作方案》等一系列方案。在东山主要干道明显位置悬挂多条宣传横幅，采取与相关企业、单位、乡政府及村两委进行座谈与培训等不同方式，在日常工作中与群众讲法普法。在专项行动中，移交公安机关涉嫌刑事案件2起。对于严重破坏森林资源及野生动植物资源的违法犯罪行为多措并举、严厉打击，促进迎泽区生态环境持续改善，确保林业生态安全。

（刘力涛）

【隐患排查】　2018年，迎泽区林业局部署“安全隐患排查”专项行动，开展森林防火安全知识的宣传。对台骀山滑世界、智海集团、省实验林场等责任单位进行安全隐患排查。重点检查各责任单位“安全隐患排查”专项行动的工作方案、落实安全生产责任情况、安全风险管控情况、森林火灾扑救准备情况及相关的防火制度情况。

（刘力涛）

【基层党建】　2018年，迎泽区林业局支部始终把党建工作放在首位，组织学习贯彻落实中共十九大精神和习近平新时代中国特色社会主义思想，执行“三会一课”制度和“主题党日”活动；开展“七一”系列活动；参加“领头雁”培训等。2018年，支部组织集中学习33次，专题学习《中国共产党章程》《中华人民共和国宪法》《中华人民共和国监察法》《习近平新时代中国特色社会主义思想三十讲》《中国共产党支部工作条例（试行）》《中国共产党纪律处分条例》等等，召开局党组会议12次，一把手讲党课6次。完成党费收缴工作，共收缴党费1384.5元。

（刘力涛）

水　务

【概况】　2018年，迎泽区水务局（简称区水务局）围绕年初确定的各项目标任务和迎泽区水利发展与改革“十三五”规划，加强水务基础设施建设和薄弱环节建设，落实各项防汛工作措施，召开全区防汛工作会议，明确各成员单位的防汛任务、责任区段和防汛职责；加强防汛物资储备管理工作；做好汛期24小时值班值守工作；加强山洪灾害防御工作；完成区防汛智能化信息平台建设；完善防汛应急预案，确保全区安全度汛。推进河湖长制工作，完成一河一策编制工作；制定出台《迎泽区全面推行湖长制实施方案》及相关工作制度10条，建成三级湖长体系。做好移民后扶工作，确保足额、准确将移民后扶资金发放到位。加强依法行政和水资源管理工作，开展水法律法规和节约用水宣传；加强水资源管理及执法工作；通过太原市对迎泽区2017年最严格水资源管理制度落实情况的考核；推进水资源税改革工作。全年用水总量0.65亿立方米，万元地区生产总值用水量比上年度降幅0.35%，万元工业增加值用水量比上年度降幅0.69%，农业灌溉水有效利用系数0.5，重要水功能区水质达标率58%，压采任务100万立方米，关井2眼，如期完成市级考核目标任务。

区水务局内设办公室、业务科两个机构；核定行政编制5名。局机关实有4人。

下属事业单位：区水资源管理办公室（挂区水资源征费稽查队牌子）、区人民政府防汛抗旱指挥部办公室（挂区抗旱服务队牌子）、区河道管理所（区河长制办公室工作站）、区郝庄水利水保管理站。

2018年，区水务局宣传、贯彻、执行国家、省、市关于水务工作的方针、政策、法律、法规，研究制定全区水务中长期发展规划及年度计划。负责保障全区水资源的合理开发和利用，负责全区生活、生产经营和生态环境用水的统筹兼顾工作，组织开展全区水资源的调查评价工作，制定并实施取水许可制度和水资源有偿使用制度。负责全区计划用水、节约用水工作。编制全区水资源保护规划，指导全区地下水合理利用和开发；宣传、贯彻落实节约用水方针和政策，指导和推动节水型社会建设工作。负责防治水旱灾害。组织、协调、监督、指导全区防汛抗旱工作；编制全区防汛抗旱应急预案并组织实施；负责全区水利突发公共事件的应急管理工作。负责全区水文工作。做好对水文水资源和河、库、池、地下水水量和水质的监测，做好水文站网建设和管理。负责全区水利工程和水利设施建设管理工作。组织实施国家水务技术质量标准和水利工程的规程、规范；负责全区重点水利建设项目建议书和可行性报告的起草、规划；负责全区水利设施、水域及其岸线的管理和保护工作；负责全区河道防洪设施的监管、维护。负责全区水土保持工作。研究制定水土保持规划并监督实施，负责全区水土流失的检测、预报，组织实施重点水土保持建设项目，负责全区有关开发建设项目水土保持方案的审批、实施及水土保持设施验收工作，对有关水土保持法律法规的执行实施监督。指导全区农村水利工作。组织协调全区农田水利基本建设和管理；组织实施、监督指导全区农村饮水安全、节水灌溉等工程的建设与管理；组织水利工程的竣工验收工作；指导全区农村水利社会化服务体系建设。负责监督、管理全区水政监察和水行政执法工作，协调水事纠纷，维护水事秩序。承办区人民政府交办的其他事项。

2018年度，全区时代新人+评选中，3人分别被评为“时代新人农业贡献人”和“担当作为好干部”。（区水务局）

【东山水利基础设施建设】 2018年，迎泽区水务局完成东祁家山凿井工程，井深752米；完成孟小线小山岩村水鹤设备安装工程。为外麻地沟安装水表、更换输水管网3600米及相关配套设施；对建成小山沟、小山岩、董家庄等村的饮水工程进行维修、蓄水池清洗、损毁水泵更换等维修养护等。（区水务局）

【防汛工作】 2018年，区水务局坚持“安全第一，常备不懈，以防为主，全力抢险”的防汛工作方针，完善防汛抗旱及水利工程安全管理应急预案，结合安全生产大检查，对南沙河、马庄河、南沙河水库、马庄水库、淤地坝、南十方排洪渠等水利设施进行全面细致地汛前检查处理，配备足量的编织袋、铁锹、镐头、救生衣、防护绳、污水泵、橡皮船等抢险物资，执行24小时防汛值班、带班制度，加强防汛监测系统建设，做好山洪灾害防御工作，加强安全宣传教育、应急抢险队伍建设、强化水库安全管理，加大清淤清障、水毁工程修复力度，对南沙河、马庄河、南十方排洪渠、北沙河及北涧河上游段、南沙河水库、马庄水库等水利设施约0.2万平方米坝坡、2.4万米河道进行清淤清障及水毁修复工程，共清理淤泥、垃圾、杂草约1.2万立方米，清除影响行洪的树木100余棵；安装水库坝顶警示护栏、护网450米，确保水利设施安全度汛。（区水务局）

【河湖长制实施】 2018年，迎泽区水务局完成一河一策编制工作，为迎泽区河道管治工作提供遵循。开展入河排污口调查登记工作，对辖区内河道排污现象作详细的调查登记，封堵南沙河下游河道18个废弃排污口。开展以清理河道垃圾、清除河道违建为重点的“清河专项行动”，清理河道、排洪渠影响行洪的建筑和生活垃圾。结合黑臭水体整治和中央环保督察组提出的整改要求，对马庄河双塔东街以东段两侧进行综合治理，并发挥河长制制度合力，与郝庄镇、区环保分局共同处理山西综合技术学院入河排污问题。加强日常巡河检查，完善巡河台账，河道日常管理更加规范有序。推进河道综合治理工程。完成南沙河董家庄段生态蓄水治理工程设计方案。推进湖长制工作。制定出台并印发《迎泽区全面推行湖长制实施方案》及相关工作制度10条，将辖区内迎泽湖纳入湖长制工作体系，确定区、街办、社区三级湖长3名，建成三级湖长体系；完善辖区湖池基本资料，建成一湖（池）一档。

（区水务局）

【移民扶持资金】 2018年，迎泽区水务局依据有关规定，对享受移民扶持资金的人员进行核定，确保足额、准确将269人、共16.14万元移民后扶资金发放到位，保证国家惠民政策真正落在实处。

（区水务局）

【节水宣传】 2018年，迎泽区水务局在纪念第二十六届“世界水日”第三十一届“中国水周”宣传活动中，开展水法律法规和节约用水宣传；围绕“实施国家节水行动，建设节水型社会”宣传主题，通过短信平台、电子显示屏对全区领导干部集中宣传；组织开展宣传进校园、进社区、进农村系列宣传活动，发放宣传资料、画册共计1000余份，对增强全民水法律意识和水忧患意识，营造自觉遵守水法规、节约保护水资源良好氛围。（区水务局）

【水资源管理】 2018年，迎泽区水务局加强水资源管理及执法工作，根据市局下达迎泽区用水计划指标，到各村对其实际用水量摸底，围绕实现宏观上总量控制、微观上定额管理目标，将取水计划分解至各取水单位，规范取水许可和计划用水管理工作；加大对各村用水计划台账、用水记录档案等水资源日常管理工作的督导和检查力度，依法对两家企业未经批准擅自修建取水工程的违法行为，下发限期整改及责令停止水事违法行为通知书，并分别依法做出罚款3万元的行政处罚；贯彻落实《迎泽区最严格水资源管理制度实施意见》，围绕年度主要目标和重点工作任务，加强部门协同配合，完善制度建设、落实工作措施，通过太原市对迎泽区2017年最严格水资源管理制度落实情况的考核。确保地下水位监测设备在线率达80%以上，定期对设备进行现场查看检修，发现问题尽快维修、处理；做好相关数据记录，掌握地下水位动态变化情况。进行入河排污口调查登记、用水户取用水量核查登记、湖池基础信息采集等工作，水利基础数据更加完善、真实。（区水务局）

【水资源税改革】 2018年，迎泽区水务局推进水资源税改革工作，核查、完善取用水基础数据，为水资源税开征做好水量核准；实地核查，对符合纳税标准的企业、取用水户全部纳入征管对象名录，并移交税务局进行规范建档，有17家工、商企业缴纳水资源税，累计缴税总额72.6万元。为下一步准确计量取用水量，进一步规范水资源税征收工作，将农村区域自备井全部纳入日常管理并安装计量监控设施30台，实现农村水源井计量设施全覆盖。（区水务局）

【党风廉政建设】 2018年，迎泽区水务局强化责任落实，推动“两个责任”落到实处，全年研究和涉及党风廉政建设的会议20余次；对照责任清单，明确领导班子成员在落实党风廉政建设责任制中的责任，加强对水利建设计划、投资、工程建设、公车以及人事财务等工作的管理；针对区委巡察办提出的在坚持党的领导、加强党的建设和全面从严治党等三个方面存在的六个问题，对照清单扎实整改，把落实整改的过程与具体工作实践相结合。规范权力运行，执行党风廉政建设制度，执行迎泽区水务局《领导干部分工履职尽职制度》和《财务管理制度》《请示报告卡》制度，重新完善修订《“三重一大”决策制度》，细化“三重一大”事项决策的范围和内容，规范决策程序，对项目投资、大额资金使用权限进行量化，加强对下属单位的监督力度，确保履职问责有据可依，全年召开涉及“三重一大”事项的会议4次，确保决策程序规范、科学、合理。开展整治群众身边腐败问题专项整治工作，持之以恒深化纪律作风建设，全年召开相关会议10次，防止违纪违规问题的发生；全年重要节日前后进行落实八项规定精神和反对“四风”问题监督检查共计4次，未发现明显问题；加强公务接待、公务用车等经费支出，并将经费支出情况进行公开；严格公车管理，做到双休日、节假日公务用车统一停放，确因工作需要使用公车的，填报派车单并报区纪委党风室备案。

（区水务局）

城乡建设

Urban-Rural Construction

城乡规划

【概况】　2018年，太原市城乡规划局迎泽分局加强党风廉政建设，履行职责，创新思路，开展优化营商环境活动，为转型项目、重点工程、城中村改造等搞好规划服务。严把规划验收关，完成规划验收。加强安全管理，做好公共停车场建设工作，学习“创城”标准，创建文明城市。

（区城乡规划分局）

【规划服务】　2018年，太原市城乡规划局迎泽分局围绕市、区转型项目重点工程，主动对接、服务前移，开展优化营商环境活动，为转型项目、重点工程、城中村改造等搞好规划服务。为山西中医药产业园区项目、国家火炬计划特色产业基地项目、中鲁现代物流城二期项目、金港国际商务中心二期项目、迎泽区中心医院康养项目、恒伦口腔数字中心项目、迎泽区文化中心项目，以及城中村改造等转型项目、重点工程，确定项目跟踪服务人员，推动重点项目的规划工作。与区各相关部门密切配合，全过程参与转型项目、重点工程、城改项目的规划对接、摸底调查、资料汇总等工作。多方沟通、积极协调，主动上门对接，全年10余次协调市局领导及相关处室到区政府上门服务。就相关转型项目、重点工程、城改、社区用房的项目选址等进行对接现场办公。　　（区城乡规划分局）

【规划验收】　2018年，太原市城乡规划局迎泽分局履行职责，严把规划验收关。全年共审核规划验收件103件，面积约115万平方米，完成规划验收件16件，面积约17万平方米。　　（区城乡规划分局）

【安全管理】　2018年，市城乡规划局迎泽分局严把安全关，参加市局组织的防震减灾等安全培训学习。组织全体干部职工参加区委、区政府在南宫举办的第17个安全宣传月活动，制作宣传板发放安全资料等。严格内部的安全管理，更换灭火器，把所有电器设备、燃气设备等全部检修更

换，坚持24小时值班制度，加强单位财产防盗、防火等管理，形成全员抓安全、安全人人管的局面。（区城乡规划分局）

【党建工作】 2018年，市城乡规划局迎泽分局坚持“三会一课”制度，认真学习，做好笔记。支部书记上党课，开展讨论活动。抓好党员干部在线学习工作，用习近平新时代中国特色社会主义思想武装头脑、指导实践、推动工作，始终把为人民谋幸福作为根本使命，坚持全心全意为人民服务的根本宗旨，使党员更加增强使命感和责任感。参加市局机关党委组织的赴阳曲县红色教育、义务植树造林，赴右玉县参加学习“右玉精神”活动、迎“七一”建党赴蔡家崖红色主题教育活动“扫黑除恶党员先行”主题党日活动等。

（区城乡规划分局）

【廉政建设】 2018年，太原市城乡规划局迎泽分局以中共十九大精神为指导，学习和领会习近平总书记系列重要讲话精神，把党风廉政建设与提高廉洁从政能力相结合，学习贯彻落实中央八项规定和反对“四风”要求，强化“一岗双责”，全面落实党风廉政建设责任制，全面加强党风廉政建设的组织领导，坚持用党章党规规范党组织和党员行为，抓实基层党建工作，确保党的组织充分履行职能。全体党员干部以“八项规定”为准绳，反对“四风”，落实规划管理各项制度。开展“扫黑除恶”专项斗争工作，把政风行风建设与反腐倡廉、精神文明等工作紧密结合，使作风建设和廉政建设落到实处，为完成各项工作提供思想保障。（区城乡规划分局）

【停车场建设】 市城乡规划局迎泽分局按照市局的安排要求，做好公共停车场建设工作。2018年落实停车场2处，年底前建设完成。（区城乡规划分局）

住房与城乡建设

【概况】 2018年，迎泽区住房和城乡建设局围绕区委“转型项目建设年、社会矛盾化解年、作风建设提升年”各项重大部署，坚持抓基础、带队伍、促发展、惠民生、强党建，推动住房和城乡建设事业向更高质量、更高水平、更可持续发展迈进。全国文明城市创建工作取得实效，扫黑除恶形成高压态势，加强建设工程安全监管和环境保护工作，提升人民防空工作水平，超额完成保障性安居工程建设任务，规范档案管理，推进辖区既有多层老旧住宅楼加装电梯试点工作。（区住建局）

【环境整治】 2018年，迎泽区住房和城乡建设局高度重视创城工作，作为全区老旧小区改造牵头部门，面对无资金保障、无经验借鉴的状况，不等不靠，对辖区1995年以前建成的6层以下建筑和功能不全、破旧不堪的老旧小区进行全方位、无死角排查摸底。与各街办（镇）进行对接，制定《迎泽区老旧小区2018—2020年改造计划》，倒排工期，挂图作战。全区763个老旧小区中，累计启动403个老旧小区的整治工作，基本完成289个，启动率达到52.8%，完成率37.9%，全区老旧小区环境乱象得到整治。（区住建局）

【住建领域扫黑除恶】 2018年，迎泽区住房和城乡建设局成立扫黑除恶领导小组，多次召开工委专题会议研究部署住建领域扫黑除恶专项斗争。通过发放调查问卷、公开信、宣传册，利用宣传栏、LED屏、悬挂横幅、蓝牙微平台等多种形式，向辖区97个项目工地、51个建设单位、40个施工单位、43个建筑工地关联单位、109个物业公司及相关从业人员和社会大众宣传扫黑除恶专项斗争，提高辖区群众的监督意识，营造出全民参与的浓厚氛围，形成打击黑恶势力的强大合力。结合安全生产召开建筑领域"扫黑除恶"动员会，结合"创城"召开物业领域"扫黑除恶"动员会，明确工程项目、房屋征拆、物业管理3个重点领域排查重点，组织开展常态化排查活动，确保"扫黑除恶"工作取得实效。（区住建局）

【建筑环境保护】 2018年，迎泽区住房和城乡建设局制定《迎泽区住建局建筑施工扬尘治理工作方案》《迎泽区住建局关于重污染天气建筑工地扬尘整治工作应急预案》等工作方案，明确环境保护工作指导思想、主要内容、目标要求和工作措施以及工作步骤，确保辖区建设工程和拆迁工地扬尘污染管控工作有效推进。聘请建设工程领域专业技术人员，全年累计出动300余人次，采取定期检查或不定期抽查方式加大对辖区97个建筑工地，特别是拆迁工地的安全监管和环境保护力度，抓好安全生产责任制和扬尘控制、裸露区域覆盖、扬尘控制宣教、进出车辆冲洗、材料堆放遮盖等环节管控，着重落实施工各阶段文明工地管控标准、保障措施，做到综合治理、防治结合、科学管理、标本兼治，确保建筑施工全过程安全有序、文明高效。

（区住建局）

【安居工程建设】 2018年，按照太原市保障办工作安排，迎泽区保障性安居工程任务为新开工590套，基本建成3500套。五龙口38号院棚户区改造项目新开工保障性住房628套，东岗、桥东片区、赵北峰3个棚户区改造项目基本建成3510套，超额完成市政府下达的建设任务。

（区住建局）

【档案管理】 2018年，迎泽区住房和城乡建设局建成专门的档案管理室，购置专业档案整理密集架等设施，对全区道路及棚户区改造项目和住房保障档案进行归档，选派优秀干部参加区档案局组织的档案管理工作培训，提升档案管理水平和档案管理人员的业务素质。（区住建局）

【"两参"退役军人安置】 2018年，迎泽区住房和城乡建设局重视"两参"退役军人安置和管理工作，根据区委、区政府的安排，确定下属国有企业区城市建设综合开发公司为全区涉军人员托底安置单位。与"两参"退役军人签订劳动合同，发挥退役军人政治优势、强化退役军人管理、维护社会稳定方面作用。专门开辟涉军人员公共租赁住房补贴申报“绿色通道”，从人员接待、政策宣讲、资料审核等方面细化工作责任，保证涉军人员公共租赁住房补贴“应保尽保”，审核涉军人员公共租赁住房档案，最终确定符合保障条件的人员。（区住建局）

【住宅楼加装电梯】 2018年，迎泽区住房和城乡建设局为适应社会经济发展和人口老龄化需求，推进辖区既有多层老旧住宅楼加装电梯试点工作。2018年年初，委派专人到北京市海淀区进行学习考察，结合区域实际，制定《迎泽区2018年既有多层住宅楼加装电梯试点工作实施方案》。2018年10月选定劲松北路12号住宅小区2、3号楼作为试点，成为全省首家启动既有多层老旧住宅楼加装电梯工作的县（区）。劲松北路12号住宅小区3号楼4部外挂电梯基础施工基本完工，玻璃幕墙安装完毕；2号楼3部外挂电梯施工。既有多层老旧住宅楼加装电梯试点工作，探索出一条改善老旧小区居民特别是残疾人、老年人出行条件的新路径，完善辖区老旧住宅楼使用功能，提升老旧小区居民生活品质。（区住建局）

城市管理

【概况】 迎泽区城市管理局成立于2010年4月。2018年，区城管局站在推动迎泽发展、维护人民群众切身利益的高度，坚持把百姓关注的热点、难点、焦点，作为工作的重点，强力推进。加强环境卫生，在提升道路洁净度方面狠下功夫。推进垃圾分类工作，在改进垃圾收运体系上狠下功夫。加快推进“厕所革命”，在公厕管理方面狠下功夫。加强城市监督管理，在智能城管建设方面狠下功夫。开展专项整治，在提升城市宜居水平方面狠下功夫。推进安全生产，在保障城市安全稳定运行方面狠下功夫。

2018年，区城管局有编制11名，在职人员13名（包含工勤人员2名）；有1辆应急用车、3辆执法执勤用车、203辆特种专业技术用车（包括14辆待报废车辆）；所属4个单位，分别为区行政执法分局、城市管理应急大队、城市管理监督大队、市容环境卫生执法中队。

迎泽区共有清扫保洁街道543余条，保洁面积475万平方米。全区有企业管理一线职工1577名，政府管理一线职工415名，公厕105座，中转站9座。（王新堂）

【街道清扫保洁】 2018年，迎泽区城管局通过机械化作业与人工清扫保洁相结合的作业方式，按照定人、定岗、定责的原则，对全区保洁街道实行精细化、网格化管理。机扫冲洗率达到90%以上，确保工作质量和效果，保证路见本色，路黑线白和道路双黄线清晰，作业里程数持续保持全市领先。人工清扫保洁作业执行全区“两扫全保”制度（4：30至6：30、13：00至

14：00），按照街道分类，对重点街道实行24小时保洁管理，其余街道实行16小时保洁管理。按照“红线到红线和墙到墙”的要求确保主次干道保洁高质量、无死角，保证各个不同路段、路面、便道干净整洁。（王新堂）

【垃圾清运】 2018年，迎泽区城管局将沿街道路垃圾桶站的垃圾每日由垃圾压缩车进行定时定点清运，压缩车辆装载满后直接运往焚烧电厂。小区院落的垃圾清运由清运人员用收集车入院收集后运往所辖垃圾中转站，压缩后运往焚烧电厂。区属范围内推行生活垃圾定时上门收集，凡具备条件、能够实施上门收集的街巷，全部取缔街面垃圾桶，实施上门、入店、进院收集，对暂不具备上门收集条件的街巷，做到二级道路每日收运不少于两次，三级道路每日至少收运一次，真正做到“日产日清”，杜绝垃圾外溢情况的发生。加强乡村清洁，实行城市化清扫保洁和垃圾收运的专业化队伍管理，对沿街店铺所产生的生活垃圾、废弃物定人、定时、定点进行收集，对全区16个山区村的生活垃圾实行专业收运管理。（王新堂）

【扬尘污染治理】 2018年，迎泽区城管局每日对道路进行喷雾、洒水降尘作业；对辖区内渣土车辆在运输途中带泥上路、沿路抛洒等行为由市容环卫执法中队进行严格查处。加大建筑工地扬尘治理力度，由执法分局成立工地扬尘治理领导组，建立工地扬尘治理责任制，实行执法人员检查、局领导抽查、专项督查的“三查”制度，做到全天候执法检查全覆盖。对标“六个百分百”标准，对所辖4个工地全覆盖巡查，发现问题，及时整改。安排专人轮流监管夜间工地施工扬尘。所管工地扬尘治理全面达标。针对重污染天气，建立应急处置机制，推进各项应急措施的落实。在重污染天气，每天出动16人，执法车4台，不间断全覆盖巡查管控，确保工地全部停工，烟尘污染减排措施落实到位。

2018年，新建工地围挡3600米，苫盖裸露地面5000平方米，硬化工地路面3000平方米，新建车辆清洗装置1套，新增喷淋设施一处。在国家、省、市环保部门的突击。（王新堂）

【生活垃圾分类】 2018年，迎泽区城管局按照“统一规划、分步实施”的原则，探索生活垃圾分类收集、运输、处置工作。示范片区生活垃圾分类工作按照重点突破带动整体推进的理念和要求，通过典型引领，以点带面，着力推进辖区生活垃圾分类工作全面提档升级。选定迎泽街办的解放南路以东、迎泽大街以南、青年路以西、南沙河以北的区域范围作为生活垃圾分类的示范片区，建设收运体系，安排专门车辆3台，人员6人，负责可回收和有害垃圾的收运工作，并与山西吗哪环保有限公司合作实行居民区生活垃圾分类市场化运行。湖滨晋庭安装智能型垃圾分类设备；湖滨晋庭、丽华海景、湖滨丽景、五中宿舍、团省委宿舍等居民小区安装分类回收亭，摆放分类容器，每周举办“资源回收日”活动，发放宣传资料，开展积分兑换礼品活动，讲解垃圾分类的意义和知识。在丽华海景、湖滨晋庭绿化带设置异形牌25个，宣传牌10个，以多种形式宣传垃圾分类工作，发动居民积极参与到垃圾分类中来。五中学校设置垃圾分类和绿化垃圾收集点，在教学楼、操场都大量摆放垃圾分类容器和宣传版面，食堂设置餐厨垃圾的分类容器，并由天润公司统一收运；区政府综合办公楼安装分类回收亭、楼内摆放分类容器、悬挂宣传栏共计31个；为片区内的沿街门店发放小型分类垃圾桶12家，并联合驻地单位、公司参与，齐抓共建，合力宣传垃圾分类工作，挂设宣传条幅20个。全年党政机关、事业单位等公共机构145个，共设置分类收集亭12组、智能分类设备2组，投放分类容器1179个。全年创建示范小区22个，共安装配备分类收集亭23个，智能分类设备6组，投放分类容器110个。在113个非示范小区，设置旧衣物回收箱23个，投放分类容器660个。在全区道路街面放置分类垃圾桶527个，发放分类标识1.5万余张。（王新堂）

【垃圾清运服务】 2018年，经过招投标，由太原森保利环境科技有限公司和山西盛达心连心物业管理有限公司中标，负责迎泽区直机关、示范小区的市场化运营服务。分类设备全部安装到位，并分别在迎泽区政务中心、东辰小区、建业小区、茂业天地、回民小学、宝地小区、御府华庭、石油小区等地举办垃圾分类宣传活动，通过讲解、互动环节、魔术、猜谜小游戏等形式多样的方式让社区居民加深了解垃圾分类工作的意义，让居民实际操作，增强环保意识，让垃圾分类成为居民的生活习惯。

各公司投入人力48名，其中督导员36名、分拣员3名、司机5名、维修专员2名，其他工作人员2名；配备垃圾清运车4辆，分别负责智能设备与普通设备可回收物的清运工作。

2018年，迎泽区其他垃圾与大件垃圾分别由区环卫应急大队和各环卫作业公司负责运输，可回收物由市场化营运公司负责清运，有害垃圾由区环卫应急大队负责运输，运至鼓楼街有害垃圾暂存点进行暂存，餐厨垃圾由太原天润公司负责运输处理。在南沙河南岸环卫队临时垃圾中转站和鼓楼街设定两处大件垃圾、无主装修垃圾破拆、转运点，安排专人专车采取上门收集与街面日常巡查相结合的方法，做到日产日清。（王新堂）

【垃圾分类宣传】 2018年，迎泽区城管局实施生活垃圾分类收集和处置工作。采取张贴宣传标语、召开群众工作会等形式进行宣传发动，将实施垃圾分类收集和处理工作的倡议书、宣传单分发到户，让广大群众知晓垃圾分类收集处理的目的和意义，形成人人参与的良好社会氛围。开展垃圾分类宣传“十三进”，即垃圾分类宣传进单位、进机关、进校园、进公园、进体育场、进企业、进宾馆、进饭店、进商场（超市）、进市场、进商铺、进写字楼。采取广泛发动党员、青年、社会志愿者、“小手拉大手”，依托各界力量，探索“社工+志愿者”模式，强化一线宣传队伍，主动当好垃圾分类和城市管理工作宣传员、指导员、服务员、信息员。共印刷宣传手册5000份、宣传页5000份、宣传袋1000份、垃圾分类宣传笔1000只，悬挂条幅、张贴宣传标语236条。（王新堂）

【“厕所革命”推进】 为了贯彻落实市委、市政府关于“厕所革命”“一定要建好、改好、管好”的精神，结合太原市城乡清洁工程的新要求，抓好公厕建设，解决群众如厕难的问题。2018年迎泽区城管局根据城乡清洁工程提档升级及目标责任书的要求，在全区范围内新建5座公厕。强化公厕专人管理，严格检查考核开放、关闭时间（夏季：6：30—22：00、冬季：7：00—21：00），严格按照市、区公厕管理作业规范和质量标准管护公厕，做到公厕设施完好，卫生干净整洁。协调多方力量，提升中心城区公厕建设和管理的品质。强化城中村、农村地区公厕的管理。协调社会各方力量，在区属范围内开放宾馆、餐饮、政府单位公厕，满足广大市民如厕需要。（王新堂）

【智能城管建设】 2018年，迎泽区城管监督大队与区城管中心、各街办（镇）形成三级网络平台，依据《太原市迎泽区市容环卫管理工作规范》《太原市迎泽区城市管理监督标准》《太原市迎泽区城市管理监督扣分细则》，对全区的城市管理工作进行监督检查。采取定人定岗定责管理、电话通知、易信手机拍照等形式，对重点街道进行24小时监督检查，对其余街道进行16小时监督检查。

推进食品街提档升级。迎泽区政府调整食品街保洁管理公司，由专业清扫保洁公司接替原食品街管委会的清扫保洁管理职能，由城管监督大队负责协调、安排交接事宜。对各管理、作业单位提出明确要求，各管理、作业单位有序推进。

建立迎泽区智慧环卫管理系统、易信工作平台，使发现问题更直观，更快捷，处置更及时。创建城管监督大队微信公众号。通过微信公众号发动市民像啄木鸟一样，对身边的市容环境问题，随拍随传，大队平台限时解决并反馈。向市民宣传各类规章制度。（王新堂）

【背街小巷整治】 2018年，迎泽区城管局按照省市创城部署和《2018年迎泽区创建全国文明城市“九乱”专项整治行动方案》的安排，开展背街小巷综合整治行动。各街镇根据辖区实际，采取多种措施推进，修补路面、粉刷墙体、拆除违建、封堵破墙开店、规范门头牌匾、设置公益宣传栏、梳理高架线缆、设置分类垃圾桶、建设景观文化墙等。

全区共有背街小巷190条，24条示范街道全部完成，其余街道完成27条，基本完成8条。共计修补路面22252.7平方米、粉刷墙176083.5平方米、更换门头牌匾7749平方米、新增公益宣传栏297处、设置导引标牌56个、安装交通标志58个、清理占道597处、清理小广告8028处、设置阻车桩1414个、施画交通标线15026米、高架线缆梳理7606米、设置分类垃圾桶168个、翻新台阶775平方米、翻新和增加花池889平方米、新增花箱167个、新增座椅48个、翻新围栏4239平方米、修建围墙1033平方米、移动空调107台、清理场地2832平方米、增设树篦子92个、规划非机动车停车点14处、树干涂白278棵、拆除违建412处、清理垃圾588车、规范便民市场1处、下达破墙开店拆除通知1117处、封堵破墙开店1012处、花池贴面180平方米、粉刷栅栏门1个、新安防盗门3个、线缆入地4处、取缔自行车存车处1处、美化变电箱13个、拆除禁烟棚户区2200平方米、美化井盖10个、新增绿化面积800平方米。（王新堂）

【占道经营整治】 2018年，迎泽区城管局按照“巩固优点、破解难点、打造亮点”的总要求，严格执法、拉高管理标杆，开展占道经营、露天烧烤整治活动。推行弹性工作制和错时执勤制，做到流动摊贩整治全覆盖、整治责任全落实。开展“四个周边”（校园、医院、菜场和重要商圈）市容秩序整治行动。长期以来群众反映强烈的康乐街南巷、上马街、邮电后街、菜园街、旧城街等街巷的环境秩序明显改善。据市数字化采集信息多次显示，迎泽区严禁区占道经营“清零”，全区严禁区48条（快速道7条、主干道16条、桥梁2条、支路23条）街道保持良好秩序，160余处露天烧烤全部“清零”，全市考核排名第一。

2018年，迎泽区出动5.4万余人次，执法车8400余台次，清理取缔占道摊点25923处；教育游商4146人次；扣押轮式工具（汽车、三轮、两轮、手推车、电动车）215辆、烧烤炉（箱）16个，涉案物品共计1477件。（王新堂）

【“小广告”整治】 2018年，迎泽区城管局对全区500余条街巷的16000余处小广告进行全面清理整治。涂覆人员每天8点前将夜间产生的小广告全部清理，之后转为巡查巩固，做到随有随清，发现重点问题抽调人员突击清理，做到清理整治无缝隙全覆盖。2018年，清理小广告310万余处，清理率达99%、及时率达98%。高位广告全部“清零”。全区重点商圈、学校、医院周边非法小广告得到有效遏制，市容面貌明显改善。（王新堂）

【安全生产】 2018年，区城管局围绕全区安全生产重点工作，按照区安委会的要求相继开展“反三违”“安全大检查”“隐患排查治理”、各节日期间安全生产等专项行动。坚持安全发展，健全安全责任体系，加大安全工作力度，完善安全体制，加强安全预防，强化基础建设，实现全年无较大以上事故发生，确保全区安全生产的持续稳定。

2018年，区城管局持续贯彻落实城镇燃气管理政策和法律法规，履行行业监管法定职责，建立健全燃气安全监督管理制度，宣传普及安全用气知识，消除安全隐患，保障城市安全稳定运行。（王新堂）

城管执法

【概况】 太原市城乡管理行政执法局迎泽区分局（简称区执法分局）于2003年11月15日挂牌成立，属区参公事业单位，正科级建制。编制170人，实有152人。合同制协管员629人，公益性岗位人员330人。局机关位于双塔寺街10号，属于区参公管理事业单位，业务由太原市城乡管理行政执法局指导。

区执法分局设办公室、督察室、案件审理室；桥东、迎泽、老军营、文庙、庙前、柳巷、郝庄、长风8个属地中队和综合执法队、机动队、火车站执法队。新配置对讲机300部，执法记录仪200部，更新协管员制服700套。

2018年，区执法分局在市城管执法系统专项考核中持续排名第一，并获得迎泽区2018年度综合考核优秀等次；2018年3月被中共太原市委授予“双拥模范单位”；2018年7月在太原市创建文明城市第三分指挥部7月份占道经营整治考核中取得第一名优秀成绩；2018年10月被太原市精神文明建设委员会授予文明单位（标兵）荣誉称号。“迎泽城管”微信公众号被中共太原市委宣传部授予2018年度太原市融媒体协同平台工作优秀账号一等奖。

（王新堂）

【非法广告牌匾整治】 2018年，迎泽区执法分局重点对主次干道沿街单位非法设置的店面招牌、LED灯箱广告牌进行拆除；对沿街店面玻璃幕墙、橱窗、门店大门、立柱、台阶（含地面）、大门两侧墙面等张贴和悬挂广告进行清除；对书写及设置带有经营服务内容的广告性文字、图案、标语进行覆盖；对具有审批手续而不符合《城市容貌标准》的进行整改，辖区立面环境得到明显改观。全年下达《责令改正通知书》1700余份，拆除违法广告3408处。其中：活动广告牌150余块，LED广告牌730块，广告设施2328处，高空大型广告200处，总面积达14883平方米。

（王新堂）

【工地扬尘治理】 2018年，迎泽区执法分局建立工地扬尘治理责任制，实行执法人员检查、局领导抽查、专项督查的“三查”制度，做到全天候执法检查全覆盖。对标“六个百分百”标准，对所辖4个工地全覆盖巡查，发现问题，及时整改。安排专人轮流监管夜间工地施工扬尘。所管工地扬尘治理全面达标。针对重污染天气，建立应急处置机制，推进各项应急措施的落实。接到重污染天气预警的通告，立即启动应急措施，按照相关要求，每天出动16人，执法车4台，不间断全覆盖巡查管控，确保工地全部停工，烟尘污染减排措施落实到位。截至2018年底，新建工地围挡3600米，苫盖裸露地面5000平方米，硬化工地路3000平方米，新建车辆清洗装置1套，新增喷淋设施1处。接受国家、省、市环保部门的突击检查、抽查。（王新堂）

【背街小巷美化】 2018年，迎泽区执法分局着力打造精品街，提升管理档次。以莱园街、体育西路、寇庄西路为重点突破，启动全区30余条背街小巷开展拆除整饰美化工作，由疏导街提升为严禁街进行管理。全方位、多角度提升背街小巷环境品质，将整改后的商铺、店面进行统一规划，根据建筑周边环境，实施美化亮化，达到与周边环境协调一致，让市民生活更方便、更舒心、更美好。拆除门头外扩709家、封堵门窗387家，总面积达24065平方米，粉饰美化19240平方米。粉饰美化第五立面。对全区不符合创城标准的工地围挡以及铁路沿线彩钢房房顶等第五立面进行粉饰美化，全部调色为瓦灰色，达到整体美观效果。共计整改100多余处，其中彩钢房47处，粉刷第五立面面积达52600平方米。拆除非法地锁还路于民。联合街办、社区、派出所对葡萄园路、南内环街、小云路街、校尉营等街巷的道路阻车桩、铁立杆、铁质地锁等障碍物进行集中拆除，构建良好的出行环境。清除100余条小街巷的非法地锁等路障2400余处。

（王新堂）

【“两违”综合执法】 2018年，由城管执法分局牵头成立的迎泽区打击“两违”综合执法队，加大对城中村集体土地违法建设的巡查、管控力度，坚持“露头就打、出土就拆”的原则，立足“早发现、早制止、早处理”，做到“拆早、拆小、拆了”。每日出动60余名执法人员，10台执法车，分8个巡查组、1个拆除组、1个后勤保障组对郝庄地区28个村（社区）的违法用地、违法建设进行全覆盖巡查，节假日不休息，发现违法建设，立即叫停并依法拆除。连续三年实现“两违”零增长。2018年，共下达《拆除违法建设通知书》710份；涉及15个村，拆除629处，面积15090平方米，其中，区政府交办配合各街办拆除违建2000余平方米。（王新堂）

【违规清运整治】 2018年5月以来，执法中队联合公安巡警、交警、人武部等部门，分为八个组，从晚8点至早8点，开展夜间执法检查，重点对建筑垃圾、渣土偷倒、乱倒等违规行为进行集中整治。夜查执法队共出动2400人次，执法车260台次，查扣违规拉运车248辆，清运垃圾4300余立方米，渣土倾倒乱象得到有效遏制。

执法中队在渣土运输源头治理、渣土车辆违规拉运及路面抛洒污染治理、整治渣土乱倾乱倒、整治餐厨废弃物方面，共出动执法人员4000余人次，车辆1000余台次，依法立案查处各类违法案件共计151件，其中餐厨废弃物违法案件14起，罚没款共计16万元。（王新堂）

环境保护

Environmental Protection

综　述

【概况】　2018年，太原市环保局迎泽分局共有编制46人，其中公务员编制6人，参公编制34人，事业编制6人，实有人数44人，离退休11人。内设办公室、业务科、法制科，下设监察大队、监测站两个事业单位。

2018年，市环保局迎泽分局完成中央环保督察“回头看”工作，强化督查蓝天保卫战，开展农村、棚户区清洁能源供热改造，按照“两断三清”的工作标准关停取缔“散乱污”企业，开展工业企业达标升级、危险废物排查整治、环境风险隐患排查、污染源普查柴油货车尾气检查等，实现环境保护的全过程管理。　（朱香霓）

【空气质量检测】　2018年，迎泽区环境空气质量综合指数为6.71，比上年同期7.27下降7.7%，在太原市六城区中排名第三。二级以上天数183天，优良率51.3%，比上年同期减少27天。六项监测指标中，SO_2、NO_2、PM_{10}、$PM_{2.5}$的浓度均值分别为31$\mu g/m^3$、55$\mu g/m^3$、108$\mu g/m^3$、50$\mu g/m^3$，O_3和CO的百分位值分别为195$\mu g/m^3$和2.5mg/m^3。与上年同期相比，四项下降：SO_2下降38%，CO下降16.7%，$PM_{2.5}$下降13.8%，PM_{10}下降5.3%，两项上升：NO_2上升3.8%，O_3上升13.4%。　（朱香霓）

【环保督察“回头看”】　2018年9月下旬，迎泽区由环保局牵头，各街办（镇）及职能部门配合，集中时间、集中精力、集中人员对迎泽区中央环保督察186个案件、省环保督查整改137个案件、2018—2019年蓝天保卫战强化督查25个案件（共348件）进行现场督查检查，对未整改和整改不彻底98件下达督办函，明确整改时限、标准和要求，巩固整改成果。

2018年11月，中央环保督察“回头看”迎泽区共接到29批124个案件，案件数量在六城区排名第三，案件办结率100%，案件办结率、信息报送数量和采纳

数量均名列前茅，高标准地完成环保督察“回头看”工作。（朱香霓）

【蓝天保卫战】　2018年6月至2019年4月，国家环保部进行为期近一年的2018—2019年蓝天保卫战强化督查，2018年进行15轮的检查，迎泽区共接到32件案件，并全部办结。（朱香霓）

【清洁供暖】　2017年，迎泽区开展农村、棚户区清洁能源供热改造，以蓄热式电暖器、空气源、太阳能、煤改气、集中供热等多种方式，完成供暖改造任务。2018年6月，在六城区率先通过“煤改气”“煤改电”清洁供暖项目工程验收工作。（朱香霓）

【“散乱污”企业关停取缔】　2018年，迎泽区由经信、规划、国土、工商、环保、质监、安监、公安、供电等部门以及各街镇共同建立联合执法机制，定期组织回头看，加大对散乱污企业的查处力度，对新发现的2家散乱污企业按照“两断三清”的工作标准全部进行取缔。（朱香霓）

【工业污染防治】　2018年，迎泽区按照从严控制、统一规划、统一标准、统一时限的要求，全面提升工业污染防治水平。太原市热力集团有限责任公司城南供热分公司作为全市保留的燃煤供热企业，按照《太原市2018年散煤治理实施方案》的要求，新建2台燃气锅炉替代原有的3台燃煤锅炉，调试运行。开展整治各类无组织排放工作，辖区混凝土生产企业厂区内的所有料场、渣场全部实现全封闭，有效控制扬尘污染。（朱香霓）

【企业提标改造】　2018年，迎泽区开展工业企业提标改造攻坚战，治理挥发性有机物，对14家规模以上汽修企业、20家规模以上餐饮业单位安装VOCs在线监测设备，VOCs排放得到有效控制，完成限期治理任务。（朱香霓）

【行政处罚】　2018年，迎泽区对未批先建、污染防治设施运行不正常、不能稳定达标排放等9起环境违法行为依法进行查处，罚款91.7万元，震慑环境违法行为。（朱香霓）

【危险废物整治】　2018年，迎泽区完成2018年度危险废物排放申报登记工作。执法人员共检查危险废物产生单位64家、危险废物经营单位1家，重点排查工业聚集区、尾矿库企业、重金属企业、饮用水水源地及其周边污染源、存在危险化学品生产、储存、运输、使用、废弃等环节的企业。（朱香霓）

【环境隐患排查】　2018年，迎泽区按照“全覆盖、零容忍、严执法、重实效”的总要求，严格环境风险管控，坚持问题导向，督促企事业单位彻查环境风险隐患，强化源头治理、落实环境安全主体责任，确保辖区环境安全。（朱香霓）

【环境安全检查】　2018年，迎泽区在辖区范围组织开展全方位、全覆盖的环境安全大检查，对辖区医疗卫生机构、放射源和射线装置使用单位、危废产生单位和工业企业等相关80余个单位进行全面检查，严格环境风险管控，坚持问题导向，督促企事业单位彻查环境风险隐患，建立环境安全大检查台账，消除环境安全隐患。

（朱香霓）

【突发事件应急处置】 2018年，迎泽区印发《太原市迎泽区辐射事故应急预案》《太原市重污染天气应急预案》《太原市突发环境应急预案》，科学有序高效应对突发环境事件，妥善应对重污染天气，相关7家工业企业实施“一厂一策”，采取停产或限产等方式实现应急减排。畅通“12369”“12319”“我们为您解忧愁”环保投诉热线和微信举报平台，2018年共查处环境信访案件1316件。 （朱香霓）

【违法排污查处】 2018年，迎泽区集中排查违法排污，采取巡查、暗查、突查等方式，依法查处各类环境违法行为。经过集中排查，发现四类环境违法问题4件，对存在粉尘污染的张运林废塑料制品回收站污染设备查封扣押，对杜国文石膏厂和宋书昌石膏厂破碎机查封扣押，对山西唯美同舟广告有限公司热熔写真机查封扣押，四家企业均拆除污染设备。 （朱香霓）

【排污费清欠】 随着《中华人民共和国环境保护税法》及《中华人民共和国环境保护税法实施条例》于2018年1月1日起施行，《排污费征收使用管理条例》及与排污费征收相关的规范性文件同时废止。由于各种原因，辖区129个排污单位欠缴2017年及以前年度排污费861.10万元。为尽快清理和解决排污费历史遗留问题，2018年，迎泽分局开展排污费清欠工作，制定排污费清欠工作方案，通过采用口头催缴、现场催缴、书面催告、限制新上项目、环保拨款等形式，加大催缴力度，全面推进清欠工作。全年共清欠排污费378.5万元，由于剩余排污费的催缴难度极大，提请市局在协调相关部门利用企业诚信体系帮助催缴外，对已注销、破产、困难和已消失无法找到负责人的企业排污费进行核销，并免除居民散户排污费。 （朱香霓）

【污染源普查】 2018年年初，迎泽环保分局编制《太原市迎泽区第二次全国污染源普查工作方案》草案，根据国家下发的名录库进行核查，完成国家名录库的筛查，以社区为清查单元，挨街挨户进行摸排，对名录库中的单位全部进行排查。共清查农业源75家，工业源996家，集中污染治理设施73家，入河口69个，生活源锅炉134台。形成迎泽区全国第二次污染源普查名录并上报太原市普查办，其中农业源3家，工业源32家，集中污染治理设施1家，生活源锅炉89台。2018年普查工作基本结束，并进入录入审核阶段。

（朱香霓）

【生态红线划定】 2018年，为全面落实“三线一单”（生态保护红线、环境质量底线、资源利用上限和环境准入负面清单）管控要求，按照“应划尽划、应保尽保”的原则，环保局牵头负责辖区生态红线划分工作，对涉及红线范围的20余个已建、在建和规划建设项目，一一认真核实，对已建成投产、符合迎泽区发展规划的项目，协调调出红线范围，对生态环境良好的区域，全部纳入保护范围。（朱香霓）

【建设项目审批】 2018年，迎泽区环保分局严把建设项目环境保护准入关，执行简化审批的规定，环境影响登记表全面实现网上备案，项目建成后实现自主验收，加强建设项目事中事后监管，实现环保管理的全过程管理，杜绝新的违法行为的发生。2018年共审批建设项目11个，备案51个，对44个工地办理夜间施工证明796件。（朱香霓）

【柴油货车尾气检查】 2018年，迎泽区环保分局加强对重型柴油车的联合执法，与区交通、交警部门建立执法检查机制，开展为期半个月的夜查；在柴油车集中路段定期对柴油车尾气达标排放情况进行监测，提高柴油车达标排放水平。（朱香霓）

园林绿化

【概况】 迎泽区园林绿化局是迎泽区人民政府主管全区园林绿化工作的直属事业机构，为依照公务员法管理单位。2018年，全局有人员编制7名，实有人数8名。离休人员1名，退休人员5名。内设机构三个：综合科、技术科、审批科（原管理科变为审批科）。下属单位：迎泽区园林绿化队。

迎泽区园林绿化队为全额拨款事业单位，正科建制，事业编制203名，实有工作人员99名，与外聘的康培园林绿化工程有限公司和绿都园林绿化工程有限公司共同担负着城区287410平方米绿地、26186株树木的管养任务。园林绿化队招收公益岗位人员225名，分布在各街办（镇）担任保绿员。

区园林绿化局主要负责辖区内所有树木绿地的养护管理（打药、冬剪、浇水等）；园林绿化设施的管理（园林小品、栏杆、雕塑等）；监督管理辖区的绿化工作；小街小巷的绿化改造和六项行政审批职能。

2018年，区园林绿化局荣获“市级文明单位”称号。（宋俊玲）

【重点工程建设】 2018年，区园林局按照市政府和区政府的安排，完成各项重点工程建设。

1. 全力配合好市政道路改造康乐街、水西关街西段、解放北路、解放南路、双塔北路、都司街、青年路、新南一条、东陵里、南海街等街道的绿化摸底、移植等工作。共移植乔木1246株，砍伐69株，移植花灌木1805株，绿篱7155平方米，拆除护网2687平方米，保证道路改造工作开展。

2. 完成建设路五龙口街至亲贤北街段、五一路、东峰路、朝阳街、东岗路、体育西路、并州路微循环的移交工作，南内环东街建设路至东中环路段的移交核量工作，并对南内环东街进行提质改造，补栽塔桧、丁香等苗木。

3. 完成省建五公司宿舍、南内环三社区15号院19号楼和南内环三社区15号院20号楼的改造任务，新增绿地953平方米，投资42.9万元。迎泽区园林绿化局督促不达标的驻地单位进行绿化改造，完成迎泽区智慧产业基地和山西省体育博物馆的绿地改造任务，改建绿地3630平方米，投资190.4万元。完成不达标居住区和不达标单位的绿化改造任务。

4. 完成五个一批游园绿地建设项目。按照区政府片区整治、城中村改造工程的要求，全力开展绿地建设工作。完成智慧产业园游园、松小线游园、山西巨轮矿机厂游园、朝阳四社区游园、水西关南街11号游园，累计增加绿地面积23207.15平方米，投资1355.8万元。完成省建五公司绿地、文庙巷19号三角绿地、西里街绿地、青年路绿地和皇华馆绿地的建设工作，累计绿化面积2038平方米，共投资53.82万元。

5. 完成道路林荫化改造任务。建设完成水西门街、智慧产业东西路、双塔南路、松小线五条林荫路的改造任务。绿化一条空白街道——智慧园区路，在永祚西街、桥东街、五一东街、东岗巷、南十方街等街道栽植行道树2630株。

6. 完成林荫化停车场的改造任务。通过摸底、补植等手段完成山西省第二监狱宿舍停车场林荫化改造任务。（宋俊玲）

【古树名木保护】 2018年，迎泽区园林绿化局开展古树名木保护工作，利用修剪、围栏、防腐、固化、补洞、复壮等手段，完成2017年太原市古树保护计划内A077、A090等20株古树以及2018迎泽区古树保护计划的A045、A046等10株古树的保护工作，共投资180400元，迎泽区的古树又焕发勃勃生机。（宋俊玲）

【道路绿地改造】 2018年，迎泽区园林绿化局利用双塔北路、水西关、康乐街等街道改造的契机，在南内环东街栽植国槐16株、高杆卫矛球136株、胶东卫矛球13株、西府海棠39株、水蜡球4株、塔桧24株；五一东街游园栽植国槐7株、金银木110株、丁香72株、水蜡球7株、青杆7株、胶东卫矛球26株、华北卫矛球5株、西府海棠3株；双塔西街游园栽植华北卫矛球30株；南官坊绿地栽植华北卫矛球6株、高杆卫矛球41株、胶东卫矛球7株、紫叶李1株。老军营小区、劲松南路等绿地共栽植乔木387株、花灌木2132株、绿篱1080平方米。（宋俊玲）

【树穴覆盖美化】 2018年，迎泽区园林绿化局开展树穴覆盖工作，在桃园三巷、劲松南路、水西关南街、新海巷制作按照玻璃钢格树篦子455个，在新建路安装钢制树篦子249个，并在智慧产业基地和柳南出口处对148个树穴栽植矮牵牛、孔雀草等鲜花22320盆进行了美化，共美化树穴852个。（宋俊玲）

【杨柳飞絮治理】 2018年，迎泽区园林绿化局从4月中旬至5月中旬在迎泽区内开展杨柳飞絮的专项整治工作，安排下属的绿化队和康培两个养护队，在新建路、羊市街、文源巷、老军营、菜园街等杨柳树相对密集的街道上每天进行喷水抑制杨柳飞絮。每天安排工作人员值班，累计出动车辆974台次，用水9740吨，累计出动人员4736人次，完成杨柳飞絮的整治任务。 （宋俊玲）

【节日鲜花摆放】 2018年，迎泽区园林绿化局在五一、十一等重大节日，投入大量的人力物力，确保道路的绿化、美化效果，选择矮牵牛、垂吊矮牵牛、孔雀草、美人蕉、金叶薯、凤仙等十余个品种的花卉栽植，在新建路、柳巷、开化寺、新建南路等街道，共栽植花卉553237盆。

（宋俊玲）

【背街小巷绿化】 2018年，迎泽区园林绿化局在区政府确定的24条背街小巷整治示范试点街道中，共刷白树木871株，修剪树木188株，更换死树5株，处理危树7株，喷洒药物6车，栽植花卉92盆，补栽胶东卫矛2.1万株，更换塑钢护栏700米，制作安装玻璃钢格树篦子155个。

（宋俊玲）

【安全生产】 2018年，迎泽区园林绿化局坚持“安全第一，预防为主，综合治理”的方针，落实安全生产各项工作措施，严守安全生产红线，落实安全生产目标任务，履职尽责，制定《安全生产检查计划》，完善安全生产工作机制。狠抓落实，形成“主要领导亲自抓，分管领导具体抓，全体领导班子成员共同抓”的良好局面。落实“管行业必须管安全、管业务必须管安全、管生产经营必须管安全”的要求，组织各部门签订《安全生产目标责任书》，与“职责履职、失职追责”活动结合，把责任落实到具体的养管部门、责任人身上，督促各部门增强安全意识，确保安全生产。结合安全生产大检查、“反三违”专项行动、安全隐患风险排查治理工作等活动的开展，有效杜绝各类安全生产责任事故发生，全年没有安全生产事故发生。 （宋俊玲）

【文明创建】 2018年，迎泽区园林绿化局开展文明礼仪大讲堂活动1次、健康讲座1次、道德讲堂活动6次、时代新人大讲堂1次，开展交通文明志愿活动3次，开展环保我先行、清洁等志愿服务6次。参加机关工委组织的“创建全国文明城市，党员志愿在行动”志愿服务活动。参加区文明办组织的文明交通志愿服务活动3次。报区政府信息科信息25篇，创城信息6篇。参加问卷组一轮、二轮问卷调查统计活动。结合工作实际，开展创城工作。开展杨柳絮整治、花盆清洗、鲜花栽植、补植补种、绿地建设、安装树篦等工作；配合各街办开展背街小巷综合整治工作；配合市政道路改造，开展移植苗木工作；护栏上悬挂文明宣传标牌，游园绿地安装文明宣传牌，开展文明服务进社区等工作。

（宋俊玲）

交通运输

Traffic and Transportation

综　述

【概况】　2018 年，迎泽区交通运输局执行国家及省、市有关交通运输法规，落实相关政策。负责全区农村公路及其设施的建设、养护、治超和路政管理工作；负责全区交通运输行业中道路货物运输企业及经营户、客运（旅游客运）企业、汽车维修企业、物流市场、驾校及网约车管理的行政监管服务。

区交通运输局内设办公室、业务科。下属迎泽区交通运输局路政管理所、迎泽区道路运输管理所两个事业单位。行政在编人员 7 人，事业单位人员 24 人。

2018 年，迎泽区交通运输局开展 4 条“四好农村路”建设项目，完成路基施工工程；加强道路运输市场秩序整治，开展安全生产隐患排查，强化各项服务，促进货运、客运、汽车维修、驾校管理等各方面工作。

2018 年，有普通货运企业（在册 10 辆车以上）39 个，营运货车在档 3172 辆，吨位数 100344.342 吨；危化货物运输企业 2 个，车辆 40 辆；班线客运企业 1 个，运营车辆 326 辆；旅游客运企业 7 个，运营车辆合计 329 辆；一类汽车维修企业 6 个，二类汽车维修企业 20 个，三类汽车维修企业 36 个；驾驶员培训学校 8 个；政府公示的货运源头监管企业 6 个，其中物流运输企业 2 家、混凝土搅拌站 3 个、石料厂 1 个。

（毕燕江）

【道路运输维护】　2018 年，迎泽区交通运输局开展道路运输经营企业及车辆的管理服务工作。全年营运货运车辆通过年度审验 1571 辆，新增营运货车 233 辆，新增营运业主 179 个，注销营运车辆 353 辆。班线客运车辆通过年审 316 辆，新增旅游客运车辆 45 辆，完成旅游客运车辆年审 277 辆。备案各类维修企业 43 个。受理网约车驾驶员从业备案 534 人；开展专项活动，先后进行多次安全生产大检查、防控猪瘟专项检查、交通运输环境保护专项检查、打非治违等各类专项活动；依法监管，维护市场秩序。全年受理各类督办、投诉196起，查处违规道路运输案件131件，结案率100%。全区道路运输工作保持稳定持续发展。（毕燕江）

【公路养护】 迎泽区道路运输局落实“县乡公路由专业养护公司养护，村道由行政村组织养护”的要求，做到建养并重。2018年，经区财政批准全区养护县乡公路共11条，村道34.169公里。区路政部门每日进行巡查、各基层道班实行全天候公路养护巡查，在特殊天气实行早中晚高频次检查，尤其是对沿河、傍山、临崖、桥涵等水毁、落石、塌方等地质灾害易发路段和高填深挖路基路段。

3月大雪后，清理冰雪累计40公里，出动160人次，出动工程车辆15余辆，抛洒工业融雪盐30余吨。4月中旬，对王山线、东郝线进行路面养护，铺设沥青约2000平方米，完成投资32万元，有效修补破损路段，清理孟小线塌方500立方米，张新线塌方200立方米。

2018年，全区完工养护提质道路4条（小郝线至小山沟村1.09公里，G307至孟家井1.28公里，小郝线至小山沟0.37公里，前麻地沟农村路0.3公里），总长3公里。（毕燕江）

【“四好农村路”建设】 2018年全区“四好农村路”建设项目共有4项，分别为307国道—沟北—捐子、小郝线—大窑垴、孟家井—柳沟、307国道—东祁家山—占道村，累计全长19.73公里，总概算为7401.98万元。从3月份起，在多方研究商讨，并经批准项目立项后，进行前期勘探、设计、招投标工作，10月份4条路9个标段全面开工，至11月底路基工程全部完工。（毕燕江）

【公车改革】 2018年1月26日，迎泽区交通运输局及下属两所共15辆在用公车实行标识化管理，有执法标志的张贴公车窗贴，无执法标志的喷涂公务用车标志。

4月28日，区交通运输局及下属区运管所、区路政所两所启动事业单位公务用车制度改革，其中区运管所拟保留公车7辆，取消4辆；区路政所拟保留公车1辆，取消1辆。5月23日，区公车办对两所拟取消、保留车辆进行实车查验。（毕燕江）

【安全生产月宣传】 2018年6月15日，迎泽区交通运输局参加区安委会在南宫广场开展的安全生产月宣传活动，现场发放宣传资料400份，宣传提袋200多个。

6月16日，区运管客运及稽查部门出动人员10人，分别在长途汽车站、迎宾汽车站开展拒绝“黑车”，安全出行专题宣传活动，发放各类宣传资料300余份。（毕燕江）

【区纪委监委派驻机构入驻】 2018年1月10日，迎泽区纪委区委组织部召开会议，宣布派驻机构第二组入驻区交通运输局等十二个单位，组长史颖瑞、专员李彦春，主要行使监督党风政风等事宜。区纪委副书记张建生集体约谈区交通运输局等十二个单位领导班子成员，内容主要为“两节”期间作风建设、工作纪律等内容。1月24日，第二组一行4人到区交通运输局检查工作，正式入驻参与工作。

（毕燕江）

【春运安全检查】 2018年1月31日，迎泽区交通运输局局长叶涛、运管所长王斌等到龙亮通旅游客运公司、一类汽车维修企业荣达汽车维修公司、混凝土搅拌站进行节前安全生产检查。

2月9日，区委常委、组织部部长赵树文，副区长岳旭强到长途汽车站检查春运安全工作，在文庙街道办事处召开全区“两节两会”安全生产工作会议，区交通运输局做安全生产工作汇报。（毕燕江）

【运输秩序整治】 2018年5月16日，迎泽区运管所稽查部门与市客运办及公安、交警、城管等部门合作，对火车站周边客运情况进行综合整治，有效地遏制当地长期存在的一些非法客运情况。

6月13日，区运管所稽查队会同省、市稽查部门对火车站、长途汽车站周边地区进行集中整顿，整治屡禁不绝的违规客运行为，当场查扣站外拉客客运车一辆。

8月6日至10日，区运管所稽查部门开展集中整顿非法客运专题行动，对长途汽车站、松庄高速口等处进行集中整治，重点是打击非法客运行为。（毕燕江）

【交通运输系统扫黑除恶】 2018年9月4日，迎泽区委书记冯原平，区委常委、政法委书记贾津生，区委常委、区委办主任曹炬，区委常委、监委主任马子龙等领导到区交通运输局检查扫黑除恶工作。

9月18日，区交通运输局副局长毕燕江、林永平与区运管所负责人在长途汽车站回访投诉车主，了解汽车站周边客运秩序，摸排黑恶霸乱线索。（毕燕江）

治超工作

【概况】 2018年，迎泽区治超办坚持以习近平新时代中国特色社会主义思想为指导，全面贯彻落实中共十九大精神，按照《交通运输部、公安部关于治理车辆超限超载联合执法常态化制度化工作的实施意见（试行）》和《省政府关于进一步加强货车超限超载治理工作确保公路运输秩序和交通安全的通告》要求，继续坚持“政府主导、部门联动、属地管理”的治超工作格局，以加强和引深文明交通综合治理为抓手，抓好源头治理和路面管控，完善治超长效机制建设，推进科技信息化手段运用，提升全区治超工作的能力和水平，为建设文明开放富裕美丽太原创造良好的道路交通运输环境。（区治超办）

【“三基建设”】 2018年，迎泽区治超办成立“三基建设”工作领导小组，通过召开各种会议、开展专题调研等多种形式，把党员干部的思想认识统一到全区“三基建设”决策部署上来。在基础工作方面，治超办探索建立《太原市迎泽区治超办基础工作手册》《管理手册》《应知应会手册》及《便民服务手册》等工作机制，规范基层工作、激发基层活力、提高基层战斗力。在基本能力方面，围绕工作实际，加强学习，开展各类业务培训，提高工作人员工作能力。建立支部微信群、迎泽群工等平台。

根据区委《关于认真落实全省推进“三基建设”座谈会精神的有关事宜》要求、全省推进“三基建设”座谈会和省委书记骆惠宁讲话精神，迎泽区治超办组织广大党员干部于8月14日召开“标准化大讨论”第一期专题讨论，全面回顾和总结“三基建设”情况，正视存在的问题，制定整改措施，立行立改。8月21日，组织广大党员干部，召开“标准化大讨论”第二期专题讨论，深入解决问题，把“三基建设”引向深入。 （区治超办）

【党风廉政建设】 2018年，迎泽区治超办坚持落实党风廉政建设，抓住职责分解、职责考核、监督检查等关键环节，确保分管领导、职责人员、工作要求三个明确，推进党风廉政建设工作。健全工作机制。按规定上交2018年领导干部个人事项报告，由治超办主要领导任组长，实行“一把手”负总责和“一岗双责”制度，对重要工作亲自部署、重大问题亲自过问。坚持把廉政建设摆上重要议事日程，在专题学习会、座谈会上部署党风廉政建设工作。抓好职责分解。调整完善《迎泽区治超办关于落实党风廉政建设主体责任清单（试行）》《迎泽区治超办关于落实党风廉政建设监督责任清单（试行）》，细化分解全年的党风廉政建设和反腐败工作任务，逐项落实科室，并提出具体要求。加强职责考核。坚持把年度目标考核与党风廉政建设考核一并进行，坚持把考核结果与业绩评定、奖励惩处、选拔任用直接挂钩。上报党建信息简报20余期。 （区治超办）

【治超落实】 2018年，迎泽区初步形成领导组织有力、部门配合密切，齐抓共管的工作机制；根据工作需要和领导分工及成员单位变化情况，对治理非法超限超载车辆工作领导组进行调整，确保治超工作长效推进；制定下发《迎泽区2018年度治超工作要点》《关于开展辖区货运源头企业及建筑工地摸底调查的通知》《迎泽区治超办安全隐患风险排查治理专项行动方案》等文件，全面安排落实治超工作。

（区治超办）

【科技治超】 2018年，迎泽区推进治超信息监控平台建设，签订2018年维保合同；通过远程视频监控平台、货运源头运输IC卡，对源头企业进行远程监控，实现源头企业信息化，提高科技治超水平；遵守科技治超平台值守工作规范，促进科技治超平台工作科学有序发展。

根据市治超办统一安排，区治超办对科技治超平台进行升级改造，科技治超平台建设项目得到批复，科技治超平台建设方案通过，科技治超平台建设项目进行政府采购阶段，年底完成建设及调试。

（区治超办）

【短途非法超限超载治理】　2018年，迎泽区治超办加大打击短途非法超限超载运输行为力度。强化交通、交警等部门间的协作与配合，执行《关于成立迎泽区治超联合督导组和稽查队的通知》文件精神，开展对郝庄地区重点路段、建筑工地超限超载等专项治理行动，始终保持路面执法高压态势。转发省、市治超办《关于认真汲取海南省屯昌县因超限超载造成“9·24”较大道路交通事故教训，进一步做好治超工作的通知》，引以为戒，规范执法；执行统一的超限超载认定标准，坚持卸载以消除违法状态，突出重点打击恶性超限超载行为，开展“动、静”结合式的集中整治，结合国家环保督查工作，组织交通、公安、交警、环卫、城管等成员单位开展联合执法行动，采取日常巡查和夜间联合巡查的方式，共组织督查或联合巡查30余次，推动治超工作开展。（区治超办）

【超载源头治理】　2018年，迎泽区治超办规范源头企业监管，铲除非法超载滋生土壤。

加强社会监督，形成政府、企业、社会齐抓共管治理超载的格局。区政府对上报的辖区6家货运源头企业情况进行公示，并设举报电话和邮箱，加强社会公众监督；3月，下发《关于开展辖区货运源头企业及建筑工地摸底调查的通知》40余份，组织公安、交通、环保、经信、工商、国土、质监等成员单位通过联合巡查行动，严厉依法打击和取缔非法货运源头；转发省治超办《关于规范超限超载货运车辆源头核查的紧急通知》文件，组织经信、工商、质监、交通、交警等成员单位加大对货车非法改装企业的打击力度；区交通局、区运管所对辖区重点货运源头单位巡查每周不少于1次，非重点货运源头单位巡查每月不少于2次，并对违规车辆进行责令整改。

10月份，开展源头治理督查工作4次，主要巡查由政府公示的源头企业：朝阳物流、远航搅拌站、太和搅拌站、东瑞搅拌站。暂未发现超限超载现象；开展路面巡查2次，主要巡查路段：东中环建设路口、朝阳街东中环路口。（区治超办）

【治超宣传教育】　2018年，迎泽区治超办贯彻落实省、市关于治超宣传工作的各项安排部署，学习全国、全省治超工作要点，在全区范围有针对性地对货运业主和驾驶员开展治超、安全工作法律法规宣传教育，对成员单位主要负责人、分管负责人及工作人员、各建筑工地主要负责人200余人进行宣传；在重点路段和重点建设工地，悬挂标语条幅40余条，发放治超宣传材料1000余份，宣传超速、超载、超限、非法改装车辆以及“三无”黑车的危害性，营造全社会治理超限超载的浓厚氛围。

（区治超办）

财　政

【概况】　迎泽区财政局地属庙前街道，位于太原市南海街北口，正科级建制单位，是区人民政府主管全区财政收支、财税政策、国有资本金基础工作的组成部门。内设办公室、预算管理科、国库支付科、行政事业财务管理科、城市建设财务管理科、会计管理科、国有资产管理科、财务监督科等8个职能科室。局机关行政编制20名，工勤人员编制2名，2018年底在职职工21人，退休职工20人。

财政局下属三个事业单位：太原市迎泽区国库支付中心（加挂迎泽区行政事业单位会计核算中心牌子）、迎泽区中小企业融资担保中心、迎泽区财政投资评审中心。

2018年，迎泽区财政局获区综合考核优秀单位、市双拥标兵单位、市文明单位标兵。　（区财政局）

【财政收支】　2018年，迎泽区财政支出坚持民生优先理念，加大对社会事业的投入力度。全年民生支出213295万元，占一般公共预算支出的比重为83.5%；定期召开支出进度推进会，逐月下达支出预算任务，分解落实支出责任，及时下达项目资金和转移支付资金，确保全区财政支出按月完成序时进度并稳步增长；加大预算公开力度。

2018年，迎泽区财政收入：一般公共预算收入完成200976万元，同比增长31.59%。财政支出：一般公共预算支出执行255465万元，同比增长18.58%。

（区财政局）

【预算决算】　2018年，迎泽区财政局完成2018年政府财政预算和部门财政预算公开工作，4月3日通过政府门户网站“迎泽之窗”的预决算公开专栏公开《关于太原市迎泽区2017年预算执行情况和2018年预算草案的报告》。组织各单位将经过批复的部门预算于4月16日至4月18日在政府门户网站“迎泽之窗”的预决算公开专栏集中公开，不折不扣落实预算公开要求，提高财政资金使用透明度；完成2017年度全区预算单位政府部门财务报告编制工作。

向区人代会提交全区各预算单位的2018年预算支出明细，并及时批复审议通过后的部门预算；严格执行人代会通过的预算，强化预算执行刚性约束，坚持“无预算不支出”；严控预算追加，年度预算执行中必须进行的预算调整，经编制预算调整方案并提请区人大常委会审查批准后执行。

持续推进预算绩效管理工作机制，印发《全面推进预算绩效管理的通知》《迎泽区2018年预算绩效评价实施方案》，选取84个重点项目开展绩效评价，涉及资金2.28亿元，不断强化“花钱问效，无效问责”的绩效理念。（区财政局）

【资金监管】 2018年，迎泽区财政局规范清理结转结余资金，贯彻落实财政部关于清理盘活地方财政存量资金有关要求，做好存量资金清理统计及统筹工作，向区政府汇报有关情况；加强对结转资金支出监管，建立动态清理机制，连续两年未用完的结转资金一律收回统筹使用；按照“双随机、一公开”要求，对部分预算单位从财务收支管理、部门预算编制执行、财务会计制度的执行等方面进行检查，并对发现的问题提出整改意见。（区财政局）

【投资评审】 2018年，迎泽区财政局加强财政投资评审。全年完成评审项目107个，送审金额16992万元，审减金额1862万元，平均审减率10.96%。（区财政局）

【会计管理】 2018年，迎泽区财政局按时完成内控报告编报工作，开展全区132家行政事业单位内控报告的编写及上报工作；加强代理记账机构管理，规范代理记账活动，加强事中事后监管，规范会计基础工作，促进代理记账行业健康发展。全年共审批10家新的代理记账机构，进行13家代理记账机构年度备案，接收市级下放11家代理记账机构。（区财政局）

【资产管理】 2018年，迎泽区财政局管理区级行政事业单位国有资产及其收益，严格审核批复国有资产配置、处置等事项。2018年报废资产1638万元，其中固定资产报废35笔，金额1324万元，残值收入16.29万元，车辆报废314万元，共31辆，残值收入0.8万元；按时上报迎泽区行政事业单位国有资产年报、自然资源及经管资产报表；按照区车改办安排，公开拍卖涉改车27辆，拍卖金额51.23万元，溢价金额5.39万元，溢价率11.76%，拍卖成交率100%，完成迎泽区事业单位（含企业）公车改革车辆拍卖工作。（区财政局）

【政府采购】 2018年，迎泽区财政局开展政府采购监督管理工作，监督预算单位执行政府采购法等相关法律法规，执行政府采购目录以及配置标准。全年实施政府采购备案项目500批次，金额30065万元。

政府采购审核项目一批次，金额230万元；开展政府采购业务培训，传达政府采购新的政策精神；按时保质完成地方政府采购统计系统季报和年报工作；做好对采购代理机构的监督管理工作，规范政府采购代理机构的执业行为。（区财政局）

【法治财政建设】 2018年，迎泽区财政局制定《迎泽区财政局2018年依法行政工作计划》，对全年依法行政工作做出安排；出台《迎泽区法治财政建设实施方案》；制定《太原市迎泽区财政局宪法学习宣传教育活动方案》，深入贯彻习近平总书记对宪法学习宣传教育的重要指示，弘扬宪法精神和社会主义法治精神，增强财政系统职工的宪法意识；组织干部职工参加法宣在线学习、考试，参加执法人员能力提升培训，提升干部职工依法行政能力和水平，促进法治建设工作常态化、制度化、规范化。（区财政局）

税 务

【概况】 2018年，迎泽区税务局以全面打赢税务机构改革攻坚战为目标，按照“机构改革，服务先行”的原则，以打造“六最”全省最优营商环境为目标，深化“放管服效”，持续开展“税干入企服务”“春风便民行动”及“新税务 新担当 新作为 新形象”大调研大讨论活动，将服务企业、助力转型发展落实到日常管理。全局240名税干分成12组在局党组成员带领下共入企服务460余次，陪同省市局领导入企服务50余次，精准施策，助力企业升级转型发展。

持续“造环境、促转型”，把开展专题教育与深化征管改革结合起来，与全面推进依法治税结合起来，与促进税收中心任务完成结合起来，凝心聚力，奋勇担当，主动作为，高质量推进税收征管体制改革及各项工作纵深发展。（区税务局）

【税源监控】 2018年，迎泽区税务局对2017年企业纳税情况重新进行梳理，摸清重点税源的生产、销售情况，剔除一次性及其他因素，扩大重点税源监控范围。2017年重点税源户353户，占正常管户的1.43%，较2016年重点税源户减少337户，减少比例为48.84%。其中，第二产业56户，第三产业297户，共缴纳税款9.15亿元，占全局税收总收入的60.60%。

（区税务局）

【数据核实】 2018年，迎泽区税务局核实核心征管系统内的多缴税金数据共计1253条数据，核实原国税、地税核心征管系统中全部税种多缴税金数据3000余条；对2800余条国民经济行业数据及行业转换疑点数据进行核实。（区税务局）

【风险防控】 2018年，迎泽区税务局接受2017年税收预警信息，加强预警信息企业的数据核实及比对工作，做好风险防控。

（区税务局）

【税收规范】 2018年，迎泽区税务局召开四次专题会议，派专人对接，跟进辅导、监督和服务，对全区109户影视行业纳税人进行税收秩序自查自纠，配合市局调研重点企业1户。共计补缴增值税22.30万元，企业所得税0.44万元，个人所得税128.82万元，滞纳金9.97万元，其他税费45.84万元，合计207.37万元。

（区税务局）

【税收分析】 2018年，迎泽区税务局对辖区内280户房地产开发经营企业进行核实，对其中55户有效数据企业的财务指标数据、经营情况变化趋势开展调研，分析影响营业收入、利润变化的主要因素和房地产行业管理中存在的问题，提出解决税收风险管理的建议。（区税务局）

【税收预测】 2018年，迎泽区税务局通过“税宝宝”开展税收预测。在“税宝宝”中搭建税收预测平台，将全局2017年缴纳税款10万元以上的1600余户纳税人纳入平台预测范围，确保进一步完善税收预测体系，提高税收预测准确率。（区税务局）

【税收调查】 2018年，总局下达迎泽局重点和抽样调查企业共计334户。按照省市局工作及时间进度要求，迎泽区税务局依次完成企业端数据收集、税务端数据审核、数据集中会审、总结上报等工作。

至12月底，累计完成税收收入48.57亿元，增收7.96亿元，同比增长19.60%，其中市县级完成23.81亿元，增收5.71亿元，同比增长31.58%；累计完成规费收入1.93亿元，增收3623万元，同比增长23.70%。组织收入增幅从年初开始稳步回升，实现与地方经济由“疲”转“兴”、全面向好势头的高度契合。（区税务局）

【退税办理】 至2018年年底，迎泽区税务局共办理退税2005笔，累计11154.86万元。其中共办理出口退税663笔，退税9159.48万元；办理福利企业退税82笔，退税189.63万元；办理误收退税661笔，退税958.15万元；办理汇算清缴退税451笔，退税709.30万元；办理其他退税148笔，退税138.30万元。（区税务局）

【纳税信用评价】 2018年，迎泽区税务局做好2017年度纳税信用评价工作。本着夯实征管基础、提高纳税遵从度的原则，税源管理部门逐户核实纳税情况，公平、科学、合理地进行纳税信用评定。全局共有22400户企业参与国地税联合纳税信用评价，发布20241户。其中，有648户评为A级，8331户评为B级，1198户评为C级，792户评为D级，9272户评为M级。接受纳税人对评价结果有异议的复评申请，按照规定程序和要求完成复评工作。

（区税务局）

【征管流程规范】 2018年，迎泽区税务局对非正常户认定、非正常户解除、税收违法行为处罚、催报、催缴、税费种认定、新开业纳税人基础信息的核实与主管股所分配以及黑名单管理等经常性业务进行规范和统一。优化注销流程，做好纳税人宣传，在办税大厅增设清税注销窗口，按照要求为符合条件的纳税人即时办结注销。

（区税务局）

【管户调整迁移】 2018年，迎泽区税务局理顺管辖权限，设专办窗口为纳税人办理重签三方协议和变更税控盘主管税务机关信息等业务，通过优质、高效、便捷服务，实现管户“迁回来、留得住、征纳关系和谐”这一共赢目标。通过原国税系统接收市局下发管户1259户、原地税系统接收2778户；局内管户原国税系统调整74218户，原地税系统调整20554户；从迎泽局向其他兄弟单位迁出管户1616户，达到主管税务局、主管税务科（分局）和管理员一致的目的。（区税务局）

【征管数据梳理】 2018年，迎泽区税务局对下发的5类共计153078条问题数据进行核实修改。指定专人专门负责征管数据治理工作，对原国地税征收方式不一致、纳税期限不一致、月收入3万元以上需重新计算个人所得税“双定”户、国地税管户迁移等近万条数据进行数据修改。完成2018年度金税三期数据质效绩效考核。

（区税务局）

【法治税务建设】 2018年，迎泽区税务局加强依法行政，持续推进规范税务行政权力运行，推进法治税务建设。持续深化对环保税和水资源税政策规定、申报流程等宣传工作，指引纳税人便捷办税；在办税服务厅继续设立环保税“绿色通道”、专门窗口、政策咨询专岗，做好纳税人服务工作。开展水资源税调查、收入监控分析及后续信息交换工作。至年底，全局共12户纳税人污染物均为大气污染物，其中，1户纳税人污染物涉及沥青烟，共申报缴纳税款287.13元；11户纳税人污染物均为一般性粉尘，共申报缴纳税款293625.96元。水资源税纳税人共14户，全年累计申报取用水量17.4492万立方米，缴纳税款34.8984万元。（区税务局）

【个人所得税改革】 2018年，迎泽区税务局成立个人所得税改革专项工作领导小组，统一思想认识，压实部门责任，稳步推进改革。做好政策解读及操作培训，针对自然人、重点扣缴义务人、大厅操作人员、一线税干，多渠道宣传个税新政策，开展多期扣缴软件预培训，提高征纳双方申报准确率，共2400户纳税人接受自然人扣缴客户端的操作培训，100户重点扣缴义务人接受新个人所得税政策解读预培训，培训大厅操作人员35人次，培训税收管理员120人次；做好历史数据核验、修正、清理工作，共清理错误数据12325条，为个税准确申报奠定基础。（区税务局）

【个人所得税申报】 2018年，迎泽区税务局加强个人所得税全员全额明细申报工作及12万元以上个人所得税自行纳税申报工作。自3月开始个人所得税全员全额明细申报考核，全局月平均全员全额明细申报率均达到99%以上。推行个人所得税全员网上自行申报模式，实现年所得12万元以上个人和从两处或两处以上取得工资薪金所得个人全员网上自行申报。全局共实现年所得12万元以上自行申报3412户，其中网络申报3324户，大厅申报88户。

（区税务局）

【大企业税收服务】 2018年，迎泽区税务局做好大企业工作。通过走访座谈、微信、“税宝宝”APP等“线上+线下”方式，加强税企信息交流；强化日常沟通，及时回应诉求；有针对性地开展涉及大企业税收政策的相关培训。建立大企业服务工作小组和绿色专属服务通道，解决大企业的堵点、痛点、难点问题，全面提升纳税人满意度和税法遵从度。 （区税务局）

【民营经济扶持】 2018年，迎泽区税务局学习习近平总书记在民营企业座谈会上的重要讲话精神，助力民营企业转型发展，助推民营企业快速成长。贯彻落实总局出台的扶持民营经济发展的26条措施，成立专项工作领导组，建立入企服务长效机制，印制发放宣传手册并进行精准政策辅导，为企业转型升级发展“降本增效”，为经济结构调整“通经活络”。2018年，迎泽区税务局民营企业享受税收优惠约为7亿元。 （区税务局）

【纳税服务提升】 2018年，迎泽区税务局对太堡街、西羊市两个办税服务厅进行升级改造，提升纳税服务水平；完善首问责任、限时办结、预约办税、延时服务、税收优惠备案、“二维码”一次性告知、24小时自助办税、财税库银联网缴税等便民服务机制，加强“网上税务局”建设，推行网上审批，提高审批效率和透明度；推进电子发票推广工作，在湖滨国际大酒店率先实现停车收费、开具发票全部电子化，推广邮寄发票，开展专题培训6期，签订邮寄发票协议1000余户，提升服务效率，降低纳税成本；推行应用“税宝宝”税企沟通平台，打通税务人员和纳税人之间沟通交流的壁垒；实现刷脸办税、同城通办，落实办税事项“最多跑一次”，推进涉税信息公开，做到让纳税人少跑腿、少费时、少花费。 （区税务局）

【征管职责划转】 2018年，迎泽区税务局明确社会保险费和非税收入征管职责划转改革方案总体目标，紧盯关键节点，坚持稳字当头，整体谋划，统筹组织，分步实施，加强部门联动，加大宣传力度，开展业务培训，做好政策交接、数据提取、数据清洗等工作，累计清洗数据16312条。社保费基本完成征管职责划转，征收管理工作准备就绪，非税收入费源摸底工作进展顺畅，做到底数清楚，建立费源清册。

（区税务局）

【税制改革】 2018年，迎泽区税务局坚持“严、爱、活”三字方针，统一思想、整合力量，紧扣“工作不断、收入不减、队伍不散、秩序不乱”的要求，严格执行机构改革方案，严明改革纪律，严抓日常管理，7月20日完成合署办公、合并挂牌。坚持税收工作以人为本、思想政治工作先行的原则，做好“三个全覆盖”“三个重点谈”。在“三定”期间，借助日常化、多维化、数据化、累积化、可比化的“数字人事”考评结果，从“德、能、勤、绩、廉、评、基”多方面了解干部职工，坚持“重德才、重实绩”的用人导向，正确选人用人，灵活使用干部，选好配强科所“一把手”和班子成员。10 月 25 日“三定”平稳落地，基本实现事合、人合、心合、力合，确保全局机构改革有序推进。

（区税务局）

【教育培训】 2018 年，迎泽区税务局完善教育培训办法，重视中青年干部的培养。强化对中青干部的培养，优先提供内部外训机会，畅通成长空间；落实全员培训计划，利用各类专业培训网上课堂平台，开展干部职工教育培训与考前辅导，邀请业务骨干组织专题培训，提高系统干部业务能力，组织全局干部职工参加国税地税征管体制改革视频培训和“三定”落实后相关工作事项的专题辅导。（区税务局）

【文明创建】 2018 年，迎泽区税务局以开展文明单位、青年文明号等群众性精神文明创建活动为载体，开展先进典型的选树和宣传工作，开展道德讲堂，弘扬社会主义核心价值观，传播正能量；以“拥军优属，拥政爱民”为核心，以创建市级双拥标兵单位为动力，完善拥军优属、拥政爱民工作运行机制，夯实双拥工作基础，提高双拥工作的整体水平。丰富干部职工日常精神文明活动。发挥共青团、妇委会等群团组织的桥梁和纽带作用。“三八”节组织女职工开展参观省博物馆、花艺学习等活动，陶冶职工情操；设置专业的心理自助减压室，开展心理健康测评和健康知识辅导讲座，减轻干部职工工作压力；丰富阅览室书籍，开展朗读者活动，以阅读朗读的魅力为正能量引导职工；参加迎泽区委组织的“点亮微心愿、幸福千万家”微心愿认领活动，帮助小学生圆“学习梦”。（区税务局）

【廉政建设】 2018 年，迎泽区税务局落实监督执纪问责主职主业。聚焦监督第一职责，坚持常态化的监督检查，纠正税收征管体制改革中出现的问题并运用“四种形态”进行提醒、教育和批评，坚决杜绝在改革中出现违法违纪行为；督促履行主体责任，针对各部门工作特点和廉政风险下达监察建议书。

从严执纪问责，推动作风建设向纵深发展。增强“四个意识”，落实“四个确保”，履行“一岗双责”，防范执法风险和廉政风险。从规范台账、完善制度、集体研究和处置准确四个方面加强和规范问题线索处置工作，全年共处置市局转办问题线索 4 件。（区税务局）

教育　科技

Education　Science and Technology

教　育

【概况】　2018年，迎泽区教育局制定全区教育发展战略，统筹规划、协调指导全区教育体制和办学体制等方面的改革；制定全区教育事业发展规划和年度计划并指导、协调、组织实施；制定全区教育事业改革与发展的规划和实施方案并组织实施。

迎泽区教育局为迎泽区人民政府工作部门，正科级建制。2018年，区教育局行政核定编制人数13人，其中正科1人，副科6人，科级以下2人，工勤人员2人；区教育局有5个内设科室（办公室、人事科、计划财务科、基础教育科、安全科）及区政府教育督导室。直属单位有7个：教师进修校、教研室、招生考试中心、信息技术教育中心、迎泽区少年宫、教育服务中心、社区学院。

全系统党员1392人，其中在职党员1124人、退休党员268人。基层党委1个（教育局机关党委），下设7个党支部。党总支6个，其中包括2个社会组织党总支（民办培训学校党总支、民办幼儿园党总支）。党支部60个，其中包括5个社会组织党支部（卓凡文化艺术培训学校党支部、太原市金太阳学校党支部、民办培训学校联合党支部、康蒂儿幼儿园党支部、民办幼儿园联合党支部）。

辖区内共有各级各类幼儿园77所，其中：公办幼儿园25所（省级教办园1所，市级教办园1所，区属教办园5所，村办园8所，企事业办园10所）。区属教办园5所，分别为三晋幼儿园、民族幼儿园、海边街小学附属幼儿园、一实验小学附属幼儿园、二实验小学附属幼儿园。民办幼儿园52所（含民办早教中心2所）。有在园幼儿1.4万余名。全区幼儿园纳入星级管理，其中五星级园10所，四星级园18所，三星级园14所，二星级园30所，一星级3所（早教中心未纳入星级管理）。

迎泽区基础教育阶段有公办中小学39所，其中城区小学28所、农村小学4所、城区初中4所、农村初中1所、农村九年一贯寄宿制学校1所、特殊教育中心学校1所。全区中小学教职工2453人（其中小学专任教师1658人，中学专任教师577人）。全区有中小学生3.4万余名（其中小学30402人，中学4265人）。辖区有子弟校1所：三好小学（山西日报社所属公办小学）。公参民学校2所：三立中学、南海中学。民办学校2所：金太阳小学、服装城小学。

辖区有各类民办培训学校69所，教学区25所。（区教育局）

【迎泽区“十三五”专项规划课题】 2018年3月22日，太原市教育科学规划办召开太原市“十三·五”专项规划课题暨《基于核心素养　教学目标引领　提升教学质量行动》的项目研究总结会。《迎泽区“基于核心素养　教学目标引领　提升教学质量行动”研究项目》被评为优秀成果；区属学校9个项目研究获优秀成果；有24位教师荣获核心素养项目研究优秀课例奖，其中一等奖13名，二等奖2名，三等奖9名。（薛新丰）

【专项调研】 2018年3月27日至4月13日，副区长杨永生先后到区属中小学、幼儿园调研。听取学校领导对学校基本情况的介绍，查看学校的校园环境，参观学校的多功能教室，了解校安工程、均衡教育、智慧校园建设、教育教学、社团活动等方面的情况，询问学校工作中遇到的问题和困难。（贾列凤）

【中华优秀传统文化教育基地评定】 2018年4月2日至11日，太原市教育局中华优秀传统文化基地校认定专家组先后对迎泽区申报学校进行评估认定。双西小学、大南关小学、东岗小学、第二实验小学、双南小学、双语实验小学、36中、37中、39中9所学校进行申报，接受认定。在9所学校自评的基础上，评估组通过听取汇报、实地查看、查阅资料等方式对学校中华优秀传统文化教育建设情况进行全面、深入、细致的分析和评估，并依据标准逐项打分。（赵　红）

【巡察组进驻区教育局】 迎泽区委巡察一组、二组、三组进驻迎泽区教育局。2018年4月17日，区委巡察组在区教育局召开巡察工作动员会。局班子成员、各中小学校长、书记，幼儿园园长、直属单位负责人共计100余人参加会议。此次区委把教育局列为巡察对象，充分体现了区委对教育事业发展的重视和关注，对贯彻新时代党的建设总要求和履行管党治党责任的全面“政治体检”，是对基层各组织和广大党员干部的精准“问诊把脉”，更是对全区优质均衡教育发展有力推动。全系统各级领导干部、教职工要以强烈的政治责任感和严肃认真的态度，全力配合和保证巡察工作的顺利开展。要坚决从讲党性重品格的高度，以担当精神抓好巡察问题整改落实，真正把巡察整改成果转化为加快迎泽教育优质均衡发展的强大动力，营造风清气正、充满活力的教育政治生态，办好人民满意教育。（陈　婷）

【义务教育督导】 2018年5月3日、4日，太原市督学、原太原市基教处处长顾埃荣等一行7人，在迎泽区对国家义务教育基本均衡发展工作进行市级核查。

核查组通过查阅档案资料、深入学校、召开座谈会等深入了解教育投入情况、学校标准化建设情况、教师队伍建设情况、学校安全能力建设情况等；并实地抽检10所学校，察看学校的校园文化建设、功能室建设、教育装备使用等，对迎泽区义务教育均衡发展办学基本标准达标情况、校际间均衡差异状况、政府推进义务教育均衡发展情况、“一票否决”指标完成情况等进行全面综合的督导评估。（赵　娟）

【教育部调研责任督学】 2018年5月17日，教育部教育督导局副局长向明灿等到迎泽区对幼儿园责任督学挂牌督导工作开展情况进行调研。省政府教育督导室主任贺茂义、省政府教育督导室正处长级督学徐岩章、市政府教育督导室领导陪同调研。（赵　娟）

【马静获第三届“海峡两岸”课堂教学大赛一等奖】 “名师成长”第三届“海峡两岸”全国高峰论坛语文课堂教学大赛于2018年5月19日至21日在安徽合肥市举行。迎泽区青年路小学教师马静作为山西省的唯一代表参加此次活动，荣获赛课一等奖和最佳人气奖两项殊荣。马静是迎泽区小学语文名师团队的成员之一，曾获“全国‘创新杯’青年教师教学艺术大赛”一等奖、山西省教学能手等称号。

（薄翠香）

【史超参加“北派名师”全国名师小学语文课堂教学展示活动】 2018年5月18日，迎泽区双西分校山水城副校长史超代表山西省参加“北派名师”核心素养视域下的小学语文课堂展示活动。史超老师的课展现迎泽区现阶段低年级教学研究的方向，从大课堂到小环节，从整体把握到细节分析，从师生互动到学法指导，演绎课堂新模式下的语文教学，整堂课激疑布惑，又带着孩子们拨云见日，从听、说、读、写进行细致入微的锤炼，引导学生在如何讲好故事中探幽发微。史老师幽默风趣、妙语迭出，常引得学生忍俊不禁，在轻松的氛围中让孩子们品悟人生哲理。（薄翠香）

【“六一”儿童节主题队日活动】 2018年5月31日，太原市委副书记李新春、共青团委太原市委书记杜志强、迎泽区委书记冯原平、区长李慧、副区长杨永生、区教育局长杨练兵等市、区领导到双西小学参加“争做新时代好队员——你好，新时代”太原市少年儿童庆“六一”主题队日活动。市、区领导们给迎泽区少年儿童送上节日的祝福，并向老师们致以亲切问候和衷心感谢。

市、区领导参观学校的“你好，新时代”展板，观看“红领巾电视台”“红领巾小创客”的社团活动，在“红领巾小书虫”社团活动中与少先队员们分享读书体会，并为孩子们赠送图书等节日礼物。

（贾　捷）

【并东等 5 所学校更名】　2018 年，迎泽区并东小学、狄村小学、流沙坡小学、郝庄中学、松庄小学 5 所学校更名：太原市迎泽区并东小学校更名为太原市迎泽区双东小学校；太原市迎泽区狄村小学校更名为太原市迎泽区仁杰小学校；太原市迎泽区郝庄初级中学校更名为太原市迎泽区朝阳初级中学校；太原市迎泽区流沙坡小学校更名为：太原市迎泽区文新小学校；太原市迎泽区松庄小学校更名为太原市迎泽区松侨小学校。　（贾　捷）

【中共迎泽区教育局机关委员会第一次党员大会】　2018 年 12 月 7 日召开。区委常委、组织部部长赵树文，区纪委监委派驻三组组长王爱香，机关党员 100 余人参加会议。区教育局工委委员郭美萍主持会议。大会选举第一届机关党委委员。

教育工委副书记张桂梅宣读迎泽区委组织部相关批复，教育局原机关支部书记董文彬做工作报告，大会采取差额选举的方式无记名投票选举产生 9 名机关党委委员。赵树文、杨练兵分别讲话。机关党委委员在王爱香的监督下召开机关党委第一次会议，会议选举产生机关党委书记、副书记，分别是书记郭美萍，副书记董文彬、贾列凤。杨练兵与新一届机关党委委员进行集体谈话。　（贾列凤）

科　技

【概况】　2018 年，迎泽区实施创新驱动战略，推动企业技术改造，推进产学研合作项目建设，培育国家高新技术企业；促进各孵化器和众创空间的发展，加强与企业的资源共享和合作；在运营方面提供基础服务和指导；统筹规划、协力解决有关问题；举办创新创业大赛，打造省级科技企业孵化器和众创空间；在推进迎泽区国家可持续发展实验区建设中取得突破。　（区科技局）

【助推太原市创建国家可持续发展议程创新示范区】　2018 年 2 月 13 日，国务院正式批复同意太原市建设国家可持续发展议程创新示范区。迎泽区作为全市唯一的可持续发展实验区，落实考核指标，为太原市的申报创建工作奠定良好的基础。

（区科技局）

【迎泽区国家火炬计划特色产业基地建设】 2018 年是迎泽区项目建设年，科技创新园二期建设工程用地指标调整到位，占地约 500 亩，打造以“人工智能”产业为特色的产业基地，签约引进“中国农业大学食品医药工程技术创新中心项目”等 20 个涉及人工智能、机械装备、医疗器械、节能环保等领域，具有“专精特新”的高新技术企业项目，为迎泽区培育新兴产业、提升传统产业，优化产业结构、引领转型创新起到积极作用。第七届中国创新创业大赛生物医药行业总决赛在广州举行，迎泽区民营科技企业山西明鼎医药科技有限公司在大赛中荣获成长企业三等奖，这是山西省生物医药领域企业取

得的最好成绩。（区科技局）

【高新技术企业发展】 2018年，迎泽区把培育发展高新技术企业，作为建设“首善之区”和经济转型发展的重要举措，实现高新技术企业增量提升。2018年共推荐认定29家高新技术企业。（区科技局）

【创新创业平台建设】 2018年，迎泽区中小微科技企业成为新时代改善经济生态的重要力量。认定的7家省级众创空间和1家省级科技孵化器运营状况良好，入驻企业数量和质量均呈增长趋势，2018年推荐的2家载体也成功认定为省级众创空间。精准服务科技型企业，落实各项创新政策，引导各类创新要素向中小微企业集聚，推荐企业申报科技创新推动转型升级12项政策条款，推荐百余家企业享受政策资助近2000万元。（区科技局）

【科技计划项目评价】 2018年，迎泽区科技局计划项目工作通过征集申报、实地考察、专家评审、归口部门审核及立项等环节，挖掘有潜力、有实力的14个企业项目，获得科技引导资金792万元。帮助企业依靠科技创新提升自身竞争力，建立管理机制，加快科技成果转化应用，为全区经济转型发展助力。（区科技局）

【智慧创客空间】 空间场地面积10620平方米，主要孵化从事生物医药、人工智能为方向的大学生和科研人员等创客或初创型企业为主，为创业项目提供全要素、全开放的创业培训指导、技术成果转化、市场推广、资本对接、商务政务等服务孵化。截至2018年年底，智慧创客空间，入住科技型小微企业和创业团队53户，就业人数486人，实现营业收入12486.45万元，纳税总额425.57万元。2015年被山西省科技厅认定为山西省首批省级众创空间。（区科技局）

【千万亿微谷小镇众创空间】 利用国企闲置场地打造的一家省级众创空间。空间位于山西省太原市迎泽区朝阳街65号，拥有可自主支配场地3000余平方米，其中创客工作区2400平米，开放共享式公共服务区600平方米，可同时容纳20余家创业团队和200余人的创客工作位，正式签约聘用的创业辅导导师5人。空间下设有千万亿商学院和千万亿商业联盟平台。每月举办四次“店商新思路沙龙会”，定期开展“路演演讲班”，建立“千万亿店商会员微信交流群”（目前已达330人），开展《沙龙裂变之如何引流吸粉》直播六天，开展“技能创业讲堂”培训班3期，累计15天。截至2018年年底，服务线上入驻商户200家，在孵企业17家，创业团队3家，服务创客300人，由商学院培训后升级为创业企业并签订入驻服务协议3家。2018年被山西省科技厅认定为省级众创空间。

（区科技局）

文化 体育

Culture and Sports

文 化

【概况】 迎泽区文化局内设5个科室：办公室、文化科、文旅广新科、体育科、行政审批科。下辖4个事业单位：迎泽区文化馆、迎泽区文物旅游服务中心、迎泽区文体市场行政综合执法队、迎泽区图书馆。

区文化局公务员编制10名、工勤编制1名，实有公务员8人、工勤人员1人；文化馆自收自支事业编制25名，实有人员20人；文物旅游服务中心全额事业编制10名，实有6人；文体市场行政综合执法队全额事业编制12名，实有9人；图书馆全额事业编制5名，实有2人。

2018年，区文化局贯彻执行国家、省、市有关文化艺术、广播电视、新闻出版（版权）、体育、文物、旅游工作的法律、法规和政策；制定全区文化艺术、广播电视、新闻出版（版权）、体育、文物旅游工作的发展规划和年度计划，并组织监督实施。依法对全区文化娱乐、演出、图书、音像、美术品、印刷等文化市场实施监督管理，查处非法出版物和非法出版活动。指导开展全区群众性业余文化活动；规划、协调全区文化设施建设，建设文化信息资源共享工程。依法查处全区违法安装和设置卫星电视广播地面接收设施、违法接收和传送境外卫星电视节目和走私盗版影片放映行为；发展镇、村的广播电视接收网络，负责农村广播电视“村村通”工程。制定全区非物质文化遗产保护规划，组织实施非物质文化遗产保护和优秀民族文化的传承普及工作。加强全区体育公共服务，促进多元化体育服务体系建设，推行全民健身计划；指导开展群众性体育活动，推动社会体育的发展；组织实施国家体育锻炼标准，开展国民体质监测；负责对公共体育设施的建设、监督、管理。规范全区体育产业的管理，负责体育市场行政执法工作，承办体育市场许可证发证工作；负责审核三级社会辅导员、三级裁判员、等级运动员；监管体育彩票的发行、销售工作。监督管理全区文物保护和考古工作，组织协调重大文物保护和考古项目的实施；管理、协调和指导辖区文物的保护、抢救、发掘、宣传等业务工作。审核、申报区级以上重点文物保护单位；督促、检查、指导、协调全区文物安全保卫和消防、技防工作；履行全区文物行政执法督察职责，依法组织查处文物违法案件；负责全区各文物景区、历史文化名城、历史文化街区和世界文化遗产推荐工作。负责辖区内旅行社设立审批、旅行社证件补发、旅行社监管、旅行社分支机构备案监管、导游人员管理、旅游星级饭店标准化管理、旅游区（点）标准化管理、行业安全监管、旅游规划管理、旅游市场开发、旅游统计（抽样调查）和行业财务工作、旅游行风建设工作。承办区人民政府交办的其他事项。

2018 年全区共举办文艺演出、读书活动、培训、讲座、座谈会等 1200 多场，参与人数 20 万余人次，中国新闻网、黄河新闻网、山西电视台、太原电视台、《山西日报》《太原日报》等多家新闻媒体进行报道。

2018 年，迎泽区文化局荣获由山西省庆祝改革开放 40 周年群众文化系列活动组委会颁发的山西省庆祝改革开放 40 周年群众文化系列活动“优秀组”单位奖；由山西省体育局、太原市体育局颁发的“太原市怀旧趣味运动会体育道德风尚奖”；由山西省体育局颁发的“山西省《国家体育锻炼标准》测试达标暨太原站比赛优秀组织奖”；由太原市体育局颁发的第二十五届“晋阳杯”中国象棋锦标赛暨太原市中国象棋赛优秀组织奖。迎泽区为山西省首批 17 家文化馆图书馆总分馆试点单位之一，6 月在全省总分馆制建设经验交流会上做经验交流。（区文化局）

【群众性文化活动】 2018 年，迎泽区文化局开展“我们的节日”传统文化活动和迎泽区庆祝改革开放 40 周年暨建区 20 周年群众文化系列活动。举办“文化迎泽 欢乐中国年”迎泽区迎春精品文艺展演、“老城新韵 首善迎泽”中外名曲视听交响音乐会、“不忘初心 牢记使命 担复兴大任 做时代新人”主题文艺演出、“诗约春天——歌吟新时代”朗诵音乐会、全区职工合唱比赛等。联合举办元宵节灯展、“传承中华文脉 讴歌新时代”首届太原非遗元宵晚会、承办太原市“2018·舞动新时代”流行舞大赛。举办“与改革开放共成长 全面共赞新时代”20 场消夏晚会。开展“中国梦进万家——文化惠民基层行”为主题的系列文化惠民活动。2018 年共放映农村公益电影 336 场、开展 79 场送戏下乡活动。（区文化局）

【总分馆制建设】 2018 年，迎泽区文化局对全区 7 个文化馆、10 个图书馆分馆进行统一挂牌，制定统一的规章制度，为区图书馆及图书馆分馆、服务点配备电子图书借阅机、监控管理平台软件、RFID 管理软件等数字化设备，实现以区文化馆图书馆为总馆、以街镇综合文化站为分馆、以村（社区）综合文化服务中心及其他基层

公共文化设施为基层服务点的区级文化馆图书馆总分馆制服务体系。（区文化局）

【农家书屋建设】 2018年，迎泽区文化局规范农家书屋管理，对辖区农家书屋图书进行统一编目，利用手机APP进行借阅，实现传统业务管理与互联网技术应用融合。对郝庄镇28个农家书屋的出版物进行补充更新，配发图书1680册。

（区文化局）

【全民阅读系列活动】 2018年，迎泽区全面推进未成年人课外阅读。图书馆发挥资源优势和社会教育功能，开展未成年人系列读书活动，在图书馆组织13次传统文化诵读活动，共200人参加，主要诵读老子、弟子规、大学等内容。共开展13次国学文化系列讲座，主要内容有道德经、庄子等，参与者600余人。以“4·23世界读书日”为契机，在全区范围内以“书香迎泽·全民阅读”为主题、以街（镇）、社区为单位组织开展“书香满家园”“让阅读成为习惯，让思考伴随人生”“悦读·阅精彩”等形式多样、丰富多彩的全民阅读月系列活动，全区共举办127场，参与人数多达5000余人。（区文化局）

【“迎泽大学堂”活动】 2018年，迎泽区文化局开展“迎泽大学堂”系列活动，培训讲座以“提供居民需要的培训”为宗旨，采取居民“点餐”形式，聘请专业老师到街办、社区进行舞蹈、健身、书法、美术、家庭教育讲座等培训。（区文化局）

【非遗保护传承发展】 2018年4月11日，迎泽区文化局与太原市非物质文化遗产保护中心、三晋都市报社共同主办“首届山西太原非遗传承与现代商业模式融合发展研讨会”召开；开展第13个文化和自然遗产日活动，与太原美术馆共同举办“新时代、新生活、新传承”文化和自然遗产日非遗陶艺传承课，近百名师生走进宋代古瓷窑遗址孟家井村感受陶艺文化；与山西省工美集团联合开展非物质文化遗产走进“鼓楼街帽儿巷 食品文化一条街”活动；非物质文化遗产走进迎泽区第一实验小学，晋剧绝活等一个个独具民俗文化特色的“非遗”项目震撼亮相，让孩子们零距离领略到“非遗”的独特魅力。郝庄镇被省文化厅评为“文化艺术之乡”。

（区文化局）

【“放管服效”改革】 2018年，迎泽区文化局开展文化市场年度报告工作和文化市场统计、办证工作，清理规范审批事项，统一归集共享全区涉企信息，深化“放管服效”改革，精简行政审批事项，放宽社会服务业市场准入，开展简证便民工作，推动健全现代文化市场体系，助推创新生产经营机制，培育新型文化业态。

（区文化局）

【扫黄打非】 2018年，迎泽区文化局将“扫黄打非”作为重点工作，稳步开展“护苗”“清源”“秋风”和“固边”等专项行动。以中小学校周边、医院周边及各书店、音像店等为整治重点，共查处各类盗版及非法出版物100余册和非法报刊200

份，确保青少年儿童身心健康成长。在全区范围内开展以“护助少年儿童健康成长，拒绝有害出版物及信息”为主题的“绿书签行动”系列宣传活动，共印制“绿书签行动标识”绿书签5万份，其中4.5万份发至全区各中小学，5000份发放到社区。

（区文化局）

【文化系统扫黑除恶】 2018年，迎泽区文化局成立“扫黑除恶”领导小组，召开动员会和边督边改工作会议，开展履职督导谈话，把干部职工的思想与行动统一到党中央扫黑除恶的决策部署上来。认真排查，深挖线索，各科室和下属单位按照职责分工，对所监管行业和对象，全面摸排，与日常的监督检查相结合，充分掌握行业信息，全面排查涉黑涉恶线索。强化宣传，营造声势，悬挂宣传横幅、张贴宣传海报、标语等，多渠道、全方位加强宣传工作。宣传工作与文体活动等相结合，在食品街、中正天街消夏活动中利用LED屏滚动播出宣传内容，文化馆与文庙街办、柳巷街办分别举办2场扫黑除恶专项斗争专场文艺演出，引导广大人民群众自觉抵制、举报涉黑涉恶行为，齐抓共管，让黑恶势力无处遁形，营造高压打击态势。（区文化局）

【党风廉政建设】 2018年，迎泽区文化局履行党支部党风廉政建设“两个责任”制，加强廉政教育不放松，让每一位同志牢固树立正确的世界观、人生观、价值观；集中学习《中国共产党党内监督条例》《中国共产党太原市迎泽区第五届代表大会第三次会议暨全区经济工作会议上的纪委工作报告》、违纪问题的通报、《关于巡视整改“回头看”的通知》，观看廉政教育片《巡视利剑》，召开党风廉政建设和反腐败工作专题会议和专题学习，加强党性党风党纪教育为先导，夯实勤政廉政思想基础，牢固树立纪律观念和规矩意识，始终把纪律挺在前面，提高党员干部遵纪守法和廉洁自律意识。加强政治理论学习，坚持每周二下午机关全体党员、干部集中学习制度，通过班子成员讲党课、观看影像资料、听知识讲座、参加集中答题和知识竞赛活动等学习方式，不断提高干部政治理论水平。开展主题实践活动，每月25日组织全体党员开展“支部主题党日”活动，集体诵读党章、重温入党誓词、交纳党费，开展党员志愿者服务、认领微心愿、观看影片、领导干部讲党课、与迎泽街办青年路三社区等多个驻地单位举办“牢记入党誓词，永远不忘初心”的活动等，不断丰富“支部主题党日”活动内容。落实“三会一课”制度，执行“三会一课”制度，履行党员权利和义务，对支部工作中一些重大问题，在党员大会上进行民主讨论，按照民主集中制的原则，统一思想，作出决议，从而更好地完成各项工作任务。

（区文化局）

文物 旅游

【文物保护】 2018年，迎泽区文化局联合消防对全区36家市级以上文物单位开展重点消防安全检查，开展消防演练及消防培训3次。加强文保员管理，在日常管理逐步规范化的基础上，形成定期巡查，定期上交巡查记录、发现险情即时上报等制度。加强城市改造中文物保护，各街（镇）明确自己辖区内文物分布具体方位，并做到依法保护文物。开展文物核查工作，摸清迎泽区文物家底，推进不可移动文物动态管理，确保文物安全，促进活化利用。

（区文化局）

【旅游提档升级】 2018年，迎泽区文化局落实旅游安全工作，每月对景区景点进行安全巡查，汛期、节假日做好景区景点安全隐患排查整治，发现问题及时整改。召开迎泽区全域旅游品牌定位专家咨询会，以品牌思维发展全域旅游，制作迎泽区全域旅游导览册、迎泽区旅游地图。持续推进厕所革命，对2015–2017年旅游厕所进行检查验收，核查各景区厕所建设补助资金、厕所数量、位置，确保专款专用。争取上级资金推动景区厕所建设，提升景区基础服务水平。2018年旅游总收入累计165.12亿元。

（区文化局）

【人文旅游景点选介】 迎泽区位于太原市中部，人文旅游资源丰富，景点众多。主要有纯阳宫、迎泽公园、碑林公园等。

纯阳宫 位于太原市五一广场西北隅，占地一万余平方米。纯阳宫原为供奉唐代吕洞宾的道观，属山西南中北三大道观之“中宫”，为全国重点文物保护单位。以“九宫八卦院、涅槃变相碑、常阳天尊像纯阳三绝”和“纯阳九景”“艺博八宝”而著称。它整体布局紧凑，组合巧妙精美，吸收了南方古典园林建筑特点，突破了北方官式建筑布局宏大庄重的风格，堪称古建与文物之瑰宝。现为山西省艺术博物馆，是一座以收藏、研究、展示文物艺术品为宗旨的综合性古建筑类博物馆。

山西大学堂旧址 位于太原市侯家巷9号，建于清光绪二十八年（1902）。山西大学堂为全国最早的三所新式大学（山西大学堂、京师大学堂、北洋大学堂）之一，由中学专斋、西学专斋两部分组成。中学专斋为时任山西巡抚岑春煊在晋阳书院与令德堂书院基础上创办，初名山西大学堂；西学专斋为英国人李提摩太利用“山西教案赔款”兴建，初名中西大学堂。后经双方协商，两校合并，1904年迁入新建的侯家巷校区。现存主要文物建筑为原工科教学大楼，以及同属旧址的围墙、东房、西房和西门，2013年公布为第七批全国重点文物保护单位。

太原文庙 始建于北宋太平兴国七年（982），金、明两代重修并扩建，原址位于太原城西水西关，清光绪初年因汾河泛滥造成损毁，清光绪八年（1882）迁至现址。文庙占地3.1万余平方米，建筑面积8000余平方米，坐北向南，以文庙棂星门、大成门、大成殿、崇圣祠为核心，沿中轴线形成四进院落式布局。现为以山西民俗文化和孔子及儒学文化为主的山西省民俗博物馆。为国家级文物保护单位。

崇善寺 原为隋炀帝行宫，唐初称白马寺，后改名为延寿寺、宗善寺。明太祖朱元璋第三子晋恭王朱棡为纪念其母，于洪武十四年（1381）在原址重予扩建，洪武二十四年（1391）修建完备，占地面积14万平方米，嘉靖年间（1522-1566）改名崇善寺。清同治三年（1864）寺院被火焚毁，仅存主体建筑大悲殿及后殿的部分建筑。现中轴线建有山门、大悲殿，山门两侧为钟鼓楼，大悲殿前两侧有钟鼓亭，东侧有东厢房，为原寺的四十六分之一，寺内三尊泥塑贴金菩萨立像、佛教藏经、两套壁画临摹本，被誉为“崇善三宝”。为国家级文物保护单位。

彭真生平暨中共太原支部旧址纪念馆 所在地原是明清时期的山西贡院。清光绪三十二年（1906）科举制度废除后，山西巡抚衙门在此创办山西公立中学堂。民国二年（1913）更名为山西省立第一中学校。省立一中是山西传播新文化的前哨阵地，是山西革命的红色摇篮，是山西党、团组织的诞生地，是中共早期党员、山西共产主义启蒙运动的先驱高君宇、贺昌、彭真等老一辈无产阶级革命家就读并从事革命活动的地方。为全国重点文物保护单位、全国爱国主义教育示范基地、国家国防教育示范基地、国家二级博物馆。

晋商博物馆 是一座立体展示晋商文化的大型专题博物馆，位于迎泽公园东南侧，总占地面积7850平方米。博物馆坐西朝东，依次为牌楼、山门、一进院、二进院，二进院内建有戏台、碑亭、石牌楼、献殿及大殿等建筑物。博物馆建设吸取了全国各地晋商会馆传统建筑的精华，同时采用了具有山西特色的砖雕、石雕、木雕等工艺，成为富有独特人文内涵、商业文化和建筑艺术魅力的精品会馆建筑。博物馆的文物展品以古籍图书、瓷器、玺印符牌、档案文书等为主，共计300多组约500余件；展示内容以晋商历史以及晋商创造的商业文化为主题，让参观者能更好地感受晋商文化，感悟晋商精神。

文瀛公园 东临五一广场，西接柳巷商业区。历史悠久，文化厚重，是太原城中经典的园林遗存，已有600年的历史。文瀛公园面积9.11公顷，湖面面积3.96公顷。文瀛公园的“巽水烟波”是“太原古八景”之一。园内有国家级文物保护单位彭真生平暨中共太原支部旧址纪念馆，省级文物保护单位文瀛湖辛亥革命活动旧址，市级文物保护单位孙中山演讲旧址、崇德庐石刻，以及状元桥、清代贡院、琉璃塔、万字楼等众多文物古迹，是珍贵的历史文化遗存。

山西饭店 位于太原市五一广场西北侧，是一家历史悠久的百年老店。1906年以前为山西明清贡院东厅，1919年阎锡山倡议筹资兴建“自省堂”，是当时政要和社会贤达在晋的唯一下榻之地。1950年，“自省堂”更名为“人民大礼堂”，山西省首届党代会、人代会、政协会在这里召开。山西人民大礼堂旧址现存东、西楼，属近现代建筑文物。1978年11月更名为“省政府第三招待所”，1981年5月改为“文瀛饭店”，1985年由彭真委员长亲题更名为“山西饭店”。

碑林公园 位于太原市滨河东路与康

乐街交汇处，是展示明清时期历史文化名人书法艺术的重要场所，是以收藏、展示、社会教育、科学普及、休闲娱乐为主要功能的文化主题公园。公园总体布局呈带状形式，分南、北两园。北园为傅山碑林，南园为三晋碑林。傅山碑林是我国颇具规模的个人书法碑林，收录傅山书法碑刻作品 146 幅，共 222 通，篆、隶、楷、行、草五体俱全。三晋碑林现藏 168 位明清两代书法家 181 幅，196 通书法碑刻作品。

迎泽公园 位于太原的中心地段，全园总面积 63.287 公顷，其中湖水面积 20 公顷，是太原市最大的文化休闲公园。公园分为北部、中部和南部三大自然区域，一座青石七孔桥将迎泽湖面分成南、北两部分。公园景观以植物造景为主，结合传统山水园林格局，运用古典元素和传统造园手法，兼顾景观风格、传统文化和游园需求，形成一个鲜活又富有记忆感的城市公园。公园古建筑精品望月阁、观澜阁、望远阁、天象台、戏台等明清风格的园林建筑及院落，彰显浓厚的明清风格特色。公园主景藏经楼位于迎泽公园中部，该楼始建于金大定二十五年（1185），距今已有 800 多年历史，为市级文物保护单位。公园东部的晋商博物馆，主馆坐落在公园的中轴线上，赋予迎泽公园晋商主题的文化内涵。（区志办）

档　案

【概况】 2018 年，迎泽区档案工作以服务民生为根本，以“资源、利用、安全”三个体系建设为核心，以信息化建设为重点，以法制建设为保障，围绕全区经济社会发展大局，夯实基础，强化服务，依法治档，全区档案工作规范化、信息化、法制化建设有了新的进展和提高。（区档案局）

【档案新馆建设】 2018 年，迎泽区政府专门研究，重新调整区档案馆建设规划，确定将区新档案馆从原来的南十方南街调整到中心地段大南门，在迎泽区原文化馆旧址上新建迎泽区“四馆一中心”（即档案馆、文化馆、美术馆、图书馆，全民健身中心）为一体的区综合文化中心。

（区档案局）

【档案查询服务】 2018 年，迎泽区档案局共接待档案来访者 3188 人次，查阅档案的利用者 2395 人次，提供利用档案 5000 卷（件）次，复印档案 6000 余张。对于来访者热情接待，认真查阅，及时登记，做好档案利用效果反馈。为全区经济建设、社会稳定、编史修志和相关社会人员的社保、医保的办理等发挥不可替代的凭证作用。

（区档案局）

【档案安全监管】 2018 年，迎泽区档案局加强对全区档案的安全监管，规范各项档案安全管理制度，要求全区各单位为档案库房专门配备一定数量、符合要求的灭火器。5 月，对所有档案库房进行防虫药的旧药清理及新药投放工作；组织全局人员及机关单位档案员，举办一次档案库房消防安全知识讲座，进行消防设备的实际操作演练，提高突发事故的应急处置能力；对区档案馆配备的温湿度测量仪器、空调、除湿机、消防设施等进行检查维护。强化全区档案工作者的安全意识。档案库房实行专人保管，专人查阅。（区档案局）

【档案数字建设】 2018年，迎泽区档案局加大馆藏档案信息化数字化建设步伐，提高重要档案及民生档案利用的效率和水平。优先开展与老百姓切身利益相关的馆藏档案全文扫描工作，在全面完善建立档案目录信息数据基础上，逐步加大对民生档案信息数字化建设工作。档案馆全面完成上年17万页条档案数字化任务，开展第二期52万页（条）的著录扫描任务，开展馆藏部分全宗的目录著录及已接收的退伍军人安置档案、知青安置档案、部分婚姻档案的数字化加工。（区档案局）

【档案规划管理】 2018年，迎泽区档案局加大对区直单位的档案业务指导工作力度，提升全区档案规范化管理水平。对区政府办、区政协、区纪委、人大、机关工委等30余个区直机关单位的档案进行业务指导及彻底的排查，规范机关档案室管理，提高档案员业务水平，通过自主整理及推荐有资质的专业档案服务机构，对区直机关单位遗留的大量档案进行整理规范。

区档案局按照“三基建设”工作要求，以“抓基层组织、基础工作、基本能力”为重点，下发《迎泽区档案人员通用基本能力、专业基本能力训练大纲（试行）》《区直单位档案管理工作人员专业能力测评实施办法》。4月，举办160余名专兼职档案员参加的加强三基建设档案业务培训。8月，对全区档案管理工作人员进行能力评价和档案专业能力测试。下发《关于加强迎泽区档案管理规范化建设的实施细则》及《关于加强迎泽区重大活动档案管理工作的实施意见》《迎泽区“三基建设”档案工作规范化管理手册》和《迎泽区档案规范整理实用操作手册》，加强全区档案的规范化管理。（区档案局）

【档案资源建设】 2018年，迎泽区档案局加大重大活动档案收集工作。区档案馆根据国家档案局9号令制订并适时修订收集档案范围和工作方案，完善接收范围，依法做好接收工作，开展对辖区所属组织、机构档案的接收工作，重点收集具有行业和专业典型性、代表性的特色档案。截至2018年年底，接收政协档案232卷、组织部档案132卷、发展改革局价格认证档案1999卷、地税局档案561卷、2017年婚姻档案7144件、机关工委262卷、统战部154卷，共计10484卷（件），排列上架共计39米。申报三项重大活动，整理区农委土地确权档案。（区档案局）

【档案法治宣传】 2018年，迎泽区档案局采取向各单位发送档案法律法规宣传资料、出版档案宣传专栏、举办档案法制培训等形式，开展档案法制宣传工作。“6·9”国际档案日，档案局举办以“档案见证改革开放”为主题的档案宣传活动，制作多块宣传展板，发放宣传彩页、折扇，向群众讲解档案知识，让群众“走进档案馆”，让社会与档案“零距离”接触，增强全社会档案意识。（区档案局）

【档案执法检查】 2018年10月，迎泽区档案局与区法制办联合，对区辖各街镇及区直单位进行档案考核及监督执法检查，针对各单位档案管理存在问题提出整改意见，各单位及时整改，推动全区档案工作全面协调可持续发展，提升依法治档管理水平。

（区档案局）

体 育

【全民健身】 2018年，迎泽区文化局加强全民健身公共服务体系站点建设，全区范围内晨晚练站点达到112个，各级社会体育指导员总数达1000余人。新建更换路径11条。举办体育赛事4项，1000余名运动员参赛、开展群众健身活动33场，12500余人参加。

2月，迎泽区文化局举办“强健体魄·阳光生活·共享青运”体育拜年·健身过年健身技能展演，近30支队伍600多名群众表演者为现场观众带来太极拳、木兰拳健身技能展演等节目；4月，在汾河公园举行“强健体魄·阳光生活·共享青运”庆“五一”职工健步走，全区各单位近500人参加活动；“六一”儿童节期间，与晋商博物馆在迎泽公园举办亲子趣味运动会，近1000余人参与；7月，在省体育馆举行“领先”杯羽毛球比赛，各街办、区机关及驻地单位的18支队伍200余人参赛；7–8月，举办“全民健身迎泽行暨社区趣味运动会”，共有25个社区5000人参与；11月，举办迎泽区青少年棋类比赛，近500名小选手，分别参加国际象棋、国际跳棋、五子棋、围棋四个项目、三个组别的比赛；迎泽区篮球赛激起全区篮球爱好者的运动热情，街镇、机关、驻地的24支队伍280多名运动员激情参赛；12月，区乒乓球赛在成成中学举行，机关、驻地的20代表队80余名运动员参赛。（区文化局）

【文体市场监管】 2018年，迎泽区文化局坚持依法行政，规范文体市场，加大检查工作力度，采取多种形式进行市场监管，打击非法经营，维护迎泽区文体市场规范秩序，促进文化产业发展繁荣。

区文化局对文体市场300余家经营企业负责人进行安全和法律法规培训，填写消防安全自查自纠整改承诺书，提高行业从业人员的安全法制和防范意识，预防和减少各类安全事件。加强应急处置，构建完善应急管理体系，在中正天街快乐迪KTV进行消防应急演练，提高经营单位消防安全意识和突发事件应急处置能力。在文体市场开展安全大检查活动，排除隐患，杜绝火灾的发生。“元旦”“春节”等特殊时期，针对文体市场特别是娱乐场所人流量大，人员复杂等情况，做好安全值班工作，预防和减少各类安全事件。（区文化局）

医疗卫生

Medical Treatment and Public Health

【概况】 迎泽区卫生和计划生育局（简称区卫计局），正科级建制。行政编制 23 名、工勤人员 3 名（使用事业编制）。内设办公室、医政医管与妇幼科、疾控与基层卫生计生科、家庭发展与信息规划科、流动人口管理与考核评估科、行政审批与卫生监督科 6 个科室及区爱国卫生运动委员会办公室（简称区爱卫办）。直属事业单位 1 个，即：迎泽区医学会。群团组织 2 个，即：迎泽区红十字会和迎泽区计生协会。

2018 年，迎泽区卫生计生工作坚持以基层为重点，聚力抓重点、补短板、强弱项、惠民生。荣获全市卫生计生目标责任制综合考核优秀单位。基本公共卫生服务项目实现市级年度绩效考核“四连冠”，4 月代表山西省接受基本公共卫生服务项目国家级绩效考核，取得全国第六名的优异成绩，获得奖励资金 272 万元，奖励资金总额排名全国第四。严重精神障碍患者健康管理项目成为全市唯一一家报告率、规范管理率、面访率、服药率、规律服药率、精神分裂症患者治疗率以及总评 7 项指标均为金牌的县区。获得“全国流动人口动态监测调查优秀单位”称号。成功创建为“省级慢性病综合防控示范区”。通过全国基层中医药工作先进单位复审。爱国卫生工作得到巩固提高，实施厕所革命，农村改厕率达 99.90%。 （杜红玉）

【医疗卫生资源】 2018 年，迎泽区区域内共有各级各类医疗卫生机构 475 所，其中专业公共卫生机构 7 所、省市级医院 34 所、区属医院 4 所、基层医疗卫生机构 73 所、其他各类医疗机构 357 所。辖区医疗卫生机构实有床位 9129 张，卫生技术人员 14466 人，其中执业医师 5058 人、注册护士 7047 人、其他卫生技术人员 2361 人。每千人口拥有医院床位 15.3 张、每千人口拥有医生 8.3 人、每千人口拥有护士 11.6 人。在各级各类医疗卫生机构中有区属医疗卫生机构 14 所，其中专业公共卫生机构 3 所、区属医院 4 所、乡镇卫生院 1 所、社区卫生服务中心 6 所。区属医疗卫生机构实有床位 295 张，卫生技术人员 544 人，

其中执业医师215人、注册护士214人、其他卫生技术人员115人。　（杜红玉）

【医卫体制改革】　2018年，迎泽区加快推进公立医院改革，4所区属公立医院继续实施药品零差率销售，减轻群众药品费用负担215万元；医疗费用不合理增长得到初步控制，药占比16.58%、百元医疗收入耗材8.54元、医疗服务收入占比52.76%。不断完善药品供应保障，配备使用国家基本药物的基层医疗卫生机构增加至60余所，采购基药总金额1168万元。推进分级诊疗制度建设，完成区产科医院、区中心医院等四所基层医疗机构医疗资源的全面整合，实现行政、人员、资金、业务、绩效、药械“六统一”管理。基层医疗服务能力明显提升，门急诊人次较2017年同比增长11.59%。　（杜红玉）

【中医药事业】　2018年，迎泽区辖区475所各级各类医疗机构中，中医师占比为17.56%；在中医医师中，中级以上职称占比为80.69%。在区属14所医疗卫生机构中，中医师占比为27.74%；在中医医师中，中级以上职称占比为50.94%。2018年，先后在6所社区卫生服务中心和郝庄镇中心卫生院完成中医馆建设，评选出区级名中医20名，全区基层医疗卫生机构中医药服务覆盖率达86.3%。区中医医院顺利通过二级甲等医院评审验收、中医褥疮科和针灸科被评为市级临床重点专科、麝香拔毒膏制作技艺入选市级非物质文化遗产名录。区骨伤科医院非手术和微创手术治疗各种骨伤疾病技术，具有费用低、疗效好、创伤小、恢复快等特点。　（杜红玉）

【家庭医生签约服务】　2018年，迎泽区组建195支家庭医生团队，通过将上级医院专家以“顾问”身份编入团队参与签约、设置慢性病工作室、远程医疗、省市级医院为基层预留门诊号源等方式，加强基层家庭医生与上级医院的交流互动，促进签约服务提质增效。将签约服务与国家基本公共卫生服务项目、政府民生实事结合起来，关注重点人群、困难人群、特殊人群。截至2018年底，全区常住人口累计签约30.23%、重点人群签约60.1%、个性化签约5936人。　（杜红玉）

【基本公共卫生服务】　2018年，迎泽区不断补短板、强弱项，提标准、拓服务，强管理、重考核，着力推进基本公共卫生服务项目扩面、提质、增效，人均补助标准由2009年的15元/年提高至2018年的55元/年，服务项目由最初的9大类21项拓展到14大类55项，老年人、高血压、糖尿病等居民感受较深的项目健康管理人数稳步提高，服务质量持续改善。

全区城乡居民累计建立电子健康档案468058份，管理高血压患者31920人，糖尿病患者12142人，登记在册确诊严重精神障碍患者2634人；2018年为28232名65岁及以上老年人健康体检，对36072名儿童和孕产妇进行健康管理，对4970名新

生儿和4881名产妇进行访视；为29368位老年人进行中医体质辨识，对6589名儿童进行中医药健康管理。（杜红玉）

【重大疾病防控】 2018年，迎泽区共报告法定传染病10783例，乙类传染病发病率较2017年下降12.99%，无甲类传染病报告。完成HIV抗体筛查192846人次、VCT自愿咨询检测557人、开展HIV/AIDS随访治疗。严格执行结核病防治各项政策措施和技术规范，加强转诊、追踪随访和规范化治疗管理，结核病患者报告率、规范服药率等均为100%。对300名孕妇和300名儿童进行尿碘、盐碘采样检测，对45份水样进行水氟监测，访视地方病病人96例并对1例本地的间日虐病例进行疫点处置。为3091名孕前和孕早期待孕妇女增补叶酸，为1000名农村妇女实施宫颈癌筛查。（杜红玉）

【预防接种】 截至2018年，迎泽区共设置37所预防接种门诊，为35951名适龄儿童接种一类疫苗136053针次，一类疫苗接种率达99.86%。（杜红玉）

【医疗用房建设】 2018年，迎泽区基层卫生业务用房建设项目包括迎泽区产科医院和棉花巷社区卫生服务中心加固改造项目和迎泽区中心医院新址建设项目。其中迎泽区产科医院和棉花巷社区卫生服务中心加固改造项目主体工程完工，迎泽区中心医院新址建设项目完成建设规模及规划布局的初步设计。（杜红玉）

【人口监测】 2018年，迎泽区全面两孩政策平稳实施。推行网上生育登记，实行“一次登记、全程服务”。改进再生育审批制度，审批权全部下放至街镇一级。严格执行“一票否决”制，对违反计划生育法律法规的57人给予否决。2018年，全区出生人口5746人，其中计划内5703人，符合政策生育率为99.25%，出生率为8.84‰。（杜红玉）

【关爱计生特殊家庭】 2018年，迎泽区共奖扶计划生育特殊家庭416户664人452.52万元；发放节日慰问金30.45万元；为210户失独家庭办理“计生家庭意外伤害保险”，为342人办理“计划生育家庭住院护理保险”，共缴纳保费8.02万元；先后组织8次精神慰藉活动，1100人次参与；为14户计生特殊家庭提供紧急救助，解决2户廉租房实物配租；实施计生特殊家庭慢性病患者免费服用基本药物政策，累计300人次受益，减轻用药负担12.5万元；以政府购买社会服务的形式，实现计生特殊家庭成员住院期间免费护理服务，累计有8人次享受到2832工时的免费护理服务。（杜红玉）

【妇幼保健】 2018年，迎泽区推进妇幼保健和计划生育服务机构职能整合，融合开展婚前、孕前、产前、产后服务，推进全面两孩政策，促进家庭优生优育。全区使用母子健康手册5704册、免费孕前优生健康检查573对1146人、免费产前筛查12948人、农村妇女宫颈癌筛查1000人、孕产妇实现零死亡。推进公共场所和用人单位母婴设施建设，先后建成8家“妈咪小屋”。（杜红玉）

【依法行政】 2018年，迎泽区实现行政审批“一个中心对外，一个大厅办理，一个窗口进出”，不断提高审批效率。区卫计局完成公共场所卫生许可办理197件、医疗机构执业许可41件、生活饮用水卫生许可43件、母婴保健技术执业许可20件、放射卫生许可9件，执业医师首次注册140件；承担429 所医疗卫生机构的日常管理；深化“放管服”改革，加强事中事后监管，建立“一单两库”，推进“双随机、一公开”监督抽查力度，完成358户被监督单位的“双随机”监督抽检工作；对辖区内10大类1843户被监督单位开展卫生监督检查，监督覆盖率100%。

（杜红玉）

【惠民实事】 2018年，迎泽区免费服用基本药物对象由低保人群扩展至计划生育特殊家庭中的慢性病患者，减免金额42万元；提供静脉采血、留置尿管、压疮护理等适宜护理项目上门服务7427人次；为严重精神障碍患者提供门诊医疗救助，支出补助资金80万元；开展重点人群眼健康公益普查，21230名辖区居民受益。

（杜红玉）

【党建工作】 2018年，迎泽区卫计局深化学习教育，筑牢思想根基。规范“三会一课”，加强中心组学习，开好民主生活会和组织生活会，落实党员领导干部双重组织生活制度，坚持局周会学习交流，持续深入开展思想理论、法纪、警示教育和卫生健康工作政策法规及业务知识学习，促进党建与业务工作“同频共振”、互促共进。强化主体责任，履行一岗双责。明确领导班子在廉政建设中的主体责任，重点工作和重大任务工委书记亲自部署、亲自协调、亲自督办。其他5位班子成员在履行好集体责任的同时，认真履行“一岗双责”，抓好分管范围内的各项工作，形成谁主管、谁负责，一级抓一级，层层抓落实的工作局面。加强“三基建设”，夯实基层堡垒。在全系统深入开展“标准化大讨论”，查找“三基建设”工作存在问题，研究制定解决措施；实现社会组织党组织全覆盖；开展“双强六好”党组织创建活动；指导基层党支部换届、软弱涣散党支部整改；修订完善“一目录三手册”，完成各基层单位基础工作实地评估验收。（杜红玉）

社会生活

Social Life

民 政

【概况】 2018年，迎泽区民政局贯彻落实习近平新时代中国特色社会主义思想和中共十九大精神，落实“两个责任”，推动从严治党向纵深发展，以满足群众需要和期盼为动力，以在社会建设中发挥骨干作用为主题，以民生保障和社会治理为主线，以提升服务能力为重点，在各项工作中抓统筹、促创新，求突破、见实效，推进各项工作深入开展。

区民政局成立于1979年4月，原名叫南城区民政局，1998年4月更名为迎泽区民政局。迎泽区民政局是区人民政府主管有关社会行政事务的组成部门，正科级建制，全额财政总编制43名（公务员编制12名，工勤编制2名，全额事业编制29名），实有全额财政人员29名（机关工作人员7名，事业工作人员22名），缺编14名。自收自支编制39名，实有人员29名，缺编10名。区民政局设7个内设科室：办公室、优抚安置科、基层政权科、救灾救济科、社会事务科（行政审批科）、社区建设管理科、区拥军优属、拥政爱民工作领导组办公室。下属有区城镇居民最低生活保障中心（副科级）、区慈善会、区社会福利院、郑村烈士陵园、区福利生产管理办公室、区军队离退休干部管理服务所、区社区服务中心（自收自支）、区殡葬管理所（自收自支）等8个事业单位。

区民政局负责全区救灾救济和城乡社会救助工作，基层政权和社区建设工作，全区性社会团体和民办非企业单位的登记和监管工作，全区双拥优抚安置工作，负责移交迎泽区的军队离退休干部、无军籍退休退职职工、退休士官、退役士兵和转业士官的接收安置工作，全区行政区划和地名工作，全区社会福利事业工作，全区婚姻登记管理和殡葬管理工作，组织指导全区慈善捐助工作；协助市民政局对城市生活无着的流浪乞讨人员的救助管理工作。

区民政局先后荣获“全国民政先进县

区”“全国和谐社区建设示范区”“全国志愿服务工作先进集体”“全省民政系统先进集体”“全省养老工作先进县”等称号；连续荣获“全省优抚工作标兵区”，市级“双拥模范区”“双拥标兵单位”“文明单位”等称号；荣获全市“民政工作模范单位”（连续6年全市各县区民政工作考核排名第一）、“社区建设工作模范单位”和“社会救助先进单位”等荣誉称号。（区民政局）

【城乡低保】 2018年，迎泽区民政局全面落实市、区政府对城乡低保家庭的惠民实事。提高和补发迎泽区低保对象保障标准，城乡居民低保标准由2017年的560元提标到600元，每人每月提高40元。2018年，迎泽区的城市保障标准位居中部六省第3；农村保障标准位居中部六省第1。共保障15732户次，20981人次，支出低保金1433万元。全年累计医疗救助4010人次，支出医疗救助金309万元。

（区民政局）

【社会救助】 2018年，迎泽区民政局将临时救助年封顶线由1万元提高至5万元。全年支出临时救助金442万元。开展夏送清凉冬送温暖活动，救助生活无着及流浪乞讨人员143人次，发放救助金3250元。

（区民政局）

【医疗救助】 2018年，迎泽区民政局将医疗救助中的重点救助对象因非重大疾病住院救助比例由70%提高到80%；低收入救助对象的救助比例由60%提高到70%；因病致困对象的救助比例由40%提高到50%。（区民政局）

【防灾减灾】 2018年国家“防灾减灾日”期间，迎泽区开展以“减少灾害风险，建设安全城市”为主题的宣传活动，发放宣传资料4000份，利用板报、微信普及防灾减灾知识，宣传以人为本的防灾减灾理念，增强区社会灾害风险防范意识；开展乡镇网络报灾工作。落实24小时应急值班制度，及时准确统计汇总灾情，严格报送时限。做好应急救灾工作。抓好防灾减灾示范社区创建工作，在上年创建全国示范社区基础上，申报1个全国综合减灾示范社区，2个省级综合减灾示范社区。

（区民政局）

【慈善帮扶】 2018年，迎泽区民政局发挥慈善事业在社会救助中的补充作用。区慈善会募集接收款物价值112万元，实施助医、助困、助学、助老等项援助，帮扶困难群众779人次，支出款物价值102万元。（区民政局）

【福利企业管理】 2018年，迎泽区民政局加强对福利企业的安全管理，坚持“安全第一、预防为主、综合治理”的方针，开展“两会”“两节”“春季安全大检查”“安全生产月”“消防安全大检查”等系列安全检查活动，组织全区福利企业开展消防安全知识培训，提升安全意识和管理水平。

（区民政局）

【社会福利发放】 2018年，迎泽区民政局按100元/人/月标准，为2048名90—99岁高龄老人发放206.82万元。为29名百岁老人发放长寿保健津贴16万元（发放标准：500元/人·月，太原市的标准为300元/人·月，区财政补贴200元/人·月）。为17名社会散居孤儿养育金发放25万元（发放标准：1200元/人·月，太原市标准为700元/人·月，区财政补贴500元/人·月）。 （区民政局）

【城乡养老服务】 2018年，迎泽区民政局以太原市被民政部、财政部确定的国家级社区和居家养老改革试点为契机，稳步推进全区新建和提质升级的25个日间照料，17个养老服务中心。按照《太原市人民政府办公厅关于印发太原市政府购买养老服务实施暂行办法的通知》（并政办发〔2016〕53号）文件要求，保障城市困难老人的基本养老服务需求，发挥政府托底保障作用，以政府购买的方式，为低保老人、“三无”老人、“五保”老人、重点优抚对象家庭中高龄老人、重度残疾困难老人等提供“助餐、助浴、助洁、助医、助急”等主要内容的社区居家养老服务。共在太原市社区养老服务信息平台中登记注册、三级审核符合要求的老人1369人。 （区民政局）

【社区设施建设】 2018年，迎泽区民政局加强基层“三基建设”，改善社区（村）综合环境和服务条件。调整充实区社区建设领导组，启动12处社区场所新建项目，强化共建力度，社区服务场所面积达500平方米以上的达90.53%，1000平方米以上的达61.05%，全区各村、“村改居”社区党建经费和运转经费达到19.5万元/年，城市社区党建经费和运转经费达到16.5万元/年。 （区民政局）

【社区队伍建设】 2018年，迎泽区民政局组织村、社区“两委”主干和村第一书记共160余人集中培训，提高社区（村）干部的综合能力。动员、鼓励社区工作者参加社会工作者职业水平考试和培训，提高社区工作者队伍的专业化水平。提高社区（村）干部待遇，强化激励机制。社区两委、社工、低保员落实岗位、绩效、社会保险、取暖费等项待遇提标，实领报酬较上年提高50%以上。社区人员补贴资金支出3209万元。 （区民政局）

【社区惠民项目】 2018年，迎泽区民政局规范惠民项目管理，初审社区党组织惠民项目初步意见219项，使社区惠民项目更加科学化。配合市政府进行社区惠民项目的抽查工作。推进社区公共服务综合信息平台建设，在迎泽区全部社区、街办（镇）、区三级建立社区信息综合平台，提升社区信息基础设施和技术装备水平，推动公共服务事项全过程网络电子办理，为社区居民提供多样化服务。结合创城和九乱整治，落实社区惠民项目资金1720万元（市区财政各半），实施社区惠民项目216项。 （区民政局）

【基层政权建设】 2018年，迎泽区民政局持续深入推进基层政权建设各项工作。完成社区（村）“两委”换届选举工作及后续工作，成为全市先进典型。推进行政村撤并工作。撤销郝家沟村和松庄村，启动两村的“村改居”工作。建立村务监督委员会，推进村务公开、村规民约实践活动助力农村环境整治。贯彻落实省委组织部、省民政厅《关于进一步规范村务监督委员会工作的通知》，明确村务监督委员会的定位和作用。会同区委组织部等各有关部门，把握“3·15”“7·15”村务公开日的时间节点，与扫黑除恶专项斗争工作相结合，推进村务监督，加强对村务决策、村务公开等项工作的监督，深化拓展“四议两公开”工作法，探索创新动议方式、议事方式、公开方式。坚持村务党务财务“三公开”，完善乡村治理机制。郝庄等3个村（居）的村规民约荣获全市征集活动一、二等奖。（区民政局）

【双拥优抚安置】 2018年，迎泽区民政局整体推进双拥优抚安置军休工作，提升支持服务国防建设能力。对双拥单位进行检查验收，申报认定迎泽区的市拥军优属单位。以太原创建全国文明城市为契机，推进双拥宣传建设。2018年，发放各类优抚金1981.4万元，为163名优抚对象办理医疗补助证。“春节”“八一”为103名特困优抚对象发放慰问金6.5万元。为重点优抚对象发放粮油等慰问品1937份。采集退役军人和其他优抚对象的信息。（区民政局）

【婚姻登记】 2018年，迎泽区民政局婚姻登记处业务办理量达到4022件，办理结婚登记3643对，离婚登记1179对，补领结婚证735对，补领离婚证96对，针对国外公证事项出具（无）婚姻登记记录证明2件。率先设立婚姻家庭社会工作服务站，为居民群众提供专业的婚姻家庭服务，进行婚姻调解321对，145对调解成功，后续回访服务84对。作为国家婚俗改革会议的唯一受邀城区进行经验交流，《中国妇女报》《中国社会报》等媒体进行专题报道。提升婚姻登记标准化水平和服务体验。加强婚姻登记管理理论研究，全市婚姻登记论文赛12篇获奖，其中迎泽区有6篇获奖。（区民政局）

【地名普查】 2018年，迎泽区民政局完成全国第二次地名普查扫尾工作，推进地名普查成果转化。开展“加强地名文化保护清理整治不规范地名”专项活动，解决不规范地名问题。完成地名普查数据库国家第二轮、第三轮验收意见整改工作。（区民政局）

【社会组织管理】 2018年，迎泽区在全市（县）区中率先成立区社会组织党委，发挥党建引领作用，促进社会组织发展。加大“僵尸型”社会组织查处力度，全年新注销社会组织4家。开展非法社会组织专项打击整治行动，公安等部门协同配合取缔“中国梦宣讲团”和“山西韩氏宗亲会”2家非法组织，净化社会组

织发展环境。（区民政局）

【殡葬管理】 2018年，迎泽区民政局联合发改、公安、司法等11部门出台《迎泽区殡葬领域突出问题专项整治行动方案》，开展殡葬领域突出问题专项整治行动。开展清明节文明祭扫宣传活动，对永宁园清明节期间的消防管理工作进行检查，确保全区群众清明节祭扫活动平稳、有序、安全。办理城市居民死亡领取“四费”三联单503份。（区民政局）

【党建工作】 2018年，迎泽区民政局抓学习教育，推进“两学一做”。坚持以学习贯彻习近平新时代中国特色社会主义思想为主线，以党小组为基本单位，以党纪党规和系列讲话为学习内容，以“三会一课”为基本形式，采取收发学习指导性的文件、集中和现场观摩等方式，推进“两学一做”学习教育常态化制度化工作。局党组围绕中共十九大精神，学习新修订的《党章》《宪法》、习近平总书记系列讲话和省委书记骆惠宁的讲话等内容，共组织集中学习20余场次，组织“主题党员日活动”8次，开展传统教育10余次。坚持落实党风廉政建设责任制。局党组班子树立“抓党建是最大任务”的理念，落实党要管党、从严治党的重大责任，贯彻党的理论和路线方针政策，保持坚定政治定力，开展党内政治生活，加强“抓好党建是第一责任”的思想和行动自觉。制定“三重一大”制度，对重大问题，重大项目资金使用、人事的调动任免等问题始终坚持集体研究、科学决策。（区民政局）

人力资源和社会保障

【概况】 2018年，迎泽区人力资源和社会保障局承担着创业就业、社会保障、人事人才、劳动关系等职能，是民生政策的具体落实者。在工作中攻坚克难，真抓实干，坚持“民生为本、人才优先”的主线，完成各项工作目标。

区人社局行政编制15名，工勤编制2名，实有机关行政人员15名，工勤人员2名。机构规格为正科级，设5个内设科室：办公室、公务员管理科、事业单位管理科、劳动就业指导科、工资福利保险科。区人社局所属事业单位共17个：区劳动就业管理中心、区社会保险中心、区机关事业单位社会保险所、区失业保险中心、区城乡居民基本医疗保险管理服务中心、区劳动保障监察执法队、区劳动人事争议仲裁院、区人才交流服务中心、区人才市场、区职业介绍服务中心和柳巷、庙前、文庙、桥东、迎泽、老军营、郝庄劳动保障所。（赵云瀛）

【人才队伍建设】 2018年，迎泽区人力资源和社会保障局加强人事人才队伍建设。按照公开、平等、竞争、择优的原则，经过报名、笔试、资格复审、面试、体检等环节，为区教育系统、卫生系统及其他单位公开招聘事业单位工作人员158名。加大高层次人才选拔引进力度。推荐山西中创伟业科技有限公司胡亚红评选“太原市高端创新型人才”。

加强专业技术人员队伍建设。制定下发《关于开展全区专业技术人员知识更新工程行动计划的通知》，组织全区专业技术人员开展知识更新工程。完成企、事业单位专业技术人员副高级及以上45人、中级575人、初级50人职称评审推荐；完成副高级及以上37人、中级35人、初级40人职称聘任。完成全区 3000余名专业技术人员2017年度考核工作。完成2017年度工人技术等级培训考核。合格人员37人（技师20人，高级工11人，中级工4人，初级工2人）的聘用工作。

加强技能人才培养工作。按照市、区关于开展“全民技能提升工程”的统一部署，依托专业培训机构，因地制宜，广开渠道，采取短中期相结合、理论学习和实践操作相结合、白班培训与夜班培训相结合，批量培训和订单式培训相结合的方式，全年组织培训95期125个班，培训人员7159人，其中机构培训5859人，小微企业岗前培训1300人，涉及母婴护理、会计、企业人力资源管理、公共营养、土木工程、市场营销等26个工种。（赵云瀛）

【年度考核】 2018年，迎泽区人力资源和社会保障局共审批公务员和参照公务员管理单位70个，合计673人，其中优秀96人，称职550人，不定等次21人，未参加考核6人；审批事业单位134个，合计3889人，其中优秀555人，合格3228人，基本合格33人，不合格1人，不定等次6人，未参加考核66人。（赵云瀛）

【工资审批】 2018年，迎泽区人力资源和社会保障局完成全区机关事业工作人员职务变动、级别、档次、薪级晋升、事业单位专业技术职称变动和160余家事业单位绩效工资总量的审批工作，并根据晋人社明电〔2018〕17号文件，对全区4000余在职和离休人员的工资标准进行调整。完成退休手续和离退休人员遗属生活困难补助费的审批工作。截至2018年底，共审批157名机关事业工作人员退休手续，并认真核实其退休待遇，按规定落实遗属生活困难补助金的标准；完成全区4000余退休职工基本养老金的调整工作。按照晋人社厅发〔2015〕42号《关于发放乡镇机关事业单位工作人员乡镇补贴的通知》、晋人社厅发〔2017〕57号《关于完善乡镇机关事业单位工作人员乡镇补贴的通知》文件要求，对符合条件的郝庄镇、教育局所属农村中小学、食药监局郝庄站的295名机关事业单位工作人发放和加发乡镇补贴并落实到位。审核发放政法委、司法局机关的公务员工作津贴。完成2018年企业薪酬调查工作，建立企业薪酬调查和信息发布制度，对106家企业进行全面调查，真实反映企业职工的工资收入情况。（赵云瀛）

【就业服务】 2018年，迎泽区城镇新增就业，全年目标16700人，完成17567人，完成年计划的105.2%；创业就业目标4000人，完成4348人，完成年计划的108.7%；失业人员再就业目标7500人，完成8213人，完成年计划的109.6%；就业困难人员再就业目标2000人，完成2176人，完成年计划的108.8%；转移农村劳动力目标300人，完成349人，完成年计划的116.3%。城镇登记失业率为3.3%，控制在4%以内。（赵云瀛）

【社会保障】 2018年，迎泽区实现社会保险“两个全覆盖”，完成社会保险征缴工作。城镇职工基本养老保险参保人数全年目标59961人，完成63908人，完成年计划的106.6%；其中，企业基本养老保险参保职工人数完成57052人，完成年计划的110%，基金征缴收入43986万元，完成年计划的138%；机关事业单位参保人数完成8473人，完成年计划的105.4%，基金征缴9145.96万元，完成年计划的131%；城乡居民社会养老保险参保人数完成27264人，完成年计划的100.9%。

城镇居民医疗保险参保人数全年目标为195500人，完成195619人，完成年计划的100.1%。工伤和生育保险参保人数全年目标分别为26841人和24980人，分别完成28600人和27000人，完成年计划的106.6%和108.1%。

失业保险新增参保单位602户，新增参保人员2166人，参保人数全年目标任务为24000人，完成30541人，完成年计划的127.25%，基金征缴目标900万元，完成1167.64万元，完成年计划的130%。

（赵云瀛）

【网格建设】 2018年，迎泽区共设置7个二级网格（六街一镇），114个三级网格（86个社区、28个行政村），两网化登记录入更新7376余户用人单位信息，提高处置突发事件能力。（赵云瀛）

【劳动仲裁】 2018年，迎泽区人力资源和社会保障局完善劳动执法检查与争议调解相结合的工作模式。落实应急周转金300万元，新增预存农民工工资保证金3941.4万元。全年受理投诉举报案件310件，立案处理27件，涉及劳动者128人次，结案27件，结案率100%，追回工资、押金76.7819万余元。其中建筑企业案件3件，涉及农民工46人，追回工资31.66万元；协调处理案件283件，涉及劳动者813人次，涉及金额1321万余元，有力地维护劳动者的合法权益，并通过2018年山西省案件评查以及省人社厅对迎泽区在建工程项目落实治欠保支各项制度的专项审查。

受理劳动仲裁案件152件，涉及劳动者人数149人，其中劳动者申请案件数144件。当期审结案件数141件，仲裁结案率达到92%以上，调解成功率为65.1%。

（赵云瀛）

民族宗教

【概况】 2018年，迎泽区民族宗教局按照“属地管理，分级负责”的原则，与六街一镇签订《2018年度宗教工作安全稳定目标责任书》，完善区、街道（镇）、社区（村）民族宗教管理三级网络两级责任工作机制，层层签订责任书，形成主体在区、延伸到街镇、落实到社区（村）、规范到点的工作格局。

区民族宗教局设1个内设科室办公室，协助领导负责民族方面、宗教方面的全部工作。核定行政编制3名。核定工勤人员1名，使用事业编制。

2018年，区民族宗教局贯彻执行党和国家的民族、宗教工作方针、政策，开展民族、宗教政策和法规的宣传教育工作，检查民族、宗教政策和法规的执行情况。协同有关部门履行民族工作相关职责，促进民族教育、科技、文化、卫生、体育等社会事业的发展。做好少数民族群众和宗教人士的帮扶工作。协调全区民族关系，处理涉及民族关系中的有关事宜，维护民族、宗教方面的社会稳定工作，促进各民族团结、共同繁荣发展。推动民族宗教界人士进行爱国主义、社会主义和民族团结的自我教育，巩固发展社会主义民族关系，团结和动员广大民族、宗教界的群众自觉维护社会安定团结。研究宗教理论、分析全区宗教动态、信息和发展趋势，提出处理宗教问题的意见和建议。依法加强对宗教事务的管理，承办宗教活动场所的申报工作，监督宗教在国家法律、法规和政策范围内开展活动，防止和制止利用宗教进行非法、违法活动。依法保护公民宗教信仰自由和正常的宗教活动，维护宗教团体和宗教活动场所的合法权益，保护宗教教职人员履行正常的教务活动，保护信教群众正常宗教活动，办理宗教团体需由政府协助或协调的各项事务。帮助支持宗教团体加强自身建设，协助宗教团体做好教职人员的培养、教育和使用工作。承办区人民政府交办的其他事项。（区民族宗教局）

【学习宣传】 2018年，迎泽区民族宗教局开展习近平新时代中国特色社会主义思想、中共十九大精神学习宣传，增强“四个自信”。制作宣传版面20块、条幅40条，结合迎泽区第32次统战宣传月印制《宗教法规宣传手册》6000册，发放到街镇、社区工作人员、各宗教场所教职人员手中，强化宗教界和信教群众知法、守法、懂法的法治意识。

在三清观开展“书法学习进道观”活动，在清真古寺举办“践行社会主义核心价值观，同心共筑中国梦”为主题“卧尔兹”演讲比赛等活动，把社会主义核心价值观融入教职人员讲经布道中。

10月19日，迎泽区委统战部、区民族宗教局在白云寺举办中共十九大暨《中华人民共和国宪法》（修正案）主题讲座。特邀山西佳境律师事务所党支部书记梁桐栋为全区佛教场所教职人员开展专题培训，引导教职人员和广大信教群众把爱国爱教思想统一到行动上来。（区民族宗教局）

【宗教工作】 2018年，迎泽区民族宗教局对全区信教群众、少数民族群众基本情况、宗教教职人员基本信息进行摸底统计，建立信息库，做到底清数明。深入辖区内各宗教场所开展摸排工作，针对场所的安全等相关问题建立工作台账。开展“四进”活动（即中华人民共和国国旗、宪法和法律法规、社会主义核心价值观和中华优秀传统文化进宗教活动场所）。6月5日，区民族宗教局组织清真寺教职人员开展中共十九大精神学习辅导，并赠送《习近平的七年知青岁月》一书，引导清真寺寺管会阿訇用社会主义核心价值观阐释伊斯兰教文化；在桥头街基督教堂设置版面，宣传新时代的宗教理论。圣诞节前夕，在桥头街基督教堂举办“学宪法、讲宪法”交流心得座谈会。（区民族宗教局）

【民族工作】 2018年中秋和国庆等重要节日，迎泽区民族宗教局开展清真食品市场联合执法检查。对辖区内的11家清真食品标识牌进行换发。

开展创建民族团结社区活动，9月20日，迎泽区民族宗教局联合六街一镇在庙前街道南海二社区韶九巷梧桐居小区内举办“迎中秋·民族团结一家亲”为主题的时代新人文艺演出。加大民族团结进步创建宣传力度。

针对清真寺地基下陷、墙体开裂问题，区政府高度重视，副区长周靖华召集住建、柳巷街办、宗教局主要负责人召开会议，进行安排部署，推进清真寺周围门面房拆迁。10月24日全面完成清真寺解放路门面房拆除工作，有效推进清真古寺加固。（区民族宗教局）

【安全工作】 2018年，迎泽区民族宗教局落实安全工作制度，强化场所应急管理。完善《迎泽区处置民族宗教领域突发事件安全工作预案》，指导迎泽区桥头街基督教堂、太原伊斯兰教活动场所清真古寺制定宗教活动期间安全工作预案，在重大节日期间实行零报告制度，定期不定期进行安全检查，有效消除安全隐患，提高应对突发事件和场所的安全管理能力。各场所健全消防安全、文物保护、重大宗教活动处置预案等制度，在场所和信教群众中开展消防安全知识宣传，进行自救演练等活动；对属于文物保护单位的宗教场所，协调文物部门定期进行隐患排查，情况上报；在各宗教场所实行安全基本台账登记。及时排除安全隐患，确保场所各个方面安全有序进行。（区民族宗教局）

【清真食品监管】 2018年，迎泽区民族宗教局将清真食品监管纳入全年依法行政工作的重要内容，建立完善迎泽区清真食品监督员队伍，在元旦、春节、中秋和国庆等重要节日，与区工商、区食药监局、市伊协开展清真食品市场联合执法检查；制定《清真食品义务监督员管理办法（试行）》《清真食品义务监督员工作手册》《清真食品市场监督工作记录本》《清真经营审批意见书》，发挥清真食品监督员队伍的作用，及时收集信息，通报重要情况，确保清真食品市场安全有序。2018 年年底，全区共有清真食品生产经营单位 103，其中清真饭店 85 户，清真肉食店 18 户。

（区民族宗教局）

防震减灾

【概况】 迎泽区防震减灾局为区直属参公事业单位，编制 3 人，实有 3 人。承担全区防震减灾法制法规执法、科普宣传、防震应急、地震宏观异常、前兆监测工作及抗震救灾指挥部办公室日常事务。

迎泽区人口密度大，高层建筑林立，重要保护目标多，公共场所多，次生灾害源遍布而疏散场地少。2018 年，区防震减灾局以建设平安迎泽为目标，把防震减灾与建设平安迎泽相结合，把防震减灾落实到每一个环节，减少灾害损失。

（区防震减灾局）

【防震减灾系统从严治党】 2018 年，区防震减灾局落实新时代党的建设总要求，把全面从严治党引向深入。开展廉政建设、党务工作、改进工作作风等，统一认识，强化警醒意识。以“本分做人，干净做事，清白为官”为座右铭，用“不攀比，不眼红，心平衡”互相提醒、互相告诫。

坚持民主集中制原则，落实集体领导和分工负责，制定防震局议事制度。

加强理论学习，组织学习中共十九大报告，学习《习近平新时代中国特色社会主义思想三十讲》等系列重要讲话精神，学习《中国共产党纪律处分条例》《关于新形势下党内政治生活的若干准则》《中国共产党党内监督条例》辅导读本。

加强理想信念教育，开展廉政教育、警示教育、党风党纪教育和法治文化、廉政文化、红色文化活动，提高党员思想政治觉悟。组织学习观看郑德荣等 7 名优秀共产党员的事迹，每月开展主题党日活动，重温入党誓词。组织党员到娄烦参观高君宇故居；与学校、社区联合开展学习雷锋事迹，传承雷锋精神活动；到孟家井参观抗战纪念基地；多次参加机关党委组织的做时代新人活动、参加环保行志愿者活动。参观市“改革开放四十周年成果展”“迎泽区建区 20 周年成果展”。到太行干部学院学习，提升思想境界。（区防震减灾局）

【廉政建设】 2018 年，迎泽区防震减灾局将党风廉政建设纳入年度工作要点，根据《防震减灾局党风廉政建设主体责任清单》和《监督责任清单》开展工作。召开专题会达 15 次，研究落实党风廉政建设责任的进展情况，落实区委、区纪委关于党风廉政建设和反腐败工作的决策部署。

学习《中央纪委公开曝光七起违反中央八项规定精神问题，不知止不收敛不收手，相关人员受严肃处理》《中国纪检报·新条例红杠·巡察为何被中断》等案例。强化警示教育，学习案例 5 次，学习《警示录 3》等警示教育 2 次。观看《知心法官》3 人次。报送廉政信息 20 篇。

学习贯彻区委《关于贯彻落实中央八

项规定精神实施细则》，贯彻落实中央八项规定精神，召开专题会议进行安排部署和监督检查。对财务、公车管理、公款接待等项目进行自查自纠。

在元旦、春节、“五一”、端午、中秋、国庆节等重大节日前召开廉政监督会议，安排应急值班工作，重点进行廉洁自律提醒教育，保证节日期间党员的活动不违反党的各项纪律。

接受区纪检廉政巡察第四组廉政巡察。

（区防震减灾局）

【防震减灾服务于民】 2018 年，迎泽区防震减灾局开展反对形式主义和官僚主义，自查自纠，把为民服务宗旨贯穿到防震工作的每一个环节。研究问题清单、责任清单和整改清单。解决群众对防震减灾工作的需求，深入开展防震减灾宣传、讲座。（区防震减灾局）

【防震减灾法治建设】 2018 年，区防震减灾局提高法治思维和依法行政能力。全体人员参加法治考试。学习《防震减灾法》《山西省防震减灾条例》《山西省震后应急管理条例》，开展《一法两例》宣传贯彻活动，提高自身法律素质。参加省市的业务培训。深化行政审批制度改革，建立依法行政权责第一责任人清单，在政务外网公布。落实“谁执法谁普法”的普法责任制，利用各种宣传机会、宣传平台，结合《法制政府建设实施纲要》，开展防震减灾政策法规宣传学习活动、依法行政宣传等。

依法依规履行抗震设防要求审批与监督管理。成立“双随机一公开”工作领导小组，建立“随机抽取行政执法人员名录库”，列出随机抽查重点事项清单。制定《太原市迎泽区防震减灾局“双随机一公开”工作实施细则》。按规定对行政审批事项进行清理、公开。对群众咨询的问题及时回复，完成“13710”系统批示工作 4 次。（区防震减灾局）

【防灾宣传】 2018 年，区防震减灾局着力改革创新宣传方式，实现防震减灾科普分众传播。加强对专业防救组领导，着重进行职责、震后应急任务培训，熟悉山西震情、太原震情、震后应急重点和平时防范措施。宣传“灾难面前人人平等，放下架子学会逃生”。编写《社区防震减灾工作手册》，社区“三网一员”熟悉掌握社区防震减灾工作、方法和重点。对于专业防救组成员单位，从职业角度了解应当如何防震。如对教育系统，针对汶川地震中近六千所学校因建筑质量被毁的事实，做《加强建筑抗震设防，提高学校建筑质量》，提出“教师也是血肉之躯，一万个谭千秋顶不起一个劣质工程，加强学校建筑质量是根本”，强调学校做抗震设防安全工程，确保师生安全的重要性。结合汶川地震学生逃生中存在的问题，以《生命比分数重要，成长比成才重要》为主题，教育学生从小要勇敢、力戒骄娇二气，做勇敢的人。

到社区讲座，强调震后应急处置应该注意的事项。在“5·12”和“7·28”期间，组织发动六街一镇和89个社区开展宣传、讲座、演练活动。开展讲座150余次，张贴宣传画5000套，LED滚动播出宣传条幅3000余条，版面700多块。

编撰和绘制多种宣传品，在突出分众宣传上下功夫。绘制《防震减灾，你需要知道的》宣传册，面向领导、机关干部和社区发放。印制《防震减灾科普知识挂图》一套三张3000套，在社区张贴。利用微信、美篇等发布30余篇地震科普、地震应急、建筑抗震设防、学校应急重点等宣传文稿。

利用今日头条等网络媒体与公众互动，回答网友提出的地震科普问题，宣传防震减灾知识。针对地震舆情的防震科普宣传稿两天之内点击量超过12万人次。

（区防震减灾局）

【防震减灾服务社会】 2018年，区防震减灾局服务社区和学校开展“双创”，创建示范社区和示范学校活动，创建解南一社区1个国家防震减灾社区；铁匠巷、朝阳一、南海二、宁化府、南内环社区等5个省防震减灾示范社区；创建大南关小学1所国家级科普示范学校；双西、青年路、贵都、松庄等5所省级科普示范学校。创建松庄小学为全国科普示范学校。解南一社区防震减灾创建经验入选《全国防震减灾示范社区优秀案例》。

服务经济建设和社会发展，在《郝庄镇2015-2030年建设规划》制定过程中，提出抗震设防、活断层避让意见和建议。推广应用减隔震技术：在城市老旧危房改造、中小学校抗震加固、新建学校、医院等人员密集场所建设项目中，推广应用减隔震技术。在36、37、39三所中学新建和改建中，都运用减隔震技术。

（区防震减灾局）

【震情监测】 2018年，区防震减灾局制定《太原市迎泽区震情监测方案》。坚持震情跟踪记录。坚持前兆监测，前兆仪运行率达到97%以上。对国际7级以上地震，国内6级以上地震进行通报。对市内3级地震启动预案应急3次。

建立舆情监视与处置机制，加强信息发布与舆论引导。发现谣言立即处置。分别于7月和8月，处置网络地震谣言2次。8月，对迎泽公园湖水异常进行核实、录像、拍照，及时上报。（区防震减灾局）

【防震减灾应急保障】 2018年，区防震减灾局强化应急管理，开展应急演练。制定应急储备管理办法，采取分年分级储备的方式，连续几年对专业防救组、办事处、社区实行三级物资储备，制定分级管理，一专多用的管理制度，由储备单位自行管理，区抗震救灾指挥部定期或不定期检查。2018年，修订区政府地震应急预案，制定《地震应急预案管理规定》。

针对清徐3.5级、万柏林2.5级、清徐3.1级地震，启动Ⅴ级应急响应，进行应急处置。（区防震减灾局）

【地震应急演练】 2018年，区防震减灾局参加省市局地震应急演练。9月21日早晨6点，参加省、市局组织开展的地震应急演练。演练以“2018年9月21日6时10分，山西省朔州市应县（北纬39.44度，东经113.54度）发生6.5级地震，震源深度5公里”为背景展开。区防震减灾局启动预案，进行4级响应。模拟进行灾情速报、收集震情等，进行震后30分钟、60分钟、90分钟、120分钟四轮速报。参加市局举办的模拟小店4.9级地震为背景的演练。

在解南一社区、南内环社区和大南关小学、东岗小学、并州路小学、松庄小学等开展讲座、指导演练12场次。

（区防震减灾局）

【安全生产】 2018年，区防震减灾局强化安全生产组织领导，成立防震减灾局安全生产工作领导小组，由局负责人任组长，落实局领导为安全生产第一责任人，建立健全领导一把手亲自抓、其他工作人员配合抓的工作机制，从组织上保证安全工作同业务工作一起抓，确保安全工作的开展。每季度召开一次安全工作会议，传达区安全工作会议精神，研究部署安全工作，事前预防。

参加区安委会组织的集中宣传。制作宣传版面、发放《防震减灾，你需要知道》的宣传读本，参加柳巷街道办事处在茂业广场的宣传和咨询。 （区防震减灾局）

【效能建设】 2018年，区防震减灾局组织开展“标准问题大讨论”。完成“三基建设”年度任务，完善依法行政制度体系。建立防震减灾局基础工作目录、管理手册、应知应会手册、便民服务手册，制定34项相关制度，制定工作运行流程图，优化完善工作流程。

规范文书和档案管理，形成定期整理和归档制度，推进无纸化办公和文书档案的电子化管理。健全和完善档案管理工作规章制度，制定完善档案归档范围、保管期限表和档案工作人员岗位职责。结合“三基建设”，对历年来不属于档案范畴，但仍有利用价值的文件资料、书籍、音像制品、挂图、地图、会议记录、会计档案、凭证等进行分类整理，强化文件基础管理工作。 （区防震减灾局）

消　防

【概况】 2018年，迎泽区消防大队贯彻落实改制转隶精神，全体队员“改制不改心，退伍不褪色”。基础建设持续加强，完成老军营消防站、郝庄消防站整体规划，进行详规制定和选址工作。迎泽区六街一镇、行业部门主动作为，牵头整治区域性火灾隐患。紧盯重大火灾隐患整治，海洋大厦、源中心F座公寓楼进行专项整治，铭鼎国际、义乌小商品全部整改销案。深化改造升级“明厨亮灶”，推进广场中队、庙前中队天然气接入工程。火灾形势高度稳定，四项指标稳中有降，火灾起数连续3年下降，连续22个月未发生亡人火灾，连续6个月火灾起数在六城区排名末位。坚持从严治警不放松，部队内

部高度稳定，没有发生一起安全责任事故和严重违法违纪案件。（区消防大队）

【训词学习】 2018年，迎泽区消防大队推动集中整训和学习习近平总书记训词专题教育有序开展。研究制定《迎泽消防大队集中整训实施方案》，成立学习训词精神领导组，制定学习计划，召开党委扩大会议动员会、队务会、专题会，从大队到中队逐级搞好学习教育和思想发动，做到思想上对表对标、行动上紧跟紧随。结合支队领导调研工作，大队8名党委常委深入开展调研，通过调查问卷、召开座谈会和谈心的形式全面了解全体指战员思想动态，掌握人员的真实想法，并形成专题报告4份，为后续的整训工作提供思路。大队教导员和大队长亲自为指战员进行改革政策宣讲。教导员张震在三个中队亲自授课，组织学习训词精神。邀请山西财经大学马克思主义哲学教授为队员讲授习近平总书记训词精神。组织开展“感党恩、报党恩、我奋斗、我幸福”主题讨论交流活动。大队组织学习习近平总书记训词演讲比赛、知识竞赛、访谈座谈等活动，将学习活动由“我讲你听”的单向灌输转变为“人人上讲台、人人是教员”。制作教育整训各类宣传展板，集中下发《习近平总书记训词学习手册》口袋书，拍摄制作1部改革教育专题片，组织观看消防部队发展史，人人签订决心书。（区消防大队）

【集中整训】 2018年，迎泽区消防大队组织全体队员观看涉赌涉贷警示教育片，开展大摸底、大排查，最大限度化解改革期间队伍存在的各类问题，累计开展常态化督导检查9次，帮扶中队解决各类问题30余个。大队党委常委率先垂范，带头参加集中教育整训队列训练，大队每周开展不少于一次日常秩序检查、队列训练和队列会操，基层中队每天组织开展生活秩序评比，每周开展4课时的队列训练并同步开展仪容风纪检查，提高队伍队列素养，强化纪律意识养成。（区消防大队）

【正风肃纪】 2018年，迎泽区消防大队通过观看“廉政大讲堂”“警示教育片”，参观警示教育基地，发送手机警示语等方式深化廉政教育效果；开展消防执法领域突出问题专项整治、公开述职述廉、签订廉政责任书等活动，大队全年无一人发生违法和严重违纪行为。（区消防大队）

【内部管理】 2018年，迎泽区消防大队强化安全预防事故，优化组训方式，抓实部队内部管理。大队将部队管理作为基础工作，签订责任书，召开安全形势分析会，编发安全提示短信，大队干部督查等，不断强化部队管理工作。

完善修订预案，组织观看战训大讲堂和战例研讨，与辖区微型消防站实战演练等，全力推进作战训练实战化。聘请专业体能教练随队指导，改进组训模式，有效提升队员体能成绩。坚持把“周测试、月考核”作为检验练兵成果的重要手段，组织大中队队员开展体能、技能、班组、合成训练比武，巩固训练成果。

建立知兵卡，查阅档案，观察询问，大队主官谈心，女干部谈心等，确保全面熟悉掌握队员基本情况，解决部队内部存在问题，实现全年“零事故”。

（区消防大队）

【消防安全】 2018年，迎泽区委书记冯原平、区长李慧多次就加强消防安全做出重要批示指示。副区长魏毅专题听取汇报、带队检查消防工作，调研消防站建设，推动服装城、康乐村区域火灾隐患整治。区政府先后4次召开会议安排部署消防工作。

狠抓消防责任落实。提请区政府与六街一镇、22个行业部门签订《2018年消防安全责任书》，组织开展2017年度消防工作考核，通报全区。

行业部门齐抓共管。2018年，在全区相继开展冬防、夏防、电动车、高层、电气火灾、群租房等综合治理，共排查群租房373家，排查人员密集场所967家，排查易燃易爆场所31家，排查文物古建筑35家，排查高层建筑492栋，约谈商业综合体8家，排查培训教育机构141家，共取缔关停小旅馆和日租房85家，取缔废品收购站4家。（区消防大队）

【隐患整治】 2018年，迎泽区消防大队保持高压执法，强力整治隐患，确保火灾形势高度稳定。

2018年，消防大队共检查社会单位6067家，发现火灾隐患10243处，整改火灾隐患10184处，下发责令改正通知书5350份，罚款194.75万元，临时查封54处，责令三停50处，处理举报投诉221起，联合派出所行政拘留76人。派出所共检查单位15767家，整改隐患2484处。

大队联合各部门，分阶段、分步骤对区政府于2016年4月挂牌督办的海洋大厦、2017年10月挂牌督办的源中心F座公寓楼等重大火灾隐患单位进行专项治理，对楼内小旅馆和日租房进行关停，指导消防设施、电气线路、安全出口、疏散通道等进行全面改造。海洋大厦、源中心均销案摘牌。2018年确定桃园北路的铭鼎国际、义乌小商品为重大火灾隐患单位，大队多次主动帮扶指导，该两家单位均销案摘牌。

对私自将居民住宅改建为小旅馆、日租房、家庭旅店、存在消防安全隐患的“清馨雅苑”小区进行“地毯式”排查和联合整治；对老旧小区菜园群租房及“九小场所”违规住人、用火、用电、用气、堵塞消防通道、违规停放电动车等隐患开展集中整治；对“双西商城”“136棋牌馆”等安全隐患单位进行联合查封；对位于小南关隐患较大的北大青鸟培训学校群租房进行查封，责令撤离所有学员。2018年的冬防将五一路景观小区的高层建筑列为重点整治对象。

大队紧盯主业，重新界定重点单位310家，并在年初全部组织开展约谈、培训。建立微型消防站200个，形成区域联防 34 个，并召集全区 20 余家大型商场在铜锣湾国际购物中心召开消防安全标准化管理观摩会。在食品街、中正悦湾建成消防宣传示范街、示范社区。（区消防大队）

【专项整治】 2018 年，迎泽区消防大队针对辖区党政机关较多的特点，对辖区 34 家省、厅级党政机关，18 家市级党政机关开展服务检查，下发消防安全隐患告知函。针对辖区发生的两起电动车火灾，大队联合各街镇督促物业、居民小区管理单位加快建设集中停车棚和充电桩，加强电动车充电、停放管理，严禁电动车入楼入户，共建电动车充电 33 处。针对连发的高层电缆井火灾，大队起草迎泽区高层建筑消防安全综合治理阶段性工作汇报，向公安迎泽分局和迎泽区政府进行报告，副区长魏毅、副局长王政明对报告进行批示。大队联合住建、消防管理中心、街办结合前期摸排的高层建筑情况，理出重点，制定方案，集中解决一批隐患严重的建筑。暑假期间，培训学校人员骤增，迎泽大队根据这一实际情况迅速开展培训教育机构专项检查，共检查培训学校 141 家。联合区住建局召开全区在建工地消防安全现场会，明确建设方、施工方、监理方的消防安全责任，并签订责任状，防止出现推诿扯皮、漏管失控。对全区 60 余家在建工地管理人员进行集体约谈，要求全面落实工地消防安全主体责任制。9 月下旬，大队联合区文化局对全区文物古建筑单位和博物馆进行一次摸底排查，对文物古建筑存在的问题提出整改意见。（区消防大队）

【消防宣传】 2018 年，迎泽区消防大队以人为本，强化消防宣传，提高全民消防安全意识。大队以安全生产月、119 宣传月为契机，以派出所民警和行政单位工作人员为宣传教育对象，到派出所、公安分局机关开展消防宣传和消防知识讲座，提升民警消防安全意识和发现火灾、逃生自纠能力。构建社区消防安全防控的常态化，到街办主动上门指导社区微型消防站建设工作。大队工作人员对社区微型消防站的内部软件、硬件设施建设进行指导，对微型消防站工作人员进行培训，主要培训初期火灾的扑救、组织疏散逃生、使用器材装备的能力。（区消防大队）

老龄工作

【概况】 2018 年，迎泽区老龄委以实现“五个老有”为目标，弘扬“积极老龄化、健康老龄化”理念，抓好《中华人民共和国老年人权益保障法》和 2018 年全市老龄工作安排的贯彻落实，从整体上推动迎泽区老龄事业的发展。（区老龄委办）

【老年人口统计】 2018 年，迎泽区老龄委在全区开展老年人口数据调查统计工作。此次老年人口统计口径以当地公安部门掌握的户籍人口为准，在迎泽区行政区域内居住年满 60 周岁及以上老人。迎泽区老年人数共有 93278 人，其中 60–69 岁 46478

人，70-79 岁 27511 人，80-89 岁 17377 人，90-99 岁 1882 人，100 岁及以上 30 人。

（区老龄委办）

【思想政治建设】 2018 年，迎泽区老龄委坚持自学与集中学习相结合，做到规定动作不走样，自主动作有创新。学法学规，树立法治理念。班子成员带头学法、尊法、守法、用法，依法用权，增强运用法治思维、法治方式开展工作的思维和能力，做建设社会主义法治国家的践行者。学习领会习近平新时代中国特色社会主义思想，学习宣传贯彻党的十九大精神和习近平总书记视察山西重要讲话精神，学习传达中央和省市区决策部署，坚持用新思想新力量武装头脑，提升履职能力。

（区老龄委办）

【党风廉政建设】 2018 年，迎泽区老龄委落实从严治党各项任务，落实班子主要领导的主体责任和自觉履行“一岗双责”，坚持加强教育、制度约束、监督管理并重的方针，把反腐倡廉贯穿于各个方面，开展党风廉政警示教育活动，增强廉政教育效果，提高廉政意识。学习中共十九大精神和习近平新时代中国特色社会主义思想，组织专题学习 4 次，支部书记讲党课 6 次。强化责任落实，履行第一责任人职责。将党建工作纳入老龄办工作通盘考虑，确保党建工作各项目标任务落实到人、落实到位。以问题为导向，认真剖析根源，明确整改时限，推进党建工作。加强反腐败斗争建设，打造清正廉洁干部队伍。传达学习各级纪委监委关于党风廉政建设和反腐败斗争工作新要求、新指示。学习《新形势下党内政治生活的若干准则》《中国共产党支部工作条例》《山西省纪委关于集中整治形式主义和官僚主义六方面 26 个问题》《中国共产党纪律处分条例》等规定和法律法规知识，将党风廉政建设和反腐败斗争与各项重点工作任务同研究同部署。

（区老龄委办）

【“三基建设”】 2018 年，迎泽区老龄委以“三基建设”为抓手，提升服务能力。老龄办成立以主任平庆如为组长，班子成员为组员的“三基建设”领导机构，对基层组织、基础工作、基本能力进行任务分工，编印一目录三手册，推进老龄办基础工作。学习领会省委书记骆惠宁《在全省推进“三基建设”座谈会上的讲话》精神，开展“标准化大讨论”，查找自身存在问题并提出整改措施，统一思想，达成共识，推进机关工作制度化、规范化建设。

（区老龄委办）

【老年人免费乘车卡办理】 2018 年，迎泽区老龄委贯彻落实市老龄办等有关部门关于《做好 65-69 周岁老年人免费乘车卡办理若干事项的实施办法的通知》的文件，召开工作部署会，传达文件精神。印制宣传海报分发至各社区，扩大宣传力度，增加老年人对免费乘车卡办理的知晓率。对郝庄镇 28 个村委会 677 名老年人的办卡资料进行审核、汇总、上报，搭建为民服务的桥梁。2018 年 5 月，被市老龄委评为办理 65-69 周岁老年人免费乘车卡先进单位。

（区老龄委办）

【《老年法》宣传】 2018年，迎泽区老龄委加大政策法规的宣传力度，向全区114个社区（村）宣传贯彻落实《中华人民共和国老年人权益保障法》（以下简称《老年法》）和《山西省实施〈中华人民共和国老年人权益保障法〉办法》《太原市老年人权益保障办法》，使老年法律法规宣传家喻户晓。把全区各社区（村）老龄工作人员的姓名和电话，发放到各社区、村，方便老年人办理事务，提高老年人的法律意识和全社会敬老、爱老意识。（区老龄委办）

【基层老年协会建设】 2018年，迎泽区老龄委推进基层老年协会建设，要求各街办（镇）对社区老年协会进行摸底，强化老年组织建设，坚持基层老年人协会换届选举与村级班子同步，换届选举后，更新老年协会组织机构、协会章程。强化老年协会队伍建设，促进老年人文化艺术团体建设，发挥老年文化专业人才和业余爱好者的积极作用。发挥组织和引导作用，鼓励基层老年协会成立富有特色的老年文体队伍，以立足基层为基础，让老年人发挥优势，贡献余热。（区老龄委办）

【“敬老文明号”创建】 2018年，迎泽区老龄委加强精神文明建设，继续推进“敬老文明号”创建工作，按照市老龄办关于认真做好太原市第六届“敬老文明号”先进集体和“敬老助老模范”优秀个人评选表彰活动的要求，采取自下而上、上下结合的方式，评选出郝庄社区、双塔寺二社区、并州路三社区3个先进集体，段荣芳、董伟红等9名优秀个人，报市老龄办参加全市评选活动。（区老龄委办）

【“敬老月”活动】 迎泽区老龄委和迎泽区文明办联合印发《关于广泛深入开展2018年迎泽区“敬老月”活动的实施方案》。从10月8日起，迎泽区老龄委办与全区六街一镇老龄办在“重阳节”到来之际开展争做新时代老年人，展迎泽区老年人风采，为创建文明城市做贡献活动。全区各社区（村）开展敬老爱老宣传、维权优待、老年文体书画等活动，共万余人参加；开展走访慰问活动，慰问特困老人577名，每人300元，慰问百岁老人30名，每人1000元，共计20.31万元。在“敬老月”“重阳节”期间，各街道、镇、社区、村老龄办营造社会浓厚的“敬老、爱老、孝老”文化养老氛围，弘扬中华传统美德，展现“关心、关爱、关注”老年人精神风貌。（区老龄委办）

人 物

Figures

侯富田　男，1962年5月6日生于太原，河北南和人，中共党员，大学文化。2018年7月6日下午18时30分左右，他在与市规划和设计部门研究并州东街铁路小区相关事宜期间，突发脑出血，7月31日凌晨0点27分，经抢救无效，溘然长逝，年仅56岁。

侯富田参加工作以来，先后担任区委常委、区委办公室主任，区委常委、区政府常务副区长，区人大常委会党组书记、主任等领导职务。

侯富田于1982年12月在太原市南城区团委参加工作。后被选调至区委办公室从事文秘工作。他在办公室工作期间，脚踏实地，真抓实干，无论办文办会办事，一丝不苟，严谨细致，精益求精，成为全区的标杆。他组织起草了太原市南城区、迎泽区1998年到2006年的历次全委会、党代会等重大会议材料。他倡导的“雷厉风行、严谨细致、顽强拼搏、争创一流”的工作作风，所形成一系列组织大型会议的规程、制度、模式传承沿用至今。

2006年6月，侯富田担任迎泽区政府常务副区长后，无论分工是城市基础设施建设、小街巷改造、老旧片区和棚户区改造，还是打击两违建设、城中村改造、深化消防体制改革，面对多么急难险重的挑战，他从不退缩，从不懈怠，从不抱怨，迎难而上，主动担当。

2016年8月，侯富田在迎泽区第五届人民代表大会第一次会议上，当选为区人大常委会主任。同时，依然承担了区委、区政府城中村和棚户区拆迁安置等重要工作。

侯富田有担当、有格局、有抱负。干一行爱一行，钻一行精一行，在城市建设、城市管理、城中村改造、省市重点建设工程、房屋征收工作中表现出卓越的领导才能。遇到重大问题特别是困难关头，他总是能够不负众望，洞悉全局，抓住要害，及时拿出解决问题的好办法。他对工作始终坚持高标准严要求，总是力求做到完美，总是希望能为人民群众多做一些有意义的实事，多留下一些经得起检验的工作成绩。在分管城管工作时，他创新环卫保洁作业方式，引进专业清扫保洁公司，倡导成立火车站、朝阳街管委会，首创多部门协同管理的长效机制，全面推动城乡管理工作体制机制的创新；他破解中心城区消防安全难题，提出并在全省首家成立迎泽区消防安全管理中心和迎泽区政府专职消防队，维护省城人民群众的生命财产安全；在城中村改造初期，按照区委区政府的部署，他精心组织，确保城中村改造快速铺开，有序推进。在组织实施省市重点建设工程房屋征收、推进城乡面貌改善、打击两违等工作中，他殚精竭虑，忘我工作，成绩斐然。

侯富田襟怀坦白，党性观念强，共产主义理想信念坚定。从不向组织提要求，从不计较什么该干，什么不该干，什么份内份外，凡事以大局为重，以迎泽的发展为要。只要是组织安排，无论工作多么繁重，矛盾多么尖锐复杂，关键时刻总能挺身而出，主动担当，并以高度的责任感和事业心，把工作做到最好。他顾全大局，淡泊名利，从不患得患失，从不叫苦叫累，经常工作到凌晨两三点，经常没有节假日星期天。长年高强度、超负荷的工作，严重损害他的健康，过早患上高血压、高血脂，还曾做过胆囊手术，因为身体过度透支，导致长期失眠，却因为心系工作，忽略检查和休息。前不久开会期间突发心梗，已经在医院抢救了一次，但仅仅治疗两天。7 月 5 日、6 日，身体已经十分疲惫发出警报，6 日一整天没有用餐，自加压力两天连开 8 个会议。

侯富田对己苛求，对人宽厚。他工作务实，不做表面文章，是公认的能文能武的全才、干将；他为人正直，出身普通家庭，全凭自己的真才实学和踏实苦干，一步步走上领导岗位；他廉洁自律，自我要求严格，凡事出于公心，坚持原则和底线，始终坚守心中的精神家园；他重信守诺，有魄力敢拍板，一诺千金，只要答应了的事，只要承诺过的工作，就一定说到做到，还要努力办到最好；他公道正直，心胸大，有肚量，遇事总是能体谅别人的难处和感受。对单位的下属，关心备至，总是把大家的事当成自己的事尽力帮助；他才华横溢，兴趣广泛，写一笔好字，一手好文章，对文字、色彩、设计、规划甚至烹饪都有其独特的品位和水准；他不藏私，肯教人，在他的言传身教下，培养出一批党务和政务工作的骨干。

侯富田在 36 年的工作生涯中所充分表现出来的智慧、胸怀、能力、品德，为我们树立了光辉的榜样，他用担当诠释对党的忠诚，用作为创造属于新时代的光辉业绩，他是新时代新担当新作为的优秀领导干部的杰出代表。

（区委办秘书科）

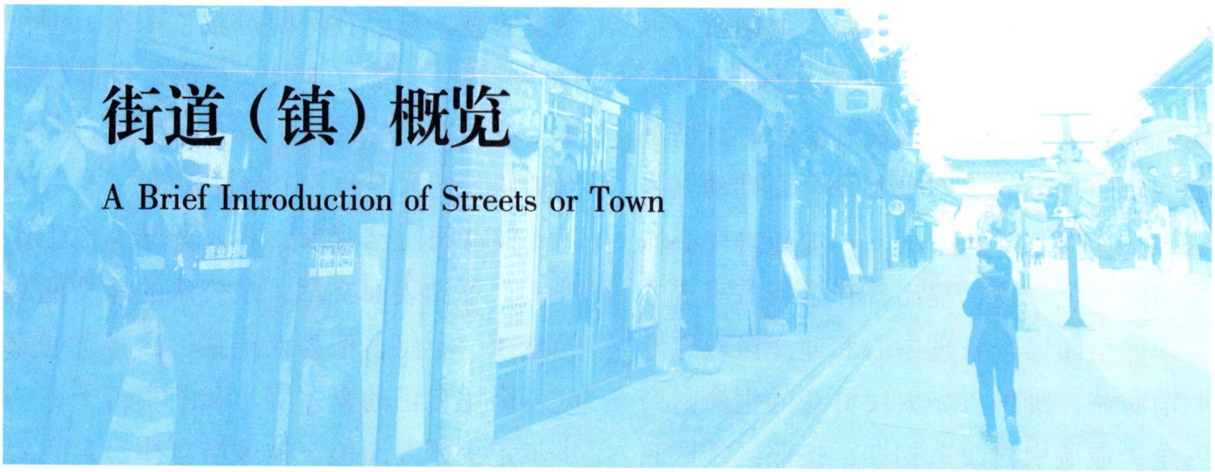

街道（镇）概览

A Brief Introduction of Streets or Town

迎泽街道

【概况】　迎泽街道办事处位于太原市中心地段双塔西街 39 号。街道所辖范围北起迎泽大街，南至南内环街，西起新建南路，东至并州路，辖区面积 4.8 平方公里，常住人口 2.9 万户，12 万余人，县级以上驻地单位 108 个，是太原市科研、文化和群众集会活动的中心。第三次全国经济普查迎泽地区共普查单位 1381 个，其中法人单位 1049 个，产业活动单位 332 个。另有个体经营户 2581 个。

2018 年，街道办事处内设 18 个职能科室：党工委办公室、纪检监察办公室、武装部、工会、团委、妇联、社会治安综合治理办公室、人大工委办公室、政协联络办公室、行政办公室、社区服务中心、经济服务中心、城建城管服务中心、计划生育服务中心、文体服务中心、低保和社会劳动保障事务所、交通安全委员会办公室、环卫所。办事处为正科建制，有公务员 10 名，机关工人 2 名，事业干部及工人 34 名。街道辖 15 个社区；在职 142 人，其中社区干部 84 人，社工 56 人。

2018 年，迎泽街道办事处被评为太原市文明单位标兵（2016-2017）、2017 年度征兵工作先进单位。南二社区被评为太原市先进基层党组织、优秀志愿服务社区，南二社区、双二社区、南四社区、并三社区、解南一社区获得太原市文明社区称号。并州路三社区荣获太原市敬老文明号。

（迎泽街道办事处）

【经济发展】　2018 年，迎泽街道办事处坚持以新发展理念为引领，主动适应经济发展新常态，深度挖掘地区资源，发挥区域优势，狠抓重点项目，确保经济指标应统尽统，完成年度各项经济指标。2018 年，全街道固定资产投资目标任务 14.6 亿元，完成 22.98 亿元，超额完成 57%；限额以上社会消费品零售额目标任务 23.98 亿元，完成 33.23 亿元，超额完成 38.6%；建筑业总产值完成 49.9264 亿元，增幅 0.5%。开展全国第四次经济普查清查工作，登记法人单位和产业活动单位 3658 家，个体户 1494 家。完成人口抽样调查、能源单位调查、劳资抽样调查等各项抽样调查工作。（迎泽街道办事处）

【城市管理】 2018 年，迎泽街道办事处加强城市建设拆迁、安置各项工程，青年路雨污分流工程、青年东街棚户区改造工程 6 号地块、地铁 2 号线工程等拆迁面积 8 万余平方米。启动南沙河快速路 874 户、青年东街棚户区 697 户回迁安置分房工作。做好廉租房申请工作，审核 28 户居民并提交住建、房管部门审核，为 18 户居民发放房屋货币补贴。做好垃圾分类，制定街道垃圾分类工作实施方案，设置垃圾分类设施，为居民清理建筑垃圾、装修垃圾、无主垃圾 900 余车。接收和处理数字化平台案卷、“12319”、网民留言、便民服务交办单 1 万余条。开展环保污染源普查工作，普查污染源 192 个。处理中央、省环保督办件 42 件，清理垃圾 347 车。

（迎泽街道办事处）

【民生保障】 2018 年，迎泽街道办事处坚持以人民为中心的发展思想，落实就业创业政策，开展就业服务系列活动，城镇新增就业 2657 人，创业就业 572 人，失业人员再就业 1287 人。推进社会保障“全覆盖”，城镇居民养老保险参保人数完成 1623 人，城镇居民医疗保险参保人数完成 18588 人。加强社会救助，提高低保标准，按时足额发放低保金、爱心粮、医疗救助金、临时救助金、高龄津贴、残疾人生活补贴等各类款物。迎泽街道办事处有低保户 182 户 227 人，累计城镇低保 2775 人次，全年共发放低保金 196 万元。

（迎泽街道办事处）

【社区服务】 2018 年，迎泽街道办事处提高社区服务水平，完成社区惠民项目 29 项，政府购买居家养老服务覆盖 416 名老人，继续为 60 岁以上老人免费发放爱心一键通，办理老年人免费乘车卡。抓好社区基础设施建设，通过共驻共建等方式，社区活动场所 1000 平方米以上的有 8 个社区，达到社区总数的 50%以上，500 平方米以上的有 12 个社区，达到社区总数的 80%以上。应对新形势，适应新常态，贯彻落实卫生计生工作新政策新要求，全面完成 2018 年人口和计划生育工作目标。（迎泽街道办事处）

【文化惠民】 2018 年，迎泽街道办事处开展文化惠民工程，举办“拥抱新时代，走向新征程”两节文化活动，开展“低碳迎泽，美丽太原”健步走、全民读书等活动。街道机关在“迎泽区改革开放 40 周年暨建区 20 周年合唱比赛”中获得第三名，在迎泽区篮球比赛中获男子团体第七名。

（迎泽街道办事处）

【安全生产】 2018 年，迎泽街道办事处落实安全生产“党政同责、一岗双责”安全生产责任，与辖区内企业签订安全生产目标责任书 121 家，签订安全生产承诺书 1503 家，悬挂安全生产挂牌责任制告示牌 1467 家。开展安全生产宣传、安全隐患排

查、“今冬明春火灾防控行动”等，共排查人员密集场所783处，小区105个，群租、日租房168家。（迎泽街道办事处）

【综合治理】 2018年，迎泽街道办事处强化社会治安综合治理目标管理责任制，加大矛盾排查调处力度，开展平安志愿者活动，构建有效的防控体系。开展扫黑除恶专项斗争，制定《迎泽街道扫黑除恶专项斗争实施方案》，开展宣传活动，悬挂宣传横幅310余条，发放宣传资料46000余份，LED电子显示屏宣传的小区及驻地单位45个。落实“社会矛盾化解年”各项工作任务。做好双拥工作，从落实政策、安置就业、化解矛盾、解决生活困难等问题入手，做好退役军人权益保障和化解稳控工作。开展“认亲结对献爱心”和“关爱功臣”活动，帮扶解困，解决军队退役人员、优抚对象实际困难。

（迎泽街道办事处）

【法治建设】 2018年，迎泽街道办事处加强法治宣传教育，落实“七五”普法规划，落实“谁执法，谁普法”责任制，落实党工委中心组学法制度，开展法宣在线学习和无纸化考试。对机关干部和社区干部进行日常法律普及，街道依托司法所、社区依托便民大厅及法律顾问开展法律六进活动，建设覆盖全街道的法律服务网络体系。指导社区、驻地单位聘请法律顾问，为居民群众提供法律专业意见、法律咨询、法律援助。实施法治惠民实事项目，为社区惠民项目合同提供法律审核。开展人民调解工作，全年调解纠纷180起，成功率98%。（迎泽街道办事处）

桥东街道

【概况】 2018年，桥东街道办事处下设计生办、社管办、政协办、社会救助室、财务室、行政办、交安委、组宣、妇联、人大办公室、纪工委、团委室、党委办、经济办、安监办、环卫所、数字化城管、工会、综治办、司法所。有公务员编制13人，实有14人；机关工勤编制2人，实有1人。有事业编制51人，实有37人，其中工勤编制7人，实有4人。

桥东街道办事处是迎泽区人民政府的派出机构，其主要任务是宣传、贯彻、执行党的路线、方针和政策，贯彻执行国家和上级政府的政策规定、法令、命令和区政府交办的其他事项，领导组织好政府与驻地单位的关系，监督检查各驻地单位贯彻党和政府的路线、方针、政策的情况；同时也是政府连接千家万户的桥梁。

（桥东街道办事处）

【经济发展】 2018年，桥东街道办事处按照迎泽区经济工作目标，拓宽发展思路，加大地区开发力度，推进街道经济平稳发展。

全年经济指标完成情况：全地区固定资产投资完成116824万元，其中城镇建设项目36158万元，房地产项目80666万元，增速66.8%；建筑业总产值完成74054.1万元，增速11.07%；住宿餐饮业营业额完成

14482.9 万元；工业总产值完成 434278.25 万元；社会消费品销售额完成 2080566.7 万元；社会消费品零售额完成 280327.5 万元。

（桥东街道办事处）

【数字平台建设】 2018 年，桥东街道办事处做好智慧城市管理系统升级工作，加强平台操作员精细化业务培训。推进平台建设，创新管理机制，全面推进精细化管理。平台与街办各部门、各社区及清扫、清运公司密切配合，及时有效地解决了大量群众反映的城管问题。落实案卷逐级负责制，确保市民投诉“件件有落实，件件有回音”。

截至 2018 年年底，数字化平台共受理数字城管案件 12300 件；“12319”、“12345”、网民留言等各类群众举办案件接件 6050 件；总值班室交办件 73 件，办结率都是 100%。（桥东街道办事处）

【应急管理】 2018 年，桥东街道办事处做好突发事件的应急值班工作。每月的 20 日向区总值班室上报办事处值班表，并打印发放到每个带班领导和值班人员手中，值班人员 24 小时在岗在位，有突发事件及时上报。做好应急预案的编制、修订和管理工作。抓好基层社区应急预案的管理工作。（桥东街道办事处）

【环境保护】 2018 年，桥东街道办事处将“门前责任制”落实到位，做好“门前三包”责任牌的补签工作，完成 98%。开展太原市创建全国文明城市专项整治行动，做好日常管理工作，对群众反映强烈的重点、难点认真落实查处，整治桥东地区背街小巷的环境卫生。

截至 2018 年底，共接收市容环卫类案件 9600 件，清理生活垃圾 530 吨、建筑垃圾 7650 吨、混合垃圾 340 吨，清除卫生死角 5500 处，处理无物业小区院落小广告数 14000 个，共出动人员 10500 人次，车辆 1200 台。（桥东街道办事处）

【清洁供热】 2018 年，桥东街道办事处根据《2018 年太原市清洁供热覆盖实施方案》精神，组织有关社区对辖区内的 10 个小区进行排查摸底，并进行广泛宣传，解决供热二次管网超期服役、老化腐蚀、跑冒滴漏等问题，提高运行效率和供热质量。

2018 年 10 月底前，根据《太原市管道燃气居民用户自有设施升级改造工作方案》通知，与施工方紧密配合，按照《家用燃气燃烧器具安装及验收规程》，组织安装不锈钢波纹软管和灶前燃气自闭阀门。

（桥东街道办事处）

【文明城市创建】 按照太原市创建全国文明城市的总体安排部署和《2018 年太原市创建文明城市“九乱”专项整治行动方案》工作要求，桥东街道办事处在 2018 年完成十条背街小巷的整治工作（其中 5 条示范点背街小巷，5 条背街小巷），主要针对小巷内的建筑立面、市政设施、交通设施、市容环卫、公益宣传、城市照明、架空线等环境要素进行整治管控，实现无私搭乱建、无开墙打洞、无乱停车、无乱占道、无乱搭架空线、无外立面破损、无违规广告牌匾、无道路破损、无堆物堆料。完成51个老旧小区的整治工作（其中包括6个示范点老旧小区和45个老旧小区）。主要针对社区、无物业、老旧小区存在的脏乱差等问题，着力开展环境卫生整治行动。针对东岗巷、双塔北路道路扩宽拆迁项目占压红线和影响修路的单位及个人下达拆除通知书，东岗巷拆除6处，双塔北路拆除3处。（桥东街道办事处）

【燃煤燃气管理】 为提升全市燃煤综合管理水平，减少大气污染物排放，持续改善空气质量，2018年，桥东街办对迎泽南街9号楼82户、朝阳街3号院和6号院共221户进行“煤改气”改造；对迎泽南街5号楼131户、南内环军区1号楼80户进行“煤改电”改造。2018年上半年，经过逐一现场入户调查验收、专家论证，全部通过验收。12月街办与环保迎泽分局、太原燃气公司进行沟通，结合市委、市政府文件精神和实际情况，确定燃气运行补贴发放办法，收集住户资料，完成2017年棚户区“煤改气”供热改造市级补贴50%资金30588.5元的发放。（桥东街道办事处）

【环保“回头看”】 2018年9月27日，桥东街道办事处收到中央、省环保督察期间交办问题清单（未整改或整改不彻底）案件共17件。除东岗路西二巷燃煤拆迁由于拆迁难度大正在进行中外，16件基本整治完成。2018年11月5日，中央环保第二督查组入驻山西省，桥东街办共接到群众举报件18件，全部整改落实到位。

（桥东街道办事处）

【排洪清污】 2018年，根据区河长办的工作安排，桥东街办对南沙河、南十方排洪渠进行排查清污，完成南十方排洪渠进行清污工程。街办河长和社区河长多次对管辖区域进行巡视。（桥东街道办事处）

【环境卫生整治】 2018年，桥东街办动员社区、驻地单位，加强对拆迁地区、老旧居民楼院、建筑工地、农贸市场、背街小巷“五小行业”的整治力度。重点清除无主垃圾、卫生死角。19个社区开展以清除各类垃圾、铲除小广告和清除楼道卫生为内容的义务劳动。出动人员200余人，共清除卫生死角100余处、清除各种垃圾30余吨，清除小广告400余条，使辖区内街道及社区、单位的环境卫生面貌有了根本性的改变。（桥东街道办事处）

【防震减灾】 2018年，桥东街办组织19个社区开展防震减灾宣传，向区域内居民发放“防震减灾入户卡”1900份；在社区居民院落、住宅小区、驻地单位张贴防震减灾宣传挂图190套，每个社区发动2–3个驻地单位利用电子显示屏滚动播放防震宣传口号一周。（桥东街道办事处）

【社区建设】 2018年，桥东街办新建社区2个，南官坊社区和双三社区。拟建面积分别为1500平方米和6000平方米，完善设计图纸，按程序推进。完成4个社区日间照料中心和6个社区养老服务中心的建设任务。按照“四议两公开”程序，19个社区惠民项目立项共127个。所有立项工程按照程序和工程规范要求全部完成。经财审后，支付资金共506.524458万元。

（桥东街道办事处）

【拥军优属工作】 2018年“春节”期间，桥东街办对所有重点优抚对象和伤残军人进行慰问。

端午节期间，与地区参加抗战和解放战争的老干部开展“军民齐包双拥粽，迎端午庆七一文艺汇演”活动，密切军警民关系。

“七一”期间，组织部分两参人员、志愿兵、社区干部集中观看电影《浴血广昌》，一起重温革命历史，传承革命先烈的宝贵精神。

“八一”期间，对武警部队官兵、地区省军区第三干休所的老干部、战士进行节日慰问，送去价值1.5万元慰问品。组织部分转业志愿兵、义务兵召开座谈会，沟通和了解他们的诉求，开展涉军信访慰问工作。

完善涉军人员的建档立卡及诉求梳理工作。做好档案遗留、自谋职业士官、志愿兵、士兵的岗位申报工作。

自11月5日开始，在全地区范围内开展退役军人和其他优抚对象等信息采集工作。

（桥东街道办事处）

【残联工作】 2018年7月初，桥东街办对19个社区的残疾人专职工作人员35人进行数据动态更新培训，经2个月的入户和电话登记，完成对辖区内所有持证的1451人进行残疾人动态信息更新检查工作，涵盖个人教育、就业、社保、康复等8个方面。

为辖区内635名一、二级重度残疾人申请每人每月60元的护理补贴，共计发放补贴451560元。为精神三、四级残疾人14人申请护理补贴10080元，全部按时足额发放到位。

为辖区内有需求的50名残疾人发放辅助器具，完成110名有康复服务需求的残疾人与社区卫生服务站的签约服务，组织残疾人参加区残联的技能培训和文化活动。

（桥东街道办事处）

【社会事务】 为确保2018年度公共租赁住房保障工作的顺利进行，使城市居民中符合公租住房保障条例的家庭实现应保尽保，桥东街道办事处根据登记工作时间安排、程序及具体要求，社区初审，街办复审，城区审核，市级核准、发放补贴。2018年总计有28户家庭通过各级审核，其中17户家庭为资金补贴，11户家庭实物配租。

桥东街办按照区慈善会的安排和要求，宣传“中华慈善日”，共筹集善款61613.7元。在金秋助学中，对辖区寒门学子、品学兼优的2名低保户、2名因病致贫考入重点大学的困难学生进行慈善救助，帮他们实现校园梦。

为80–89岁低保老人共12人申请并发

放津贴。为90–99岁高龄老人共344人申请并发放津贴350700元。为辖区内158位老人办理发放社区居家养老服务卡。

并一、并二、新街、双一四个社区经区教育局、社区学院检查，全部通过学习型社区工作的验收。在山西职业艺术学院星光剧场举行迎泽区全民学习周启动仪式暨文艺汇演活动。（桥东街道办事处）

【就业服务】 2018年，桥东街办为辖区就业失业人员及新增高校毕业生提供就业援助。新增就业人员3213人，失业人员再就业人数为1452人，创业就业人数为693人，就业困难人员再就业人数为429人。为辖区的就业失业人员（二次失业12人）新办就业失业证65人。为辖区就业困难人员办理就业困难认证190人，其中新增就业困难人员为92人，保险补贴人员为98人。为辖区内全年城镇居民养老保险缴费人员1488人，领取人员1329人。辖区内全年医疗保险缴费人员19033人，比2017年新增人数1314人。2018年为新增灵活就业人员357人办理保险补贴审核工作。

（桥东街道办事处）

【低保工作】 2018年，桥东街办有城市低保户234户、303人，其中：女性121人，重度残疾人139人，60岁以上老人58人，未成年人29人，无条件就业193人；按分类施保实行A、B、C三类管理，其中重病重残丧失劳动能力单独享受家庭（A类）165户、178人，60周岁以上或成员基本没有劳动能力家庭（B类）47户、75人，其他对象家庭（C类）22户、50人。低保标准为600元/人、月。2018年，低保新申请22户、23人，情况变动的32户、64人，停保的19户、23人，累计发放低保金269.87万元，其中1–6月提标补差10.44万元，月均发放低保金22.49万元。

做好低保户供暖补贴申报，全年申报235户，其中集中供热30户、区域供热1户、自行供热204户。

为低保对象申报免费资助居民医保工作，全年申报303人，其中民政资助170人、残联资助133人。

为低保户申报门诊医疗救助卡（发放民政局定点医院——桥东中医院门诊救助卡每户1卡，救助标准：200元/人）235户、306人，充值金额6.12万元。

2018年，街办为困难群众申报大病医疗救助44户，发放救助金46.57万元。申报因病致困临时救助8户，发放救助金6.12万元；年终综合性救助18户，发放救助金12.98万元；“救急难”应急救助3户，发放救助金额2500元。

全年受理困难残疾人补贴申请累计2016人次，其中：一级残疾495人次、二级残疾1163人次；老年人231人次。全年发放困难残疾人补贴资金12.096万元。

（桥东街道办事处）

【计生服务】 2018年，桥东街办开展“美丽桥东·幸福家庭”创建活动，强化流动人口管理和服务，推进流动人口健康教育和促进工作，夯实基层基础工作，全地区计划生育工作稳步向前发展。截至2018

年9月30日，迎泽区总人口139486人，已婚育龄妇女23615人，出生人口1426（男715人，女711），流动人口19676人。

加强对人口和计划生育工作的领导，坚持计划生育目标管理责任制考核。落实“一票否决”制，加强政策宣传，搞好优质服务，提高计划生育服务管理水平。与19个社区、46个单位签订目标责任书。在评先、评优中，严格进行计划生育审查，对6个单位、5个社区、260名个人进行计划生育审核。定期召开党政联席会、主任办公会研究计划生育工作，解决工作中的困难和问题。

加强国策宣传，落实全面两孩政策。开展优质服务，社区开展“一站式”服务，全程为群众代办证件。办理《生育服务证》776个、《独生子女父母光荣证》101个、《再生育服务证》4个。推进在公共场所建设母婴室。太原汽车站、迎宾汽车站、爱尔眼科医院都按照标准建成妈咪小屋。全年累计帮扶计生家庭159户，累计投入金额4.32万元。比对防疫信息506条，妇幼出生信息1330条，民政信息1343条。身份证号码准确率达99.8%，数据审核差错率为0.09%，全员人口个案重复录入率为0.07%，全部完成目标责任制考核要求。加大出生缺陷干预工作力度，组织优生优育讲座、宣传11场次；开展免费孕前健康检查55对，其中农户20对，并跟踪回访；开展免费婚前健康检查43对。

（桥东街道办事处）

【安全生产】 2018年，桥东街办与辖区19个社区签定特种设备安全工作目标任务书、消防安全责任书和2018年度安全生产工作目标责任书；与2015个驻地单位企业签订2018年度安全生产工作目标责任书；完成3345家生产经营单位安全生产责任制挂牌工作。2018年全区安全生产责任落实测评，桥东街道获得96.4分的高分。

加强宣传培训。结合节假日、安全生产月、职业病宣传周等特点，共悬挂宣传条幅250余条，张贴温馨提示1500余份，发放宣传资料35000余份，深入宣传打非治违、安全整治等综合内容，做到安全意识家喻户晓。聘请消防安全培训老师对各社区安全工作具体负责人、安全巡查员、驻地单位、企业安全负责人等进行消防安全和安全生产知识培训，做到培训全覆盖。6月29日上午在中正悦湾小区举行桥东街办2018年安全生产月消防安全“应急疏散逃生灭火”演练，12月21日在鼎元时代中心举行火灾防控演练。太原电视台、太原广播电台进行现场采访拍摄报道，太原市安监局官方微信进行网上报道。

2018年，在全地区各行业领域开展全覆盖的安全综合排查整治行动，累计检查企业798家，排查一般隐患429个，全部整改完毕。（桥东街道办事处）

【廉政建设】 2018年，桥东街办落实和遵守党风廉政建设责任制，明确党风廉政建设责任主体并进行责任分工，对责任内容进行细化，按照每个班子成员分管工作的不同，划分每个人的责任范围，把责任细化并落实到个人，每个班子成员对自己责任范围的党风廉政建设负责，并在年终向党工委书面汇报落实情况。定期不定期检查、抽查各责任部门和责任人党风廉政建设工作开展情况，并落实责任追究制度。

（桥东街道办事处）

【法治建设】 2018年，桥东街办开展普法宣传工作。通过发放宣传资料、法律专题讲座、出板报、利用微信平台推送法律法规知识。加强领导干部学法用法工作，完善街办领导中心组学法制度，多形式开展法治讲座。坚持调解工作法制化、规范化工作。街居两级调委会共调解15件，成功率为99%。

桥东街办推进“一社区一法律顾问”工作，组织各社区与法律顾问签订协议，进行工作对接，社区法律顾问在19个社区共举办20余次法律讲座，开展法治宣传活动104次，接受居民法律咨询52次。为19个社区制定“法律顾问公示牌”与“法律顾问服务规范公示牌”。

（桥东街道办事处）

【拆迁回迁】 2017年8月以来，双塔南巷棚户区、幸福小院棚户区、燃煤治理棚户区拆迁工作涉及12个社区，截至2018年底，已拆1757户共90739.8平方米；回迁安置房分配工作有序进行，分配3000余套。

（桥东街道办事处）

【扫黑除恶】 2018年，桥东街办坚持边督边改、立说立行，推动扫黑除恶专项斗争不断向纵深发展。

街办在辖区街道、社区、学校、车站等人员聚集场所张贴“扫黑除恶”专项斗争条幅493条；每日11个电子屏滚动播放“扫黑除恶”专项斗争标语；在主要路口设立4个大型宣传围挡；双塔北路法制宣传一条街、并州东街南三巷法制宣传一条巷共有展板38块；在居民区定时播放“扫黑除恶”音频；向广大群众宣传“扫黑除恶”专项斗争；公布举报电话；设立举报信箱48个。各社区在微信公众号、社区便民服务平台等新媒体宣传“扫黑除恶”专项斗争工作224篇；手机用户推送相关信息3022人次；将2.9万份《致全区广大人民群众关于开展扫黑除恶专项斗争的一封信》送到每户居民手中；发放宣传材料1.2万份、宣传手袋800只、宣传彩页9000份、宣传粉纸1万张；结合经济普查向经营户发放宣传资料2500份。组织街办和社区人员参加《太原市迎泽区扫黑除恶专项斗争领导小组成员单位应知应会考试题》考试，并手抄一封信等共计3150份。

（桥东街道办事处）

文庙街道

【概况】 文庙街道办事处驻文庙巷21号，因界内有文庙而得名。辖区位于迎泽区东北部，地势东高西低呈长方形。东自省传媒学院与东华苑住宅小区为邻，西至五一路，与柳巷街道办事处辖区接壤，南起迎泽大街、郝家沟街与桥东街道办事处、郝庄镇辖区相连，北以五龙口街、府东街与杏花岭区为界。面积2.7平方公里。

文庙街道办事处辖区为历史悠久的老城区，有文庙巷、文津巷、侯家巷、上官巷、万寿宫、狄梁公街、上马街等老街道和文庙、皇庙、崇善寺等文物古迹多处，系山西大学堂、太原女师、进山中学等历史名校的诞生地。学校集中，素有文化地区之称。同蒲铁路横穿辖区中部，设有太原火车站，为省城的交通枢纽和门户之地。辖区经济和各项社会事业全面发展，特别是以万邦国际为代表的楼宇经济，带动周边经济迅猛发展。

2018年，文庙街道辖41条街巷，设13个社区，常住居民总人口7.8万余人。办事处内设党工委办公室、行政办公室、综治办公室、民政科、城建城管科、计生办、经济科、工会、团委、武装部、低保所、社保所、统计站、纪检办公室、人大办公室、文化站等机构。共有编制55名，其中行政编制13名、事业编制40名、工勤编制2名，截至2018年年底，实有在编人员44名。（高翠芳）

【经济发展】 2018年，文庙街道各项经济指标完成情况良好，全年社会消费品零售总额累计完成27561.5万元；固定资产投资额累计完成43116万元；建筑业总产值累计完成125138万元；工业总产值累计完成6350万元。开展第四次全国经济普查工作，共清查回有效法人和产业单位1969个，有效个体户2300个；完成2018年全国1%人口抽样工作，普查涉及6个小区，625户、1770人。（高翠芳）

【基层党建】 2018年，文庙街道党工委以习近平新时代中国特色社会主义思想为指导，落实新时代党的建设总要求，强化党的思想政治建设，构建服务群众高效体系，基层党建工作水平持续提升，为各项事业向好发展提供坚强组织保证和政治保障。拓展主题党日形式，组织党员赴阳曲县店子底村、大寨等红色教育基地开展党性教育。提升区域化党建水平，吸纳5家驻地单位为街道大党工委成员单位，选派42名区域化党建指导员；将2个社区党总支升格为党委，新建3家非公党组织，成立14个党群服务中心。新建文庙街道微信公众号，开设微党课和统战知识每日一题，提升党员教育管理水平，增强各领域党建工作的整体功能。通过组建一支社区发言人队伍、一支文化宣讲员队伍、一支党建辅导员队伍、塑造一批先进典型人物、培育一批岗位能手的“五个一”活动，建设具备较高素质和优秀能力的基层干部队伍。（高翠芳）

【社区建设】 2018年，幸福社区搬迁至近1000平方米的新办公场所，对五龙口一社区的办公场所进行合理改造。筹划文庙社区党群服务中心、五一东街社区党群服务中心改扩建项目。迎泽区文庙街办文庙社区党群服务中心改扩建项目总建筑面积2382.81平方米，该项目地块东临新寺巷，西靠市公安局宿舍，北接供销宿舍，南临市公安局宿舍。迎泽区文庙街办五一东街社区党群服务中心改扩建项目总建筑面积1304.88平方米，该项目地块北临文津东巷，南到五一东街，东临社会主义学院1号楼，西到文庙巷以东。截至2018年底，两个建设项目通过发改局审批，进入立项流程。（高翠芳）

【城市建设】 2017年8月启动的燃煤棚户区（危旧房）改造项目房屋征收工作稳步推进，共计征收1500余户，其中1300余户选择期房安置，200余户选择货币安置。2018年4月16日启动火车站东广场及双塔北路下穿工程，完成东广场路网配套项目及双塔北路（五龙口街至南沙河）道路改造工程房屋征收涉及的其中12栋楼，349户居民的房屋征收工作。对2013年以来11个项目房屋征收工作启用“太原市房屋征收补偿安置信息管理系统”，并进行房屋征收、安置及过渡费等信息的录入，完成930余户录入工作。将2017年9月30日启动的龙城新苑回迁安置工作进行录入，分批办理房屋安置手续，有900余户居民入住。（高翠芳）

【创城工作】 2018年，文庙街道办事处开展创建全国文明城市工作。通过拆除违章建筑、平整坑洼路面、疏通地下管网、整治楼体外立面及小区环境卫生等，辖区整体环境面貌明显改观。开展宣传工作，制作并发放各类宣传材料3万余份，设立大型公益广告5处、设置展板近300块；开展志愿活动200余次；集中整治新城南、北街、新城街、文庙巷、上官巷等主要道路，粉刷临街楼体10余万平方米；基本完成9个点位老旧小区的整改。完成上马街、山佑巷、新城北街不规范门头牌匾的拆除工作及破门开店整改，共拆除280余家。每周平均清理小广告300条块，达4000平方米；联合派出所进行交通治理，基本完成辖区取缔私安地锁的专项整治工作，共取缔私安地锁1000余个。完成新城南街、新城北街等11条背街小巷的文明交通综合整治工作。（高翠芳）

【文化建设】 2018年，文庙街道办事处深化文化宣传内涵，“活力”文庙不断呈现。强化意识形态工作，对外宣传文庙街道经济、政治、文化、社会、生态文明建设成果，累计在各级媒体发稿200余篇。丰富群众文化生活，以重大节日纪念日为契机，举办第四届“欢乐闹元宵，开心猜灯谜”活动，开展第二届“欢乐闹元宵、开心游乐会”，组织“担复兴大任，做时代新人”元宵节文艺汇演，母亲节以街头“快闪”方式送上祝福，举办“担复兴大任，做时代新人”小先锋传统文化展等，开创街道文化工作新局面。（高翠芳）

【社会保障】 2018年，文庙街道办事处健全完善新型社会救助体系。低保兜底保障作用明显增强，截至年底，全街办共有170户、217人享受低保，月发放低保金164177元；发放低保门诊救助卡173张，共计资金46400元；为115户自行供暖的低保户发放供暖补贴资金80500元。为4人次申请临时救助救急解难33000元；为

24人次申请大病医疗救助135757元。继续加强对老年群体的关怀力度，2018年给357名90-99岁高龄老人发放生活补贴352300元；为5位百岁老人发放慰问金每人1000元，为54名困难老人发放慰问金每人300元。关怀残疾人群体，全年为1699人次发放困难残疾人补贴101940元，为133人发放困难残疾人一次性补贴133000元；为辖区7名残疾儿童提供人工耳蜗植入手术、服务和矫治服务，每人每年补贴13200元；救助残疾学生或残疾人家庭子女6人，累计22500元；为残疾人提供相应辅助器具46件，为19名残疾人办理《助残乘车卡》。为31户无房困难家庭申报公租房保障。落实促进就业各项政策，发放灵活就业社保补贴148人次；城镇新增就业人员录入微机906人；办理失业证49人次；开展农民工工资支付情况专项整治。退役军人及其他优抚对象信息采集4844人，为下岗、失业的退役军人提供补办保险和再就业岗位培训服务；对23名重点优抚对象和47名伤残军人提供服务，进行走访慰问。（高翠芳）

【计生服务】 2018年，文庙街道办事处开展关爱计划生育家庭活动，对辖区内符合慰问条件的计生失独家庭、计生困难家庭、计生家庭子女及其父母大病家庭发放慰问金及慰问品共计30900余元。开展宣传，协会会员日举办一系列贴近民生的活动，邀请市人民医院专家为辖区内特殊家庭做“心脑血管病夏季保健及心脏复苏急救常知”讲座。开展免费婚检、孕检、产检工作，在社区宣传栏张贴“免费婚检、孕检、产检”通知，街道统一制作有关宣传资料、宣传品5000余份，引导和动员新婚男女青年自愿进行婚前医学检查，引导和动员待孕妇女自愿参加孕前优生检测、孕后进行免费产前筛查。加强流动人口管理，完成流动人口动态监测工作、流动人口个案核查比对工作。2018年度共办理《生育服务证》434本、《独生子女证》94本（其中补办65本）、《再生育服务证》5本。（高翠芳）

【安全生产】 2018年，文庙街道办事处围绕安全、防范、督查的原则，以区域安全生产事故为重点，按照“全覆盖、零容忍、严执法、重实效”的总要求，落实“党政同责 一岗双责 齐抓共管 失职追责”，开展安全生产各项工作，杜绝重特大事故发生，防范和减少一般事故。截至12月底，各类安全事故控制指标为零，安全生产形势保持相对稳定的态势。

文庙街道办事处与企业签订安全生产责任书。督促指导驻地单位依法设立安全生产管理机构，制定安全生产应急预案，完善安全生产各项制度。组织开展安全生产专项整治、安全隐患排查治理、“打非治违”工作，以网格为平台，对辖区内驻地单位、门面经营户、居民院落进行地毯式排查，共排查驻地单位、建筑工地、餐饮企业、各类小饭店、小旅馆及人员密集场所1501家，排查出隐患521条，现场整改337条，限期整改184条。文庙街道办事处联合区食药监、工商、行政执法、消防、住建、公安多部门联合执法，集中开展火车站源中心公寓楼及周边公寓楼专项整治。针对源中心F座及周边公寓楼存在消防安全不合格、手续不齐全、违法经营、私搭乱建、消防设施不完善等重大火灾隐患的小旅馆、日租房进行“地毯式”排查整治，对源中心公寓楼的安全通道进行彻底清理，完善部分消防设施。开展宣传教育培训，组织开展第十七个安全生产月、“安康杯”竞赛、“安全生产法宣传周”、“职业病防治法宣传周”活动，组织逃生演练，提高防灾自救能力。全年联合驻地组织开展应急逃生演练15次。（高翠芳）

【防汛防震】 2018年，文庙街道办事处落实汛期24小时值班制度，制定应急方案、值班方案，组建13支260人的防汛应急小分队，对辖区的危旧漏房屋进行全面的摸底排查。落实河长责任制，对缓洪渠进行雨中巡查、值守，实现安全度汛。

指导社区制定防震应急方案，组织开展“5·12”防震减灾周系列活动，使用10余个电子显示屏滚动宣传，制作宣传版面20余个，发放宣传资料1300余份，张贴宣传画500余张；5月9日联合进山中学、市公安消防支队、迎泽大队广场中队、市人民医院开展大型的防震应急疏散演练活动。黄河新闻网和《山西晚报》进行报道。（高翠芳）

【综合治理】 2018年，文庙街道办事处全面细化综治治理格局，做实做细两大工作。

加强平安创建，综治信访平稳有序。街道党政主要领导与辖区50家驻地单位签订社会治安综合治理责任书，与13个社区签订社会治安综合治理责任书。组织开展社会治安重点地区“六项整治”工作；健全关怀帮扶体系，开展各类法律宣传，推进法治中国建设；完成街道综治中心标准化建设，社区综治中心平稳运作，发挥网格化管理在综合治理中的“底座”作用；健全全地区13个社区调解中心运行机制，开展退役人员季末清零行动，维护文庙地区和谐稳定。

落实枫桥经验的学习推广。制定《文庙街道学习推广新时代“枫桥经验”提升社会治理现代化水平的实施方案》并召开动员会，通过五龙口三社区的示范作用，打造“枫桥经验”一社区一品牌，网格化管理运用“双包联”模式，延伸网格化管理的触角，保持以人民为中心的发展思想，提高社会治理社会化、法治化、智能化、专业化水平。（高翠芳）

【扫黑除恶】 2018年，文庙街道党工委组织召开扫黑除恶专项斗争动员会3次，规范统一工作台账，建立日常排查机制，共开展摸排工作3万余次，发现问题线索12条。开展特色宣传活动，在五一广场集中宣传1次，党员志愿者进企业、进市场宣传1次，开展“扫黑除恶专项斗争”主题漫画巡展3次、主题文艺汇演2次、誓师大会1次、主题普法讲座3次、主题党日活动14次。其中主题漫画展发动社

会各方共同参与，被各电视节目报道4次，报刊报道6篇，形成扫黑除恶压倒性态势。（高翠芳）

【环境保护】 2018年，文庙街道办事处保护生态环境，“靓丽文庙”与日俱新。开展源中心片区综合整治工作，集中对建设北路源中心区域共计6栋楼外墙、路面进行美化、硬化。强化辖区内环境卫生监督管理，提升辖区内市容环境卫生水平。开展植树节宣传活动。做好“大气污染防治强化督查督办问题‘回头看’”和“散乱污企业清理和整治燃煤小锅炉淘汰工作再排查”工作。加强门前责任制巡视检查，环卫督察小组认真监督检查辖区内清扫保洁清运质量，定期开展清洗各类小广告、清除卫生死角等活动。有序开展生活垃圾分类试点工作。制定《文庙街道办事处生活垃圾分类工作实施方案》，定期召开工作调研会，持续强化生活垃圾分类工作日常管理、督导检查。（高翠芳）

【人大工作】 2018年，文庙街道办事处组织人大代表进行学习，完成代表参会工作，组织人大代表走基层，同居民共度元宵佳节、慰问空巢老人、开展创城视察、文明志愿者服务活动120次；开展走访人大代表活动，收集代表意见建议；开展人大代表进选区接待选民活动，让人大代表能与选民零距离接触、面对面交流，为人大代表听民意、解民忧搭建平台。

（高翠芳）

【群体工作】 2018年，文庙街道办事处推进“工会组建月”和“农民工集中入会行动”，单独建会3家，发展会员175名。举办“时代新人　谁羽争锋”职工羽毛球比赛；组织参加太原市职工趣味运动会；帮助弱势职工群体解决困难，为217名职工办理大病互助医疗保险，为5名患病职工报销医疗费用。开展职工维权活动，发放维权材料和书籍2000余册，开展讲座18次。

文庙街道办事处以“整合各领域资源服务各领域青年”为导向，服务助推各类青年成长成才成功。开展各类青年志愿者服务活动30余次。举办“遇见马克思，青春有信仰”观影及宣讲，开展走进马克思书屋活动、举办青年大讲堂3次。注重实践，探索服务社会的有效途径，依托青少年之家开展多肉植物养植、美容美甲、面塑等培训，走进盲童学校开展慰问，开展法治宣传、防艾宣传等活动。

文庙街道办事处坚持党建带妇建，妇建服务党建。开展寻找最美家庭、平安家庭活动，传承家庭美德。上马街二社区王筠家庭荣获三晋最美家庭，申报全国最美家庭。加大对弱势群体关心力度，开展关爱贫困妇女、儿童、两癌妇女等系列慰问活动。组建巾帼志愿者服务队。探索街道妇联组织区域化建设，召开妇女代表大会，吸纳辖区各行业优秀女性进入街道妇联执委中。健全工作制度，发挥妇联兼职副主席的工作积极性、主动性和创造性，更好地宣传、教育、联系和服务广大妇女群众。（高翠芳）

【统战工作】 2018 年，文庙街道办事处召开非公经济代表人士座谈会，开展“首善迎泽作贡献”活动，调动非公经济人士参与迎泽区建设的积极性。成立街道统战办公室，配备专人负责统战工作。开展第 32 次统战宣传月活动，举办统战知识竞赛、召开座谈会，走访统战人士；在微信平台开展统战知识每日一题讲解；举办棕情端午活动，开展侨胞联谊活动，走访慰问党外和少数民族人士。在迎泽区开展的“我身边的统战故事”讲述会上，文庙街道推荐的选手获得第一名。 （高翠芳）

庙前街道

【概况】 庙前街道办事处驻都司街 8 号，因辖庙前街而得名。辖区位于迎泽区西北部，地处省会中心区域，东临解放路，西到滨河东路，南至迎泽大街，北接桃园三巷，总面积约 3 平方公里。常住人口 7.0 万人。

庙前街道内设党工委办、行政办、人大办、纪工委办、人武办、司法所、卫计办、综治办、妇联、团工委、财务科、社区办、民政科、社会保障事务所、最低生活保障所、经济统计科、安监站、城建科、环卫所等机构。下辖 14 个社区：庙前街社区、海边街社区、新建路一社区、新建路二社区、南海街一社区、南海街二社区、桃园路一社区、桃园路二社区、桃园路三社区、桃园路四社区、水西关街一社区、水西关街二社区、水西关街三社区、水西关街四社区。

2018 年，庙前街道贯彻落实中共十九大精神及省委十一届六次全会、市委十一届五次全会精神，坚持以习近平总书记新时代中国特色社会主义思想为指导，牢固树立“四个意识”，主动适应新常态，撸起袖子真抓实干，以服务群众为宗旨，以创新社会治理加强基层建设为要求，补好短板，做强功能，提升品质，全面优化区域形态功能和环境，不断增强群众的获得感和满意度。

2018 年，庙前街道获得太原市“双拥模范单位”的荣誉称号，获得迎泽区“国防先进单位”荣誉称号。

（庙前街道办事处）

【基层党建】 2018 年，庙前街道以举办“领头雁”培训为契机，加强对党员干部的教育培养，提升党员干部能力素质。选树 6 名新时代新担当新作为先进典型，57 名优秀共产党员、11 名优秀党务工作者、7 个先进基层党组织分别受到市、区、街道表彰。探索推行“五约”工作法，实现活动共联、资源共享。建立非公党群服务中心 1 个、社区党群服务中心 14 个、优秀社区书记工作室 1 个。将省委办公厅机关党委书记等驻地单位党组织负责人纳入街道大党工委、街道和社区党建协调委员会。定期听取软弱涣散党组织整顿进展情况汇报，制定“小巷管家”选聘工作方案，委派第一书记担任“街巷长”。组织开展“爱心助力中考，倡导文明出行”“扶贫攻坚”等主题党日活动 180 余次、时代新人大讲堂活动 22 次。关注年轻群体，组织年轻人进马克思书屋，推出“给90后讲马克思”活动，观看《青年马克思》，把大量青年吸引凝聚到党组织周围，40岁以下新发展党员占新发展党员总数的70%。落实党风廉政建设责任制。整治群众身边腐败问题，公开举报电话、举报邮箱，设立举报箱15处；加大案件查办力度，共立案5件，结案5件，处分5人，发挥惩处震慑和教育治本作用。（庙前街道办事处）

【经济工作】 2018年，庙前街道开展第四次全国经济普查，地毯式清查全面摸清家底，为经济工作提供积极的数据依据。2018年，庙前固定资产投资额累计完成83098万元，增速15.4%，其中房地产投资完成82572万元，城镇建设项目投资完成526万元；社会消费品零售总额全年计划完成60227.5万元，实际完成63608.7万元，增速7.1%。（庙前街道办事处）

【文明创城】 2018年，庙前街道推进“九乱”治理，全面开展辖区生活小区、背街小巷整治。辖区233个生活小区开始整治211个，完成整治42个，正在整治169个；28条背街小巷完工12条，提升居民生活环境，改善城市形象面貌。共计拆除违建1758.73平方米，整治破墙开店108家，拆除门头100平方米，拆除旧报亭1座，铲除小广告10000余平方米，清理垃圾杂物3530.97吨，拆防护网30米。完善基础设施，建设车棚1处，便民餐厅、便民超市1处；砌墙1475.3平方米，围墙铺瓦430米、贴地脚线695米，制作铁艺围栏7145.34平方米，维护地面22033.84平方米，铺设花岗岩路牙312.75米；绑扎线缆3478米，安装太阳能路灯20套；增加树篦子48个，安装分类垃圾箱140个、果皮箱30个；更换窨井盖14个，更换雨水管、排水管420米，检查污水井28座，配置消防器材427个，规划消防通道158个。（庙前街道办事处）

【美化绿化】 2018年，庙前街道粉刷墙体96270.3平方米，清洗墙面、地面16331平方米，维护围栏1434米；更换门头40处，维护门窗237个，安装防盗门61个；树干刷白38棵，制作花架40米，安装花箱23个、花篮30个，栽植乔木20株，绿化154平方米。开展文明交通综合整治，打造兴隆街、庙前街、陈家巷、都司街、水西关街南一巷、水西关街南二巷等17条文明交通街巷，改善居民出行环境。营造公益宣传氛围，加强精神文明建设，制作书报栏1个，公益广告栏2个，宣传版面1142块，便民信息栏414块，消防示意图53块。（庙前街道办事处）

【城市建设】 2018年，庙前街道推进市容环境卫生整治，共清理垃圾14496吨。持续推进散煤治理攻坚，拆除34间平房共1567平方米。开展桃园北路综合整治工作，完成清洗墙体1700平方米，砌墙100平方米，两次粉刷18348平方米；面包砖铺设18200平方米，沥青面修补480平方米，树池新建58个，行道树坑修整及树篦子安装222个，安放花箱95个；安装空调格栅500个，非机动车道车挡130个，修整商辅石材113平方米，提升了城市街区形象，改善辖区民生环境。推动生活垃圾分类有效落实。开展生活垃圾分类的有党政机关等公共机构11个、生活小区17个，共配备分类垃圾桶349个，垃圾分类回收亭2个。（庙前街道办事处）

【环境保护】 2018年，庙前街道执行网格化环境监管模式，实行环境保护巡逻制度，创建绿色社区。协调园林局对省建五公司、水西关南一巷6号院、水西关南街79号院、11号院拆迁后的空地，进行绿化。处理环保督查案件。全年共接收中央第二生态环保督查组“回头看”整改清单16件，全部办结。开展辖区建筑工地排查。对辖区解放路地铁2号线、水西关街四社区等工地逐一进行排查，并督促水西关街市政建筑工地开展扬尘污染治理；对海边、南海西街、旧城街、水西关南街等拆迁空地进行滤网覆盖及安全围挡。加强河渠管理保护，以“加强生态建设，建设美丽庙前”为目标，全面推行河长制，加强日常巡河，坚持跟踪记录，实现主要河流水生态明显改善。（庙前街道办事处）

【社区建设】 2018年，庙前街道推进社区基础设施建设提档升级。所辖14个社区办公及服务场所面积均达到500平方米以上，达到80%的目标要求，其中11个社区达到1000平方米，达到50%的目标要求；水西关街四社区党群服务中心，总建筑面积约2200平方米，具备入驻办公条件；筹建水西关街一社区、桃园路一社区2处社区党群服务中心，建设地址均拆迁完毕，推进项目建设。推动落实各项惠民项目实施。打造水西关街四社区、水西关街三社区、水西关街一社区、新建路二社区4个养老服务中心；建立南海街一社区、庙前街社区养老服务中心及海边街社区、南海街二社区、桃园路一社区、桃园路二社区、桃园路四社区、新建路一社区等10个日间照料中心；统筹实施2016、2017年惠民项目，共建设惠民项目35项。举办“天天课堂”活动600余场，近7000多居民受益；开展全民终身学习活动周活动，不断加强社区精神文明建设。（庙前街道办事处）

【安全生产】 2018年，庙前街道执行党政同责，一岗双责，保证安全生产工作推进。落实1362家单位安全生产责任挂牌，对43家单位进行安全生产责任落实测评。发放安全宣传材料8000余份，集中整治杂物乱堆乱放、堵塞消防通道、私拉乱接电线等隐患。进行燃气整治，摸排辖区300余家使用液化气罐的餐饮店，整改隐患30余处。督察检查隐患排查专项整治，排查单位2734家，发现隐患313家，整改隐患250余处。开展安全大检查，推动落实568个驻地单位自查自整治，发现隐患处39家，整改隐患10余处。推动辖区和谐稳定发展。（庙前街道办事处）

【民生保障】 2018年，庙前街道完善社会保障。完成城镇居民养老参保1760人，医保参保10259人；全年最低生活保障受益200人，发放低保金额148.8365万元；开展医疗救助，12人享受救助金额61595元；临时救助3人，救助金额24327元；公租房救助共27户，17户实物配租，10户享受租赁补贴23157.6元；391名重度残疾人办理护理补贴60元/月，申报残疾人辅助器具20名，9名特困残疾人享受三轮车燃油补贴，14名残疾人办理公交免费乘车卡；促进老龄工作开展，351名90-99岁高龄老人申请老龄津贴361900元，发放65-69周岁老年人免费乘车卡1480张，审核269人政府购买居家养老服务。落实积极就业政策，新增就业再就业2010人。开展劳动监察，专项检查农民工工资支付情况，严厉打击非法用工行为，维护劳动者合法权益。 （庙前街道办事处）

【卫生计生】 2018年，庙前街道执行一、二孩生育服务证登记制度，办理生育服务证408个，独生子女证94个，再生育服务证4个。开展全员人口数据库清查补漏，比对出生信息妇幼1199条，防疫388条，民政比对结婚564条，离婚209对。做好流动人口计划生育双向管理，桃二、南一共摸查核实流动人口4507人，流入已婚育龄妇女1091人，查验流动人口育龄妇女电子婚育证明839人，发放避孕药具305盒。落实计划生育奖励扶助政策，28户伤残家庭、32户失独家庭全部签约辖区卫生服务站，关爱计划生育特殊家庭和计划生育贫困家庭共投入73340元。全力推进产前筛查和诊断，免费孕前优生健康检查夫妇29对，婚检10对。2018年辖区出生人口540人（其中男280人、女260人），政策内540人，符合政策生育率100%。

（庙前街道办事处）

柳巷街道

【概况】 柳巷街道位于太原市迎泽区，以辖区内有古老繁华的街巷——柳巷而名，柳巷街道办事处（简称柳巷街办）驻钟楼街东段北侧二市场31号。辖区地处迎泽区北部，呈正方形，东至五一路，与文庙街道办事处为邻；西至解放路，与庙前街道办事处相连；南至迎泽大街，与迎泽街道办事处毗邻；北以鼓楼街、南肖墙为界，与杏花岭区相邻，面积为1.45平方千米，有60余条街、巷。街道下设起凤街、铁匠巷、开化寺南街、柴市巷、校尉营、海子边东街、海子边西街、宁化府、察院后9个社区居民委员会。

2018年，街道办事处内设党工委办公室、行政办公室、纪检办公室、综治办公室、社区办（民政科）、城建办、计生办、经济办、总工会、团工委、武装部、低保所、社保所等机构；在编人员55名。

2018年，柳巷街党工委、办事处围绕“靓丽柳巷、诚信柳巷、和谐柳巷、智慧柳巷”的目标，全面打造美丽和谐柳巷，街道各项事业得到全面发展，街道荣获“太

原市文明单位”“太原市双拥标兵单位”等称号。（巩　锋）

【经济建设】　2018年，柳巷街道党工委、办事处扩思路想办法，采取政府推动、服务助动、企业主动、各方联动的办法，挖掘经济潜力，扩大招商引资领域。全年地区限额以上社会消费品零售额完成91.1761亿元；固定资产投资完成35.222亿元；规模以上工业总产值完成3738万元，完成各项经济考核指标任务。开展第四次全国经济普查清查工作。（巩　锋）

【党的建设】　2018年，柳巷街道办履行党建主体责任，提高政治站位，强化思想建设，学习习近平新时代中国特色社会主义思想、中共十九大精神，开展主题党日活动教育，开展标准问题专题讨论，传承优良作风，坚定理想信念。加强“三基建设”，通过送学上门、微信平台等形式为老党员、流动党员、入党积极分子及时传达党的各项方针政策。共发展党员9名，其中社区干部6名，非公组织3名。开展“领导带头、人人讲党课”活动，街道共组织党课19次，组织社区“两委”主干和非公党组织书记进行“领头雁”培训，完成党员干部“山西干部在线学院”专题学习、司法在线学习、群工服务平台的学习。深化作风建设，加强工作纪律监督检查，查找“四风”问题，剖析违纪案例，把纪律时刻挺在前面。落实五城联创工作，按期组织“道德讲堂”活动，利用电子屏、文明宣传展板及“智慧柳巷”和社区微信公众平台宣传社会主义核心价值观。（巩　锋）

【社区建设】　2018年，柳巷街道办通过共驻共建，铁匠巷、柴市巷和校尉营三个社区活动场所达1000平方米以上，察院后、海西和宁化府三个社区活动场所达500平方米以上，完成柴市巷社区和宁化府社区日间照料中心任务，对柴市巷社区和海东社区场所建设进行规划设计。加强养老服务建设，推进老年餐桌、日间照料活动、居家养老服务，开展保健操、读书、剪纸、做花馍等活动，丰富辖区内老年人的生活。为89名困难老人申报政府购买居家养老服务。组织收集推选147幅书画、剪纸和摄影作品，参加改革开放40周年社区文化活动展览。（巩　锋）

【社会保障】　2018年，柳巷街办关注弱势群体，落实惠民政策，办好各项惠民实事，完成2016年度和2017年度惠民工程。加大对低保对象每季度入户调查力度，全年共救助低保户141户、152人次，救助金额1516714元；困难残疾人生活补贴全年救助106人，救助金额76320元；大病救助全年救助30人次，救助金额128385元；临时医疗救助7人，救助金额55961元；综合救助7人，救助金额27000元。对社区496名60岁以上的参保居民进行指纹认证，对于行动不便的居民，采取上门入户和手机视频等方式，确保广大居民按时领取养老金，共有1275人参保。城镇新增就业人数2050人，下岗失业人员再就业人数1067人，就业困难人员再就业人数253人，创业就业人数517人。共有7031位居民参保城镇居民医疗保险。落实人口和计划生育工作责任制，为外来务工人员提供职业推介、证件办理等系列服务，提升流动人口计生服务管理水平。共办理《生育服务证》204个，其中一孩119个，二孩85个。《独生子女证》67个（其中补办48个）。对退役军人和其他优抚对象进行信息采集。（巩　锋）

【社会治理】 2018年，柳巷街道办学习推广“枫桥经验”，以新时代“枫桥经验”的创新发展、提升基层社会治理为工作目标，把“枫桥经验”坚持好、发展好，把群众路线坚持好、发展好。实现从“社会管理”走向“社会治理”。起凤街社区、开南社区、校尉营社区为学习“枫桥经验”示范社区。（巩　锋）

【扫黑除恶】 2018年，柳巷街道成立“扫黑除恶”工作领导小组，召开街道、社区干部动员大会。做好“扫黑除恶”宣传工作，在主要街道和出入口、小区宣传专栏张贴《关于深入开展“扫黑除恶”专项斗争的通告》，悬挂条幅200条，下发宣传单5万份。畅通信息渠道，引导和教育广大人民群众增强法制观念，提高参与意识和主动性，积极检举、揭发涉黑犯罪线索。2018年，共摸排上报线索7条。

（巩　锋）

【文明创城】 2018年，柳巷街道办推进创建文明城市，并以此为契机对街巷院落进行全面整治，高标准严要求重点打造10个院落和5条街巷，清理靴巷多年市房地局积存建筑拆迁垃圾及各院落垃圾4500多吨，清理垃圾死角8处，清理花池、绿地、树坑内垃圾300余处，擦洗机动车隔离栏90余处，处理社区单元院落小广告5万余处，拆除违建关停破墙开店82处，粉刷墙体约2万平方米，环卫平台处理数字件1.6万余件，处理“12319”及便民热线共365件。志愿者队伍参与创城工作服务110余次，打造文明院落，形成“崇文重教、敬老尊贤、勤俭仁爱、邻亲友善”的宜居环境。（巩　锋）

柳巷街道办事处所辖社区名录

序号	社区名称	地址	联系电话
1	宁化府社区	铜锣湾72号宝地小区	4137741
2	铁匠巷社区	后铁匠巷11号	4110775
3	校尉营社区	西校尉营28号四层	2022967
4	海东社区	郭家巷18号	4955636
5	起凤街社区	起凤街64号	4152297
6	柴市巷社区	西校尉营28号三层	4953455
7	察院后社区	二市场36号	4130507
8	海西社区	三圣庵2号楼	
9	开南社区	开化寺南街8号	4049509

老军营街道

【概况】　2018年，老军营街道办事处强化理论学习，提高政治站位。履行职责，经济社会发展迈上新台阶。开展康乐片区、西里片区“消防安全隐患问题突出的重点地区集中整治”的专项整治活动，推进老旧小区、背街小巷基础设施改善提档改造工程。推进民生事业，优化文化事业。（老军营街道办事处）

【理论学习】　2018年，老军营街道办事处把理论学习放在首位。系统学习领会习近平新时代中国特色社会主义思想，宣传贯彻中共十九大精神和习近平总书记视察山西重要讲话精神，贯彻落实中央和省市区决策部署，带头旗帜鲜明讲政治，增强“四个意识”，树牢“四个自信”。全年组织中心组学习19次，机关支部学习35次，机关支部主题党日活动12次，利用迎泽群工系统和智慧党建确保学习融入日常。

（老军营街道办事处）

【经济发展】　2018年，老军营街道办事处经济发展稳中有进。全年固定资产投资完成47536万元，完成目标任务的44%；限额以上社会消费品零售额完成63876.9万元，完成目标任务的109%；工业总产值完成245883.7万元，完成目标任务的106%；建筑业总产值完成78312万元，完成目标任务的101%。

（老军营街道办事处）

【消防安全】　2018年，老军营街道办事处重点开展康乐片区、西里片区“消防安全隐患问题突出的重点地区集中整治”的专项整治活动，共排查、检查单位5001家次、居民楼院818栋次；排查各类隐患501余项，整改186项，取缔康乐片区废品收购站点，消除安全隐患。

（老军营街道办事处）

【综合治理】　2018年，老军营街道办事处共排查调处各类民间纠纷112件，调处成功110件，成功率达98%，成立巡逻队伍、矛盾调解队伍、信息报送队伍等5类17支队伍，接待接待群众来访500人次，处置辖区3起群众集体上访事件。

（老军营街道办事处）

【扫黑除恶】　2018年，老军营街道办事处累计组织50场宣传活动，建立10块大型宣传阵地，针对重点区域加强排查整治，营造浓厚的宣传氛围，夯实扫黑除恶专项斗争的群众基础。（老军营街道办事处）

【环境整治】　2018年，老军营街道办事处推进老旧小区、背街小巷基础设施改善提档改造工程。对137个老旧小区及17条背街小巷进行专项整治，在103个小区制作并安装具有地区特色的软体广告1500余块，为居民打造温暖宜居的生活环境。对劲松南路、西里街、西里街北一条、西里街一条、西里街二条、西里街三条、西里街四条、桃南西一巷共8条背街小巷进行重点打造，改善背街小巷脏乱差的环境面貌。有效解决康乐片区过冬取暖问题，共发放洁净煤545吨，电暖器263台，暖宝78个，电热毯70床。解决辖区小街小巷交通秩序乱、停车难等问题，与城管局等多部门常态化联合执法，对辖区16条道路展开文明交通整治行动。开展百余次志愿服务活动，悬挂11块文明交通综合治理公告牌，向社会免费开放9个小区、12个驻地单位错时停车位，盘活辖区停车资源，提高停车设施周转利用率，有效缓解辖区的停车压力。（老军营街道办事处）

【社会保障】 2018年，老军营街道办事处劳动保障所新增就业人员2089名，完成全年计划105%；下岗失业人员再就业935名，完成全年计划110%；就业困难对象再就业253名，完成全年计划110%；创业带动就业人数483名，完成全年计划110%。累计保障城市低保对象1203户次，1502人次，发放城市低保金106.5777万元。为929人次发放困难残疾人生活补贴5.574万元。为21名患病群众申请大病医疗救助，救助金额达259656元。为17名患病群众申请临时救助，救助金额达98318元。为6名群众申请应急救助5500元。为36名困难群众申请综合性临时救助，救助金额达192366元，通过社会救助工作帮助因病而无经济能力进行治疗或因支付数额庞大的医疗费用而陷入困境的居民。开展"关爱女孩"行动，推选出11名贫困、失亲女孩进行慰问帮扶，给予每人500元慰问金。两节期间慰问计生特殊家庭、大病困难家庭118人，4.09万元，建立特殊家庭联系人手册，进行家庭医生的签约服务。（老军营街道办事处）

【文化事业】 2018年，老军营街道办事处以"我们的节日"为主线，开展特色文化活动，共举办各类专题广场文化展演、街头文艺表演、元宵灯会（灯展）、秧歌、各类文化阵地活动等60余项。在迎泽区委宣传部、区总工会、文化局主办的全区职工合唱比赛中获得三等奖，在区文化局举办的"领先杯"羽毛球比赛中获得二等奖。开展幸福家庭评选活动，评选出20户幸福家庭。（老军营街道办事处）

【拥军优属工作】 2018年，老军营街道办事处贯彻落实全省退役士兵安置和权益保障工作。年底开展"军队退役人员走访慰问活动"，通过上门慰问、发慰问信、电话慰问等形式慰问2099人。为重点优抚对象发放米面油等慰问品。

（老军营街道办事处）

【廉政建设】 2018年，老军营街道办事处坚持以党性的尺子来衡量人生得失，把握行为尺度，严守政治纪律。坚持从自身做起，始终严于律己，克己奉公，艰苦奋斗，在重大决策和行使领导权力过程中，遵守法律，加强自我修养，严格要求自己，慎微、慎欲、慎独、慎权，做到坚守底线，牢记责任，清正廉洁。开展贯彻落实中央八项规定精神"回头看"活动，贯彻落实全面从严治党政治责任，坚持把党风廉政建设工作放在重要位置。落实"一岗双责"

问题清单和整改清单，按照清单时限完成整改。坚持把道德作为立身之本，政治上不搞“圈子”，不搞裙带关系、人身依附；经济上不乱拿票子，保持清正廉洁；用权上不乱批“条子”，执行六个严禁，自警自立。纠正“四风”，严守党纪政纪，以身作则，学习《中国共产党廉洁自律准则》和《中国共产党纪律处分条例》等各项党内法规。

（老军营街道办事处）

郝庄镇

【概况】 2018年，郝庄镇围绕建设省城首善之区目标要求，按照“强化农村基层党建，全面促进乡村振兴，全力推进城中村改造”工作思路，以“转型项目建设年、社会矛盾化解年、作风建设提升年”为总抓手，夯实基础，突出重点，开拓创新，狠抓落实，全镇各项工作取得新成效。

2018年，全镇固定资产投资完成30.11亿元，完成全年计划的71%，继续保持全区之首；限上社会消费品零售额完成24.45亿元，完成全年任务（限上）的49.5%，排在全区第四。

2018年，郝庄镇举办首届“中国农民丰收节”。占道村的“村规民约”被太原市民政局评为一等奖。郝庄镇荣获“太原市文明乡镇”称号。董家庄村成功申报为省级文明村，小山沟村成功申报为市级文明村，朝阳一、朝阳三社区成功申报为市级文明社区。

实施文化下乡惠民工程，组织开展群众文艺汇演、全民读书、全民健身等活动59次，郝庄镇被评为省级“文化艺术之乡”。

（郝庄镇）

【乡村振兴】 2018年，郝庄镇坚持把项目建设作为推进乡村振兴的主抓手，坚持以新理念引领发展新实践，着眼乡村振兴长远发展，制定镇域长远规划。按照区里科学规划建成区、城乡结合部和东部山区“三个板块”的功能定位和产业布局，持续推进传统服务业提质改造，持续推进产业升级、城市管理、便民服务的融合互通。扩大招商引资范围和领域，引入琼海晋欣农业开发有限公司，投资建设东山怡然康养森林公园项目，落地董家庄、小山沟及大窑堖村，进行连片打造，占地3866亩，预计投资1.9亿元，进行“四议两公开”；协助火炬二期等重点项目新沟征地工作，促进中医药产业园、铁看、档案馆、恒伦口腔研发中心、区中医院等项目落地；培育特色小镇建设，山西东林盛文化发展有限公司完成在董家庄的一期工程，禅文化中心、望湖居、樱花小院等投入使用；持续扶持台骀山城郊森林公园二期项目，全年接待40多万游客，总收入同比增长43%。（郝庄镇）

【文明创建】 2018年，郝庄镇把创建文明城市作为工作的重中之重，建立完善包联督办、督导检查等工作机制，整合驻地单位及商圈各大商城资源，发动组织各类志愿者6000余人次参与投入到创城中，推进“九乱”专项治理。综合整治背街小巷

15条、集贸市场2个、老旧小区15个，设置公益宣传800余处，粉刷立面12万余平方米，新增分类垃圾桶200余个，清理小广告16万余条，整治电线电缆4500米，整治门头牌匾1.1万平方米，基本完成“九乱”专项治理年度分解任务目标。推进“智慧交通”项目建设，对接咪表公司，在镇域范围内施划非机动车停车30处，对郝庄正街、永祚寺路等进行机动车停车划线，增加160个停车位，朝阳商圈交通拥堵现象得到一定程度缓解。开展农村环境综合整治，加大清扫保洁力度，农村环境卫生面貌有了明显转变。（郝庄镇）

【生态保护】 2018年，郝庄镇持续推进东山生态绿化，提档升级造林绿化2200亩，完成水马线、观枣线、307国道等通道绿化工程。新建小游园小绿地1个，完成东峰路、南沙河快速路等主要道路的绿化及补植补种。全镇通过网格化管理、包片到人、自查排查等系列措施开展生态环境保护，中央环保督察“回头看”督导组交付的44件问题全部办结，新取缔“散乱污”企业30家。加强乱倾乱倒监管，各村加大管护和巡查，防止垃圾乱倒污染环境；开展污染源普查工作，摸清全镇污染源底数。（郝庄镇）

【项目建设】 2018年，郝庄镇加快推进城市重点工程项目建设，协助征收迎泽大街下穿火车站通道、东广场和双塔北路等项目房屋，累计征收最难拆的门面房40余间、5.85万平方米。推进城中村改造清零工作，累计拆除24.1万平方米；加快推进水峪、郝家沟城改工作，成功引进保利、万科等知名开发企业，对接合作开发事宜；推进土地摘牌和回迁楼建设，城改用地共计摘得八宗土地，缴纳土地出让金85380万元，建成村民回迁楼约105万平方米。加大对城中村集体土地违法建设的巡查、管控力度，连续三年实现“两违”零增长。

（郝庄镇）

【社会保障】 2018年，郝庄镇推进社会保障全覆盖。全年审核、审批6个社区22个城乡低保户368户、560人，累计发放低保金316万余元；为低保户中的残疾人发放救助金7万余元，为城乡低保户、困难户大病医疗救助67人、34万余元。为129名优抚对象发放优抚金45万余元，为30名两参人员发放公益性岗位补助71.28万元。推进农村、城镇养老保险的收缴和领取工作，农村养老保险缴费10152人、525万余元，城镇养老保险缴费527人、72万余元；6个社区办理2018年度城镇居民医疗保险7123人、121万余元。

（郝庄镇）

【“三农”工作】 郝庄镇始终把解决好28个村的“三农”问题作为全镇工作重中之重。2018年，在全市率先完成土地确权工作；开展农村集体产权制度改革工作；全面摸底“大棚房”，没有发现违法违规建设，接受国土资源部的检查验收；发放粮食直补136.85公顷、13.97万元，发放秸秆综合补贴68.61公顷、7.2万元。镇村两级网格化布控，应对非洲猪瘟疫情，对3096头生猪进行集中无害化深埋处理，发放补贴383.892万元，引导全镇全面退出生猪养殖业。（郝庄镇）

【综合治理】 2018年，郝庄镇落实《地方党政领导干部安全生产责任制规定》，推进安全责任制挂牌，挂牌单位1265家，挂牌率达96%。

与18个护林防火村、40个护林员、5个墓地村，分别签订《护林防火责任书》，严格抓好落实，确保森林火险事故零发生，全力保障人民群众生命财产安全。

（郝庄镇）

【扫黑除恶】 2018年，郝庄镇将扫黑除恶专项斗争与软弱涣散党组织整顿、基层腐败治理和学习新时代“枫桥经验”提升基层社会治理紧密结合，坚持边扫边治边建的原则；加大宣传力度和涉黑涉恶线索摸排力度。（郝庄镇）

【法治建设】 2018年，郝庄镇人大围绕文明城市创建、生态环境保护、扫黑除恶专项斗争等重点工作开展一系列监督考察调研活动，提高依法履职水平。实施“七五”普法规划，健全法律大讲堂触角延伸体系，开展城中村改造等专题普法讲座，推进国家机关工作人员无纸化学法用法考试工作。（郝庄镇）

【党的建设】 2018年，郝庄镇全面落实新时代党的建设总要求，把全面从严治党引向深入。始终把党的政治建设摆在首位来抓。组织全镇领导干部全文传达学习省委《关于坚决维护党中央集中统一领导的规定》，把贯彻落实与履行职责结合起来，提高政治站位，树牢“四个意识”、坚定“四个自信”、践行“两个维护”，做到以推进郝庄发展的实际成效与中央和省市区委保持高度一致。镇党委发挥表率作用，集中组织专题学习、研讨、交流10次，开展“时代新人”等宣传活动30次。以“三基建设”为抓手，发展壮大农村集体经济，19个村集体经济收入全部突破5万元；建立乡村人才信息库，各类人才、后备干部登记造册86人；发展党员20名；挂职干部、第一书记在各项工作中发挥出积极作用；乡镇“五小”建设实现全覆盖，建成镇机关、郝庄社区2个标准党群服务站，打造服装城集团、正大美家2个非公党建示范点；发挥“互联网+党建”服务群众工作信息系统作用，组织志愿活动50次，解决群众问题78件，解决率96%。（郝庄镇）

【反腐败工作】 2018年，郝庄镇保持惩治腐败高压态势，形成强大震慑力。以征地拆迁、惠民政策、生态环保、民生资金等四个方面为工作重点，开展民生领域腐败和不正之风专项整治，共处置问题线索45条。立案24件，党政纪处分21人，其中，党内警告9人，党内严重警告5人，留党察看一年1人，开除党籍2人，行政警告2人，行政记过2人，组织处理3人。

（郝庄镇）

领导讲话

践行新思想 展现新作为
奋力谱写新时代迎泽发展新篇章（摘要）

——在中国共产党太原市迎泽区第五届代表大会第三次会议暨全区经济工作会议上

中共太原市迎泽区委书记 冯原平

（2018 年 2 月 12 日）

2017 年的工作回顾

2017 年以来，区委在市委、市政府的坚强领导下，深入学习领会党的十九大精神和习近平新时代中国特色社会主义思想，积极贯彻落实习近平总书记视察山西重要讲话精神，紧紧围绕“建设省城首善之区”目标，攻坚克难，真抓实干，全区经济持续保持中高速增长，政治、文化、社会、生态文明和党的建设不断取得新成效，各项事业呈现新气象。

认真学习宣传贯彻党的十九大精神，坚决把牢正确方向。以创建全省“两学一做”学习教育常态化制度化示范点为契机，认真制定实施方案，系统开展理论学习，深刻领会习总书记对山西提出的总体要求和五项重大任务，认真落实省市委要求，不断把学习贯彻引向深入。高标准开展“维护核心、见诸行动”主题教育，一月一主题，月月有活动，引导广大党员干部自觉把维护核心落实到行动上、融入工作中，为迎接十九大胜利召开、学习宣传贯彻十九大精神筑牢思想政治基础。党的十九大召开后，明确把深入学习贯彻党的十九大精神和习近平新时代中国特色社会主义思想作为当前和今后一段时期的重要政治任务，在全区迅速掀起学习热潮。区委专门召开全会深入学习研讨习近平新时代中国特色社会主义思想和党的十九大精神，区委中心组6次进行专题学习交流，聘请专家为全区各级领导干部和社区（村）两委干部进行专题辅导，组织宣讲团下基层开展宣讲活动390场次，举办“学习贯彻党的十九大精神科级干部主体班”，结合区情开展“八学”活动，推进理论宣讲进企业、进农村、进机关、进校园、进社区、进军营、进网站，实现全覆盖，在全区形成学习贯彻党的十九大精神浓厚氛围，切实把全区党员干部的思想统一到党的十九大精神上来，并不断转化为推动迎泽发展的思想自觉和生动实践。

经济发展速度加快，发展后劲明显增强。积极推进民营经济和小微企业创业创新，新创省级众创空间7家、省级科技企业孵化器1家。推进楼宇总部经济服务中心试点工作，在10家楼宇挂牌建立“楼宇（总部）经济示范基地”。加快智慧产业园、中鲁物流园扩园和生物医药产业园、新东峰汽车贸易园建设，新兴产业在集聚融合中培育成长。完善项目建设和招商引资机制，华润城市综合体等重点项目建设顺利推进，新引进微谷中国山西公司、月星家居等一批区域总部企业，签约招商项目7个，引进资金183.8亿元，省市重点项目累计完成投资9.68亿元，推动区域经济由“量”大向“质”优转变。2017年，全年地区生产总值实现690.83亿元，同比增长8.1%；服务业增加值完成602.05亿元，同比增长8.5%；社会消费品零售总额完成466.81亿元，同比增长6.1%；固定资产投资完成97.67亿元；一般公共预算收入完成15.3亿元，同比增长9.7%。整体经济稳定的格局进一步巩固。

重点工程房屋征收稳步推进，城乡宜居水平明显提升。配合全市重点工程，实施地铁轨道交通迎泽段、迎泽大街下穿火车站房屋征收工作，完成双塔南路（迎泽段）、松小线2条道路改造房屋征收，征收167户。集中推进双塔景区征迁，累计征收2700余户，占征收总户数的98.5%。大力推进片区改造和棚户区改造，完成电建155户、3.1万平方米的房屋征收。加速棚户区回迁安置房建设，累计建设14956套。在抓好已拆城中村扫尾清零的同时，继续推进水峪、松庄、新沟3个村整村拆除，完成拆除1979户，拆除率为98%，实现建成区面积翻番，为迎泽发展拓展了空间。以城市管理提升行动为抓手，扎实开展铁路沿线、占道经营等十项综合整治。提升环卫作业精细化管理，做好城乡生活垃圾全收集和垃圾收运体系建设。完成城市管理执法体制改革，建立城市执法全过程记录工作机制，实现执法中队人、财、物统一管理。加快美丽乡村建设，申报董家庄村为市级美丽乡村示范村。扎实开展身边绿化工程，完成10个绿地游园建设，城乡环境及城市品质得到有效提升。

积极构筑“精神高地”，文化自信全面

提振。进一步加强党对意识形态工作的领导，严格落实工作责任制，开展意识形态领域形势分析研判，加强网络意识形态工作。深入开展“担复兴大任，做时代新人”主题活动，举办座谈会、研讨会、演讲比赛近百场。注重舆论引导，各类媒体宣传报道6126次，《迎泽之窗》发行覆盖全区党支部。采取多种形式组织开展弘扬社会主义核心价值观的宣传教育，持续开展“我们的节日”“道德讲堂”“讲文明树新风”等群众性精神文明创建活动，举办文化惠民演出72场，激发了全区人民团结奋进的强大正能量。

深入推进绿色发展，生态环境持续优化。坚持“绿水青山就是金山银山”的发展理念，全面贯彻中央、省、市关于生态文明建设和生态环境保护的重大决策部署，强力推进环境质量改善和大气污染防治，认真抓好中央环保督察交办的186件问题和环保部强化督查涉及的32个问题、省环保督察组转办群众反映的137件问题整改工作。全面完成散煤治理、重点片区整治、农村环境整治、“铁腕治污”百日攻坚等各项重点任务，“煤改气”工程在全市率先完成并被评价为“放心工程”。

着力保障人民安居乐业，民生福祉不断改善。从人民最关心最直接最现实的利益问题做起，扎实办好年初确定的各项惠民实事。持续提升社会保险、保障救助水平，各类社会保险超额完成，低保金、医疗救助金、高龄保健津贴、残疾人生活补贴等按时足额发放。推进义务教育优质均衡发展，36中、37中、39中校舍改造和并东小学改扩建工程有序推进，普及推广教育信息化，中小学校责任督学挂牌督导工作经验被作为“迎泽模式”在全省推广。开展县乡医疗卫生机构一体化改革，挂牌成立迎泽区医疗集团，推进家庭医生签约服务，重点人群签约率达70.46%，计划生育特殊家庭管理服务、流动人口动态监测等多项工作在全省名列前茅。积极培育发展“易照护”“福寿和”等养老服务模式，建成14个社区养老服务中心和17个老年日间照料中心。扎实开展对口精准扶贫，实现4475人脱贫，超额完成脱贫3000人目标任务。

切实维护社会和谐稳定，努力营造良好社会环境。高度重视信访维稳工作，组织大接访44次。深化源头化解专项行动，圆满完成党的十九大、全国“两会”和“一带一路”峰会期间等重要节点的信访维稳工作。狠抓安全生产不放松，扎实开展安全生产“知责履责失职追责”“反三违”等活动，消除了一批安全隐患。创新消防管理模式，建立“互联网+消防”烟、气、电远程火情预警系统，被国家安监总局调研组肯定为“迎泽模式”并加以推广。筑牢食品药品安全监管“两条底线”，构建了基层食药安全防控网格。强化社会面管控，加快综治中心标准化建设和“雪亮工程”建设，健全矛盾纠纷联调体系，开展“社会治安风险隐患大排查大整治”，平安迎泽建设取得新成效。深化“放管服”改革，建立权责统一、权威高效的依法行政体制。实施“七五”普法，推进多层次多领域依法治理，全区各部门和114个社区（村）实现法律顾问全覆盖，人民群众安全感和满意度进一步提升。

民主政治建设深入推进，安定团结的政治局面进一步巩固。支持区人大、区政协依法依章程履行职责。区人大及其常委会围绕重点项目建设、城市管理、民生社会保障、安全生产等重点工作开展了一系列视察调研活动，严格程序任免了一批国家机关工作人员，依法履职水平进一步提高。区政协积极围绕双塔景区建设、城乡一体化发展、民生实事开展协商活动，民主监督、参政议政水平进一步提高。完善政党协商机制，充分发挥民主党派、无党派人才聚集优势，科学民主决策水平进一步提升。国防教育、国防动员工作不断加强，拥军优属氛围逐步浓厚。积极推进工会、团委、妇联群团改革工作，搭建特色服务平台，凝聚起了建设“省城首善之区”强大合力。

认真履行主体责任，全面从严治党向纵深发展。一是着力加强“三基建设”。细化122项具体任务和责任，形成上下联动工作格局。投资约1800万元，建成“互联网+党建”服务群众工作信息系统，受理问题39666件，办结完成39649件，办结率99.97%，群众满意率99.8%。采取新改扩建、置换、租赁、共驻共建等方式推进社区建设，社区服务场所平均面积达到600平方米以上，16个社区超过1000平方米。完成社区（村）“两委”换届，23个软弱涣散基层党组织全部晋位升级。建成122个区域性党组织，发展党员130名，组织5835名党员补缴党费326万余元。二是着力建设高素质干部队伍。坚持“好干部”标准，按照“统筹安排、分步实施”的干部调整总思路，选拔任用了一批德才兼备的优秀干部；出台《激励干部担当作为干事创业实施办法（试行）》和《执行〈太原市支持干部改革创新合理容错实施办法（试行）〉细则》，激发了干部干事创业积极性。三是全面履行主体责任。及时研究部署和落实全面从严治党的各项任务要求，区委常委会议研究党风廉政建设和反腐败工作35次，听取区人大、政府、政协、法院、检察院党组管党治党工作情况汇报，支持区纪委监委聚焦主责主业履责，以创新精神推动纪检监察体制改革，实现街道（镇）和区直部门派驻监督全覆盖。充分发挥巡察监督震慑作用，发现问题线索471条，组织处理72人，党政纪处分29人。认真组织开展以“四个对照”为重点的巡视整改自行“回头看”，针对查摆出的三个方面20个问题，明确67项具体整改措施，认真整改，取得明显成效。四是驰而不息正风肃纪。制定出台《关于进一步贯彻落实中央八项规定精神的实施细则》，坚决整治形式主义、官僚主义新表现。今年以来，查处违反中央八项规定精神问题13件，党纪政务处分11人，组织处理25人。有效运用监督执纪“四种形态”，不断加大问责力度，立案69件，结案65件，党纪政务处分68人，组织处理64人，共挽回经济损失60.7万元。持续保持了反腐败的高压态势。

同时我们也清醒地认识到，对照中央

和省、市委的要求，对照人民对美好生活的需要，还存在一些问题和不足：全区经济总量虽然在全市保持前列，但发展不平衡不充分问题还比较突出；中心城区面临产业空心化的困境还没有有效解决，推进全区转型发展的大项目好项目还不多；民生社会事业发展水平与中心城区居民多样化需求还有差距，基层党组织建设还有薄弱点。这些问题都需要我们在今后的工作中下大力气解决好。

2018年工作的总体要求和主要任务

2018年是贯彻党的十九大精神的开局之年，是改革开放40周年，是决胜全面建成小康社会、实施“十三五”规划承前启后的关键一年。中国特色社会主义进入新时代，迎泽发展迈入新征程。我们必须正确把握新的历史方位，以新思想引领新实践，科学谋划新开局，稳健推进新发展。

党的十九大把习近平新时代中国特色社会主义思想确立为我们党必须长期坚持的指导思想，中央经济工作会议明确了以新发展理念为主要内容的习近平新时代中国特色社会主义经济思想，为新时代开拓新征程、推动新实践、实现新发展，提供了强大思想武器和科学行动指南。

省委围绕贯彻习近平新时代中国特色社会主义思想和党的十九大精神、中央经济工作会议精神，明确提出“七个方面的目标任务”，并聚焦建设“示范区”、打造“排头兵”、构建“新高地”，对今年工作的重大原则和关键工作做出部署，确立了山西发展的时代坐标、前进方向和战略重点；市委明确建设文明开放富裕美丽太原的奋斗目标和分阶段战略安排，并围绕实现“两个走在前列”，就今年破题转型发展、增进民生福祉、加强和改进党对经济工作的领导等，做出部署要求，为我们当前和今后一个时期工作指明了方向。区委主动把中央精神和省、市委决策部署融入建设省城首善之区的具体实践，提出“在八个方面走在省市前列”的目标要求，吹响了迎泽区开启新征程、谱写新篇章的行动号角。

新时代蕴含新机遇，新征程开创新未来。做好今年工作，我们面临许多重大机遇和有利条件。党的十九大标定了新时代的历史方位，做出了我国经济已由高速增长阶段转向高质量发展阶段的重大判断，并对构建现代化经济体系做出战略部署，为我们观大势、谋全局、把握工作主动权，提供了根本遵循。习近平总书记亲自“把脉”山西发展，为我省指明转变经济发展方式的四条路径；国务院专门出台政策意见，全面指导、全力支持我省资源型经济转型；省委以空前力度支持太原发展，对太原提出“两个走在前列”的重要要求，确定以太原都市区为主战场建设转型综改示范区，为中心城区加快创新转型，提供了重要方向指引、重大政策利好和难得的历史性机遇。近年来，我们坚持打基础、蓄后劲，破除思维定式，创新思路举措，在破解发展制约，推进产城融合，促进产业提质升级，推动经济发展、生态环保、民生改善和社会和谐稳定协同共进等方面，取得一系列突破性进展，特别是随着全面从严治党的深入推进，良好政治生态得到持续巩固和提升，党员干部人心思齐、人心思进，坚定不移走创新转型之路已成为全区共识，这些都为我区发展奠定了坚实基础，积蓄了强劲势能，提供了有利条件和强大支撑。只要我们把握新机遇、用好新机遇，坚定信心、乘势而上，就一定能够在新的起点彰显新作为、创造新业绩。

今年全区工作的总体要求是：全面贯彻党的十九大精神，以习近平新时代中国特色社会主义思想为指导，认真落实中央和省委、市委经济工作会议精神，按照区委五届五次全会部署，坚持和加强党的全面领导，坚持稳中求进工作总基调，坚持新发展理念，紧扣社会主要矛盾变化，按照高质量发展要求，统筹推进“五位一体”总体布局，协调推进“四个全面”战略布局，把“在八个方面走在省市前列”的目标要求融入建设文明开放富裕美丽太原和深化转型综改试验区建设大局，以深化供给侧结构性改革为主线，以开展转型项目建设年、社会矛盾化解年、作风建设提升年和深化城市管理全面提升行动为抓手，统筹推进稳增长、促改革、调结构、惠民生、防风险各项工作，推动质量变革、效率变革、动力变革，聚力打好防范化解重大风险、污染防治攻坚战，着力推进精准扶贫攻坚取得扎实进展，全力促进经济社会持续健康发展和党的建设质量不断提升，以高质量建设省城首善之区的生动实践，奋力谱写新时代迎泽发展新篇章。

综合各方面因素，今年全区经济发展的主要预期目标是8%左右。区委做出这一预期，既贯彻中央和省委、市委工作要求，又充分考虑我区发展实际，兼顾质量与速度、需要与可能，是积极稳妥、经过努力可以实现的。

落实上述总体要求和预期目标，工作中必须做到：

牢牢把握新思想引领。坚持真学真信真用、学懂弄通做实，真正把习近平新时代中国特色社会主义思想植根心中、融入实践，转化为推进工作的强大动力，推动这一思想在迎泽区落地生根、开花结果。

牢牢把握高质量发展要求。把高质量发展作为时代需要、发展必须，作为理思路、做决策、抓落实的根本要求，着力完善高质量发展的体制机制，着力推动质量变革、效率变革、动力变革，使高质量发展成为新时代迎泽工作的主旋律。

牢牢把握稳中求进原则。抓住“稳”的关键点，稳住经济运行，确保增长、就业等主要指标保持在合理区间，确保有效防范化解重大风险，确保政治社会大局稳定；找准“进”的切入点，推进服务业提质升级和深化改革开放，推动创新转型不断取得新成效。

牢牢把握工作主动权。以系统思维谋划全局，统筹各项事业协调发展；以创新思维破解难题，推动重点难点实现突破；以底线思维推进工作，守牢稳定底线、安全底线、廉政底线、生态底线，保障经济社会持续健康发展。

牢牢把握初心和使命。坚持以人民为中心的发展思想，落实人民主体地位，把人民对美好生活的需要作为一切工作的出发点和落脚点，着力解决不平衡不充分发展的问题，努力保障改善民生、促进公平正义，让人民群众在改革发展中普遍受惠、更多获益、更加幸福。

牢牢把握党对一切工作的领导。毫不动摇地坚持和加强党的全面领导，全面提高党的建设质量，坚定不移推动全面从严治党向纵深发展，让各级党组织和党员干部在革命性锻造中更加坚强、更加纯洁、更加先进，为加快建设省城首善之区提供坚强政治保证。

今年的主要工作任务是：

一、以新时代新思想指导新实践，推动新发展

按照新时代发展新要求和省委“七个方面的目标任务”、市委建设文明开放富裕美丽太原的任务目标，立足省市资源型经济转型发展大局，把中央和省、市委各项决策部署融入建设“省城首善之区”实践，通过开展转型项目建设年行动，把主攻“一个方向”、提升“两个商圈”、统筹“三个板块”、打造“四个园区”、发展“五项产业”的总体思路，落实到引领性项目和具体推进措施中，着力打造“六最”营商环境，加快经济发展质效提升，努力在创新转型上走在省市前列，走出迎泽区特色发展新路。

1. 主攻一个方向。

作为省、市传统商贸大区，服务业是我区的绝对主导产业和特色优势产业，根据供给侧结构性改革的需要，把服务业提质升级作为区域经济发展的主攻方向，是经济发展质量和效益同步提升的根本和关键，也是省会中心城区功能定位对迎泽区创新转型的重要要求。

要坚持传统服务业和现代服务业并重。鼓励支持商贸、住宿、餐饮、仓储、运输等传统服务业改造和优化升级，加快规模型拓展和质效型提升，扩大区域产业特色优势；培育扶持金融保险、信息科技、文化娱乐、社区服务和教育、健康、养老等现代服务业发展，引进高端业态、现代管理和新型商业模式、服务方式，强化科学技术特别是信息网络技术支撑，提高现代服务业的比重和贡献率，巩固商贸服务业中心区地位。

要坚持生产性服务业和生活性服务业并举。围绕服务省、市资源型经济转型发展，深化供给侧结构性改革，整合提升楼宇、楼群、园区等平台，有效利用区域金融、信息、科研、交通、物流、商务、会展、人才人力、政务服务、法律服务以及各类评估认证、检验检测等资源相对集中的优势，着眼服务业向工业的前期研发、设计，中期管理、融资和后期物流、销售、售后服务、信息反馈等全过程渗透，进一步完善生产性服务供应链，提高生产性服务业的科技化、信息化、现代化、专业化水平，主动承接好新型工业化进程中的各类服务环节专业化分离和外包工作，加快推动区域服务业发展与新型工业化的深度对接融合；围绕人民群众对美好生活的新需求，加强城乡各类生活性服务设施的建设和改造，大力发展社区服务业和面向农村的服务业，优先发展养老、看护、家政、教育、医卫、文化、旅游、中介等便民利民服务业，进一步完善生活性服务业体系，丰富服务供给，提高优质便捷服务的承载力和覆盖面，加快推动区域服务业发展与全市城镇化进程的深度对接融合。

要坚持服务业与新兴产业发展并进。在推进服务业扩容提质的同时，创新发展都市型工业和新兴产业，积极培育新兴产业实体，发展高端装备、新型材料、节能环保、医疗器材、加工制造、现代医药、生态旅游等新兴产业项目，同时，鼓励创业创新，支持现代科技和信息技术在新兴产业中的应用推广，打造一批新兴产业集群和龙头企业、品牌实体，增创产业发展新动力，形成以现代服务业为主体，各类产业融合互促，与区位功能和发展定位相适应，与生态环境相协调的中心城区型特色产业体系。

2. 提升两个商圈。

柳巷商圈、朝阳商圈是全区商贸服务业发展的火车头，我们必须立足当下、面向未来，紧扣时代脉搏，走商文旅融合发展之路，使两大商圈焕发出新的生机。

柳巷商圈，在当前激烈的市场竞争中，要打好历史文化牌，传承核心商圈的繁华兴盛。从全国经验来看，老商圈只有走创建文化街区之路才能永不“落幕”，文化街区是城市的会客厅，是城市文化的集中体现，能够唤起市民的历史记忆和文化认同，增加市民和城市的亲和度，吸引海内外游客光顾，从根本上提升柳巷商圈的竞争力。柳巷商圈内历史遗存众多，百年来集聚的商业人气、积淀的商业文化，在全省独树一帜，为文化街区建设改造提供了条件。要按照打造“大柳巷文化街区”的理念，通过棚户区改造，对和文化历史无关的建筑能拆尽拆，重点古建筑周边尽可能留出空间，为大规模改造创造条件；要引导现有商户认同大发展理念，克服短期思想，树立长远的战略思维，为改造献计出力；要按照文化旅游需求，发展多种文化商业形态，通过改善市场环境和基础设施，发展智慧型服务业和新零售模式，丰富和完善消费及休闲功能，满足不同人群的文化、旅游、休闲、购物需求，推动柳巷商圈沿着文化街区的理念和功能不断升级。

朝阳商圈，要进一步丰富路网建设，加大街区和市场整治力度，打造环境整洁、功能完备、经营规范、多业态融合的现代商贸物流城。要加强车辆通行、停放管理，按照共享理念，最大限度地发挥停车位的停放频次；针对人员流动性强的特点，改进管理模式，实施环卫、治安精细化管理，创造舒适的购物环境。要拉长营销链条，引导服装加工业发展，鼓励周边物流配送业整合提档，加快形成产销一体化格局；建设完善高标准的装修市场，满足不同消费人群需求，弥补东部地区无家装市场的短板；运用互联网思维，建好网上商店，线上浏览线下体验，实现线上线下一体化市场运营，拓展同城快递业务，丰富销售模式；提升餐饮、休闲、娱乐等服务，加快提升业态集聚力和消费吸引力，满足消费者多种消费需求。要全面融入双塔大景区的建设和发展，结合双塔景区规划，着眼双塔大景区文化旅游产业需求，引导各类商城走集约经营、集群发展之路，实现整体提档升级，努力建设集旅游、休闲、购物、度假、娱乐为一体的综合商圈。

3. 统筹三个板块。

按照“优势互补、错位发展、协同并进”的原则，统筹推进建成区、城乡结合部和东山地区三大板块建设。

在建成区，实施老城更新计划，提高公共服务水平，提升市民生活品质。继续推进棚户区改造，通过腾挪和置换，盘活有限的城区土地资源，为传统商贸、现代商务、便民服务等产业发展释放新空间。聚焦项目建设，抓好华润·昆仑域、太原国海广场、山西万豪广场、晋台两岸文化创意园区、都市广场等项目；科学规划、合理布局教育、医疗、社区服务、养老中心、小游园、公厕等，让市民生活更加便利、宜居、幸福。依托区位功能优势，大力发展楼宇总部经济，打造一批品质高、上规模的高端精品楼宇，吸引更多的总部企业和关联产业集中入驻，提升我区传统商贸中心区优势，巩固省城中心商务区地位。

在城乡结合部，用好土地资源，完善公共设施及配套，建设高标准现代化宜居小区，促进人口集聚，布局新的经济增长点，形成东部新城。结合双塔大景区建设，配套太古里城市客厅，打造最具标志性、代表性、观赏性的太原城市名片。充分利用城中村改造释放出的新空间，以世界眼光，谋篇布局，积极引进占地空间小、产业附加值高、辐射带动力强的大数据、创意、会展、金融等现代服务业，打造区域经济发展新引擎，为迎泽未来发展蓄力。

在东山地区，立足生态旅游，实现绿色发展。依托植被好、生态优、雾霾少、气候清凉宜人的先天优势，重点布局发展面向市民的生态旅游、休闲度假等产业。通过推进生态修复、造林绿化和引水济山等生态建设重点工程，实现生态提质，进一步改善东山发展基础；通过加快基础设施建设，实现东山道路成环成网，进一步提高通行能力；认真贯彻中央省市关于推进乡村振兴战略的安排部署，布局实施一批有市场前景和发展活力的现代都市农业项目，以张家河、董家庄特色小镇建设为牵引，打造一批特色小镇，根据地形地貌、山水形态科学布局，形成山、水、林、景、村相得益彰，人与自然、传统与现代、产业与生态协调融合的发展新格局。

4. 打造四个园区。

经济园区是现代经济发展的引擎，要结合区情产业发展基础优势和条件，加快推进电子商务、智慧物流、汽车服务和功能性特色小镇等四个特色园区建设。加快太原互联网+智慧产业园建设，结合新一轮规划调整，推动扩容提质，引进一批高新技术企业和项目，打造融高端商务、现代商贸、生物科技、机械制造、智慧创新于一体的特色园区；加快中鲁物流园扩园步伐和智慧化建设进程，打造省内规模最大的快递中转基地和现代物流产业核心园区；加快新东峰汽车贸易园建设，拓展区域服务业发展新领域；加快东山农业生态公园建设，按照一村一品、特色小镇、集中连片的思路，高标准规划建设旅游风景区，布局发展森林公园、林果基地、现代农业、休闲度假等项目，打造市民放松心情、亲近自然、体验生态的观光旅游产业园区。

5. 发展五项产业。

实现我区经济高质量发展，必须在产业项目上做好谋划，处理好“老饭碗”和“新饭碗”的关系，培育壮大新兴产业，推动产业向高端迈进，振兴实体经济。着力培育发展服装加工贸易、物流信息、文化创意、休闲旅游、汽车后市场服务等“五项产业”。以延展产业链、开辟新领域、占据新市场、引领新消费、促进新增长为目标，以发展实体、促进集聚、拓展规模、提升能级为思路，积极推动区域相关资源的整合利用，鼓励现有产业实施改造和转型升级，积极引进国际国内一线品牌、龙头企业、先进管理模式、成熟经营业态、现代科学技术和高端专业人才，加快推动具有核心吸引力和引领带动性的实体项目建设，努力在多领域、多产业、多业态形成区域经济新的竞争力和影响力，进一步巩固商贸、服务、信息中心区和文化核心区地位，打造省城现代物流、城市休闲旅游新高地，提升区域经济发展新境界。

二、提升城乡建设和管理水平，建设全域生态宜居美丽迎泽

我区是省城中心城区和“窗口”形象区，必须高水平、高标准、高品质、高站位抓好城乡建设管理和生态环境保护，努力在我市实施城市修补、生态修复“双修”战略，建设美丽太原中走在前列，在推进太原都市区建设中体现中心城区应有的担当。

要高水平推进城乡规划。主动与省、市对接协调，努力把我区产业、生态、环境、乡村振兴、全域旅游、特色小镇、交通路网、民生设施等建设发展的思路和布局，融入太原都市区整体规划，在土地转征收储、城市规划设计、基础设施建设和项目落地等方面争取更多主动权，为加快创新转型、提升城市功能留足空间。

要高标准推进城乡建设。全面完成城中村整村拆除清零，抓紧城改项目及配套建设，加快建成区东扩进程。稳妥做好已拆棚户区回迁安置，稳步推进现有棚户区改造，积极有序推动老城更新。全力配合轨道交通等重点建设，积极推动东环高速路南内环互通、迎泽大街东延等重点工程，力争在东部地区和老城区交通拥堵区域规划实施一批道路建设及街巷改造工程，进一步完善交通网络，改善出行环境。加快双塔景区建设，尽快启动钟楼街改造房屋征收，促进产城融合、商文旅融合。着力抓好老旧管网改造和停车场、市场、游园绿地以及环卫、安全等便民设施建设，不断提高城市综合承载力。

要高品质推进城乡管理。巩固深化城市管理全面提升行动，持续推进示范区创建、片区及小街巷综合整治和农村环境治理，集中攻坚难点乱点，提升环境品质。

加强城市精细化管理，加快智慧城市建设，深化文明城市创建，彰显城市品位。积极探索城管执法综合改革新举措，健全规范化常态化长效化管理机制，完善监督、考核、奖罚等制度，确保责任全覆盖、管理无漏洞、环境无死角，全面提高城乡管理水平。

要高站位推进生态环境保护。牢固树立绿水青山就是金山银山的理念，全力打好污染防治攻坚战。继续加大散煤燃烧、扬尘污染、企业排污等治理力度，坚决打赢蓝天保卫战。坚持国策“刚度”与民生“温度”相统一，在严格环境执法、保护生态环境的同时，高度关切群众现实利益和长远发展问题，切实保障好群众的生产生活。加强基本农田保护，保持查控“两违”高压态势。严格落实河长制，加强河道治理，彻底消除黑臭水体。加快美丽乡村建设和农村人居环境改善，推动农村地区美丽升级。积极创建国家森林城市和生态园林城市，继续抓好东山提档造林、通道绿化、生态修复和城区绿化美化，高标准打造生态环境景观，高水平编织城市生态绿网，以环境质量的持续改善，为人民群众提供最普惠的民生福祉。

三、提高保障和改善民生水平，持续提升群众的获得感和幸福感

认真践行以人民为中心的发展思想，发展为了人民，发展依靠人民，发展成果由人民共享。一切工作都要以人民利益为根本出发点，以更深的感情、更重的责任、更大的力度、更实的举措，多谋民生之利、多解民生之忧，扎实做好各项民生实事，在幼有所育、学有所教、劳有所得、病有所医、老有所养、住有所居、弱有所扶上不断取得新进展。要继续开展就业服务系列活动，积极搭建供需平台，着力提升就业水平。认真落实各项社会保障和救助政策，不断扩大社会保险参保人群和险种覆盖面，完善城乡一体化的社会救助体系平台和救助制度。继续推进义务教育优质均衡发展，加快新改扩建学校进度，狠抓教师队伍，提高教学质量，促进教育内涵发展。深化医疗卫生体制和计划生育管理服务体制改革，建立完善符合迎泽实际的医疗卫生和计划生育服务体系。加快推进区中心医院新院建设，发挥社区卫生服务中心枢纽作用，以棉花巷社区卫生服务中心为试点，探索医养结合模式。新建 6 个社区养老服务中心和 8 个社区老年人日间照料中心，不断提高社区养老医疗服务水平。全力抓好对娄烦县静游镇的对口扶贫工作，年内实现娄烦县静游镇 15 个贫困村 11585 人全部脱贫的总目标任务。

四、努力营造安全稳定环境，持续提升群众安全感

针对我区当前的信访稳定形势，将今年确定为社会矛盾化解年，就是要运用法治思维和法治方式，采用项目化管理考核模式，一案一律师，干部包协调，全面控制信访增量，减少积案存量。要认真践行“发展是硬道理，稳定也是硬道理，抓发展、抓稳定两手都要硬”的理念，坚决落实维护社会和谐稳定的重大政治责任，以改革的精神，以更敏锐的政治眼光、更强烈的忧患意识，着力提高社会治理社会化、法治化、智能化、专业化水平，做到守土有责、守土负责、守土尽责。学好用好“枫桥经验”，认真落实领导包片包案、部门联动化解等机制，扎实开展大接访、大走访和“走访慰问排查疏导”活动，强化依法化解，加大对非法上访的打击力度，妥善做好信访稳定工作。狠抓安全生产，严格落实“党政同责、一岗双责、企业（单位）主责、失职追责”，持续开展拉网式、地毯式安全隐患大排查大检查，持续开展消防、燃气、危化、道路交通、建筑施工、特种设备、食品药品等重点行业领域专项治理，大力提升安全监管水平。扎实推进“平安迎泽”建设，搭建区综治视频信息资源交换共享平台，全面完成综治中心向街镇、社区延伸，构建全民共建共治共享的社会治理格局。依法严厉打击各类违法犯罪，加强重点部位反恐能力建设，确保社会大局和谐稳定。

五、扎实推进民主法治建设，凝心聚力共促发展

充分发挥区委总揽全局、协调各方的领导核心作用，进一步巩固和发展迎泽转型创新干事创业的良好局面。区人大及其常委会要围绕区委中心工作及改革发展稳定的重大问题、人民群众普遍关注的热点难点问题，开展视察调研和执法检查，依法履行职责。区政协要重点围绕重大项目建设、现代服务业提质升级、城中村和棚户区改造、城乡生态建设、城市管理全面提升等事关迎泽发展大局的重点难点工作，充分发挥民主监督作用，积极建言献策。发挥统一战线重要法宝作用，支持民主党派以及各统战团体开展工作，促进非公有制经济健康发展和非公有制经济人士健康成长。深化群团改革，把工青妇等群团组织建设成党的群众工作坚强阵地。加快法治迎泽建设，推进依法行政，严格规范公正文明执法，开展扫黑除恶专项斗争，严厉打击以各种名义在政府重点工程、新农村建设、拆迁征地租地过程中煽动群众闹事、堵门堵路、组织策划群体上访的黑恶势力，深入推进“七五”普法，建设社会主义法治文化，深化司法体制改革，让人民群众在每一个司法案件中感受到公平正义。切实履行党管武装的政治责任，搞好国防后备力量建设，大抓民兵军事训练，提升应急支援保障能力。抓好双拥工作，支持驻区部队建设，助力太原市军民融合。

坚定不移全面从严治党
为全区高质量发展提供坚强保证

实现今年的各项目标任务，关键是要坚持和加强党的全面领导，坚持党要管党、全面从严治党，认真贯彻新时代党的建设总要求和重点任务，全面开展作风建设提升年行动，扎实推进党的建设新的伟大工程。

一是坚持党管一切，加强和改进党对经济工作的领导，牢牢把握经济工作主动权。坚持和加强党的全面领导，区委既要总揽全局，把方向，定目标，加强对重点工作的组织实施，及时研判形势，精准跟进施策，又要善于协调各方，支持人大、政府、政协、法院、检察院和人民团体充分履行职责，调动各方面的积极性。发展是第一要务，全区各级党组织要把抓好经济工作作为重大政治责任，正确处理好确保中央和省、市委政令畅通与立足迎泽实际创造性开展工作的关系，不折不扣地把上级的各项要求落到实处。全区各级党组织，各单位各部门要协同配合，全区上下一盘棋，对区委的各项决策部署做到步调统一，令行禁止。全区各级领导干部要不断提高学习本领、政治领导本领、改革创新本领、科学发展本领、依法执政本领、群众工作本领、狠抓落实本领、驾驭风险本领，努力成为工作的行家里手。

二是增强政治定力，坚持以习近平新时代中国特色社会主义思想武装头脑。习近平新时代中国特色社会主义思想是我们做好各项工作的行动指南。要牢固树立“四个意识”，自觉维护以习近平同志为核心的党中央权威和集中统一领导。要进一步巩固和拓展“两学一做”学习教育常态化制度化和维护核心、见诸行动主题教育成果，扎实开展“不忘初心、牢记使命”主题教育，坚持学深悟透，读原著、学原文、悟原理，组织全区各级领导干部认真学习领会习近平新时代中国特色社会主义思想和新党章，增强贯彻落实的自觉性和坚定性。坚持融会贯通，弘扬理论联系实际的作风，强化问题导向，自觉运用习近平新时代中国特色社会主义思想解决制约迎泽发展的重大问题，使我们的各项工作更加符合中央和省、市委的要求，更加符合人民的期盼。

三是坚持正确选人用人导向，建设高素质专业化干部队伍。干部是我们事业的中坚力量。要坚持“德才兼备、以德为先、以廉为基”用人导向，突出政治标准，提拔重用坚决维护党中央权威、全面贯彻区委决策部署、忠诚干净担当的干部，选优配强各级领导班子。加强后备干部队伍建设，注重在基层一线、急难险重的工作环境中培养锻炼年轻干部。坚持严管与厚爱相结合，加大对干部的教育管理，细化干部日常考核管理办法，完善领导干部能上能下、容错纠错和激励干事创业机制，为敢于担当、踏实做事、不谋私利的干部撑腰鼓劲。

四是坚持强基固本，进一步夯实基层基础。基层组织是确保各项决策部署落实的基础。要以提升组织力为重点，突出政治功能，坚持分类推进，把企业、农村、机关、学校、街道社区、社会组织等各领域基层党组织建设成为宣传党的主张、贯彻党的决定、领导基层治理、团结动员群众、推动改革发展的坚强战斗堡垒。建立市管领导“三基建设”联系点制度，大力推行重点工作项目化管理，用好“互联网+党建”服务群众工作信息系统，力争创出一批基层党建工作特色亮点。

五是持之以恒正风肃纪，进一步营造风清气正的良好政治生态。紧紧围绕保持党同人民群众的血肉联系，加强作风建设，巩固拓展落实中央八项规定精神成果，严格执行区委实施细则，继续整治“四风”问题，密切关注新动向新表现，一个节点一个节点坚守，一个问题一个问题突破，把作风建设的螺丝拧得更紧，工作做得更实；保持反腐败斗争的高压态势，保持永远在路上的清醒冷静和坚忍执着，坚持无禁区、全覆盖、零容忍，紧盯重点领域和关键环节，更加有效地遏增量、减存量，不断增强震慑遏制作用；深化和巩固监察体制改革成果，进一步推进街镇监察和派驻全覆盖工作，发挥好“探头”和“前哨”作用；结合扫黑除恶专项斗争，对涉黑涉恶违法犯罪案件及时深挖其背后的腐败问题，发现一起，查处一起，绝不姑息；着力解决群众身边的腐败问题，集中开展专项整治，重点查处发生在民生资金、“三资”管理、征地拆迁、教育医疗、最低生活保障、住房保障、生态文明建设等领域的“微腐败”，维护群众切身利益。

同志们，完成今年的目标任务需要一番艰辛努力，是对我们境界、能力、作风的大考验。区委将今年确定为“作风建设提升年”，就是要提高政治站位，上下一盘棋，令行禁止，团结协作，集中力量，攻坚克难；要发扬钉钉子精神，盯紧重点目标重点任务，抓住关键，锲而不舍，一个时间节点一个时间节点稳步推进；要敢于担当，敢抓敢管敢于碰硬，以“人一之我十之、人十之我百之”的拼劲，努力创造新业绩。

我们要认真落实中央精神和省委、市委要求，精心部署，统筹安排，做好节日期间的各项工作。

一要坚决抓好政治安全，严格落实意识形态工作责任制，营造团结稳定的社会氛围。二要抓好矛盾排查化解，做好涉众群体走访慰问和帮扶工作，体现人文关怀，抓好信访稳定工作，依法化解矛盾。三要坚决抓好公共安全，落实好安全生产责任制，持续开展消防、交通、燃气、森防、食药、商场、公园、宗教活动场所等行业领域安全检查，坚决遏制重特大安全事故。开展扫黑除恶专项斗争，营造群众满意的平安环境。四要统筹做好春节元宵节亮化工作，结合街景，在色彩、格调、形态上高标准规划设计，布置好主要街道、重点地区景观，体现省会城市水平，同时要高度重视用电安全，防风防雪防踩踏。要清除卫生死角，确保干净整洁迎佳节。五要用心用情做好送温暖工作，广泛开展走访慰问、帮扶救助等活动，做好关心老党员、老干部和困难群众生活工作，解决他们的实际问题，保证温暖过冬过节。六要丰富群众节日文化生活，组织开展好文化惠民活动，加大公共文化设施服务力度，营造喜庆祥和的节日氛围。七要认真落实值班工作制度，严格落实岗位责任制和应急机制，确保信息畅通。八要廉洁过节，弘扬中华民族优良传统，倡导勤俭文明过节新风尚，紧盯“四风”新动向，坚决杜绝“节日腐败”，确保全区人民群众高高兴兴过大年。

太原市迎泽区人民代表大会常务委员会工作报告（摘要）

——在太原市迎泽区第五届人民代表大会第四次会议上

太原市迎泽区人大常委会副主任　尹晓平

（2019 年 2 月 20 日）

2018 年的工作回顾

一、坚持党的领导，牢牢把握正确政治方向

坚持党的领导是做好人大工作的根本保证和关键所在。常委会把学习贯彻习近平新时代中国特色社会主义思想作为首要政治任务，学思践悟、知行合一，把增强政治意识、大局意识、核心意识、看齐意识，坚决维护习近平总书记党中央的核心、全党的核心地位，坚决维护党中央权威和集中统一领导融入依法履职全过程，始终在政治立场、政治方向、政治原则、政治道路上同以习近平同志为核心的党中央保持高度一致。

坚定不移、不折不扣地贯彻中央大政方针和省、市、区委决策部署，围绕区委中心工作谋划推动各项工作，重大问题、重要事项及时向区委请示报告。一年来区人大常委会共召开常委会会议 8 次，主任会议 17 次，审议通过“一府两院”议题 14 项，依法对 2017 年决算、2018 年预算调整等作出决议、决定 10 项，依法任命国家机关工作人员 16 名，免职 3 人，接受辞职 8 人，补选区人大代表 13 名、市人大代表 3 名，确保了区委决策通过法定程序得到有效贯彻落实，把坚持党的领导、人民当家做主、依法治国三者有机统一起来。

二、坚持依法监督，更好服务全区工作大局

常委会紧紧围绕全区中心工作和人民群众普遍关注的重点、热点、难点问题，认真履行宪法法律赋予的职责，精准发力，开展正确监督、有效监督，认真听取审议专项工作报告，积极开展专题调研，严格进行执法检查，有力促进了“一府一委两院”依法行政、依法监察、公正司法。

加强经济工作监督。常委会将服务经济发展，做大做强实体经济，提高发展质量和效益作为首要任务，依法开展监督。听取和审议了区政府关于计划、预算执行情况的报告和财政决算（草案）报告、审计工作报告，作出预算执行情况审查结果的报告，审查批准 2017 年财政决算；落实区委“项目建设年”要求，组织人大代表、市委党校中青班学员、企业家代表开展“区域经济发展”专题视察、座谈，研究和分析区域经济发展差距、成因、对策等；

对科技创新工作开展视察，督促政府弘扬改革创新精神，坚持“质量第一、效益优先”，将发展经济的着力点放在实体经济上，加快传统服务业提质升级，大力发展新兴服务业，积极支持科技创新，坚定不移推动项目建设，全力抓好招商引资，积极推进园区建设，努力提高服务保障水平，切实增强迎泽经济发展优势。加强对审计查出问题整改落实的监督，听取和审议区政府审计查出问题整改落实情况的报告，督促区政府进一步拓展审计范围，加大审计深度，提升审计监督效能。

加强重点工作和民生工作监督。常委会坚持以人民为中心的发展思想，精准发力，开展有效监督。紧密结合社会矛盾化解年工作，组织人大代表和法律专家，就全区行政诉讼案件办理情况开展专题调研，并形成高质量专题调研报告，提出了建设性意见、建议，有力地推进了依法行政工作；紧紧围绕全国文明城市创建工作，详细制定工作方案，多次组织市、区、镇三级人大代表开展专题视察，实地察看了交通整治、市容市貌整治、市场环境整治等“九乱”专项整治情况，督促创城责任单位严格按照整治目标，高质量、高标准完成整治任务，努力推动创城工作全面达标；对棚户区改造及居民安置工作进行视察，督促政府多措并举加快棚户区安置房建设速度，积极探索完善安置工作新途径，确保棚户区居民早日实现回迁安置；对环境保护工作开展视察，督促政府深化环保督查案件整改落实，巩固完善环境保护长效机制，稳步推进环境质量改善。

加强法律法规实施情况监督。常委会对法律法规贯彻实施情况进行执法检查。对贯彻实施《山西省食品小作坊小经营店小摊店管理条例》情况开展执法检查，督促政府监管部门健全联合执法机制，提高监管效能，进一步规范食品小作坊、小经营店和小摊点生产经营活动，切实保障人民群众“舌尖上的安全”。按照市人大常委会安排，组织对《中华人民共和国大气污染防治法》《山西省大气污染防治条例》《太原市大气污染防治条例》贯彻实施情况进行执法检查，督促政府进一步强化科技支撑，以法律武器治理污染，用法治力量保卫蓝天，积极推进生态文明建设。

加强司法工作监督。常委会围绕推进司法体制改革以及扫黑除恶专项斗争开展监督，有效促进“两院”公正司法。对区人民法院全力破解执行难工作情况进行了视察，实地察看了立案诉讼服务中心、执行指挥中心，听取了区法院全力破解执行难工作情况汇报，督促法院深化执行改革，优化资源配置，发挥联动惩戒机制作用，加大打击拒执犯罪力度，如期打赢“基本解决执行难”这场硬仗。对区人民检察院扫黑除恶专项斗争工作进行了视察，实地察看了区人民检察院远程提审室和案件管理大厅，听取了扫黑除恶专项斗争工作情况汇报，肯定了全区扫黑除恶专项斗争工作成效，督促检察院加大依法打击力度，深挖彻查黑恶势力背后的“保护伞”，不断推动“扫黑、除恶、治乱”工作向纵深发展。

三、坚持代表主体地位，代表工作不断深化和拓展

强化代表学习培训。常委会组织60余名市、区人大代表赴右玉干部学院开展了以“学习宪法，弘扬右玉精神”为主题的学习培训，邀请高校优秀教师对新修改《宪法》进行了系统、详细地讲解，全面准确领会、深入贯彻落实新修改的《宪法》；在第五个宪法日之际，组织开展国家宪法日宣传活动，向人民群众讲解宪法，宣传宪法，弘扬宪法精神，树立宪法权威，使人民群众成为社会主义法治的忠实崇尚者、自觉遵守者、坚定捍卫者；组织市、区人大代表赴延安干部培训学院进行弘扬延安精神学习培训，接受红色洗礼，锤炼党性修养，切实增强代表履职自觉性，发挥好代表的主体作用；组织市、区人大代表参加太原市人大常委会庆祝改革开放四十周年征文活动，荣获优秀组织奖。

完善人大代表联系人民群众制度。常委会认真贯彻落实省、市人大常委会《<关于完善人大代表联系人民群众制度的实施意见>的实施办法》《太原市人大常委会关于进一步加强县乡人大代表工作的指导意见》的精神。强化阵地建设，实现了六街一镇“人大代表活动室”和全区114个社区（村）“人大代表联络站”全覆盖，同时，以“六有”标准，建设、整合、升级代表活动场所，健全代表活动制度，完善代表履职档案，规范了代表履职内容。落实人大常委会组成人员联系人大代表、人大代表联系人民群众制度，开展代表小组活动，进行代表向选民述职，组织代表参与视察、调研、执法检查等活动20余次，密切了代表同人民群众的联系。迎泽街道人大工委在太原市县乡人大代表工作推进会上，作了关于人大代表密切联系人民群众经验做法的交流发言，受到一致好评。

增强代表意见建议办理实效。常委会完善代表建议办理机制，突出跟踪督办和重点督办，区五届人大三次会议以来共收到代表建议、批评和意见138件，主要涉及城建、教育、卫生、经济、民政、农林水等方面的工作。其中，属市权限范围办理的27件，属我区职权范围的111件。经分类整理，属我区职权范围办理的建议中，经济发展方面15件，占总数的13.5%；城乡建设和管理方面41件，占总数的37%；文教卫生方面28件，占总数的25.2%；公安、民政及社区建设方面19件，占总数的17.1%；其他方面8件，占总数的7.2%。所有建议均在规定期限答复完毕，并全部向代表作出了书面答复，办结率93.0%，满意率逐年提升。代表提出的《关于制定出台扶持企业发展保障政策，促进经济全面转型发展的建议》《关于城中村招商引资的建议》等重点建议得到采纳落实；人大常委会会议专门听取政府对代表建议、批评和意见办理情况的报告，进一步丰富了监督手段。

四、强化“两个机关”建设，依法履职能力和服务水平进一步提升

强化理论武装。常委会党组将加强思想政治建设作为首要任务，以扎实推进

"两学一做"学习教育常态化制度化为重要载体，把学习习近平新时代中国特色社会主义思想和党的十九大精神、《宪法》等作为重点，制定学习计划，采取多种形式、深入学习，准确领悟，推动党员干部自觉运用科学理论武装头脑，统领人大工作，一年来，组织集体学习20余次，开展以弘扬"红船精神"等为主题的党日活动12次。

扎实推进"三基建设"。常委会高度重视"三基建设"工作，将"三基建设"纳入重要工作日程，与人大党组织建设、人大年度工作有机结合，着力强化组织建设，夯实基础工作，提升基本能力，推动人大工作再上新台阶。专题学习了骆惠宁书记在全省推进"三基建设"工作座谈会上的讲话，严格按照《中国共产党支部工作条例（试行）》《山西省机关基层党组织规范化建设标准》，健全完善了区人大机关党组织的"三会一课"、谈心谈话等制度，完善了党组织的运行机制，确保了党的政治路线的贯彻执行；完成了"一目录三手册"制定工作，接受了基础工作评估检查。制定并实施了区人大2018年度干部专业能力培训计划，严格开展干部专业能力考试测评，在实际工作中，更加注重补短板、强业务，进一步提升干部能力和素养，为人大依法履职提供保障支撑。

严格履行全面从严治党"两个责任"。常委会以党章党规为遵循，以正风肃纪为重点，坚持以上率下，层层传导压力，全面落实管党治党政治责任，持续强化风清气正的政治生态建设，推动全面从严治党"两个责任"落地生效。及时召开了党组会议，认真研究全年党风廉政建设工作，进一步明确责任，形成了党组书记负总责、一级抓一级、层层抓落实的工作格局，全年召开党风廉政建设专题会议3次；严守政治纪律和政治规矩，把维护党章权威、严明党的纪律作为党风廉政建设的重要任务。深入推进作风建设，就进一步贯彻落实中央八项规定精神、集中整治形式主义、官僚主义、深化巡视整改"回头看"等工作，坚持问题导向，积极开展自查自纠，查摆问题6个，认真整改落实。严格落实《党政机关厉行节约反对浪费条例》和公务接待管理、公务用车改革和管理等制度，在重要节点强化监督检查，持之以恒反对"四风"，推动党风廉政建设和反腐败斗争向纵深发展。

回顾一年来的工作，我们清醒地认识到，人大常委会的工作还存在一些问题和不足：主要是监督工作的方式方法有待进一步拓展，监督实效还需进一步增强；对人民群众普遍关心的热点难点问题和民生工作监督力度仍需进一步加强；代表意见和建议办理工作还需要进一步提升，建设高素质专业化干部队伍，高质量完成人大工作的任务还比较繁重。这些问题需要我们在今后的工作中认真加以解决。

2019年工作的总体要求和主要任务

一、更加注重党的建设，提高本领

以党的政治建设为统领，坚定理想信

念宗旨，切实加强思想、组织、作风、纪律建设，把制度建设贯穿始终，特别是要将习近平总书记关于坚持和完善人民代表大会制度的重要思想贯穿于人大工作全过程，牢牢把握政治方向，全面贯彻区委决策部署，围绕中心、同轴运转、同频共振、同向发力，及时将区委主张和决策通过法定程序转化为全区人民的共同意志和自觉行动。扎实开展“三基建设”，不断推进基层党建制度化、规范化、标准化，深入开展“改革创新、奋发有为”大讨论，尤其要健全人大组织制度和工作制度，优化人大机关运行机制，不断增强履职能力、理论素养和创新活力。落实全面从严治党要求，坚定不移把党风廉政建设和反腐败斗争引向深入，严格执行中央八项规定精神，持续开展“四风”整治，切实加强作风建设，确保各项工作更加高效规范，推进全区人大工作迈上新台阶；努力把人大及其常委会建设成为全面担负起宪法法律赋予的各项职责的工作机关，成为同人民群众保持密切联系的代表机关。

二、更加注重依法监督，提高实效

全面履行宪法法律赋予的各项职责，着力在提高人大工作实效上下功夫。加强和改进监督工作，强化审议和专题询问，健全审议意见落实情况跟踪问效机制，认真开展执法检查，完善规范性文件备案审查程序，对带有全局性和倾向性的问题，积极开展专题询问；增强监督工作的针对性和实效性，促进“一府一委两院”依法行政、依法监察、公正司法。

要认真落实省市人大预算联网监督工作会议精神，完成区人大与本级财政部门的数据库和国库集中支付系统联网，保障预算决算、预算执行信息传输和实时查询，重点强化预算审查监督，推进预算绩效管理。加强国有资产管理和监督，建立区政府向区人大常委会报告国有资产管理情况制度，实现人大对国有资产监督的制度化、规范化；要重点围绕全国文明城市创建、服务业提质升级和实体经济发展、民生改善、农村环境整治等重大目标任务，发挥人大监督职权，突出监督重点，改进监督方式，拓展监督内容，增强监督实效。

三、更加注重代表主体作用发挥，认真履职

坚持把尊重代表主体地位、提高代表素质能力、更好发挥代表作用，强化联系群众，作为开展人大工作的重要基础和关键环节。加强代表学习培训，不断提高代表履职能力；加强代表监督管理，严格代表履职记录，健全代表履职档案，开展人大代表述职活动；组织代表开展调查研究，抓住突出问题，查清问题症结，提出有针对性、有见地的对策建议；完善代表联系群众制度，引导促进代表通过多种方式了解民情、集中民智、反映民意；依法做好代表建议、批评和意见办理工作，努力保障群众合法权益。

坚定信心谋发展　同心聚力谱新篇
携手开创新时代迎泽政协工作新局面（摘要）

——在政协第五届太原市迎泽区委员会第四次会议上

政协太原市迎泽区主席　张志勤

（2019年2月19日）

一年来的工作回顾

一、提高政治站位，加强党的领导

区政协党组全面落实新时代党的建设总要求，按照区委“提高政治站位、服务发展大局、加强自身建设”的要求，高度重视党建工作，常委会专题学习中共中央办公厅印发的《关于加强新时代人民政协党的建设工作的若干意见》，向区委专题汇报全年党建工作，严格落实和完善党建工作制度，进一步加强党的领导，提升党建水平，在更好地维护核心、服务大局、凝聚力量中充分发挥作用。

高质量完成学习习近平总书记关于加强和改进人民政协工作的重要思想学习研讨活动。根据全国省、市政协安排部署和省委常委、市委书记罗清宇同志“提高政治站位、深入学习研讨，走在全省前列”的重要批示精神，以及太原市政协张明星主席调研迎泽区政协指导学习研讨活动时提出的要求，结合区政协工作，重点围绕转型项目建设年、社会矛盾化解年、作风建设提升年和深化城市管理全面提升行动，高质量建设省城首善之区的工作目标，制定《迎泽区政协深入开展习近平总书记关于加强和改进人民政协工作的重要思想学习研讨活动的实施方案》，组织收看全省政协系统“深入学习习近平总书记关于加强和改进人民政协工作的重要思想”专题报告会暨省政协党组中心组（扩大）学习电视电话会议，认真领会有关精神。及时召开专题会议，对区政协深入开展习近平总书记加强和改进人民政协工作的重要思想学习研讨活动进行动员部署，向区政协委员发放全国政协办公厅印发的《习近平总书记关于加强和改进人民政协工作的重要思想专题摘编》。根据省、市政协提出的研讨参考题目，向全体区政协委员征集论文160多篇，选编19篇优秀论文装订成册，形成研讨成果向市政协推荐，其中《试论新时代人民政协的新作为》获一等奖并推荐至省政协研讨活动参加书面交流，王胜委员撰写的《以习近平新时代中国特色社会主义思想凝聚新的社会阶层人士》一文，在省级刊物《理论探索》上刊发。

通过深入开展学习研讨活动，广大委员深刻认识到，要以习近平新时代中国特色社会主义思想为总纲，进一步树牢“四个意识”、坚定“四个自信”，强化责任意识和担当精神，不断提高工作能力和履职本领，更好地服务迎泽发展大局。

二、围绕大局，充分发挥政治协商作用

迎泽政协全面落实中央、省、市委关于完善工作机制加强人民政协协商民主建设的意见精神，充分发挥人民政协作为协商民主重要渠道和专门协商机构的作用，首次会同区委、区政府共同制定了《中国人民政治协商会议第五届太原市迎泽区委员会2018年度协商计划》，并专题听取了区委、区政府、区法院和区检察院2018年重点工作通报。五届三次会议以来，共召开政协常委会议8次，主席会议9次，委员们通过深入进行专题协商、对口协商、提案办理协商，就落实转型项目年、脱贫攻坚等事关我区转型发展的重大问题，提出许多中肯的意见和建议。委员的合理建议得到区委、区政府、区法院、区检察院及相关部门的积极回应和采纳，体现出协商民主的生机活力，凝聚了推进我区发展的强大力量。

按照《中国人民政治协商会议第五届太原市迎泽区委员会2018年度协商计划》安排，重点对东山美丽乡村建设、我区中小学心理健康工作、我区非物质文化遗产传承保护工作和迎泽区老龄工作进行专题视察，并形成调研报告报送区委、区政府及有关部门，其中《区政协对我区非物质文化遗产传承保护工作的视察报告》作为信息报送省委提供决策参考。

三、抓住重点，民主监督工作扎实推进

区政协坚持民主监督与政治协商、参政议政相统筹，调研、视察、会议、提案相结合，紧紧围绕区委提出的“转型项目建设年、社会矛盾化解年、作风建设提升年”的重大决策部署进行民主监督。

（一）围绕落实转型项目建设年开展专项联动视察监督

区政协紧紧围绕“主攻一个方向、提升两个商圈、统筹三个板块、打造四个园区、发展五项产业”的战略布局，组织委员对迎泽区招商引资和项目建设情况进行重点监督，通过现场查看和召开座谈会，对迎泽区在园区建设、特色楼宇和特色小镇招商建设方面做的工作进行详细了解，并就2018年迎泽区招商重点进行广泛交流，认为迎泽区在经济下行压力、土地供应紧张、产业投资需求不足的前提下，应该提高思想认识、全面摸清家底、拓宽引资渠道、配备专业队伍、优化营商环境，一致认为要解放思想，树立合力招商的意识，进一步深化招商引资的重要性和紧迫性，调动各方面积极因素，动员一切力量广泛吸引资金、技术、人才和先进管理经验，加快拉动迎泽区经济增长。

（二）围绕社会矛盾化解年开展视察监督

全力支持扫黑除恶专项斗争。区政协积极响应中央关于扫黑除恶专项斗争的号召，出台《政协太原市迎泽区委员会关于政协委员助力扫黑除恶专项斗争的倡议书》，倡议全体政协委员带头提高政治站位、带头宣传发动、带头遵纪守法、带头参与支持。对全区扫黑除恶专项斗争进行专题视察，听取公安、法院、检察院负责同志关于推进扫黑除恶专项斗争工作进展情况并提出意见建议。组织委员旁听庭审区人民法院“扫黑除恶”案件，对法检办案情况进行民主监督。

全力支持我区打造共建共治共享的社会治理新格局。学习推广新时代“枫桥经验”，助推基层社会治理先导区建设。为多元化解纠纷，缓解区法院“案多人少”矛盾，受区法院邀请，推荐孟晋林、董慧杰、刘睿平、荆蓉、冯磊、贾春政、王育华、刘华等八名委员担任迎泽区人民法院特邀调解员，积极参与社会矛盾化解工作。

（三）围绕作风建设提升年深入开展委员作风提升活动

按照习近平总书记对人民政协提出的要求，进一步加强自身建设，不断提升参政议政的科学化水平。区政协紧紧围绕区委“作风建设提升年”的安排部署，积极开创亮点，挂牌成立迎泽区首家政协委员工作室，出台《政协太原市迎泽区委员会关于设立政协委员工作室的实施意见（试行）》，委员工作室的成立极大的提高委员履职尽责的积极性，为打响迎泽政协品牌建设起到积极作用。完善政协委员履职考核，发挥委员作用。按照省市政协要求，制定《迎泽区政协委员履职考核实施方案》，围绕政协委员一年来的履职情况进行全面考核，委员通过填报《2018年度政协委员履职考核表》，撰写《述职报告》并进行会议发言，最后由各专委会签署考核意见，作为最终评优标准进行存档。此次委员考核明确政协委员社会责任，提高政协委员使命感，提升委员履职能力和工作作风。围绕作风建设年，迎泽区政协涌现出一批优秀政协委员，比如张志杰委员拓展服务平台，创办区政协首家“委员工作室”；张银良委员在“争做时代新人”的实践中，展现出作为一名政协委员的优秀风采；胡建雄委员结合自身实际，服务迎泽民营企业家，受到广泛好评；王征委员领导团队开发研制的PTH1-34口服剂，在第七届中国创新创业大赛中荣获第六名，这是山西省代表队参与该赛事七届以来的最好成绩，该成绩的获得全面提升政协组织和委员群体的社会形象。

四、紧扣中心，参政议政更富实效

牢牢把握全区经济社会发展的总体部署，把工作着力点放在服务我区转型发展的中心任务上，积极主动地开展多层次、多视角的参政议政。

搭建平台，助推民营经济。习近平总书记召开民营企业座谈会并发表重要讲话后，区政协立即组织召开迎泽区民营企业发展座谈会，深入学习讲话精神，广大政协委员纷纷表示牢记习近平总书记嘱托，把握时代大势，为加快我区转型发展作出更大贡献。区政协根据委员意见和建议，正确分析当前民营经济的现状，提出了

“进一步优化提升营商环境，深化放管服改革，严格落实国家各项减税降费政策”的意见建议，并形成书面材料报送区委。

强化引导，提升提案质量。积极搭建知情明政平台，拓宽提案征集渠道，组织委员广泛参与调研视察活动，着力在提案征集广度和深度上下功夫，在提案选题范围和内容上树立正确导向，确保提案质量。对五届三次会议期间征集的及会后收集的提案和社情民意信息进行梳理、审查、立案。在提案进行审查立案工作中，以微信方式发布提案立案情况，便于委员知晓、沟通。全年共收到提案 188 件，立案 168 件，立案率为 89.4%，对超出本区域和职权范围而不能立案的提案，尽可能通过加工转社情民意信息上报省市政协。

强化督办，推动提案落实。区政协积极落实主席班子成员督办提案机制，精心选择影响面大、关注度高、针对性强的重点提案进行督办，围绕“放管服改革，建立服务型政务服务”、“老旧小区消防安全”“中小学生心理健康”“迎泽区招商引资和项目建设”等提案进行督办，采取实地查看、面商座谈、现场指导等形式，催办、督促、跟踪办理，协调、推动承办单位提案办理落实。特别是胡丽军委员撰写的《关于高度关注老旧小区电梯安全隐患》提案，通过政府协调，部门落实，最终老百姓得实惠的方式得以解决，让政协委员认识到只有沉下身子，深入群众，才能把老百姓的疾苦、困难和需求了解清楚，在建言献策时才能说得对，此事被《山西政协报》重点报道。李红委员提出的《关于提升对检察院工作报告协商讨论成效的建议》，切中检察院工作关键，得到区检察院的充分肯定，建言献策说得准。通过区政协和提案办理单位的共同努力，全年立案提案办结率为 100%。

反映社情民意信息成效显著。认真组织政协委员积极反映社情民意信息，对大会期间及日常收到的提案进行全面筛选，对一些具有普遍性、预见性、科学性和可行性，对国家省市领导决策有参考价值的稿件，进行重点修改完善，及时编报省市政协。全年共收到政协委员和信息员的社情民意信息 229 篇，已上报省政协 60 件，市政协 105 件，2018 年社情民意信息太原市十县区排名位居前列，由太原市领导批示采用稿件 5 篇，由市级部门反馈采用稿件 4 篇，由市政协采用稿件 52 篇，其中罗小飞委员和李珏委员立足本职工作，充分发挥专业优势，撰写报送的《对第二类疫苗流通和使用的几点建议》由全国政协采用；刘月红委员报送的《关于强化农民职业教育服务乡村振兴战略的建议》、罗小飞委员报送的《疫苗事件之后的应对措施》和鲁培刚委员报送的《跨境电商发展中应注意的几个问题》由省政协采用。通过政协委员的共同努力，政协五届三次全会以来的社情民意信息工作，数量、质量、成效都较往年有了很大提升。

五、发挥优势，促进社会和谐

举全区政协之力，助推创建全国文明城市工作。区政协积极发挥人民政协团结社会各界、联系群众的优势，按照太原市创建全国文明城市推进会的要求，加大宣传，推进检查，广泛发动政协委员，相互协作、相互支持、相互配合，凝聚创城合力，全力协助区委、区政府做好文明创建工作。

凝心聚力积极开展扶贫工作。高标准实施精准扶贫。全面贯彻落实《山西省深度贫困县农林脱贫主导产业发展的若干意见》，由李皆宁委员和社会各界爱心企业共同发起并成立的精准扶贫项目，该项目旨在通过养殖野鸡，帮助娄烦县梁儿上村集体经济破零，带动贫困户增加收入稳定脱贫。李娜委员在岚县前庄村投资的农业扶贫项目，年产值达到200余万元，解决当地100余人的就业问题。积极发挥家政服务业在脱贫攻坚中的作用，周全有委员所在公司以技能培训、劳务派遣、就业指导为工作重点，培训人员1.6万人，涉及45个县区，280个乡镇，1.2万个村庄，有上万人通过帮扶走上就业岗位，基本实现“培训一人，就业一人，脱贫一户”的脱贫目标，被中华全国总工会、全国工商联授予“全国就业与社会保障先进民营企业”的光荣称号。深入开展攻坚深度贫困专项联动视察。全面落实《关于对全省转型项目建设年和全省攻坚深度贫困落实情况进行专项联动视察监督的通知》精神，组织政协委员前往娄烦县静游镇，进行专项联动视察监督。针对存在问题，委员们结合自身实际，发表意见建议，帮助解决问题。

全面推进政协文史工作。“双塔学堂”编撰质量不断提高。通过多方努力，其内容涵盖“共同关注”“政协简讯”“委员普法”“文化园地”等栏目，目前编辑9期，印发近4000册，围绕政治理论、大政方针和政协业务等专题，开展多角度、多渠道、多层次的交流学习，受到广大委员和社会各界人士的一致好评。多方呼吁修复傅山先生松庄故居。由王宏伟、郝勇等委员撰写的《关于修复傅山先生松庄故居的建议》，向市、区两级政府多次呼吁，为保护傅山先生松庄故居作出积极贡献。积极保护代表传统文化的地方戏曲剧种。全省戏曲剧种数据普查发现，我省现存38个戏曲剧种，已经消失12个剧种，目前很多小剧种处于濒危状态，为了传承优秀民族文化，王越委员通过撰写提案，反映社情民意，提出切实可行的保护措施，为保护消失戏曲剧种奔走呼号，作出了积极贡献。组织委员积极参与由太原市文联举办的一年一度文化品牌活动——“2018诗约春天”歌吟新时代朗诵音乐会，全方面展现委员风采。

团结凝聚社会各阶层。以促进民族和谐、宗教和睦为目标，加强与民族宗教人士的沟通交流。组织委员共同参与欢度伊斯兰教重大宗教节日“开斋节”和穆斯林群众传统节日“古尔邦节”。区政协充分发挥联系广泛、人才荟萃的优势，积极组织委员开展各种活动。在教师节期间，组织开展教师节慰问活动，为政协委员中的教师送去节日问候。持续关心和帮助自闭症儿童的康复和教育。

庆祝改革开放40周年系列活动。积极组织区政协委员参加太原市政协举办的“携手新时代 谱写新篇章”书画艺术展，选送席德生、乔亚丁、徐晓梅、史彦斌等委员的20余幅作品参展，受到主办单位充分肯定。积极参与迎泽区纪念改革开放四十周年暨建区二十周年“老城新韵，首善迎泽”主题成就展，用一幅幅图片生动展现改革开放以来迎泽区发生的巨大变化，展现广大政协委员干事创业，努力建设“省城首善之区”的良好精神风貌。区政协举办政协委员书画展，展品共计50余幅，历时两个月，共接待各界群众近万人。市政协、区委、区政府领导亲临现场，并对此次展览给予高度评价和充分肯定。

六、提高素质，不断加强自身建设

按照中央、省市的部署要求，紧密结合实际，切实把机构改革任务落实到位。履职尽责，不断提升工作水平。区政协党组充分发挥领导核心作用，把党风廉政建设主体责任落到实处，内聚人心，外树形象，积极营造干事创业大环境。常委会组成人员以身作则，带头讲政治、讲规矩、讲道德、讲奉献，充分发挥了示范带头作用。政协机关加强“三基建设”，贯彻落实《中国共产党党和国家机关基层组织工作条例》《中国共产党支部工作条例（试行）》，强化政协党组对政协机关党组织的领导，推动机关组织全面过硬。开展深入学习习近平总书记关于加强和改进人民政协工作的重要思想活动，在实践中铸牢党员干部的理想信念和政治灵魂。始终坚持把纪律和规矩挺在前面，以严的精神和实的举措推进机关思想、组织、作风、反腐倡廉和制度建设，切实提高机关精细化管理水平和服务保障能力。

今年工作安排

迎泽区政协工作的指导思想是：以习近平新时代中国特色社会主义思想为指导，全面贯彻中共十九大、十九届二中、三中全会精神，深入贯彻习近平总书记视察山西重要讲话精神，认真落实中央经济工作会议精神、省委十一届七次全会、市委十一届六次全会和区委五届四次党代会精神，坚持中国共产党的全面领导，坚持稳中求进工作总基调，坚持新发展理念，围绕建设省城首善之区目标定位，以“八个引领八个推动”为抓手，认真履行政治协商、民主监督、参政议政职能，充分发挥协调关系、汇聚力量、建言献策、服务大局的作用，以优异成绩庆祝中华人民共和国成立70周年。

主要工作任务是：

一、持续深入学习习近平新时代中国特色社会主义思想，筑牢团结奋斗的共同思想政治基础

把理论武装摆在更加突出位置，提高政协委员和机关干部思想理论水平。一要深入学习习近平新时代中国特色社会主义思想。加强学习培训、专家辅导、研讨交流，推动学习习近平新时代中国特色社会主义思想走深走实，增进高度的政治认同、思想认同、理论认同、情感认同。二要深入学习习近平总书记关于加强和改进人民政协工作的重要思想。以迎接人民政协成立70周年活动为契机，举办系列主题活动，展示人民政协风采。持续组织深入学习，抓好成果运用，落实加强和改进政协工作的重点任务，把握新方位，锚定新使命，当好政协制度的参与者、实践者、推动者。三要深入学习习近平总书记在庆祝改革开放40周年大会上重要讲话精神和视察山西重要讲话精神。扎实开展“改革创新、奋发有为”大讨论活动，围绕大讨论主题召开专题性常委会议，组织广大政协委员联系改革开放伟大历程和山西重大变化以及迎泽重大发展，开展讨论交流，广泛凝聚共识、振奋精神，书写新时代迎泽发展新篇章。四要深入学习贯彻中共中央办公厅印发的《关于加强新时代人民政协党的建设工作的若干意见》和省委办公厅印发的《关于加强新时代人民政协党的建设工作的实施意见》文件精神。贯彻落实新时代党的建设总要求，坚持和加强党的全面领导，坚持党要管党、全面从严治党，以党的政治建设为统领，全面推进人民政协党的政治建设、思想建设、组织建设、作风建设、纪律建设，实现党的组织对党员委员全覆盖、党的工作对政协委员全覆盖。

二、围绕建设省城首善之区履职尽责，为进一步开创迎泽转型发展新局面贡献力量

深入政治协商，积极建言献策。发挥专门协商机构作用，围绕“创建全国文明城市”“二青会”“做时代新人”“推进创新转型，做强做优实体经济”“高起点规划城市建设，打造高品质宜居城市”“高站位做好生态环境保护，推进城市双修，统筹污染防治和生态文明建设”协商建言。围绕“提质柳巷、朝阳商圈”“推进园区建设”“加快楼宇经济发展”“特色产业街区发展”“美丽乡村建设”等重点开展专题议政，充分发挥委员的聪明才智，努力为我区经济社会发展建真言、谋良策、出实招。

强化民主监督，推进工作落实。围绕区委、区政府关于高标准高质量推进机构改革，深化“放管服效”，推进行政审批，推行“马上办、网上办、就近办、一次办”和“一窗通办”开展专项视察监督；围绕加快推进政府数字化转型，推动政务信息、数据等资源互联互通和共享共用、落实民营企业减税降费、降低要素成本和治乱减负等各项政策措施，组织政协委员开展视察活动，帮助区委、区政府发现问题、改进工作，助力中央、省市决策部署在我区落实到位。

深化参政议政，增进人民福祉。聚焦关系我区人民根本福祉的重大问题加强调查研究，围绕“以建设省城首善之区目标定位，以‘八个引领八个推动’为抓手”的决策部署确定调研课题，努力拿出一批符合实情、反映民意、有助决策的调研成果，为我区破解转型难题、保持经济持续健康发展发挥积极作用。运用提案、社情民意信息等履职方式，紧扣就业、教育、医疗、安全、社会保障等涉及群众切身利益的实际问题，把区委、区政府关于保障和改善民生系列安排部署的落实情况反映上来，把人民群众的愿望诉求传递上去，助推全面建成小康社会。

三、聚焦加强思想政治引领新思路新理念，凝聚社会各界广泛共识

习近平总书记指出，人心向背、力量对比是决定党和人民事业成败的关键，是最大的政治。做好新时代政协工作，必须把加强思想政治引领摆在更加突出的位置，多做思想引导、协调关系、凝聚人心、汇聚力量工作，努力增进最大共识度、形成最大向心力。一要加强思想政治引领。充分发挥人民政协联系广泛、渠道畅通的优势，及时了解统一战线和人民政协内部思想动态。要在履职工作中加强政策宣传、社会引导，寓思想政治引领于视察调研、协商监督之中，通过扎实有效的工作，切实把党的主张转化为社会各界广泛共识。二要广泛凝聚强大正能量。鼓励和支持政协委员深入界别群众，倾听群众呼声，反映群众意愿，做好协调关系、理顺情绪、化解矛盾的工作。探索建立更加有效的载体和渠道，密切与各党派团体、民族宗教委员的联系，密切与非公有制经济人士及新社会阶层人士的联系。三要密切同政协委员的联系。建立健全走访委员、受理委员来信来访等制度，采取当面沟通、书面回复、网络联系等形式，及时处理有关问题，回应委员关切，为实现我区转型发展凝聚最大共识、汇聚最大力量。

四、树立“一线思维”，展现新时代政协的新担当新作为

汪洋主席强调：“人民政协处于凝心聚力第一线、决策咨询第一线、协商民主第一线、国家治理第一线，是党和国家一线工作的重要组成部分。”这对新时代人民政协工作提出了新的更高的要求，我们要全面贯彻落实这一明确要求，以改革思维、创新理念、务实举措，切实加强自身建设，展示新时代政协一线新气象。配合省、市政协建设山西智慧政协平台，做好区政协的信息化工作。按照“懂政协、会协商、善议政，守纪律、讲规矩、重品行”的要求，建立完善科学的履职管理机制，引导委员做好“委员作业”、交好履职报告。改进提案、大会发言、反映社情民意信息等工作，为委员发挥作用提供平台。加强专委会组织建设和履职能力建设，支持专委会与党派团体、界别组织开展联合调研，强化专委会对口协商，推动专委会工作更加活跃、更加深入。以建设一流政协机关为目标，大力弘扬改革创新、务实肯干、清正廉洁之风，推动干部用新担当新作为服务大局，为政协工作提质增效提供保障。

关于太原市迎泽区2018年国民经济和社会发展计划执行情况与2019年国民经济和社会发展计划（草案）的报告（摘要）

——在太原市迎泽区第五届人民代表大会第四次会议上

太原市迎泽区发展和改革局局长　张健康

（2019年2月19日）

一、2018年国民经济和社会发展计划执行情况

过去的一年，全区上下以习近平新时代中国特色社会主义思想为指导，在区委的坚强领导下，在区人大、区政协的监督支持下，认真贯彻党的十九大精神和习近平总书记系列重要讲话精神，坚决落实省委“一个指引、两手硬”的重大思路和要求，围绕“一个主攻方向、两个商圈、三个板块、四个园区、五项产业”的战略布局，坚持稳中求进工作总基调，自觉践行新发展理念，主动适应经济发展新常态。以“两个走在前列”为目标，全面实施创新驱动、转型升级战略，攻坚克难，主动作为，较好地完成了区五届人大三次会议确定的主要目标任务，全区经济社会持续稳定健康发展。

（一）推进转型升级，释放创新潜力，经济实力稳步提升

加快经济结构调整和产业转型升级步伐，加速转变经济发展方式，全区经济保持了稳步增长态势。

主要指标平稳增长。地区生产总值（GDP）完成7685868万元，增长8.9%，其中服务业增加值完成6704880万元，增长9.1%，占地区生产总值比重87.2%；社会消费品零售总额完成4094915万元，增长8.5%；规模以上工业增加值完成400367万元，增长12.1%；一般公共预算收入完成200976万元，增长31.6%；固定资产投资完成922394万元，下降5.6%。

转型升级明显加快。高标准设计了农村地区全域发展规划，因地制宜编制了全区城乡融合、区域一体、多规合一的乡村振兴战略规划。大力发展现代都市农业，董家庄生态休闲森栖谷特色小镇初具规模，建成区域面积达5000m²，涵盖农业休闲观光、民俗民宿体验、养生、度假、会议、博览等多个功能区。台骀山“滑世界”农林生态游乐园改造利用荒山、荒沟、废弃采石场2500余亩，新增玻璃栈道、水上乐园、滑沙、索道等多类型休闲农业旅游项目，年接待游客10万余人次。发挥区域优势，扶持发展了中泰金融、景峰国际外贸、中铁三局科技研发等一批新型特色商业楼宇。通过产业招商、园区招商、楼宇招商

等多种招商方式，引进了医疗器械、食品加工机械等一批新型产业，全年签约项目17个，引进资金238.3亿元。

项目建设加快推进。坚持把抓好项目建设作为加快推动转型发展的主抓手，全力保障项目落地、投产、达效，转型项目建设年工作总体进展顺利。列入市级项目库项目38项，全年累计完成投资51.18亿元。其中转型项目完成投资46.25亿元。全区储备项目80项，全年累计完成投资67亿元。省市重点工程超进度完成计划，全年累计完成投资26.91亿元，完成率345%，全市排名第一。重点项目得到有力推进，国家火炬计划迎泽特色产业基地（二期）正在进行园区土地收储和规划设计，区中心医院康养项目进入土地转征阶段，太原华润盛科金融中心项目正在进行规划条件公示，山西太原中医药产业园区项目正在开展前期用地方案论证。

（二）优化发展空间，突出创业平台，自主创新能力不断增强

加快园区载体建设，推进产业基地提质升级，强化自主创新驱动，增强区域发展潜力。

平台建设富有实效。通过政策引导、财政扶持、创新融资模式、强化宣传引领等多种方式，全力支持孵化器项目建设，双创载体的质量和数量均得到提高。全区共打造省级众创空间8家、省级科技孵化器1家，国家及省级重点实验室16个，省级工程技术研究中心6个，创新平台和孵化育成体系不断完善。

创新能力持续增强。充分发挥科技创新的引领和支撑作用，企业自主创新能力显著提升，初步形成了企业集聚、产业集群、资源集约、服务集中、协同发展的新格局。太原智慧产业园已入驻企业165家，授权专利数187项，成功培育孵化高新技术企业3家，省级专精特新中小企业3家，科技型小微企业30家。成功签约引进“中国农业大学食品医药工程技术创新中心项目”等20个高新技术产业项目。

（三）统筹城乡发展，加强生态建设，环境品质逐步改善

加强城市建管，提升区域功能品质，区域人居环境明显改善。

城乡建设管理不断完善。推进重点工程建设项目，完成双塔北路、火车站东广场等全市重点工程房屋征收，累计征收5.9万平方米。松小线（松庄—水峪段）市政道路建成通车，开工建设郝小线—大窑垴、孟家井—柳沟等4条“四好农村路”。完成东祁家山村凿井工程和水鹤设备安装工程。开展城中村改造清零工作，东太堡、店坡等村共拆除25万余平方米。城中村回迁安置房加快建设，全年建成安置房26.5万平方米。高度重视棚户区回迁安置工作，分配安置房5224套。在全市成立首家执法便民服务中心，城市管理违法案件立案、审理、处罚实现了“三集中”。建成智慧环卫管理系统，环卫车辆和执法车辆全部纳入GPS管理平台监管。全面推进垃圾分类工作，党政机关、事业单位等公共机构145个、示范小区22个已全部开展垃圾分类工作。

生态治理不断加强。完成污染源清查普查工作，开展“查处违法排污百日行动”，全面关停取缔“散乱污”企业，推进工业企业达标升级工作，中央环保督察186个案件、省环保督查整改137个案件、2018—2019年蓝天保卫战强化督查25个案件（共348件）及中央环保督察的“回头看”发现的问题全部整改。提档升级造林2200亩，完成14400亩未成林地巡护管护工作。建成松小线、智慧产业园等5个游园和西里街、青年路等5个街头绿地，共计绿化面积2.52万平方米。完成水西门街、双塔南路等五条林荫路的改造任务和智慧园区路的绿化工作。加强城中村改造环境保护，完成围挡2.8万延米，苫盖22.34万平方米，清运建筑垃圾134.07万方，建筑垃圾基本做到即拆即运。

创城工作成效显著。进一步深化文明城市建设和群众性精神文明创建工作，全面梳理短板对齐补强，城市基础设施和整体环境不断优化，各项工作机制体制进一步健全，城市文明程度和市民素质持续提升。以开展“九乱”专项整治为抓手，开展了一系列创建活动。打造文明街巷59条，整治背街小巷66条，老旧小区231个，集贸市场8个，“五小”门店1170个。占道经营乱象、违法小广告全部清理。公益宣传不足、公共卫生间指示牌不足等问题全部整改。深入开展农村环境综合整治，9个村实施了绿化升级，15个村建立了垃圾收运体系，董家庄被列为市级美丽乡村重点村，农村环境面貌持续改善。开展“文明创建志愿迎泽”活动，组织志愿者维护小区及楼（院）公共环境、擦洗公共设施等活动。同时志愿者协助社区工作人员进行入户宣传和问卷调查，创城活动在全区蔚然成风。

（四）提升保障水平，助推民生改善，社会事业协调发展

坚持以人为本，着力拓宽就业创业渠道，健全社会保障体系，努力使发展成果惠及全区百姓。

就业创业形势良好。坚持把就业工作作为保障民生的头等大事来抓，以高校毕业生、农民工和军队退役人员为重点，加强公共创业服务平台建设工作，认真贯彻落实一系列就业创业优惠政策，确保了全区就业形势稳定。城镇新增就业17567人、创业就业4348人、失业人员再就业完成8213人、就业困难人员再就业2176人、转移农村劳动力349人，分别完成目标任务105.2%、108.7%、109.6%、108.8%、116.3%。城镇登记失业率为3.3%，控制在了4%以内。

保障体系不断健全。积极推进社会保障“全覆盖”，城镇职工基本医疗、失业、工伤、生育保险参保人数均超额完成年度目标任务。全面落实惠民实事，城乡居民最低生活保障标准每人每月由560元提标到600元；临时救助年封顶线由1万元提高到5万元；基本公共卫生服务项目人均补助标准提高至55元/年；医疗救助中的重点救助对象因非重大疾病住院救助比例由70%提高到80%；低收入救助对象的救助

比例由60%提高到70%；因病致困对象的救助比例由40%提高到50%。通过“两节”送温暖、献爱心等慈善活动救助困难群众683人次，发放善款和救助物资价值总计87.87万元。

社会事业统筹发展。均衡教育全面发展，完成了36中、37中、39中一期改扩建工程，东岗小学、并州路小学、双东小学和37中东校全面竣工并投入使用；建成15个“智慧教室”和10所学校创客实践基地；成功创建了国家级防震减灾示范学校1所，省防震减灾示范学校5所，省平安校园1所，市平安校园1所，市文明交通示范校6所。医疗卫生事业健康发展，区中医医院顺利通过二级甲等医院评审验收，基本公共卫生服务项目考核获全国第六名，完成了区产科医院、区中心医院等四所基层医疗机构医疗资源的全面整合，继续推进太原市妇幼保健院与郝庄镇中心卫生院密切协作的协同服务模式，组建了以区中医医院、区骨伤科医院等特色医院为主的专科联盟。奖励扶助计生家庭2230户3316人，共计598万元；常住人口、重点人群家庭医生签约服务覆盖率分别达30.23%、60.1%。大力实施文化惠民工程，郝庄镇获评省级文化艺术之乡；积极开展全民健身活动，举办了“领先”杯羽毛球比赛等一系列群众文化体育活动；文化馆图书馆总分馆制服务体系基本形成，配备了电子图书借阅机、监控管理平台软件等设施设备，服务内容更加丰富，途径更加便捷。创新食药监管模式，完成270家餐饮单位“明厨亮灶”改造，建立了食品安全追溯体系，开展“食品安全你点我检”活动1800余次，保障了群众舌尖上的安全。

（五）稳步推进综治工作，加强社会治理，群众安全感和满意度不断提升。

深入开展“社会矛盾化解年”活动，积极稳妥推进综治工作，社会治理卓有成效。

安全生产总体平稳。开展安全生产大检查，突出抓好重点行业领域、重点部位、重点环节安全监管，共出动检查组734个，出动检查人员2476人（次），抽调专家80多人（次），对各类生产经营单位全部普查，检查重点企业3014家，排查一般隐患2357条，限期整改789项。深入开展“安全生产月主题”宣传活动，发放各类资料及宣传物品10万余份。对特种设备、危险化学品等15个领域开展安全隐患排查专项整治行动，切实整改消除各类隐患和风险，有效防范和遏制了各类安全生产事故的发生。全年未发生较大以上等级生产安全事故，各类事故起数、死亡人数和直接经济损失同比实现三下降。消防火灾同比下降36.7%，道路经营性交通事故同比减少50%。

信访稳定成效突出。积极推进“社会矛盾化解年”活动，认真学习推广新时代“枫桥经验”，创新多元化解模式，全年调处矛盾纠纷2477起，成功率达96%。深入推进扫黑除恶专项行动，发放宣传资料、公告通知等37万余份，打掉黑恶势力犯罪团伙15个，破获案件161起，社会治安环境持续向好。深入开展“四个重点”攻坚战，创新重点疑难信访案件项目化管理，着力推进社会矛盾源头化解，维护信访人合法权益，实现社会和谐稳定。中央交办2件、中巡组交办129件、省交办10件信访案件已全部办结；市交办77件，已化解66件，化解率86%，信访总量平稳可控，未发生任何有影响信访事件。

（六）提升行政效能，提高服务水平，营商环境不断优化

积极稳步推进行政效能提升，强化政府监管，公共管理和服务能力得到进一步提升。

行政效能有效提升。加强电子政务建设和管理，以“互联网+政务服务”为引领，深入推进“放管服效”行政审批制度改革，出台了《迎泽区企业投资项目承诺制改革试点工作方案》，不折不扣落实企业投资项目承诺制，加强和创新事中事后监督，进一步优化营商环境，为促进全区经济建设与发展提供有力支撑。

发展环境不断优化。开展了公平竞争审查工作，成立了区公平竞争审查工作联席会议办公室，制定出台了《在市场体系建设中建立公平竞争审查制度实施办法》等一系列办法制度，清理完成2012年至2017年共六年的存量政策和措施。对全区转供电环节收费进行清理规范，进一步降低了企业用能成本，减轻终端用户负担，全区涉及转供电主体76家、8285家终端用户受益。全年受理举报81件，结案率为100%。社会信用体系建设不断加强，政府网站设置“双公开”信息展示窗口，集中公示并上报“双公示”信息共计2000余条。

总体看来，2018年经济社会发展取得了较好的成绩，但受宏观经济影响和客观条件制约，仍存在一些突出的矛盾和问题：经济平稳向好的基础并不扎实，支撑区域经济发展新的增长点还未稳固形成。项目建设亟需加强，拉动经济发展的产业项目仍然偏少。城市品质形象、民生改善等方面还存在很多短板。这些在发展过程中反映出来的问题，需要我们认真研究分析，在今后的工作中采取有效措施切实加以解决。

二、2019年全区经济社会发展的总体要求和预期目标

（一）经济社会发展计划安排的总体要求：

全区上下要贯彻落实好区党代会暨经济工作会议精神和政府工作报告的总体要求：以习近平新时代中国特色社会主义思想为指导，全面贯彻党的十九大和十九届二中、三中全会精神，深入贯彻习近平总书记视察山西重要讲话精神，统筹推进“五位一体”总体布局，协调推进“四个全面”战略布局，坚持稳中求进工作总基调，坚持新发展理念，坚持推动高质量发展，坚持以供给侧结构性改革为主线，坚持深化市场化改革、扩大高水平开放，围绕落实省委提出的“三大目标”“三条基本经验”和市委提出的正确处理好“五个关系”、谱写文明开放富裕美丽太原新篇章的部署要求，以建设省城首善之区为目标定

位，以“八个引领八个推动”为抓手，坚持和加强党的全面领导，推进全面从严治党，推动创新转型发展，持续打好三大攻坚战，统筹推进稳增长、促改革、调结构、惠民生、防风险工作，不断增强人民群众获得感、幸福感、安全感，为全面建成小康社会收官打下决定性基础，以优异成绩庆祝中华人民共和国成立70周年。

（二）经济社会发展的主要目标

预期性目标：全区地区生产总值增长8%左右，服务业增加值增长8%左右，社会消费品零售总额增长8%以上，一般公共预算收入增长8%以上，规模以上工业增加值增长6%左右，固定资产投资增长10%左右。约束性指标全面完成省、市下达任务。

三、2019年重点工作任务和推进措施

实现全年目标，全区上下必须按照区委的统一部署，坚定信心，全力以赴做好各项工作，突出抓好以下重点工作：

（一）突出结构调整，在转型升级上取得新进展

提质升级传统产业。把推动商圈转型作为传统服务业提档升级的重要抓手，出台鼓励传统商贸企业转型发展的政策举措，谋划建立“商家差异经营、商圈一体发展”的街区商业综合体。深入挖掘柳巷历史文化内涵，以街区为线，以老字号和现代商贸企业为点，与食品街、钟楼街、海子边连片复原夜市文化，与文庙、纯阳宫、晋商博物馆等文化旅游资源融合，打造“迎泽一日游”精品旅游线路；鼓励朝阳商圈企业加快营销模式创新步伐，建设服装城线上商城，实现线上线下深度融合，扩大消费群体，提升商圈竞争力。高标准实施集科技创意、现代时尚、文化艺术为一体的时尚灯光秀；结合全国文明城市创建，综合整治街区立面、路面，启动智慧交通建设，缓解停车难问题，努力打造集观光、购物、休闲为一体的标志性商业街区。鼓励发展特色街区，发挥市场配置力和企业主导力，充分考虑街区现状，打造水西关餐饮、青年路文化教育、桃园三巷茶社等特色商业街。积极发展总部经济和楼宇经济，引进培育一批行业总部、区域总部、商贸总部。完善落实奖励扶持政策，推动总部楼宇向科技型、外贸型等特色楼宇发展，实现产业集聚、资本集聚、人才集聚、信息集聚，形成带动区域发展新的增长极。

大力发展新型产业。启动山西云数据呼叫中心、山西国腾盛华高科技电子产业等项目，培育产业转型发展的新引擎。实施产业提质工程，加快推进台骀山“滑世界”二期建设，建设小山岩田园综合体和张家河、孟家井、小山沟特色小镇，丰富森栖谷特色小镇内涵，打造“一小时车程”休闲农业旅游圈。

加速建设重大项目。把项目建设作为加快推动转型发展的主抓手，推进以工业装备制造、医药研发生产为重点产业的国家火炬计划迎泽特色产业基地（二期）项目。同步规划医疗器械、文化创意产业园等新兴产业园区，力争年内有实质性进展。立足省、市资源型经济转型发展大局，加大项目用地、用电、用水、用气需求协调

力度，举办银企对接活动、申请上级资金、运用产业基金等模式，解决项目资金瓶颈。加快项目用地地上建筑“清零”和土地征收工作，推动项目早日投产达效。

（二）突出关键重点，在深化改革创新上取得新进展

推动创新发展。紧紧抓住我市成为国家级可持续发展议程创新示范区的重大机遇，大力实施先进装备制造、新材料、人工智能、大数据等科技项目，提升产业核心竞争力和企业自主创新能力。依托中科院煤化所、省日化所、省中医研究所、省水科所等科研机构，搭建科研院所与企业对接平台，形成环科研院所高新产业服务带。全面落实国家、省、市扶持政策，用好科技引导基金，鼓励企业自主创新发展，实现科技型中小企业、各类科技运营载体和平台增量和质量的提升，力争新增国家级众创空间、科技孵化器、技术服务示范机构和省级众创空间各1个，培育创新研发机构3家，高新技术企业10户。积极打造以“人工智能”产业为主的特色产业基地。

深化重点领域改革。进一步贯彻落实《太原市深化投融资体制改革的实施意见》，深入推进简政放权、放管结合、优化服务。全面推行企业投资项目承诺制改革试点工作，强化事中事后监督。扎实推进信用体系建设，深入开展重点行业领域信用体系建设试点示范。推进信访制度改革，大力推进大数据与信访工作的深度融合。全面深化区属企业改革，鼓励发展混合所有制经济，加快完善现代企业制度，培育一批具有创新能力和发展前景的骨干企业。

增强开放实效。完善招商引资政策，探索“PPP”模式，实行重大项目区领导包联、一对一服务机制。制定东部产业布局规划，谋划布局一批信息技术、新能源汽车、节能环保、生物医药、装备制造等项目，通过招商引资考核奖惩，建立完善科学评价体系，增强招商引资积极性和主动性。推进仓储物流、电子信息、跨境贸易和跨境结算等配套产业，努力打造产业聚集、功能齐备、特色明显的现代化园区，形成有一定影响力的东山产业集群。

支持民营经济发展。深入贯彻习近平总书记在民营企业座谈会上的讲话精神，全面落实省、市支持民营经济发展若干意见，打造公平竞争环境，出台迎泽区支持民营经济发展实施意见，制定奖励政策，保障民营企业平等地位。鼓励民营企业参与区属国有企业改革，鼓励民间资本投入生态环保、文化旅游、体育健身、民生康养等领域。降低民营企业生产经营成本，加快推进涉企行政事业性收费零收费。支持民营企业创新发展，鼓励民营企业运用商标品牌、知识产权、专利发明等加大转型升级、科技研发、人才培养投入。建立领导干部与民营企业联系制度、政企沟通协调会制度和应约会面制度，构建“亲”“清”新型政商关系。依法保障民营企业合法权益，组建迎泽区民营企业法律顾问团，提供法律支持。

（三）强化统筹协调，在加快城乡一体化发展上取得新进展

完善城市配套功能。加强道路建设，优化城市网络，继续开展地铁2号线房屋征收工作，启动水马路及南内环东街、南十方街、西太堡街等道路东延改造工程，完成4条“四好农村路”建设。按照市政道路标准实施松小线（水峪—观家峪）道路改造，启动孟小线、张新线等旅游公路建设工程，打通港道—锦林路、麻地沟—小店界断头路，实现公路交通与旅游融合发展。抓好背街小巷整治，完成124条背街小巷的整治工作。选聘一批“小巷管家”，实现街巷环境共管、共享、共治。积极推进380个老旧小区综合整治，打造宜居环境。

强化城市管理效能。以创建文明城市及二青会的召开为契机，将日常监督检查与集中监督检查相结合，重点强化环卫作业的洁净度、精细化。全面推进垃圾分类工作，建立大件垃圾和装修垃圾分解中心，强化生活垃圾上门收集工作。加强渣土运输源头及餐厨废弃物的治理。加强无物业楼院管理，解决无物业院落环境脏、乱、差等现象。新建一批公厕，缓解人民群众如厕难问题。因地制宜规划建设一批集贸市场、停车场、垃圾中转站，方便居民生活。

提升城乡一体化新水平。科学编制郝庄镇全域规划和美丽乡村建设规划；推进农村人居环境整治三年行动，打造2–3个美丽宜居示范村；完善东祁家山水源井配套工程。深入挖掘里、外麻地沟、小山沟、董家庄自然资源和民俗资源，全力打造具有传统风貌、民俗风情、自然禀赋的特色小镇。深入推进东太堡、郝家沟、马庄、店坡等城中村改造工作，加快城中村改造步伐。

（四）加强环境整治，在推进生态文明建设上取得新进展

推进环境综合治理。全力以赴打好大气、水、土壤污染防治三大战役。推进网格化管理，做好环境敏感点位周边环境巡查工作，加强监测数据的分析研判，保证大气网格化监管系统的正常运转和环境空气质量的改善。深入推进污染源普查工作，了解区域污染类型、特点，为持续改善区域环境质量提供科学依据。抓好禁煤区、燃煤污染整治、工业企业全面达标、机动车尾气控制、扬尘整治、重污染天气应对、农村环境整治、土壤污染防治等重点工作。

持续改善生态环境质量。积极创建省、市级“园林化单位”和“园林化居住区”。推进南沙河上游河道治理工作，恢复上游河道功能，提升防汛能力和生态建设水平。完成3个街头绿地和2个小游园建设，对南内环东街、起凤街等道路进行绿化提质改造，将新建路打造成绿化示范街。实施大小森防通道绿化工程，完成董家庄灌改经济林增效示范工程。完成小山沟、占道等10个村庄绿化工程。

（五）狠抓民生改善，在提升社会建设水平上取得新进展

全面开展惠民工程。健全城乡就业服务体系，落实各类促进就业政策，积极组织就业招聘活动，实施就业五大工程，全年城镇新增就业16700人，创业带动就业

4000人，城镇失业人员再就业7500人，就业困难人员就业2000人，转移农村劳动力300人。进一步完善社会保障体系，不断扩大社会保险覆盖面和参保人群。健全完善城乡一体化的社会救助体系，推行政府购买社会救助服务，做好对城乡困难群众、受灾群众的救助工作，提高救助对象、因病致困救助对象等重点人群的医疗救助比例，免费服用基本药物覆盖率达到80%以上。加快社区养老服务中心、社区老年日间照料中心建设，完成3个老年日间照料中心，逐步建立以居家为基础、社区为依托、机构为支撑养老服务体系。全面落实优抚安置政策，扎实做好退役军人服务保障工作。建立残疾人基本信息数据库，不断完善残疾人社会保障体系和服务体系。积极稳妥推进道路及棚户区改造回迁安置工作。

积极发展社会事业。高标准做好2019年全民终身学习活动周工作，积极创建全国社区教育示范区。继续推进教育优质均衡发展，启动36中、37中、39中二期和王家峰、小五台、二实验等学校改扩建工程，完成17所学校创客基地建设。发展普惠性学前教育，鼓励和支持普惠性民办幼儿园的发展，着力解决“入园难”问题。支持和规范社会力量兴办教育，继续对民办学校实行星级管理。深化医药卫生体制改革，推进薪酬、职称评审等领域改革。巩固基本公共卫生服务已取得的工作成果，创建省级健康促进县（区）和“国家级慢性病综合防控示范区”。完善公共文化基础设施，启动迎泽文化中心建设，完成全民健身路径10条、健身步道4公里、笼式足球场1个；抓好文化惠民工程，支持文化产业发展，加大文物和非物质文化遗产保护力度，推动全域旅游创新发展。举办主题鲜明、形式多样的庆祝建国70周年活动，激发干部群众的爱国热情和干事创业激情。启动区、街（镇）、社区（村）三级党群服务中心建设，整合党建、文化、社会组织等服务资源，提升综合服务能力。继续对口精准帮扶娄烦县静游镇脱贫工作。

（六）推动创新管理，在维护稳定促进和谐上取得新进展

突出抓好安全生产。全面落实《地方党政领导干部安全生产责任规定》，建立健全安全生产巡查制度、安全生产约谈制度。完善安全生产监督管理体制，健全完善安全生产考评体系。突出抓好重点行业领域、重点部位、重点环节安全监管，着力构建风险隐患双重预防机制，全面推进隐患排查治理工作，加强重大危险源安全管理，切实整改消除各类隐患和风险，坚决杜绝重特大事故，有效遏制较大事故，减少一般事故，促进安全生产形势持续稳定向好。

提升基层治理水平。进一步强化社区管理服务功能，加强社区干部作风建设，提升社区“两委”班子履职能力；创新社区管理方式，运用云计算、大数据、人工智能等技术，建立智慧社区平台，实现智慧警务室、智慧小饭桌、新型养老等功能，构建“互联网+社区”一站式管理方式。强化农村基层

关于太原市迎泽区2018年预算执行情况和2019年预算草案的报告（摘要）

——在太原市迎泽区第五届人民代表大会第四次会议上

太原市迎泽区财政局局长　何吉铮

（2019年2月19日）

一、2018年区级预算执行情况

2018年，在区委的正确领导下，在区人大及其常委会的监督支持下，全区上下以习近平新时代中国特色社会主义思想为指导，坚持稳中求进工作总基调，贯彻新发展理念，落实高质量发展要求，紧紧围绕全区经济社会发展大局，狠抓增收节支，努力增强财政保障能力，推动了全区经济社会的健康发展。

（一）一般公共预算执行情况

2018年经区五届人大三次会议审查批准的区级一般公共预算收入为165000万元，增长8%，一般公共预算支出为210803万元，下降0.19%。

2018年区级一般公共预算收入完成200976万元，为预算的121.80%，增长31.59%，加上税收返还收入31174万元，转移支付收入68569万元，上年结转收入

社会管理，进一步规范村务公开、民主管理工作，加强监督检查，保障村民民主权利，健全完善党领导下充满活力的村级民主自治机制，推动新农村建设健康发展。

全力维护稳定大局。严格落实社会治安综合治理责任制，构建公共安全防控网络。扎实推进矛盾纠纷排查调处，依法维护正常的信访秩序，全力攻坚信访疑难案件，以政府购买服务的形式积极推动疑难信访案件的化解。按照省委“十个进一步”“十个不断强化”的要求，大力开展扫黑除恶专项斗争，打击震慑黑恶势力犯罪，铲除黑恶势力滋生土壤，使人民群众安全感、满意度明显提升。推进平安迎泽建设，深入开展平安校园、平安医院、平安铁路等创建活动。加强社区警务工作，依托“互联网+”，打造8个实用型精品社区警务室。加大全面普法力度，深入开展“七五”普法工作；全面推进公共法律服务平台建设，为群众提供高质量、均等化法律服务，努力营造和谐稳定的社会环境。

全面发展老龄、妇女儿童等各项事业。依法推进民族、宗教事务管理，做好档案、仲裁等工作。加强国防教育，做好人防、民兵预备役，广泛开展“双拥”活动，巩固军政军民团结。

11087万元，调入预算稳定调节基金8000万元，收入总量为319806万元；一般公共预算支出执行255465万元，为预算的94.51%，增长18.58%，加上上解支出10278万元，援疆支出252万元，结转下年支出14835万元，预备费和超收收入补充预算稳定调节基金38976万元，支出总量为319806万元。收支相抵，实现当年收支平衡。

1. 收入预算执行情况：2018年我区财政收入实现平稳增长，收入质量明显提高。主要收入项目完成情况如下：

税收收入完成186779万元，占一般公共预算收入的92.93%，为预算的125.02%，增长39.52%。

非税收入完成14197万元，占一般公共预算收入的7.06%，为预算的91.01%，下降24.71%。

2. 支出预算执行情况：2018年，经区五届人大常委会第十九次会议批准，调入预算稳定调节基金8000万元，主要用于增加注册资本金、机关事业单位养老保险清算及文明城市创建。预算调整后，我区一般公共预算支出由年初的21.1亿元调整为21.9亿元，加上新增转移支付5.1亿元，支出预算调整为27亿元。主要支出项目执行情况：教育支出53982万元，增长17.22%。社会保障和就业支出80243万元，增长31.20%。医疗卫生支出19816万元，增长9.00%。城乡社区支出46093万元，下降15.55%。节能环保支出4400万元，增长2.44%。

3. 转移支付执行情况：2018年上级对我区转移支付68569万元，增长89.05%。

4. 预算稳定调节基金情况：2017年底预算稳定调节基金余额11912万元，2018年超收35976万元，按《预算法》规定全部转入预算稳定调节基金。预备费补充预算稳定调节基金3000万元，当年调出8000万元，2018年末，我区预算稳定调节基金余额42888万元。

（二）政府性基金预算执行情况

2018年政府性基金上级转移支付收入87955万元，上年结转收入13907万元，收入总量为101862万元；政府性基金全年支出93604万元，主要用于东太堡“城中村”改造，双塔景区改造工程，火车站东广场路网配套工程房屋征收补偿费用，太原木器厂等改制企业支付职工保险、生活补贴等。收支相抵，结转下年支出8258万元。

（三）社会保险基金预算执行情况

2018年区级社会保险基金收入60701万元，社会保险基金支出62214万元，当年收支结余-1513万元，年末滚存结余59382万元。

（四）国有资本经营预算执行情况

2018年国有资本经营预算上级转移支付收入7325万元；国有资本经营预算全年支出7325万元，主要用于山西机床厂等中央下放企业“三供一业”维修改造工程。

（五）债务情况

我区债务已于2016年末偿还完毕，截至2018年末，我区未产生新的地方政府性债务。

（六）落实区五届人大三次会议预算决议情况

2018年，按照区五届人大三次会议有

关决议，全面贯彻预算法，认真谋划，主动作为，积极推进财政管理制度改革，集中财力保基本保民生保重点，严格规范财政收支管理，各项工作取得了新进展，为全区经济社会持续发展提供了坚实的资金保障。

1. 深耕财源建设，财政收入跨越新台阶。

2018 年，我们充分发挥财政政策和资金的引导作用，全力支持和促进全区经济持续健康发展，实现了经济发展和财政收入的新增长。全区一般公共预算收入突破 20 亿元，超额完成了全年的收入任务。在狠抓收入的同时，从严从紧控制一般性支出和“三公”经费支出，切实降低行政运行成本，积极盘活存量资金，多措并举规范支出管理，提高财政资金使用效率，稳定预算执行。

2. 聚焦百姓福祉，民生事业实现新发展。

坚持把保障和改善民生作为一切工作的出发点和落脚点，坚持保基本、重托底、广覆盖，加快推进社会保障和基本公共服务体系建设，全年支出民生资金 213295 万元，占全区一般公共预算支出的 83.5%。全区积极落实各项民生政策，着力提高社会保障水平、加快教育、医疗卫生事业发展、持续加强城市管理和社会治理投入。一系列便民利民举措得到进一步推广，全区人民的获得感、幸福感不断增强。

3. 践行科学理财，财政改革迈出新步伐。

一是强化债务管理，防范重大风险扎实有效。制定出台了《太原市迎泽区政府性债务风险应急处置方案》，建立了政府性债务动态管理台账，及时了解债务增减情况，防止风险事件发生。二是持续推进预算绩效管理工作机制。紧抓制度建设，印发了《全面推进预算绩效管理的通知》《迎泽区 2018 年预算绩效评价实施方案》，选取 84 个重点项目开展绩效评价，涉及资金 2.28 亿元，“花钱问效，无效问责”的绩效理念不断强化。三是督促各预算单位加快支出进度，提升部门预算的执行率，同时加强预算约束，严格资金监管，不断完善制度建设。四是预决算信息公开更全更细。进一步明确预决算公开的标准和要求，不断提升财政预决算公开的及时性、完整性、真实性、细化程度以及公开程序的规范性。除涉密部门外，对全区所有部门单位预决算及“三公”经费预决算进行全面公开，实现了依法行政、阳光理财。

二、2019 年区级预算草案

2019 年全区财政预算编制遵循以下原则：一是收入预算坚持实事求是，与我区经济社会发展水平相适应，坚持尽力而为、应收尽收、足额入库。二是支出预算坚持量力而为、有保有压，在保基本、保民生的基础上，调整和优化财政支出结构，进一步加大资金统筹力度，集中财力优先保障区委、区政府的重点工程、中心工作。三是严格预算执行，强化预算约束，完善绩效目标管理制度，提高财政资金使用效率。

按照上述指导思想和预算安排原则，在综合考虑我区经济财政形势和全区各项经济社会发展预期指标基础上，我区2019年区级收支预算草案编制如下：

（一）一般公共预算

2019年，市政府决定调整市区财政管理体制，按新体制测算，我区确定2019年财政收入预算为244236万元，加上税收返还31174万元，转移支付-4120万元（2019年体制调整，增加上解基数24036万元），上年结转收入14835万元，调入预算稳定调节基金28000万元，减去体制上解支出10278万元，援疆上解支出252万元，全年财力为303595万元。

按照收支平衡原则，一般公共预算支出相应安排303595万元，增长44.02%。按科目安排如下：

1. 一般公共服务支出安排27133万元，同口径（与上年预算同口径比较，下同）增长68.80%，主要用于行政事业单位提供基本公共服务与管理方面的支出。

2. 国防支出安排650万元，增长4.84%，主要用于民兵及预备役部队建设等支出。

3. 公共安全支出安排14196万元，增长44.42%，主要用于公、检、法、司等部门维护社会公共安全方面的支出。

4. 教育支出安排57357万元，增长34.61%，主要用于中小学义务教育支出。重点安排三十六中等三所中学改扩建、义务教育优质均衡发展、学校设施设备购置等项目。

5. 科学技术支出安排3660万元，增长48.30%。主要用于扶持科技创新方面的支出。

6. 文化体育与传媒支出安排2742万元，增长135.37%，主要用于文化、文物、体育等方面的支出。重点安排文化馆重建、社区文体设施建设、文物保护等项目。

7. 社会保障和就业支出安排71756万元，增长58.65%，主要用于社会保障及就业管理方面的支出。重点安排各类困难及特殊群体财政补助、养老服务机构建设、机关事业单位养老保险改革补助以及“三基建设”等项目。

8. 卫生健康支出安排24331万元，增长40.13%，主要用于基本公共卫生服务、医疗保障等方面的支出。重点安排基层医疗卫生机构补助、医院改造、基本公共卫生服务等项目。

9. 节能环保支出安排5259万元，增长36.14%，主要用于环境保护和节能减排等方面的支出。重点安排城乡清洁采暖等环境治理项目。

10. 城乡社区支出安排80258万元，增长41.60%，主要用于城乡设施建设及维护、环境卫生管理、城管执法等方面支出。重点安排森林围城造林项目、城乡清洁工程、街巷绿化美化、对口精准扶贫等项目。

11. 农林水支出安排4001万元，增长35.81%，主要用于支农方面的支出。重点安排农村饮水安全、河道清淤治理、特色小镇、美丽乡村建设等乡村振兴战略项目。

12. 交通运输支出安排890万元，增长26.24%，主要用于交通运输管理方面的支出。重点安排农村公路改扩建、公路安全维护等项目。

13. 资源勘探信息等支出安排2427万元，下降7.30%，主要用于安全生产监管和支持中小企业发展等方面支出。出现降幅的原因是上年转移支付资金结转较大。

14. 商业服务业等支出安排51万元，增长34.21%，主要用于商业服务业事务等方面的支出。

15. 自然资源海洋气象等支出安排14万元，增长40.00%，主要用于国土资源管理方面的支出。

16. 住房保障支出安排17万元，增长54.55%，全部为上年结转的转移支付资金。

17. 灾害防治及应急管理支出安排750万元，增长31.58%，主要用于安全监管、消防、地震事务等方面的支出。

18. 预备费安排3100万元，增长3.33%。

19. 其他支出安排5003万元，与上年持平，主要用于2019年人员增资、城中村改造、上级转移支付需配套项目等。预算执行中，将根据实际情况，调整至相关支出科目执行。

经汇总，2019年区级行政事业单位使用财政资金安排的“三公”经费预算为764万元，同比下降5%，其中：因公出国（境）费15万元，公务接待费80万元，公务用车购置及运行维护费669万元（其中：公车运行维护费589万元，公车购置费80万元）。

（二）政府性基金预算

2019年政府性基金收入预算安排8296万元，其中：上年结转收入8258万元，转移支付收入38万元。政府性基金支出预算安排5296万元，其中：国有土地使用权出让金支出4638万元，城市基础设施配套支出70万元，旅游发展基金支出6万元，彩票公益金569万元，其他政府性基金13万元。结转下年预算安排3000万元，主要是国有土地使用权出让金支出项目中改制企业职工安置经费需逐年支付。

（三）社会保险基金预算

2019年社会保险基金收入预算安排71752万元，社会保险基金支出预算安排70790万元，当年收支结余962万元，年末滚存结余51659万元。

（四）国有资本经营预算

2019年我区国有企业预计仍未有收益，暂不编报国有资本经营预算。

以上预算安排的具体情况详见《迎泽区2018年预算执行情况及2019年预算（草案）》。根据《预算法》规定，预算年度开始后，在本级人民代表大会批准预算草案前，可以安排的支出执行情况：2019年1–2月份一般公共预算支出27731万元，其中：区级预算支出19148万元，上级转移支付支出8583万元。

三、完成2019年预算任务的主要措施

2019年，我们将紧密围绕全区工作部署，突出目标导向，问题导向，实践导向，把开展“改革创新，奋发有为”大讨论与实际工作联系起来，进一步解放思想，以新发展理念统领全局，发挥好财政的基础和支柱作用，发挥好财政对供给侧改革的支持作用，发挥好财政在提升人民群众获得感、幸福感、安全感方面的保障作用。今年要重点做好以下几方面工作：

（一）厚植财源建设，确保财政收入稳步增长

继续实施积极的财政政策，推动经济高质量发展。一是以市区调整财政管理体制为契机，坚持以服务企业需求为导向，进一步优化营商环境，支持企业发展，培育新的经济增长点，加快发展特色产业，促进县域经济在转型创新中焕发新的活力，不断做大财源“蛋糕”，在新的调整中展现新作为。二是发挥财政资金引导作用，扶持民营企业发展，2019年本级财政将安排专项资金支持民营企业转型创新。三是全面落实国家的减税降费政策，对小微企业、科技型初创企业实施普惠性税收免除，确保国家出台的各项减税降费政策落地，进一步降低我区实体经济负担，提高企业的政策获得感。

（二）着眼民生改善，促进社会和谐稳定发展

始终坚持以人民为中心，以更大的决心和力度改善民生，把新增财力向社会事业等薄弱环节倾斜，围绕全区重点民生实事，支持社会救助、社会福利、社会养老服务体系建设，强化对困难群体的兜底保障，兜牢民生底线。以更大的投入力度支持教育、社会保障、医疗卫生、城乡基础设施建设、文化体育等事业发展。继续加大学校优质教育建设，扩大优质教育资源供给；落实太原市对人才引进补贴政策，激发大众创业活力；支持区中心医院建设项目，促进优质医疗资源向基层延伸；以“三基建设”为契机，加快社区基础设施建设，努力提升城市形象和品位；坚决打好污染防治攻坚战，实施燃煤锅炉供热改造和棚户区、城中村清洁能源替代工程。努力让改革发展成果更多更公平的惠及人民，不断满足人民日益增长的美好生活需要。

（三）立足财政改革，推动财政管理水平提升

按照十九大报告中指出的“建立全面规范透明、标准科学、约束有力的预算制度，全面实施绩效管理”要求，以改革促发展，进一步完善财政制度体系，提升财政管理水平，为全区经济发展提供坚实的财力保障。

一是全力打好防范化解重大风险攻坚战。主动发挥财政金融调节作用，认真研究，精心组织，严格做好政府债务管理工作，牢牢守住不发生区域性系统债务风险的底线。

二是推进预算绩效管理。2019年项目预算绩效目标申报工作实现全覆盖，绩效目标与项目预算同步编报同步审核同步批复，作为项目预算执行、跟踪、监控、绩效评价的重要依据。

三是规范政府采购行为。严格遵照《采购法》和《山西省2018–2019年度集中采购目录及采购限额标准》开展政府采购活动，进一步贯彻落实“放管服效”改革要求，规范政府采购行为，提高政府采购效率。

四是规范预决算信息公开。逐步扩大信息公开范围、细化公开内容，不断提升

太原市迎泽区人民法院工作报告（摘要）

——在太原市迎泽区第五届人民代表大会第四次会议上

太原市迎泽区人民法院院长　田志勇

（2019 年 2 月 20 日）

2018 年工作回顾

一、强化审判职能，维护社会公平正义

充分发挥审判职能作用，主动作为，创新机制，为经济持续健康发展和社会大局稳定营造良好的法治环境。全年共受理各类案件 13071 件，审执结 11779 件，结案率 90.12%，员额法官人均结案 280 件，位居全省前列。

依法惩治刑事犯罪，维护社会稳定。共受理刑事案件 1078 件，审结 1038 件，结案率为 96.29%。

积极推进以审判为中心的刑事诉讼制度改革，认真落实认罪认罚从宽制度，宽严相济，罚当其罪。对危险驾驶、盗窃等多发性简单刑事案件采用速裁方式快速审理；深入开展扫黑除恶专项斗争，共审结涉恶案件 4 案 33 人，依法、准确、有力惩处黑恶势力犯罪，维护人民群众生命财产安全；严惩非法吸收公众存款等涉众型经济犯罪，审结该类案件 24 案 175 人，涉案金额 24 亿余元。对涉案金额巨大、受害群众 1.2 万余人的“山西光彩慈行”案中的管理层和骨干人员等 100 余人分别判处有期徒刑，尽力挽回损失，净化金融环境；加大对危害食品药品安全犯罪惩治力度，判处生产销售假药罪、非法经营罪 49 案 49 人，保护人民群众“舌尖上的安全”。多元化解民事纠纷，服务转型发展。共受理民商事案件 7910 件，结案 7041 件，结案率 89.01%。

发挥民商事审判调解、疏导、规范经济活动功能，有效应对经济下行阶段出现的矛盾纠纷，优化营商环境，保障和服务

财政预决算公开的及时性、完整性、真实性、细化程度以及公开程序的规范性。

五是加大清理盘活财政存量资金力度，对项目执行缓慢而形成的存量资金，分类采取盘活措施，督促加快形成实际支出或收回财政统筹，收回资金及时调整用于稳增长、调结构、补短板等亟需支持的重点领域。

六是强化会计管理和财政监督。加大会计人员培训力度，做好新旧行政事业会计制度衔接，构建完整的财政内控体系，促进政府财务管理水平提高。

民营企业高质量发展。发展新时代“枫桥经验”，建立多元化纠纷解决机制，探索推出立案导出、诉前调解、速裁衔接、巡回审判等多元化解模式，诉讼案件调撤2252件，调撤率35%。稳妥审理医患纠纷、劳动争议以及票据、股权等新型案件，召开座谈会与金融机构共商金融风险防范化解，倡导诚实信用，维护市场秩序。全面推进家事审判方式改革，大力推行“离婚证明书”、心理干预、婚姻冷静期制度，与村委、居委会建立联动机制，共同化解家事纠纷，弘扬良好家风，构建和谐家庭。

协调妥处行政争议，推进依法行政。共受理行政案件70件，国家赔偿和司法救助案件8件，结案59件，结案率75.64%。

行政审判既注重依法保护行政相对人合法权益，又支持和监督行政机关依法行政，形成良性互动，优化执法环境。发挥司法监督职能，推进行政机关负责人出庭应诉制度，判决案件中行政机关败诉率19%，促进法治政府建设。在加强合法性审查的基础上，积极开展行政和解工作，和解后撤诉案件7件，占比10%，推动行政争议实质化解决。

决胜攻坚多措并举，破解执行难题。共受理执行案件4005件，执结3641件，执结率90.91%。

2018年是“基本解决执行难”攻坚决胜之年，我院紧紧依靠党委领导，加大执行力度，强化失信惩戒，规范执行行为，建立执行联动机制，形成攻坚合力。按照“从内部着手，从外部突破”的思路，成立“攻坚指挥部”，依托信息化平台，执行指挥中心实现实体化运行，网络查控、网络司法拍卖、在线指挥执行功能更加完善。开展了“涉企合同”“涉民生”“百日执行攻坚”等专项活动，运用集中腾房、加大限制高消费、曝光失信被执行人、司法拘留等强制措施，形成强大威慑力。共强制腾房80套，批准司法拘留51人，纳入失信名单2585人，限制高消费5623人，以拒执罪移送公安18案12人，全年结案标的额25.1亿元，实际到位标的额9.1亿元。

全面优化诉讼服务，畅通信访渠道。坚持“以人民为中心”，对标精准服务、便捷服务、品质服务，与信息化深度融合，构建诉讼服务中心、诉讼服务网、诉讼服务热线“三大平台”，建成了线下线上两大服务体系，当事人足不出户就可通过网络实现网上立案，方便群众诉讼。推行诉讼服务“最多跑一次”，公布事项清单，立案登记、查询咨询、诉讼费收退、材料收转、公告缴费、判后答疑等实现一次性办理，减轻当事人诉累。

全面排查和清理涉诉信访案件和重大矛盾纠纷，从源头上消除隐患，解决问题，确保涉法涉诉信访在法治轨道上得以有效解决。坚持院领导值周制度和院长“逢五”接待制度，设立专门电话、邮箱，共接待信访60次61人，办结上级批转信访案件71件。对生活困难、符合条件的12人给予司法救助，救助金额21.9万余元。

二、落实司法责任制，深化司法体制综合配套改革

以落实司法责任制为重点，有步骤、

有秩序地推进司法体制综合配套改革，提升司法整体效能。

优化组建专业团队。有效应对案件持续高速增长态势，本着“管理扁平化，资源节约化”原则，充分考虑法官办案能力、经验及特长等因素，科学构建人员配置合理、职能划分明确、运行高效顺畅的专业化审判团队，将原来以庭为单元的审判组织整合为五个审判团队和一个执行团队。去年8月，在区委、区政府的大力支持下，向社会招聘本科以上学历法律事务助理53人，实现了“法官+助理+书记员”的审判模式，进一步优化司法资源配置，提升司法效能。

繁简分流提速增效。面对案件激增与员额法官数减少的双重压力，从内部挖掘潜力，以机制创新解决司法资源与司法需求的矛盾。在优化团队设置基础上，建立繁简分流机制，细化工作流程。诉讼服务中心设专职程序分流员和速裁组，大量简单案件在立案前端导入诉前调解，经调解达成协议的当场进行司法确认或出具调解书；调解不成的就地转入速裁程序快速审理。立案和交通法庭6名速裁法官人均结案582件，占全院结案数的30%，以七分之一的人力办理了近三分之一的案件。类案、复杂案件由专业团队精细化审理，通过集中审理同类案件，总结案件特点，采取相应策略，统一裁判尺度，逐步建立了简案快审、繁案精审、类案专审的新机制。

深化执行机制改革。建立“员额法官+执行助理+书记员+法警”的团队化模式，采取“集中管理、分段实施、各负其责”的新机制。立案阶段由专人负责立案、审查，根据案件类别、标的和难易度，进行首次分流。简易执行案件，由固定的执行小组负责网络查控，有足额存款的当即扣划，快处结案。查控财产不足的，结合案件性质、争议解决、变现处置等环节的难易程度对案件进行二次分流。普通执行案件中将工作划分为若干阶段，各阶段工作由不同小组、不同人员负责实施，避免执行权力过分集中，有效预防不作为、慢作为现象的发生，实现了人、案、程序的优化配置，为攻坚“基本解决执行难”提供了坚实保障。

司法辅助集约化改革。将送达、保全、电子卷宗生成等辅助事务从审判中剥离出来，让法官将更多精力投入到审理案件中。2018年8月底，与太原市三家公证处签订司法服务协议，成立市级公证机构司法辅助中心，在全国尚属首例。公证人员深度参与送达、调解、证据保全、执行辅助等事务，仅4个月就完成送达事务1935件。在诉讼服务中心设立集中保全组，集约办理财产保全、委托送达等“跑腿事务”。全年办理保全案件1061件，结案标的15.68亿元，到位标的12.3亿元，居全省首位，被省高院作为创新机制予以推广。案件电子卷宗实行集中扫描管理，方便了法官深度应用，提高了办案效率。

三、加强监督管理，智慧法院建设提档升级

推进信息化技术在审判执行工作中的深度应用，内外监督双管齐下，促进审判质效和审判能力现代化。

构建全员参与的审判管理格局。严格按照“审理者裁判、裁判者负责”的司法责任制行使审判权，健全岗位职责和流程管理制度，做到履职有规、问责有据；建立专业法官会议，为法官裁判问诊把脉；审委会发挥决策指导和总结审判经验职能，统一裁判尺度；完善考核奖惩制度，强化责任意识，达到行为激励的效果；全院各部门各司其职，全员参与，构建起有序顺畅的管理机制。审判流程实行节点期限动态监督管理，实时监测预警，定期通报、催办、督办。对无理由超审限、长期未结案、久押不决案件及时督促提醒，限期整改，直至追究责任。建立“干预司法活动、过问案件”责任追究制度，设立防止干预司法的“防火墙”“隔离带”。

主动接受外部监督。积极主动接受区人大及其常委会的法律监督、区政协的民主监督和检察机关的检察监督，保证法律的正确实施，确保司法公正。主动邀请人大代表、政协委员视察工作、旁听案件、征求意见。就执行攻坚工作分别向区人大常委会专题汇报、向区政协通报工作进展情况。还聘请区人大代表、政协委员 20 名担任廉政监督员，9 名担任特邀调解员，深度参与法院工作，收到良好效果。同时，在常规评查的基础上，打破自身局限，创新引入检察机关参与案件评查制度，逐月按比例抽取，总计评查 70 件，反馈程序性问题 34 件，提出检察建议 3 份。对评查出的问题承办人及时整改，促进了案件质量的提升。

智慧法院助力审判执行。在继续深入应用远程视频庭审、推广建立数字化法庭的基础上，于 2018 年 7 月，建成我市第一个云上法庭，集智能数据、智能控制、智能服务为一体，庭审过程随案生成电子档案和录音录像，庭后可向当事人公开；庭审笔录实现同步语音识别，当事人同步标记有误之处；为当事人提供法律术语解析，为法官推送相关案例和法律数据等。云上法庭的使用，使法庭与诉讼参与人实现互联互通，进一步提高了庭审效率。积极推广电子卷宗随案生成并深度应用，通过办案系统信息回填、辅助生成法律文书等功能，方便法官办公办案。

司法公开向纵深化推进。着力构建开放、动态、透明、便民的阳光司法机制，倾力打造审判流程、裁判文书、庭审直播、执行信息四大公开平台，将信息公开、文书上网和庭审直播纳入绩效考核范围，同步满足当事人知情权，自觉接受监督。充分运用官方网站、微博、微信等新媒体，实现了线上与线下的亲民互动。全年在官方网站、微博、微信、手机 APP 发布各类信息 976 条，微博粉丝数量已达到 35 万余人，网络庭审直播 879 次。共公开各类审判、执行工作信息 167 篇，裁判文书上网 10806 篇，发放各类法治宣传资料近千份。

四、加强队伍建设，夯实法院发展根基

全面加强新时代党的建设，实现党建、队建同频共振、双向融入、同心同向，为法院各项工作奠定了坚实的基础。

党建队建一岗多责。为更好地适应司法体制改革和新型工作团队的建设需要，让每一个党支部都能成为最强的战斗堡垒，党支部以团队设置为基础，改以往“支部建在庭室”的分散模式为“支部建在团队”的集中模式。8名党组成员下沉到团队，既是团队负责人又兼任团队党支部书记，肩负党建、队建、廉政、业务建设多重责任，形成以党建带队建、以队建促审判、审判管理与队伍建设高度融合、共同发展的新格局，党组织的凝聚力、组织力和战斗力得到全面提升。

廉政建设常抓不懈。以严格落实“两个责任”和抓好队伍集中整肃为重点，与专项整治形式主义、官僚主义突出问题相结合，持之以恒地加强纪律作风和反腐倡廉建设。通过廉政党课、参观警示教育基地、红色文化活动、节假日廉洁短信等多种形式，使廉政教育真正入眼、入脑、入心。开展“政法队伍集中整肃”和“以案为鉴、筑牢防线”专项活动，坚持“严管厚爱、抓早抓小”理念，采取工作约谈、廉政座谈、诫勉谈话等措施，梳理问题，归纳原因，立整立改，进一步增强了干警廉洁办案、为民服务的意识。

全力打造过硬队伍。充分运用各类学习平台和学习形式，将学习教育融入日常、抓在经常。通过评优授奖、岗位竞赛等各类载体，选树先进典型，积极营造弘扬先进的浓厚氛围。举办了以“维护公平、守护正义”为主题的时代新人说讲述活动，诠释了法院干警对政法事业的精神热爱和责任担当，增强干警的集体荣誉感和归属感。积极开展丰富多彩的精神文明创建和双拥创建活动，激发干警工作热情，提升队伍的向心力和凝聚力。

通过全院干警的共同努力，我院荣获“全国法院审判管理优秀业务单位”“全省法院党建工作先进集体”“全市先进基层党组织”等荣誉称号，并荣记“全市法院集体三等功”。

回顾一年来的工作，我们深切体会到，成绩的取得，离不开区委、区人大、区政府、区政协及社会各界的大力支持与帮助。在此，我代表全院干警向所有关心、帮助、支持法院工作的人大代表、政协委员和社会各界人士表示衷心的感谢！同时，面对经济发展的新常态和人民群众对司法需求的新期待，我们清醒地认识到，法院工作离党和人民群众的要求还存在一定的差距：一是办案质量和效率还有待进一步提升，个别案件存在类案不同判现象。二是司法体制综合配套改革需进一步压细压实，新型审判权力监督制约机制有待进一步健全。三是智慧法院建设的步伐尚需进一步加快，便民利民举措仍需不断加强。四是解决执行难依然需要常抓不懈，联动机制尚需完善。五是对于司法改革带来的新压力、新变化，少数法官存在畏难情绪，法官职业保障和司法环境还需进一步改善。对于这些问题，我院将在今后的工作中，认真研究对策，努力加以改进。

2019年工作计划

一、发挥审判职能，服务经济转型发

展。准确把握新时代对人民法院工作提出的新要求，找准定位，明确目标，服务我区经济高质量发展。牢固树立科学的刑事司法理念，贯彻落实新刑事诉讼法，依法惩处各类刑事犯罪，推动扫黑除恶专项斗争向纵深发展，维护社会稳定。加强对企业产权的司法保护，找准审判执行工作与支持民营经济发展壮大的结合点，让创新创业者更有安全感。进一步完善“分调裁”机制，继续推进家事纠纷审判方式改革。加强司法与行政的良性互动，营造良好法治环境。巩固“基本解决执行难”成果，建立长效机制，加强制度保障，完善执行联动，坚持规范执行、依法执行、文明执行，向着“切实解决执行难”的更高目标迈进。

二、践行司法为民，提升群众获得感和幸福感。始终牢记司法为民宗旨，不断满足人民群众的司法新需求。践行推广新时代“枫桥经验”，推进“诉源治理”，加强诉调对接，提升基层社会治理能力水平。高度重视涉民生案件审理，加大对困难群众的司法救助力度，增强人民群众司法权益保障获得感。继续强化诉讼服务中心建设，推进网上立案、12368司法热线、“最多跑一次”服务，拓宽司法便民利民渠道。完善“阳光法院”公开机制，坚持主动公开、依法公开、及时公开、全面公开、实质公开，搭建好密切联系群众的互动平台和桥梁纽带。

三、释放改革活力，提高审判质量效率。全面深化司法责任制改革，完善员额法官动态管理、绩效考核和权益保障机制，逐步形成科学规范的审判权运行体系。按照扁平化管理与专业化建设相结合的原则，3月底前完成内设机构改革，进一步充实一线办案力量，减少管理层级，实现“审理者裁判、裁判者负责”目标。完善专业法官会议和审判委员会制度，健全案件流程监控、过程留痕的审判监督管理机制。加强司法大数据中心建设，促进人工智能与审判执行工作的深度融合，拓展审判执行辅助工作集约化运行，努力提高司法质量、效率和公信力。

四、坚定政治方向，锻造过硬司法队伍。全面加强新时代党的建设，坚持党对人民法院工作的绝对领导。持续深入学习贯彻习近平新时代中国特色社会主义思想，树牢“四个意识”，坚定“四个自信”，坚决做到“两个维护”。坚持以“改革创新、奋发有为”大讨论为引领，围绕“六个破除”“六个着力”“六个坚持”，突出目标导向、问题导向、实践导向，增强改革决不能落后的信念，增强创新驱动发展的理念，增强勇于担当作为的自觉，推动思想再解放、改革再深入、创新再发力、开放再提质、工作再抓实。继续深化纪律作风、司法能力和党风廉政建设，推动全面从严治党、从严治院向纵深发展。更加自觉地接受人大、政协和社会各界的监督，严管与厚爱并重，促进司法规范化、专业化、职业化，锻造一支忠诚、干净、担当的高素质法院队伍。

太原市迎泽区人民检察院工作报告（摘要）

——在太原市迎泽区第五届人民代表大会第四次会议上

太原市迎泽区人民检察院检察长 陈加林

（2019年2月20日）

2018年工作回顾

一、以更精细的措施服务省城首善之区建设，积极营造法治化发展环境

我们始终坚持把检察工作置于区委提出的“一二三四五”总体思路去谋划和推进，努力做到中心大局工作推进到哪里，检察工作就服务保障到哪里。

着力优化经济发展环境。全力服务保障重大工程建设和产业园区建设。依法批准逮捕工程建设等领域刑事犯罪33人、起诉39人，快捕快诉了杨某某等三人敲诈勒索、寻衅滋事案，有力保障了赵北峰村安置回迁楼建设。积极构建“亲、清”检商关系。深入太原市新东城工贸有限公司等24家规模较大的民营企业进行实地调研，了解法律诉求，提供法律帮助；会同区工商联制定《共同服务企业家创新创业营造良好法治环境工作的实施意见》，建立联席会议、案件通报、法律咨询等常态化工作机制，形成工作合力，切实为企业家创新创业营造良好法治环境。

聚焦保护民生民利。服务脱贫攻坚战略，积极参与“互联网+阳光百姓”工程，监管涉农等项目资金3351万元。围绕健康迎泽建设，扎实开展“打击破坏环境资源犯罪和危害食品药品犯罪专项活动”，监督公安机关立案9件10人，经法院审理已有罪判决8件8人。特别是疫苗事件发生后，检察长亲自带队前往区防疫站调查摸排，督促相关部门加强疫苗管理。服务蓝天碧水工程，深入推进百日扬尘污染公益诉讼专项整治活动，已立案7件；认真开展打击破坏生态环境违法犯罪专项行动，成立了工作领导小组，出台了专项行动实施方案，积极探索加强与公安、国土、法院等部门密切配合，为保护生态环境，实现迎泽绿色发展提供法治保障。

深化法治社会建设。着眼营造人人知法、守法的良好氛围，依托“扫黑除恶宣传周”等活动平台，深入开展送法“进社区、进农村、进企业、进机关”等活动，发放宣传资料上万份，提供法律咨询3000余人次，提高了群众学法用法和依法维权的自觉性、实效性。加大法治惠民力度，紧紧围绕“六最”营商环境要求，将原有的“一站式”案管中心与控告申诉接待大厅整合升级为

“12309检察服务中心”，群众来到检察机关办事只需“进一扇门，跑一趟路”。

二、以更有力的作为打好扫黑除恶攻坚战，净化社会环境

我们始终坚定政治立场，把扫黑除恶专项斗争作为重大政治任务和头等大事来抓，为营造风清气正的社会环境奉献力量。

发挥检察职能，确保精准有力。全面推行“捕诉一体”办案机制，组建专班，提前介入，引导侦查，依法快捕快诉。集中精干力量办理了运城新绛“2·12”盗掘古墓等多起大案，打出了检察机关扫黑除恶的强大声势。全年已受理提请逮捕黑恶势力犯罪案件13件151人，批准逮捕13件141人；受理移送审查起诉14件165人（含交办案件），提起公诉10件120人，已有罪判决3件17人。

加强综合治理，铲除黑恶土壤。聚焦重点地区、重点领域、重点行业，坚持“边扫边治边建”。在案件办理过程中，积极运用检察建议等方式督促有关部门堵漏建制，铲除黑恶势力滋生蔓延的土壤，向相关单位发出检察建议多份，实现了“三个效果”的有机统一。

三、以更坚强的担当保障人民群众平安需求，全力维护社会和谐稳定

我们始终把保一方平安、促一方和谐作为义不容辞的重大责任，打防并举，综合施策，努力让人民群众工作生活在和谐稳定的社会环境中。

严厉打击各类刑事犯罪。充分履行批捕起诉职能，全年共受理提请逮捕案件814件1218人，经审查依法批准和决定逮捕679件1005人；受理移送起诉各类刑事犯罪案件1062件1556人，经审查依法提起公诉974件1356人。为缓解“案多人少”状况，增加办案科技含量，深化远程提讯系统运用，已远程提讯593件642人，大大节约了诉讼成本。加大惩处非法吸收公众存款、“套路贷”、“医托”等涉众型犯罪的力度，批准逮捕148人。依法办结了“光彩慈行”非法吸收公众存款案，158名被告人全部被提起公诉，均被有罪判决。

认真办理监察委员会移送案件。坚决拥护、全力支持配合国家监察体制改革，认真贯彻监察法、刑事诉讼法，做好法法衔接，依法开展提前介入、强制措施适用、审查起诉和出庭支持公诉等工作。共受理监察委移送案件6件6人，提起公诉3件3人。

稳步提高矛盾稳控化解能力。办案过程中始终绷紧“保安全护稳定”这根弦，充分释法说理，尤其是在“光彩慈行”案件办理过程中，及时疏导情绪，妥善处理多起群访事件，接待来访群众600余人次。积极投入区委“深化源头化解专项行动”，扎实做好涉法涉诉信访工作。

四、以更严格的尺度强化诉讼活动法律监督，维护社会公平正义

我们始终坚持把强化法律监督作为立身之本，不断增强法律监督水平，努力让人民群众在每一起司法案件中感受到公平正义。

加强刑事侦查与审判监督。共监督公安机关立案22件，撤案13件，追捕35

人，纠正漏罪37人，纠正漏犯31人，均被有罪判决。加大审判监督力度，提出量刑建议1201人，法院采纳量刑建议1018人；提出抗诉22件，被二审法院改判或发回重审15件。

加强刑事执行监督。受理羁押必要性审查案件78件，其中立案39件，提出变更强制措施36件，被采纳34件。

加强民事审判与行政诉讼监督。共受理各类民事行政案件101件，提出检察建议54件，被采纳54件；提出再审检察建议2件，改判2件；不支持起诉33件；终结审查12件。

持续推进公益诉讼工作。将公益诉讼列入"一把手"工程，检察长靠前指挥，带头办理了"保护保宁寨遗址"等16件有影响案件。

五、以更过硬的标准强化自身建设，切实筑牢检察事业发展根基

我们始终把检察队伍建设作为最重要的基础性工作来抓，坚持党对检察工作的绝对领导，强党建、抓班子、带队伍，检察队伍整体素质进一步提升。

坚持政治建检不动摇。把政治建设融入检察工作的全过程和各环节，全年共组织党组中心组理论学习19次，检察长带头讲党课5次，干警在线学习习近平总书记重要讲话精神人均110学时，教育引导广大干警学深悟透新时代中国特色社会主义思想，增强"四个意识"、坚定"四个自信"、做到"两个维护"，确保检察队伍绝对忠诚、绝对纯洁、绝对可靠。

坚持从严治检不动摇。严格落实"两个责任"和"一岗双责"，加强队伍教育监督管理，推动全面从严治党、全面从严治检向纵深发展。扎实开展队伍集中整肃活动，以"八查八整"为举措，切实抓好学习教育、问题查摆、整改落实、建章立制各项工作。认真组织"以案为鉴、反思责任"警示教育，通过"八个一"活动载体，使广大党员干警深刻反思、吸取教训，筑牢拒腐防变的思想道德防线。

坚持文化育检不动摇。积极开展"道德讲堂""时代新人大讲堂"等活动，提升职业修养，传播检察正能量。大力建设"文化走廊"，共设立"国学经典""习近平讲话""习近平用典"等五大板块内容，营造浓厚的检察文化氛围。组织干警积极参加全省检察机关"庆祝检察机关恢复重建40周年文艺表演"，全方位展示迎泽检察风貌，增强了干警凝聚力、向心力。

六、以更主动的态度接受监督，持续加强和改进检察工作

我们始终牢记监督者更要接受监督，主动把检察工作置于全方位的监督之下，让检察权在阳光下运行。

主动接受人大监督。主动向人大及其常委会报告检察工作重大部署和重要事项，定期报告年度工作，接受专项工作审议、集中视察和专题调研。主动向区人大常委会专题报告了扫黑除恶专项工作，邀请人大代表参加"检察开放日"，开展评议案件等活动。加强与人大代表沟通联系，"两会"期间，组织干警到会旁听各代表团审议检察工作报告，征求意见建议，并对收集的意见建议逐条梳理，对照整改。

自觉接受民主监督和社会监督。认真接受政协民主监督，及时办结政协委员提案，主动邀请政协委员视察检察工作，征求意见建议。全面推行案件信息公开制度，共公开案件程序信息1571条、法律文书868份、发布重要案件信息21条。同时，积极发挥微信等新媒体桥梁作用，与群众交流互动3000余次。

一分耕耘一分收获，2018年，我院被最高检连续十年评为“全国检察宣传先进单位”，连续两届被省委政法委评为“严格执法公正司法先进集体”，被省检察院评为“山西省检察机关先进集体”等，集体和个人共受到上级表彰达50次。

2019年工作安排

一是持续深入学习贯彻习近平新时代中国特色社会主义思想。扎实开展全省检察机关“大学习、大调研、大落实、大提升”活动，真正在学懂弄通做实上下功夫，自觉用习近平新时代中国特色社会主义思想武装头脑、指导实践、推动工作，确保检察事业始终沿着正确方向前进。

二是用心用力服务保障省城首善之区建设。始终牢记服务经济社会发展大局的重大责任，紧紧围绕区委提出“在八个方面走在省市前列”的目标要求，更加自觉地把检察工作置于大局中谋划和推进，持续引深转型项目建设年、社会矛盾化解年、作风建设提升年工作，不断优化企业营商环境，服务保障打好“三大攻坚战”，在服务保障大局中彰显检察担当。

三是深化推进扫黑除恶专项斗争。2019年，是扫黑除恶专项斗争处于首战告捷、再掀新一轮强大攻势的“转段之时”，是扫黑除恶难度累积、瓶颈显现的“攻坚之时”，我们将持续抓好扫黑除恶工作，加强对尚未攻克的重点案件、重点问题、重点地区集中攻坚，对已侦破的案件循线深挖、逐一见底，彻底铲除黑恶势力赖以滋生的土壤，以更大战果回应群众期待。

四是全面履行法律监督职责。严格执行修改后刑事诉讼法和人民检察院组织法，综合运用抗诉、纠正违法、检察建议、公益诉讼等手段，不断强化各项检察监督全面平衡充分发展。落实认罪认罚从宽制度，更好地依法惩治犯罪、保障人权。

五是系统深化检察体制改革。在巩固已有改革成果的基础上，推动各项检察改革和配套措施向纵深发展，进一步落实司法责任制，加快完善内设机构改革步伐，推动智慧检务与检察工作深度融合，促进提升办案质量和办案效率。

六是持续建设过硬检察队伍。落实中央全面从严治党新要求，认真贯彻中央八项规定实施细则精神，锲而不舍加强纪律作风建设，确保检察队伍正气充盈。深入学习省委十一届七次会议精神，紧盯“六个破除”，落实“六个着力”，把握“六个坚持”，积极开展“改革创新、奋发有为”大讨论，激活全院干警开拓创新的巨大潜能。

2018年迎泽区机构设置和负责人名录

区　级

1. 区委

书　记　冯原平
副书记、区长　李　慧（女）
副书记　杨敦勤
常委、政法委书记　贾津生
常委、宣传部部长　孙劲松
常委、区委办公室主任　曹　炬
常委、组织部部长　赵树文
常委　王国栋
常委、纪委书记　马子龙
常委、统战部部长　闫晓琴（女，2018.2）
统战部部长　王国栋（2016.5–2018.2）
常委　尹亮君（2013.7–2018.12）

2. 区人大常委会

党组书记、主任　侯富田（2016.8–2018.7）
副主任　韩石俊（女）
党组成员、副主任　尹晓平
党组成员、副主任　秦宇星
党组成员、副主任　孟晋忠

3. 区政府

区委副书记、区政府党组书记、区长
　　李　慧（女）
区委常委、区政府党组成员、副区长
　　王国栋（2018.2）
副区长　杨永生
党组成员、副区长　薛　凯
党组成员、副区长　魏　毅
党组成员、副区长　岳旭强
党组成员、副区长　周靖华（2018.2）
党组成员、副区长（挂职）
　　赵江燕（女，2018.12）
党组成员、副区长（挂职）
　　罗　辉（2018.12）
党组成员、副区长
　　闫晓琴（女，2016.8–2018.2）
副区长（挂职）
　　陈晓华（2016.12–2018.8）

4. 区政协

党组书记、主席　张志勤
副主席　赵利军
党组成员、副主席　王晓燕（女）
党组成员、副主席　裴存锁
副主席　王素云（女）

区委各部门、直属事业单位

1. 区纪律检查委员会、区监察委员会

纪委副书记、监委副主任　张建生
纪委副书记、监委副主任　李志伟
纪委常委、监委委员、正科级检查员
　　雷晓珍（女）
纪委常委、党风政风监督室主任、
　正科级检查员　毕　芳（女）
纪委常委、监委委员　吕开武
监委委员　鲍宏伟
监委委员　高春光
纪委常委（挂职）　闫　霞（女，2018.7）

信访室主任、正科级检查员　尚红革（女）
办公室主任　逯晓敏（女）
案件监督管理室主任　徐　磊
案件审理室主任　杨艳红（女）
纪检监察一室主任　冯　磊
纪检监察二室主任　袁宏锐（女）
纪检监察三室主任　王增光
纪检监察四室主任　赵晋阳
纪检监察五室主任　闫文兵
纪检监察六室主任　刘玉海
纪检监察七室主任　郑　婷（女）
派驻第一纪检监察组组长　李彩云（女）
派驻第一纪检监察组副科级纪检监察专员　徐俊炜
派驻第二纪检监察组组长　史颖瑞（女）
派驻第二纪检监察组副科级纪检监察专员　李彦春（女）
派驻第三纪检监察组组长　王爱香（女）
派驻第三纪检监察组副科级纪检监察专员　王爱新（女）
派驻第四纪检监察组组长　邵　华（女）
派驻第四纪检监察组副科级纪检监察专员　武亚丽（女）
派驻第五纪检监察组组长　张哲宾
派驻第五纪检监察组副科级纪检监察专员　姚佳丽（女）

纪检监察宣教网络中心

主　任　常荣荣（女）

区委巡察办（巡察组）

主　任　牛　滔
副主任　韩　江
巡察专员　刘三清
巡察专员　宋荣林
巡察专员　边　强
巡察专员　文巧珍（女）

2. 区委办公室

常务副主任　赵　晖（女）
副主任　王飞月（女）
副主任　王　昱
副主任　彭利兵
副主任（挂职）　张　涛（2018.12）
督查室主任　尹景明
督查室副主任　张　娟（女）
机要保密局（国家密码管理局）局长　王飞月（女）
机要保密局（国家密码管理局）副局长　杨丽华（女）
机要保密局（国家密码管理局）副局长　苏卫国（2018.3）

关工委办

主　任　赵慧芬（女）

区委信息化中心

主　任　郭　锐
副主任　韩晓贝（2018.3）

3. 区委组织部

常务副部长　杨红梅（女）
副部长　李红如（女）
副部长　齐　洁
副部长　徐　丽（女）
正科级组织员　高丽丽（女，2018.3）
正科级组织员　张世拥（2018.3）
考核办主任　徐　丽（女）
考核办副主任　郝振华
人才办主任　孟玉英（女）

非公经济组织和社会组织工委书记
杨红梅（女）
非公经济组织和社会组织工委专职副书记
高丽丽（女）
党代会常任制试点工作办公室主任
李翠萍（女）
党代会常任制试点工作办公室副主任
刘　艳（女）

党员电化教育办公室

主　任　刘　凯（2018.3）
副主任　刘　凯（2012.8–2018.3）
副主任　张世拥（2012.8–2018.3）

干部人事档案管理中心

主　任　马　茜（女）

4. 区委宣传部

常务副部长　徐文胜
副部长　郑海霞（女）
副部长　元艳芳（女）
精神文明办公室主任　郑海霞（女）
精神文明办公室副主任　马　静（女）

新闻中心

主　任　高雨春
副主任　施　渊

互联网信息中心

主　任　李　娟（女）

5. 区委统战部

常务副部长　白志勇
副部长　刘　娜（女）
副部长　李　红（2017.6–2018.12）
台办主任　郭　厦

6. 区委政法委

常务副书记　郭宇飞
副书记　颉　斐
副书记　张　军
副书记、综治办主任　秦宇柱
综治办副主任　王太忠
法治建设领导小组办公室专职副主任
王玉玲（女）

7. 区机构编制委员会办公室

负责人　段瑜平（女，2018.8）
副主任　宋翠萍（女）
副主任　贾晋媛（女）
主　任　王　健（2012.7–2018.8）

事业单位登记管理局

局　长　高兆栋

机构编制电子政务中心

主　任　李占国

8. 区直机关工委

书　记　高　力（女）
副书记　李梅汝（女）
工会主任　蒋　莉（女，2018.5）

9. 区委老干局

局　长　齐　洁
副局长　杨晓晖（女）
副局长　白鹏伟（2018.3）

10. 区信访局

局　长　张　涛
副局长　靳　睿

信访服务中心

主　任　杨会明
副主任　张晨芳（女）

11. 区委党校

校　长　杨敦勤
常务副校长　张映平（女）

副校长　秦立新（女）

副校长　初丛红（女）

校务委员　闫迎英（女）

校务委员　张丽梅（女）

校务委员　张晓君

12. 区老龄委办公室

主　任　平庆如（女）

副主任　李　熠（2018.3）

区人大、区政协各部门

1. 区人大常委会机关

党组成员、办公室主任　吴树公

办公室副主任　高　蓉（女）

教育科学文化卫生工委主任

王艳丽（女，2018.12）

城市建设环境资源保护工委主任

刘宏霞（女，2018.12）

人事代表工委主任　张彩虹（女）

人事代表工委副主任　王黎玲（女）

法工委主任

郭绍侃（2017.12–2018.12）

财经工委主任

骆耀红（女，2016.11–2018.12）

财经工委副主任

王丽斓（女，2012.8–2018.12）

教科文卫工委主任

王艳丽（女，2012.8–2018.12）

城建城管工委主任

刘宏霞（女，2009.6–2018.12）

2. 政协迎泽区委员会机关

党组成员、秘书长、办公室主任

吴　鹏（2018.3）

办公室副主任　陈丽娟（女）

提案、社情民意委主任　柴小丽（女）

经科委主任　王树红（女）

教文卫体委主任　谢龙虎

街道镇与法制委主任　孟晋林

民族（文史）委主任　郑雪静（女）

群团机关

1. 区总工会

党组书记、主席　尹晓平

党组成员、常务副主席　孟秀丽（女）

党组成员、副主席　薛志茹（女，2018.5）

党组成员、副主席

雷晓英（女，2012.8–2018.3）

2. 共青团迎泽区委

党组书记、书记　彭熠玮

党组成员、副书记　张晓宇（女）

副书记　任柯华

3. 区妇女联合会

党组书记、主席　李　红（女，2018.8）

党组书记、主席

段瑜平（女，2009.6、2017.6–2018.8）

党组成员、副主席　郭晓军（女）

党组成员、副主席　史方郁（女）

4. 区残疾人联合会

理事长　杜永生

副理事长　刘小玲（女）

残疾人劳动就业服务所

所　长　翟海明（2018.3）

所　长　荆雅军（女，2009.6–2018.3）

5. 区文学艺术界联合会

主　席　祝亚琴（女）

副主席 赵欣玲（女）
副主席 陈军萍（女，2018.3）

6. 区科学技术协会

主 席 吉根秀（女）
副主席 侯利仙（女）

7. 区工商联合会

主 席 王天明
工商联党组书记、常务副主席
刘 娜（女）
党组成员、副主席 安俊亮

8. 区归国华侨联合会

主 席 李 红（女，2012.7–2018.12）

9. 法学会

党组书记 郭宇飞
党组成员、秘书长 刘永明
党组成员 王太忠

10. 红十字会

副会长 高 鸿（女）

11. 计划生育协会

秘书长 吴建红（女）

区政府各部门、直属事业单位

1. 区政府办公室

党组书记、主任 范 勇
党组成员、副主任 李 军
党组成员、副主任 刘晓明
党组成员、副主任 王新涛

政务服务中心

主 任 李 军
副主任 赵 颖（女）
副主任 尹秀凤（女，2018.3）
副主任 李彦春（女，2012.9–2018.2）

政务信息中心

主 任 刘晓明
副主任 杜晓慧（女）

机关后勤服务中心

主 任 孟 鑫
副主任 赵 进

政府应急管理办公室

主 任 范 勇

法制办

主 任 马阳宁
副主任 宋 健

史志办

主 任 罗汝玲（女）

便民服务中心

主 任 薛 萍（女）
副主任 张 萍（女，2018.4）
副主任 刘晓军（2018.4）
副主任 武亚丽（女，2012.9–2018.2）

政府采购中心

主 任 王 玮（2018.4）

2. 区发展和改革局（转型综改办）

党组书记、局长、转型综改办主任 张健康
党组成员、副局长 王会军
党组成员、副局长、转型综改办副主任
石林全
党组成员、副局长 钱桂萍（女）
党组成员、副局长 曹建平
党组成员、总经济师 邱 彦（女）

价格监督检查所

所 长 冯晓霞（女）

3. 区经济和信息化局（包括党工委）

工委书记、局长 李达平

副局长　呼建国

工委委员、副局长　高旭方

工委委员、副局长　董俊生

工委委员、总经济师　宋　丽（女）

工委委员　王亚生

中小企业服务中心

主　任　康一春（2018.4）

副主任　王成斌

4. 区教育局（包括党工委）

工委书记、局长　杨练兵

工委副书记、副主任科员　张桂梅（女）

工委委员、副主任科员　郭美萍（女）

工委委员、副局长　岳家靖

工委委员、副局长　武　静（女）

工委委员、副局长　郭　宏（女）

工委委员、副局长　杨　辉

工委委员　侯爱萍（女）

教师进修学校

校　长　武　静（女）

副校长　谢慧玲（女）

副校长　侯爱萍（女）

招生考试中心

主　任　胡海燕（女）

教育局教研室

主　任（缺）

5. 区科技局

党组书记、局长　于丽华（女）

党组成员、副局长　秦建平

副局长　张璐芳（女）

6. 区民政局

党组书记、局长　刘　丰

副局长　王小玲（女）

党组成员、副局长　郑　刚

城市居民最低生活保障中心

主　任　纪海燕（女）

7. 区司法局

党组书记、局长　王少骏

党组成员、副局长　多胜利

党组成员、副局长　马转花（女）

党组成员、副局长　杨会明

法律援助中心

主　任　毛宁宁（女）

8. 区财政局

党组书记、局长　何吉铮

党组成员、副局长　梁晓娟（女）

党组成员、副局长　贾建珍（女）

党组成员、副局长　周丽华（女）

党组成员、总会计师　陈海渊

财政投资评审中心

主　任　曹奇星（2018.4）

中小企业融资担保中心

主　任　郭　玉（女，2018.4）

行政事业单位国库支付中心

党组成员、主任　王立新

副主任　马　琳（女）

副主任　柯　军

9. 区人力资源和社会保障局

党组书记、局长　李红如（女）

党组成员、副局长　胡雅男（女）

党组成员、副局长　唐海玲（女）

党组成员、副局长　侯志宏

党组成员、副局长　赵志峰

机关事业单位社会保险所

所　长　罗丽君（女）

劳动保障监察执法队

队　长　张　龙

劳动就业管理中心

主　任　赵迎茹（女）

副主任　王如海

副主任　岳元媛（女）

失业保险中心

主　任（缺）

医疗保险中心

主　任　刘建利（女）

社会保险中心

主　任　牛小花（女）

人才交流中心

主　任　曹正杨（女）

劳动人事争议仲裁院

院　长　张晓伟

10. 区住房和城乡建设局（包括党工委）

工委书记、局长　周靖华（兼）

工委委员、副局长　林云峰

工委委员、副局长　王晋珉

工委委员、副局长　姜　燕（女）

工委委员、总工程师　霍　鹏

城镇建设综合服务所

所　长　陈勇超

房产管理中心

主　任　郭小燕

副主任　杨　帆

11. 区城市管理局（包括党工委）

工委书记、局长　刘俊刚

工委委员、副局长　张红莲（女）

工委委员、副局长　赵志宏

副局长　阎学斌

城市管理应急大队

队　长　韦　博

副队长　宋晋梅（女）

副队长　李耀琴（女）

党支部副书记、工会主席　范玉珍（女）

执法局

局　长　闫俊力

政　委　杨学军

副局长　杨　林

副局长　张永宁

副局长　周　涛

市容环卫执法中队

队　长　宋占涛

城市管理监督大队

队　长　畅秀峰

副队长　石亚平

副队长　朱丽萍（女）

党支部副书记　柴海梅（女，2010.4–2018.5）

12. 区交通运输局

党组书记、局长　叶　涛

党组成员、副局长　毕燕江

党组成员、副局长　林永平（2018.4）

13. 区水务局

党组书记、局长　王晓莉（女）

副局长　刘永治

党组成员、副局长　宋　云

党组成员　阎立宏（2018.3）

党组成员　张鹏鸣（2018.3）

河道所、河长制办公室工作站

所长、站长　张鹏鸣（2018.2）

人民政府防汛抗旱指挥部办公室

主　任（缺）

水资源管理办公室

主　任　阎立宏

副主任　邢建勋

14. 区农业委员会

党组书记、主任　陈勇兵

党组成员、副主任　王　兵

党组成员、副主任　邢志强

区委农工办

主　任　陈勇兵

农业行政综合执法队

队　长（缺）

15. 区商务粮食局

党组书记、局长　胡红民

党组成员、副局长　张世宏

党组成员、副局长　逯　慧（女）

党组成员、副局长　郭向荣（女）

16. 区文化局

党组书记、局长　丁永爱（女）

党组成员、副局长　庞文利（女）

党组成员、副局长　田建强

党组成员、副局长　赵永凤（女）

文体市场行政综合执法队

队　长　徐俊炜（2012.9–2018.2）

文物旅游服务中心

副主任　赵李华（女）

文化馆

馆　长　丁永爱（女，2018.4）

副馆长、党支部书记　杨　勇

副馆长　俞　恒（女，2018.4）

副馆长　郭　玉（女，1998.8–2018.4）

17. 区卫生和计划生育局（包括党工委）

工委书记、局长　黄铁明

副局长　白　珊（女）

工委委员、副局长　蔚建威

工委委员、副局长　王明锋

工委委员、副局长　牛　翔（女）

工委委员、总工程师　蔺玉杰

卫生监督所

所　长　程海龙

副所长　平剑英（女）

副所长　梁鹏程

疾病预防控制中心

主　任　李　珏（女）

副主任　赵艳红（女）

副主任　李凌云（女）

妇幼保健计划生育服务中心

主　任　刘　晶（女）

副主任　王　杨

副主任　刘晓虹（女）

副主任　张宏雁（女）

18. 区审计局

党组书记、局长　王立新

党组成员、副局长　赵丽萍（女）

党组成员、副局长　周丽颖（女）

党组成员、副局长　解丽萍（女）

党组成员、总审计师　文淑娟（女）

审计监督中心

主　任　刘志萍（2018.4）

19. 食品和药品监督管理局

党组书记、局长　李　敏（女）

党组成员、副局长　孟燕林

副局长　王　东

食品药品稽查队

队　长　史德强

20. 区统计局

党组书记 岳丽英（女）

局 长 李斌玲（女）

副局长 岳丽英（女）

党组成员、副局长 刘东伟

总统计师 张哲宾（2009.6–20018.2）

社会经济调查队

队 长 杨 洁（女）

副队长 宋海萍（女）

21. 区安全生产监督管理局

党组书记、局长 贾立新

党组成员、副局长 范聪连

党组成员、副局长 任慧军

党组成员、总工程师 陈王锁

安全监察大队

队 长 李俊昇

22. 区民族宗教事务局

党组书记、局长 尹秀山

副局长 王晓娟（女）

党组成员、副局长 郭忠文

23. 区林业局

党组书记、局长 郭连芝

党组成员、副局长 王润莲（女）

24. 区园林绿化局

党组书记、局长 孙成龙

党组成员、副局长 李跃红（女）

党组成员、副局长 武玉奎

绿化队

队 长 赵兵兵

副队长 白芝茹

副队长 陈宝龙

副队长 张 璇（女）

25. 区防震减灾局

局 长 魏明霞（女）

副局长 冀雅萍（女）

26. 区档案局

党组书记、局长 梁忻华

党组成员、副局长 温 洁（女）

党组成员、副局长 张巧芳（女，2018.4）

党组成员、副局长

薛志茹（女，2009.6–2018.4）

27. 综合检验检测中心

党组书记、主任 郑慧霞（女）

党组成员、副主任 刘爱香（女，2018.4）

党组成员、副主任 胡 彬

28. 治超办

主 任 田 然

党组成员、副主任 冉建彬

党组成员、副主任 高锋霞（女）

29. 城中村改造工作领导组办公室

主 任 畅耀宗

常务副主任 王晋珉

城中村建设中心

主 任 祖志强

街道、镇办事处

1. 迎泽街道

党工委书记 田 华（女）

主持办事处工作 闫俊力（2018.5）

人大工委主任 张利宏（女）

党工委副书记 贠灵霞（2018.3）

纪工委书记、监察员 刘 峥（女）

武装部部长 赵 博

工会主席、组宣委员（主持工作）

田 蕙（女，2018.3）

办事处副主任　皇甫清
办事处副主任　卫　东
办事处副主任　杨红娟（女）
办事处副主任（挂职）　李晋斌（2018.6）
计生办主任　张晋梅（女）
妇联主席　田　蕙（女，2018.3）
综治办主任　张　萍（女，2012.7–2018.3）
妇联主席　贠玲霞（女，2012.7–2018.3）
党工委副书记、办事处主任
高宪强（2011.8–2018.5）
党工委副书记　康一春（2012.7–2018.3）
党工委副书记
刘　峥（女，2012.7–2018.10）
团委书记　李　斌（2013.8–2018.12）

2. 桥东街道

党工委书记　樊世勋
党工委副书记、办事处主任　李光胜
人大工委主任　黄年悦
党工委副书记　张　丹（女）
党工委副书记　赵雪梅（女）
纪工委书记、监察员　王跃芹（女）
武装部部长　郝豫红（女，2018.4）
办事处副主任　吴正纲
办事处副主任　申宝香（女）
办事处副主任　张晓军
司法所所长　任丽娜（女，2018.4）
计生办主任　吴丽峰（女）
妇联主席　逯建红（女）
综治办主任　路丽琴（女，2018.3）
团委书记　杨　勇
党工委副书记　王跃芹（女，2012.7–2018.10）
武装部部长　李新怀（2009.6–2018.4）
工会主席、组宣委员
王　彩（女，2012.7–2018.3）
综治办主任　翟海明（2012.7–2018.3）

3. 文庙街道

党工委书记　孟晋忠（兼）
党工委副书记、办事处主任　文建业
人大工委主任　何小军（女）
党工委副书记　冯清莲（女）
党工委副书记　孟向东
武装部部长　段青龙
纪工委书记、监察员　袁新岗（2018.3）
工会主席、组宣委员　杨万鹏
办事处副主任　刘尽斌
办事处副主任　王丽琴（女）
办事处副主任　班永武
司法所所长　闫永军
计生办主任　崔晓丽（女）
妇联主席　郑海英（女，2018.3）
综治办主任　刘晓军（2012.7–2018.3）
团委书记　曹奇星（2014.2–2018.3）

4. 庙前街道

党工委书记　秦宇星（兼）
党工委副书记、办事处主任　张文进
人大工委主任　李慧林
党工委副书记　史秀萍（女）
党工委副书记　赵新萍（女）
纪工委书记、监察员　张海斌
武装部部长　潘剑钢（2018.4）
工会主席、组宣委员（主持工作）
段瑞芳（女，2018.3）
办事处副主任　段宏涛
办事处副主任　王　纬

办事处副主任　刘承龙

司法所所长　张筱京（女）

妇联主席　阎智慧（女）

综治办主任　段瑞芳（女，2018.3）

计生办主任　姚慧娟（女，2018.4）

团委书记　郭　玢（女，2018.3）

党工委副书记　张海斌（2012.7–2018.10）

武装部部长　宋清山（2009.6–2018.4）

综治办主任　刘志萍（女，2012.7–2018.3）

计生办主任　郝豫红（女，2012.8–2018.3）

团委书记　王　玮（2013.8–2018.3）

5. 柳巷街道

党工委书记　王孝兵

党工委副书记、办事处主任　杜志强

人大工委主任　陆明军

党工委副书记　张金树

党工委副书记　杨海林（女）

武装部部长　李永平

纪工委书记、监察员　张立民（2018.3）

办事处副主任　施　泓

办事处副主任　邢建英（女）

办事处副主任　行　行（2018.4）

办事处副主任（挂职）　宋占涛（2018.12）

办事处副主任（挂职）　李　波（2018.12）

司法所所长　王建萍（女）

妇联主席　李志敏（女，2018.3）

综治办主任　李承义

计生办主任　岳建红（女）

团委书记　王　博（2018.3）

副主任　潘剑钢（2012.8–2018.4）

妇联主席　刘爱香（女，2012.7–2018.3）

团委书记　行　行（2013.8–2018.3）

6. 老军营街道

党工委书记　张　彬（女）

党工委副书记、办事处主任　王惠东

人大工委主任　吴建平

党工委副书记　田　芬（女）

党工委副书记　庞　洁（女）

纪工委书记、监察员　李　辉

武装部部长　贠国松（2018.4）

办事处副主任　郭艳红（女）

办事处副主任　王　彩（女，2018.4）

办事处副主任　殷　建

司法所所长　党永亮

计生办主任　彭　凡（女）

妇联主席　王利花（女）

综治办主任　蒋微光

团委书记　段飞琦（2018.3）

武装部部长　贾振海（2003.11–2018.4）

办事处副主任　林永平（2009.6–2018.4）

7. 郝庄镇

党委书记　畅耀宗

党委副书记、镇长　白　冰

党委委员、人大主席　陈祚斌

党委副书记、工会主席　董　澍

党委副书记（挂职）　章　昉（女，2017.9）

党委副书记（挂职）　孟　鑫（2017.9）

党委副书记（挂职）　任柯华（2017.9）

党委委员、副镇长　张福红

党委委员、副镇长　孙仁刚

党委委员、纪委书记、监察员　吕开武

党委委员、副镇长　郭瑞蕊（女）

党委委员、副镇长　王爱萍（女）

副镇长（挂职）　冯治国（2017.9）

副镇长（挂职） 武希尧（2017.9）
副镇长（挂职） 陈王锁（2017.9）
副镇长（挂职） 王光明（2017.9）
副镇长（挂职） 郭诗宇（2018.12）
副镇长（挂职） 张祥雨（女，2018.2）
党委委员、武装部部长 张晓斌
党委组织委员 周 轶
组织委员（挂职） 赵 锐（2017.9）
司法所所长 杜俊萍（女）
计生办主任 赵景婷（女）
综治办主任 张永军（2018.3）
妇联主席 任爱莹（女，2018.3）
团委书记 杨旭刚（2018.3）

区法检机构

1. 区人民法院

党组书记、院长 田志勇（2018.3）
副院长 白唯鸣
副院长 马勇志
副院长 席凤昌
副院长 赵宏旺
副院长 王玉文
区纪委监委派驻区法院纪检监察组组长
潘晋宁
政治处主任 魏新艳（女）
执行局局长 王 钢
审委会专职委员 常银刚
审委会专职委员 刘媛媛（女）

司法技术鉴定中心

主 任（缺）

机关生活服务中心

主 任（缺）

信息中心

主 任（缺）

2. 区人民检察院

党组书记、检察长 陈加林
副检察长 杜文山
副检察长 杨建生
副检察长 杨琍敏（女，2018.12）
副检察长 宋玲玲（女，2018.12）
区纪委监委派驻区检察院纪检监察组组长
马晓青
检委会专职委员 李淑琳（女）
检委会专职委员 阎永刚（2018.12）
政治处主任
杨琍敏（女，2009.8–2018.12）

信息中心

主 任（缺）

机关生活服务中心

主 任 郭 峰（女）
副主任 韩 克（女）

市管部门

1. 税务分局

党委书记、局长 温秋生
党委副书记、副局长 薛乃平
党委委员、副局长 汪生光
党委委员、副局长 王 焱
党委委员、副局长 梁德琪
党委委员、副局长 张文光
党委委员、副局长 赵晓东
党委委员、副局长 许志林
党委委员、副局长 张晋才
党委委员、副局长 袁宇峰

党委委员、副局长 张竹芹
党委委员、纪检组组长 闫耀忠
党委委员、副局长 王 敏
税源管理一股长 徐煜清
税源管理二股长 孟颖耀
第三税务分局局长 贾富强
第四税务分局局长 李继革
郝庄税务分局局长 张慧敏
柳巷税务分局局长 李 健
庙前税务分局局长 胡振文
桥东税务分局局长 蒋全富
柳巷税务分局副局长 巨 伟
办公室主任兼副主任科员 田 军
征收管理股股长兼副主任科员 孔 芳
桥东税务分局副局长兼副主任科员 郭怀蓉

2. 工商分局

副书记、副局长 尹建英
副局长 周建勋
副局长 李晋峰
纪检组组长 刘 忠
党组成员 贾宏宇

3. 环保分局

局 长 牛爱民
副局长 王晓风（女）
副局长 王卿兮
监察大队大队长 栗迎新
监测站站长 张瑞芳

4. 技术监督分局

党组书记、局长 焦存胜
党组成员、副局长 魏克强
党组成员、副局长 李 军
党组成员、纪检组组长 张燕峰
稽查队长 刘军浩

5. 规划分局

局 长 李玺兵
副局长 赵满翼
副局长 何海明

6. 公安分局

副区长、分局局长 魏 毅
政 委 周立志
副局长 李俊明
副调研员 王政明
副局长 徐利辉
纪检书记 任 剑
副局长 李瑞珉
政工室主任 边建虎
副局长 董 波
副局长 刘 波
党委委员 吴长胜
党委委员 杨志强
党委委员 郝锦原
指挥室主任 刘 涛

7. 消防大队

教导员 张 震
大队长 李超鹏
副大队长 张 亮

8. 国土资源分局

局 长 李斌魁
副局长 张 彪（2018.1 退休）
副局长 孙中建
纪检组组长 尹林华（女）
土地科科长 蔡志英
矿政科科长 刘思齐

（区委组织部、供稿单位）

缩略语注释

说明：缩略语，即通常所说的简称，是把比较复杂的名称经过压缩和简略之后形成的词或词组。缩略语在日常生活中被大量使用，有简单明了的特点。《迎泽年鉴（2019）》使用了不少缩略语，为了方便读者使用年鉴，现将《迎泽年鉴（2019）》内文中出现的主要缩略语作了辑录，并按其首字的汉语拼音字母顺序排列。

“八查八整”：根据山西省委政法委安排部署，在全省政法队伍开展集中整肃专项活动，重点进行“八查八整”。一查思想涣散问题，重点整肃理想信念不坚定；二查纪律松弛问题，重点整肃作风纪律松散；三查作风不良问题，重点整肃特权思想衙门习气；四查担当不够问题，重点整肃履职尽责不到位；五查执法不严问题，重点整肃法律监督责任履行不力；六查司法不廉问题，重点整肃司法办案不公正；七查扫黑不力问题，重点整肃专项斗争不作为；八查监督缺失问题，重点整肃主体责任不落实。

“八个一”：2018 年，根据省委政法委安排部署，迎泽区开展以“八个一”为载体的“以案为鉴、反思责任”警示教育活动。通过“召开一次警示教育大会、观看一次警示教育专题片、参观一次警示教育基地、开展一次主题党日活动、举办一次大会交流、召开一次专题民主（组织）生活会、发一份廉政倡议书、组织一次考试”，筑牢干警拒腐防变的思想防线。

“八个引领八个推动”：即以深入开展“改革创新、奋发有为”大讨论引领思想解放，推动新一轮改革开放；以深化转型项目建设年行动引领经济转型，推动高质量发展；以实施“文旅+”战略引领服务业创新，推动产业提质升级；以深化文明城市创建引领城乡建设管理，推动城市形象提升；以深化农村人居环境整治引领乡村振兴，推动农村发展；以深化社会矛盾化解年行动和学习推广新时代“枫桥经验”先导区建设引领基层社会治理，推动和谐稳定发展；以推进城市基层党建和贯彻《中国共产党农村基层组织工作条例》引领党建创新发展，推动城乡基层基础工作提质提效；以深化作风建设提升年行动引领干部担当作为，推动发展环境持续优化。

城市“双修”：即生态修复、城市修补。

“二为”方向：即文艺为人民服务、为社会主义服务。

发展党员“十六字”方针：控制总量、优化结构、提高质量、发挥作用。

繁简分流：人民法院科学调配和高效运用审判资源，依法快速审理简单案件，严格规范审理复杂案件，实现简案快审、繁案精审。

放管服效：就是简政放权、放管结合、优化服务、提高效能的简称。“放”即简政放权，降低准入门槛。“管”即创新监管，促进公平竞争。“服”即高效服务，营造便利环境。“效”即不断提高政府效能。

枫桥经验：20世纪60年代初，浙江省诸暨市枫桥镇干部群众创造了“发动和依靠群众，坚持矛盾不上交，就地解决”的矛盾化解经验。之后得到不断发展，形成了具有鲜明时代特色的“党政动手，依靠群众，预防纠纷，化解矛盾，维护稳定，促进发展”的枫桥新经验，成为新时期把党的群众路线坚持好、贯彻好的典范。

婚姻冷静期制度：针对“草率离婚”“冲动离婚”现象较为普遍的问题，通过在离婚案件审理过程中设置十天到六个月的情感修复期，即婚姻冷静期，促进双方修复感情，弥合裂痕。期满后，再根据双方意愿审理。

羁押必要性审查：指检察机关依据《中华人民共和国刑事诉讼法》规定，对被逮捕的犯罪嫌疑人、被告人有无继续羁押的必要性进行审查，对不需要继续羁押的，建议办案机关予以释放或者变更强制措施的监督活动。

家庭医生签约服务：即以家庭医生服务团队为支撑，通过签约的方式，使具备条件的医生与签约家庭建立起一种长期、稳定的服务关系，为其提供安全、方便、有效、连续、经济的基本医疗服务、公共卫生服务和约定的健康管理服务。

简政放权等八个方面工作：即推进简政放权、大幅优化审批流程压缩审批时限、积极推进审批服务事项集中办理、深入推进审批服务标准化、着力提升“互联网+政务服务”水平、创新便民利企审批服务方式、深化行政审批中介服务改革、切实加强事中事后监管八个方面的工作。

“讲政治、顾大局、谋发展、重自强”：最高人民检察院党组书记、检察长张军在全国检察机关学习贯彻两会精神电视电话会议上提出“讲政治、顾大局、谋发展、重自强”的工作要求，深入阐明了当前和今后一个时期中国特色社会主义检察事业的发展方向和工作要求。

禁毒“两打、两控”：指国家禁毒委和公安部在全国范围开展以打击制毒犯罪、打击贩毒犯罪和管控制毒物品、管控吸毒人员为重点的“禁毒2018两打两控”专项行动。

“九乱”整治：即结合全国文明城市创建工作，对背街小巷环境乱象、老旧小区环境乱象、农村环境乱象、集贸市场乱象、交通违规乱象、窗口单位服务乱象、“五小”门店乱象、占道经营乱象、违法小广告张贴乱象进行整治。

就业“五项工程”：即全民技能提升、创业带动就业、大学生就业质量提升、困难群体就业帮扶、“互联网+就业服务”五项工程。

宽严相济刑事政策：人民法院根据犯罪的具体情况实行区别对待，做到该宽则宽，当严则严，宽严相济，罚当其罪。

“两参人员”：是指参战参试人员。参战：是指参加过为抵御外来侵略的军人，包括参加过中越边境自卫还击作战、珍宝岛自卫反击作战、援越抗美作战、援老抗美作战、西沙群岛自卫反击作战、南沙群岛自卫反击战的军队退役士兵，解放一江山岛作战、川甘青藏滇地区平叛作战、炮击金门作战、中缅边境勘界警卫作战、“八·六”海战、崇武以东海战。参试：是指参加过核试验的和保障任务的人员。

“两断三清”：即断水、断电、清除原料、清除产品、清除设备。

“两个机关”建设：即把人大及其常委会建设成为全面担负起宪法法律赋予的各项职责的工作机关，成为同人民群众保持密切联系的代表机关。

“两个维护”：是指坚决维护习近平总书记党中央的核心、全党的核心地位，坚决维护以习近平同志为核心的党中央权威和集中统一领导。

“两山”理论：即习近平总书记提出的“绿水青山就是金山银山”的重要理论。

“两学一做”：学党章党规、学系列讲话，做合格党员的学习教育。

“六个坚持”：坚持以改革破解发展难题、坚持以创新激发动力活力、坚持以开放促改革促发展、坚持以市场打开发展新通途、坚持以一流标准创造一流业绩、坚持以过硬作风彰显担当作为。

“六个破除”：破除僵化保守、破除因循守旧、破除封闭狭隘、破除资源依赖、破除随遇而安、破除慵懒散漫。

“六个着力”：着力解决改革意识不强问题、着力解决创新精神不足问题、着力解决扩大开放不够问题、着力解决市场理念不浓问题、着力解决工作标杆不高问题、着力解决作风不实问题。

“六有”标准：即有场地、有设施、有组织、有制度、有活动、有记录。

“六最”营商环境：山西省委省政府提出要打造“审批最少、流程最优、体制最顺、机制最活、效率最高、服务最优”营商环境。

明厨亮灶：2014 年，国家食品药品监督管理总局部署开展明厨亮灶工作。是指餐饮服务提供者采用透明玻璃、视频等方式，向社会公众展示餐饮服务相关过程的一种形式。

“七五”普法：是指中央宣传部、司法部关于在公民中开展法治宣传教育的第七个五年规划（2016–2020 年）。

认罪认罚从宽制度：2018 年刑事诉讼法修正案规定，犯罪嫌疑人、被告人自愿如实供述自己的犯罪，对于指控犯罪事实没有异议，同意检察机关的量刑意见并签署认罪认罚具结书的案件，可以依法从宽处理。

三定：主要指定部门职责、定内设机构、定人员编制。

“三服务”：指“服务企业、服务群众、服务基层”活动。

“三个必管”：管行业必须管安全、管业务必须管安全、管生产经营必须管安全。

“三黑一土”：黑加油站、黑加油点、黑加油车和土炼油。

“三会一课”：定期召开支部党员大会、支部委员会、党小组会；按时上好党课。“三会一课”制度是党的组织生活的基本制度，是党的基层支部应该长期坚持的重要制度，也是健全党的组织生活，严格党员管理，加强党员教育的重要制度，是我党经过长期实践证明的一种行之有效的党组织生活制度。

“三基建设”：即基层组织、基础工作、基本能力建设。

“三品一标”农产品：无公害农产品、绿色食品、有机农产品和农产品地理标志。是政府主导的安全优质农产品公共品牌，是当前和今后一个时期农产品生产消费的主导产品。

“三线一单”：生态保护红线、环境质量底线、资源利用上限和环境准入负面清单。

“扫黑除恶”：是指清除黑恶势力。黑社会作为和谐社会的一个巨大毒瘤，黑社会不仅给人民的生命财产安全带来了极大的危害，而且也影响到了整个社会的繁荣稳定，人们无不对它咬牙切齿、恨之入骨。各地开展扫黑除恶专项行动，还社会安宁。

“双百”方针：毛泽东在《关于正确处理人民内部矛盾的问题》一文中提出的繁荣社会主义文化的方针，即“百花齐放，百家争鸣”方针。

“双重预防”机制建设：就是要将安全风险逐一建档入账，采取风险分级管控、隐患排查治理双重预防性工作机制。通俗说，双重预防机制就是构筑防范生产安全事故的两重防火墙。第一重防火墙是管风险，以安全风险辨识和管控为基础，从源头上系统辨识风险、分级管控风险，努力把各类风险控制在可接受范围内，杜绝和减少事故隐患；企业要对辨识出的安全风险进行分类梳理，对不同类别的安全风险，采用相应的风险评估方法确定安全风险等级，安全风险评估过程要突出遏制重特大事故，高度关注暴露人群，聚焦重大危险源、劳动密集型场所、高危作业工序和受影响的人群规模，重大安全风险应填写清单、汇总造册，并从组织、制度、技术、应急等方面对安全风险进行有效管控，要在醒目位置和重点区域分别设置安全风险公告栏，制作安全风险告知卡。全面排查风险点、风险因素和危险源，加强对风险的管控，提高企业本质安全。第二重防火墙是治隐患，以隐患排查和治理为手段，认真排查风险管控过程中出现的缺失、漏洞和风险控制失效环节，坚决把隐患消灭在事故发生之前。

“双强六好”：指非公有制企业和社会组织，双强：发展强、党建强；六好：生产经营好、企业文化好、劳动关系好、党组织班子好、党员队伍好、社会反映好。

“双随机、一公开”：即在事中事后监管过程中随机抽取检查对象，随机选派执法检查人员，抽查情况及查处结果及时向社会公开。

税务“四个确保”：确保税务队伍稳定、确保收入平稳增长、确保征纳关系和谐、确保干部遵规守纪。

司法责任制：其核心要义即“审理者裁判，裁判者负责”，一旦发生错案，就要启动追责程序，法官对裁判结果终身负责。

“四个一律”：2011 年 3 月 21 日全国安全生产电视电话会提出：坚持“四个一律”，严打非法生产行为。对非法生产经营建设和经停产整顿仍未达到要求的，一律关闭取缔；对非法违法生产经营建设的有关单位和责任人，一律按规定上限予以经济处罚；对存在违法生产经营建设行为的单位，一律责令停产整顿，并严格落实监管措施；对触犯法律的有关单位和人员，一律依法严格追究法律责任。

“四个意识”：政治意识、大局意识、核心意识、看齐意识。

“四个自信”：道路自主、理论自主、制度自主、文化自主。

“四好农村路”：是中共中央总书记、国家主席、中共中央军事委员会主席习近平于2014年3月4日提出的。习近平指出：“要求农村公路建设要因地制宜、以人为本，与优化村镇布局、农村经济发展和广大农民安全便捷出行相适应，要进一步把农村公路建好、管好、护好、运营好，逐步消除制约农村发展的交通瓶颈，为广大农民脱贫致富奔小康提供更好的保障。”

“四进”活动：即中华人民共和国国旗、宪法和法律法规、社会主义核心价值观和中华优秀传统文化进宗教活动场所。

“四上企业”：是指规模以上工业企业、资质等级建筑业企业、限额以上批零住餐企业、国家重点服务业企业等这四类规模以上企业的统称。

“四种形态”运用：中共中央政治局常委、中央纪委书记王岐山2015年9月在福建调研并主持召开座谈会，听取党员和群众代表对修订廉政准则和党纪处分条例的意见建议。他强调，要在思想认识、责任担当、方法措施上跟上中央要求，把纪律和规矩挺在前面，把握运用监督执纪“四种形态”，以严明的纪律推进全面从严治党。2016年10月27日，中国共产党第十八届中央委员会第六次全体会议审议通过了《中国共产党党内监督条例》，其中第七条对“四种形态”重新进行了定义：党内监督必须把纪律挺在前面，运用监督执纪“四种形态”，经常开展批评和自我批评、约谈函询，让“红红脸、出出汗”成为常态；党纪轻处分、组织调整成为违纪处理的大多数；党纪重处分、重大职务调整的成为少数；严重违纪涉嫌违法立案审查的成为极少数。即第一条：经常开展批评和自我批评、约谈函询，让“红红脸、出出汗”成为常态。第二条：党纪轻处分、组织调整成为违纪处理的大多数。第三条：党纪重处分、重大职务调整的成为少数。第四条：严重违纪涉嫌违法立案审查的成为极少数。

诉前程序：全称公益诉讼诉前程序。指检察机关在向人民法院提起民事、行政公益诉讼前，必须履行的前置性程序，旨在通过检察建议的方式依法督促行政机关履职、纠正违法行政行为。

“同心圆”工作法：以调解对象为中心点，从亲属、老乡、同学、朋友、邻里处着手，真心沟通，层级推进，全方位对其进行心理疏导，在潜移默化中化解矛盾。

网格长“三进一巡、四问四看”：指迎泽区创新基层治理模式，推行“三进一巡、四问四看”党建网络工作法，打破原先各自为战的格局，整合服务功能。主要内容是“进家庭”“进楼院”“进单位（商家)”“巡街巷”，查看老弱情况、了解商户状况、排除各类隐患。

“五个坚持”：2014 年 5 月 8 日，习近平总书记在考察中办工作时提出了“坚持绝对忠诚的政治品格、坚持高度自觉的大局意识、坚持极端负责的工作作风、坚持无怨无悔的奉献精神、坚持廉洁自律的道德操守”的“五个坚持”要求。“五个坚持”是党办干部的行为准则，对加强各级党办机关作风建设具有重要的指导意义。

“五个老有”：是指老有所养、老有所医、老有所学、老有所为、老有所乐。

“五个一批”：依法严惩一批违法违规行为；彻底治理一批重大事故隐患；关闭取缔一批违法违规和不符合安全生产条件的企业；联合惩戒一批严重失信企业；问责曝光一批责任不落实、措施不力的单位和个人。

“五水同治”：即统筹推进饮用水源、黑臭水体、工业废水、城镇污水、农村排水治理。

“五小”建设：是指乡镇小食堂、小澡堂、小卫生间、小阅览室、小文体活动室建设。

“五小”门店：经营面积在 150 平方米以下的小餐馆，经营面积在 20 平方米以下的小美容美发店，30 床以下的宾馆、旅店、招待所，就浴 50 人以下的洗浴、桑拿浴、淋浴、足浴场所，经营面积在 500 平方米以下的歌厅、舞厅、卡拉 OK 厅。

“五约”工作法：主要是针对服务群众作用发挥不明显而开展的一项创新工作，通过“谈约、签约、亮约、督约、评约”的方式，推动形成服务群众的集聚效应。

“五证合一”：指营业执照、组织机构代码证、税务登记证、社会保险登记证和统计登记证“五证合一”登记制度。

雪亮工程：是以县、乡、村三级综治中心为指挥平台、以综治信息化为支撑、以网格化管理为基础、以公共安全视频监控联网应用为重点的“群众性治安防控工程”。它通过三级综治中心建设把治安防范措施延伸到群众身边，发动社会力量和广大群众共同监看视频监控，共同参与治安防范，从而真正实现治安防控“全覆盖、无死角”。因为“群众的眼睛是雪亮的”，所以称之为“雪亮工程”。

“小升规”：就是鼓励小微企业规范升级为规模以上企业。“小升规”企业的认定，以成功录入国家规模以上企业库为标准。

“小巷管家”：即引导社会力量参与城市管理，通过日常寻访，及时报告街巷的环境、治安等问题，逐步实现共治共管、共建共享的社会治理新举措。

“一单两库一细则”：“一单”指随机抽查事项清单；“两库”指市场主体名录库、执法检查人员名录库；“一细则”是指规范“双随机”抽查工作细则。

“一二三四五”总体思路：迎泽区委在区第五届三次党代会明确提出“主攻一个方向，提升两个商圈，统筹三个板块，打造四个园区，发展五项产业”的工作总体思路。“一个主攻方向”即服务业，“两个商圈”即柳巷商圈和朝阳商圈，“三个板块”即建成区、城乡接合部和东山地区三大板块，“四个园区”即电子商务、智慧物流、汽车服务和农业生态四个特色园区，“五项产业”即服装加工贸易、物流信息、文化创意、休闲旅游、汽车后市场服务产业。

“一岗双责”：“一岗”就是一个领导干部的职务所对应的岗位；“双责”就是一个领导干部既要对所在岗位应当承担的具体业务工作负责，又要对所在岗位应当承担的党风廉政建设责任制负责；也就是一个单位的领导干部应当对这个单位的业务工作和党风廉政建设负双重责任。

“一个指引、两手硬”：一个指引是以习近平总书记系列讲话为指引。两手硬是指一是持续推进党风廉政建设和反腐败斗争，着力构建良好政治生态；二是自觉践行新发展理念，多策破解经济下行压力，着力推动经济稳步向好。

“一网一门一次”改革：即推动企业和群众办事线上“一网通办”，线下“只进一扇门”，现场办理“最多跑一次”。

“一线两点三地”巡防：指迎泽区在迎泽大街、火车站、长途汽车站、柳巷、桥东、郝庄等重点部位，增强地方、武警、公安联勤武装巡逻力度。

执行联动机制：为贯彻落实中央关于解决执行难问题的指示精神，建立党委领导、人大监督、政府支持、社会各界协作配合的执行工作新格局，将法院单打独斗的执行模式转变为以法院为主、各部门协作联动的执行模式。

专业法官会议：由资深员额法官组成，为审理案件中理解和适用法律问题提供专业咨询意见，讨论法律适用、疑难案件分析等与审判业务有关问题的审判咨询机构。

“12309 检察服务中心”：是集检察服务、检务公开、接受监督等功能于一体的检察机关统一对外服务平台，主要功能是公开重要案件信息、法律文书，受理人民群众控告、申诉事项，受理案件程序信息查询、辩护与代理预约、国家赔偿、国家司法救助等。

12319：是城建服务热线，是国家建设部和信息产业部确定的全国建设行业公益服务专用电话号码，涵盖公交、供水、燃气、供热、违章建筑等各个方面。

12345：政府服务热线，即“非紧急救助服务系统”，用来帮助诉求人解决生活、生产中所遇困难和问题，是区委、区政府关注民生、倾听民意的平台。

“13710”工作法：“1”即当天研究安排，做到“事不过夜”。“3”即 3 天内向县政府反馈办理情况。“7”即对没有明确时间节点规定的一般性问题，原则上 7 天内落实解决。“1”即重大问题包括复杂问题，1 个月内落实解决，确实解决不了的，要拿出解决的时间节点和方案。“0”即所有事项都要跟踪到底，销号清零，事事有着落，件件有结果。

133 城改用地：政府为了推进城中村改造，规定给村集体按村民人口数每人 133 平米建设用地划给村集体，其余收归国有。属于 133 的范围由村委会成立开发公司进行自主开发经营，并进行土地转性（集体转为国有）后对外销售，也就是 133 改造工程范围内的房子是大红本的房子。（区志办）

索 引

说 明：（1）本索引以人名、地名、机构名称、活动名称、事件（事物）名称为主题词。（2）本索引按主题词汉语拼音字母顺序排列，主题词后面的数字和字母分别表示所在页码和分栏位置（ab表示本页码左右两栏）。（3）本索引主题词主要选自本年鉴正文部分，特载、大事记、附录以及图表、照片不在索引范围内。

D

F

G

K

L

N

P

Q

R

S

X

Z

（区志办）